1987년 이후의 한국 민주주의

1987년 이후의 한국 민주주의

3김 정치시대와 그 이후

임혁백

고려대학교출판부
KOREA UNIVERSITY PRESS

Korean Democracy Since 1987

Three Kims Era and After

Hyug Baeg Im

이 책은 고려대학교출판부가 조성한
인문사회과학출판기금으로 만들어졌습니다.

사랑하는 나의 가족과 제자들에게

감사의 글

공자孔子님은 論語 爲政編에서 '예순이 되니 귀가 순해졌다'(六十而耳順)는 말로 환갑을 맞는 소회를 피력하셨다. 예순 살이 되니 귀가 순해져서 자기 주장을 이야기하기보다 남의 말을 듣는 것을 좋아하게 되고, 입으로 논쟁하기보다는 귀로 조율하게 되었다는 말씀이다. 말하자면, 귀가 순해져서 이념, 종교, 계급, 세대, 성에 관계없이 누구와도 소통을 할 수 있게 되었다는 것이다.

공자님은 이순耳順의 경지에 도달하기 위해서 엄청난 노력을 하셨다. "나는 태어나면서부터 아는 사람이 아니다"(我非生而知之者)라고 고백했듯이 공자님은 천재적 능력을 타고 났음에도 불구하고 "배우고 또 익혀서"(學而時習之) 학문적으로 그리고 도덕적으로 성현의 경지에 도달하였다.

필자도 15세에 학문에 뜻을 둔 이래(吾十有五而志于學) 벌써 육십이 되었으나 아직 학문적으로나 도덕적으로 남의 말을 기꺼이 경청하고 누구와도 소통할 수 있는 이순의 경지에 도달하지 못했다. "아직도 학문이 얕고 재능이 없어서"(淺學非材) 공부를 계속하긴 해야 하는데, 노부모가 계시는데 해서는 안 될 말이지만, 나이만 늘어가니 마음이 초조하고 성정이 순해지지 않고 급해진다. 그러나 서양에서는 60세가 되었다는 말을 "sixty years old" 즉 "60년 늙은 사람이 되었다"고 이야기하나, 우리는 "60살 먹었다"고 한다. 말하자면, 60년 동안 연륜이 쌓였고, 지혜가 축적되었고, 포용력 있는 관후인자(寬厚仁慈)한 사람으로 업그레이드되었다는 것이다.

남들이 보기에는 필자도 꽤 성공한 정치학자로 알려져 있다. 미국 시카고대학원 박사과정 학생 시절에 미국의 최고 정치학 저널 중의 하나인 *World Politics*에 한국인 최초로 논문을 출간하였고, 1994년에 출간한 《시장, 국가, 민주주의》는 한국 정치학계의 베스트셀러가 되었고, 2009년에는 칠레에서 열린 세계정치학회(IPSA)의 총회에서 집행위원(EC member)으로 선출되었다. 2008년에는 고려대학교가 학생들의 강의평가에 기초하여 주는 '석탑강의상'을 수상하였고 2010년에는 한국정치학회 연례총회에서 한국정치학회 학술상을 수상하였다. 필자는 이 두 상을 가장 소중하고 영광스러운 상으로 간직하고 있다.

그래서 우리 나이로 만 60세가 되었을 때 필자에게 상을 안겨준 학생들과 정치학회 선배, 동료 교수들, 그리고 가족을 위해서 한국 정치에 관한 책을 출판하여 보답을 해야겠다는 생각을 했고 내 제자들의 노고에 힘입어 이 책이 나오게 되었다. 이 책은 제목대로 한국 민주주의의 원년인 1987년 이후에 한국 민주주의가 어떻게 변화, 발전, 역전, 개혁되었는가를 추적한 책이다. BK21 한국정치학의 세계화 교육·연구단장을 맡으면서 한국 정치학의 교재로 쓸 수 있는 책을 출간해야겠다고 생각하고 3년 전부터 준비했으나 필자가 게을러 이제야 나오게 되었다. 이 책에 대한 자세한 설명은 다음 서설에서 하기로 하고 여기서는 이 책의 지면을 빌려 많은 분들에게 감사의 말을 전하고자 한다.

먼저, 나의 사랑하는 가족에게 이 책을 헌사하고 싶다. 구순을 바라보고 계시는 아버님은 공자님처럼 "배우고 알고자 하는 마음이 생기면 밥 먹는 것도 잊고, 즐거워 걱정을 잊고, 늙어 가는 세월조차 잊고 계신다"(發憤忘食, 樂以忘憂, 不知老之將至云爾). 필자가 이 정도나마 정치학이라는 학문을 할 수 있었던 것은 아버님으로부터 학문을 하는 DNA를 물려받았기 때문이 아닌가 생각된다. 경주 향교 전교典敎시절에 쓰러져 가는 경주 향교를 개보수하셨고, 오늘도 서재에서 고문과 역사를 연구하시고 한시를 짓고 시조를 읊으시는 아버님, 앞으로도 계속 어머님과 함께 건강하게 백년해로하시기를 빕니다. 학문적으로 항상 나의 후원자이시고 지지자이신 형님과 형수님께도 이 지면을 빌려 감사를 드리고, 태국 방콕에서 유네스코 대사 겸 아태본부장직을 수행하느라 고생하고 있는 내가 존경하는 청백리이자 매제 김광조 전 교육부 차관보와 동생 원희, 그리고 가장 따뜻하게 나와 우리 가족들이 어려운 일이 있을 때마다 찾아와서 손을 잡고 위로해 주고 애통해하는 마음을 같이 나누어 준 매제 이용남 사장과 막내동생 무희에게도 감사를 표시한다.

가족 중에서도 나의 평생의 반려자인 아내 김은희에게 바치는 헌사를 빼놓아서는 안 된다. 그녀가 교수가 세상에서 가장 좋은 직업이라고 했을 때 확신이 서지 않았으나 60이 되어 나의 친구들이 대부분 은퇴하고 교수 친구들만이 현역에 있는 것을 보고 아내의 혜안에 감탄하였다. 그런데 교수가 좋은 직업이라고 하는 이유 중의 하나인 연구년을 정책대학원장이라는 보직을 맡은 관계로 근 10년이 다 되도록 가지 못하고, 연구, 행정, 강의로 이전보다 더 바빠져 같이 보내는 시간이 줄어들어 아내에게 어떻게 사과와 위로의 말을 해야 될지 몰랐는데 이 책을 헌사함으로써 대신하고 싶다. 그리고 장모님께도 감사를 표하고 싶다. 장모님은 비교적 이른 연세에 장인어른을 여의고 혼자서 1남 3녀를 훌륭히 키워 내었다는 것만으로도 존경을 받아야 한다. 아들 현규가 아팠을 때 미국에 오셔서 숙식을 같이하면서 현규를 간호해 주시고 당시 유치원에 다니던 어린애기 시균이를 돌봐주신 그 은혜는 평생 잊을 수 없고 잊어서도 안 될 것이다. 그리고 회사를 은퇴하고 사업하느라 고생이 많은 동서 우증환 사장과 처제 김연희 여사, 미국 애틀란타에서 회계법인을 개업하여 열심히 살고 있는 처남 김원룡 회계사 가족과 노스캐롤라이나 주립대학에서 컴퓨터공학을 가르치고 있는 막내 처제 김정희 교수에게도 감사를 보낸다.

그러나 무엇보다도 회갑을 맞아 그동안 나를 도와주고 내가 보지 못한 것을 가르쳐 준 내 제자들이 이 책을 헌사받아야 할 사람들이다. 공자님도 "3인이 길을 가면 반드시 나의 스승이 있다"(三人行 必有我師焉)고 했는데 70여 명(지도학생 기준)에 달하는 나의 제자들은 모두가 훌륭한 스승이다. 그들은 좋은 논문으로 내가 알지 못한 것을 가르쳐 주었고, 내가 책을 출간할 때나, 잡지에 논문을 게재하려 할 때에 내가 보지 못한 시각을 지적해 주었고 편집하는 것을 도와주었다. 이번 회갑을 기점으로 해서 그들이 나를 도와준 은혜에 보답하여 내가 그들을 도와주려 한다. 나의 제자들이 단독으로 또는 나와 공저자로 논문을 유명 저널에 게재하고, 책을 출간하고, 연구프로젝트를 수주하고, 국제학술회의에 공동으로 발표하는 데에 도움을 주려고 한다.

우선 이화여대 시절에서부터 현재 고려대학교에서 나의 지도학생들의 이름을 한 사람 한 사람 기록에 남기려 한다. 윤성학, 김태임, 김유향, 지은주, 황인엽, 이규선, 배상민, 손훈정, 이진화, 김소연, 허문정, 송세실리아, 박용수, 임효빈, 구달회, 박정욱, 지성진, 김현정, 권진욱, 곽인숙, 전은식, 백윤정, 우준희, 오창섭, 홍순영, 이우철, 황진석, 이규정, 장준성, 허인혜, 이은아, 김형구, 이선영, 이성우, 나상원, 홍순식, 성석영, 남궁현, 정재헌, 신혜현, 이상혁, 추소정, 오문준, 김선기, 이주희, 박형준, 황인표, 최은미, 안본아, 김종일, 권수현, 원호연, 장주영, 채종원, 나와쿠라 아키오, 김영배, 박성욱, 최유정, 리 류아, 박현우, 김진학, 홍소연, 김동규, 진란, 박수현, 송은호, 김원경, 신효정, 이반석, 이중남 등 70명의 박사, 석사, 박사 후보생들, 석사 후보생들이 항상 나를 도와주고 나에게 가르침을 준 사랑하고 존경하는 나의 제자들임을 이 책의 헌사 공간을 빌려 밝힌다.

대외경제정책연구원 윤성학 박사는 연세대 정치학 박사이기 때문에 내가 배출한 박사는 아니다. 그러나 그 누구보다도 내가 열과 성을 다해 공식적으로 학위 논문을 지도해 주었던 나의 진정한 제자이다. 그리고 그는 오랫동안 나의 곁에서 함께 연구하면서 나를 도와준 학문적 동지이면서 동시에 제자그룹의 맏형이다. 김영배 박사 후보생은 성북구청장의 바쁜 공무에도 불구하고 수업에 빠지지 않고 박사과정을 성실히 이수하고 있어 후배들의 모범이 되고 있으며 세계정치학회(IPSA) 서울세미나 및 집행위원회 회의 중 성북구의 우수한 문화재를 세계 정치학계의 석학들에게 안내하는 등 많은 도움을 주었다. 이 자리를 빌려 감사를 표한다. 그리고 지은주 박사와 우준희 박사는 각각 평화와 민주주의연구소, BK21한국정치학의 세계화 교육·연구단의 연구실장으로 근무하면서 성심을 다하여 나를 보좌하고 행정업무를 훌륭히 처리해 주고 있다. 이화여대 학부 때부터 내 강의를 듣고 석사를 취득하고 고대로 따라와 정치학 박사가 되어 훌륭한 연구업적을 쏟아내고 있는 지은주 박사는 나의 제자 키우기 성공 모델이다. 국회 입법조사처의 문화방송통신 팀장인 김유향 박사는 나의 박사 제자 1호이다. 지금 뜨고 있는 입법조사처에서 팀장의 지위에까지 올라갔고, 입법조사처에서 인턴 또는 연구조교로 일하고 있는 내 제자들을 음으로 양으로 도와주고 있으며, 이번 출판기념회 행사를 총괄하고 있다. 우준희 박사는 나의 고려대학교 박사 제자 1호이다. 박사논문 쓸 때에 젊은 나이에 흰머리가 날 정도로 열심이었는데 현재 BK21 한국정치학의 세계화 교육·연구단의 연구실장직을 성실하게 수행하고 있다. 이화여대 제자인 배상민 박사는 퍼듀대학에서 학위를 하고 현재 시카고의 노스이스턴 일리노이대학의 정치학 교수로 열심히 연구와 강의를 하고 있다. 배상민 박사는 교수 제자 1호이다. 앞으로 많은 교수 제자들이 나오기를 소망하고 있다. 허인혜 박사는 약관 32세에 고려대 정치학 박사학위를 취득한 나의 최연소 박사 제자로서 그녀보다 나이 많은 박사후보생들에게 무언의 압박이 되고 있다. 2001년 정초에 한파로 얼어붙은 날 아연연구실로 찾아와 제자로 받아달라고 했던 이규정 군이 2010년에 박사논문이 통과되어 나의 남자 박사 제자 1호가 된 그 날의 감격을 기억한다. 훌륭한 정치학자로 성장하기를 바란다. 이 밖에도 고려대학교에서 나의 연구조교로서 나를 보필하여 연구를 도와주고 행정적인 일까지 도와준 나의 '충성스런' 대학원생들의 면면을 이 책을 빌려 남겨 놓아야 한다. 그들은 박용수, 임효빈, 전은식, 장준성, 지성진, 박정욱, 김형구, 나상원, 성석영, 이상혁, 오문준, 황인표, 이주희, 권수현, 안본아, 장주영, 최유정, 신혜현, 홍소연, 박수현이다. 그리고 박성욱과 송은호는 각각 정책대학원 소속 정책신문사의 편집장으로 있으면서 나를 도왔고 현재 도와주고 있다.

여기에 더하여 이 책의 출간과 연관하여 감사를 표해야 할 제자들이 있다. 권수현 박사후보생은 이 책을 '깐깐하게' 편집하고 문장과 문법을 손질해 주었다. 《신유목적 민주주의》와 마찬가지로 권수현 박사후보생의 헌신과 도움이 없었으면 이 책은 세상에 나오지 못했을 것이다. 권수현의 편집에 내가 크게 더한 것은 없다. 다만 이 책을 전체적으로 조망하는 서장을 더 붙였을 뿐이다. 그러나 편집이 잘 되었다고 하더라도 교정과 참고문헌 정리, 색인작업을 깔끔하게 마무리하지 못했으면 이렇게 아름다운 책이 탄생하지 않았을 것이다. 마무리 작업은 역시 나의 '충성스런' 연구조교들이 담당해 주었다. 이주희 박사후보생을 팀장으로 하여 안본아, 장주영, 최유정, 박수현 등의 연구조교들과 홍순식, 최은미 박사후보, 김종일 석사, 채종원 석사수료생 등이 헌신적으로 도와주었다.

이화여자대학교와 고려대학교 정치외교학과 대학원 학생들 외에도 최근에 필자가 사랑하고 존경하는 제자들이 있다. 그분들은 고려대학교 정책대학원 학생회 간부들인데 필자가 정책대학원장 재직 시 정책대학원을 이끌어 가는 데 헌신적으로 도와준 분들이다. 필자는 그분들로부터 학문적 지혜를 얻었고, 인간의 도리와 사회적 덕성을 배웠다. 이 자리를 빌려 정책대학원 총교우회 박형준 전 회장, 정경수 현 회장, 석사과정 총학생회장을 역임한 최정철, 이동철, 김준옥, 박광채, 전성준, 하정우, 나상순 회장, 최고위정책과정 총고정회의 백용기, 하정효, 장대식 회장, 그리고 최고위정책과정 원우회장을 역임한 이광승, 김종식, 신철, 문명화,

박창권, 홍상필, 이정근 회장께 감사드린다.

"감사의 글"을 빌려서 감사를 표해야 할 분들은 끝이 없다. 그러나 "사랑하는 나의 가족과 제자들에게"라는 "감사의 글" 제목에 맞게 이번에는 가족과 제자들에 초점을 맞추어 감사를 표하였기 때문에 여기에 표기되지는 않은 많은 고마운 분들이 있다. 그렇다고 해서 평소에 필자가 "사랑하고 존경하는" 이분들에 대한 감사의 정이 줄어든 것은 전혀 아니라는 것을 꼭 밝히고 싶다. 그분들에게는 다음에 출간할 책에 좀 더 많은 지면을 할애해서 못다한 감사를 표하겠다고 약속한다. 마지막으로 이 책을 아름다운 한국 정치학 서적으로 빛을 보게 해 준 고려대학교출판부에 감사드린다. 그리고 이 책은 고려대학교출판부의 연구비지원을 받고 출간되었음을 밝힌다.

2011년 8월 10일
안암연구실에서
임혁백任爀伯이 썼습니다

차례

서설

1987년 이후의 한국 민주주의를 보는 눈

이 책은 한국 민주화의 역사적 전기를 가져다준 1987년 6월 29일 이후 한국 민주주의가 부활, 파행, 발전, 재도약, 지체되어 왔는가에 대한 기록이다. 1948년에 근대적인 자유민주주의가 도입된 이래 한국 민주주의는 파행을 겪었고 마침내는 군사 쿠데타에 의해 민주주의가 전복된 이래 오랜 동면의 기간을 거쳤으나 1980년대의 치열한 민주화 운동의 결실로 1987년 '6·29선언'이라는 형식으로 군부 권위주의 정권이 민주적 경쟁을 회복할 것에 양보함으로써 한국 민주주의는 부활하였다.

한국 민주주의는 부활하였으나 빠른 시일 내에 공고화되지는 않았다. 소위 '3김 정치시대'라고 부르는 공고화를 위한 과도기를 거쳐야 했기 때문이다. 3김 정치시대의 민주주의는 3가지로 특징지어진다. 첫째, 한국 민주주의의 '제3의 물결'이 일어난 시대라는 것이고, 둘째, 베버가 이야기한 전근대적 가산주의(patrimonialism)와 근대적인 자유민주주의가 결합한 '가산주의적 민주주의(patrimonial democracy)'의 시대라는 것이며, 셋째, 사회경제적으로는 신자유주의와 정치적으로는 자유민주주의가 결합한 신자유주의적 민주주의라는 것이다. 1980년대 이후 박정희 시대의 지배적 경제발전 패러다임으로 군림해 온 발전국가모델이 쇠퇴, 폐기되었고 신자유주의(neo-liberalism)가 새로운 경제패러다임으로 등장하였다. 세계화의 물결 속에서 쓰나미처럼 불어닥친 1997년 말의 외환금융위기가 신자유주의가 지배적 경제패러다임으로 부상하는 데 결정적 전기를 마련해 주었다.

한국 민주화의 제3의 물결—동아시아의 자생적 민주화 모델

1987년의 민주화 혁명은 한국 민주화의 '제3의 물결'이라 할 수 있다. 한국 민주화의 '제1의 물결'은 해방 정국을 거쳐 분단국가를 수립하는 과정에서 일어났다. 해방 이후 38선 이남에 진주한 미군은 분단국가를 수립하는 과정에서 미국식 자유민주주의를 한국인들에게 선물로 안겨 주었다. 미국식 자유민주주의는 그 내용과 본질은 사상된 채 형식만 외삽적으로 이식되었다. 참정권을 쟁취하기 위한 장기간의 투쟁 없이 한국인들은 일거에 보통평등선거권을 얻었고, 노동자들은 노조를 조직할 수 있는 권리를 쟁취하기 위한 투쟁도 없이 일거에 미국 수준의 노동3권을 부여받았다. 농민들은 원칙적으로는 '유상몰수, 유상분배'였으나 실제로는 '무상몰수, 유상분배'로 진행된 자유주의적 농지개혁으로 유혈적 투쟁없이 토지를 소유한 소규모 영세 자영농이 되었다. 게다가 제헌헌법은 자유주의를 넘어서 사회주의 또는 사회민주주의적인 경제조항을 삽입해 놓았다. 국가에게 사회정의의 실현을 의무화시키고, 주요 자원의 국유화, 농민에게 농지분배, 공공성을 가진 기업의 국영화, 공영화를 헌법 문서화한 것이다(고려대학교 박물관, 2009: 235). 그러나 미국이라는 외부세력에 의해 외삽적으로(externally imposed) 그리고 조숙하게(prematurely) 도입된 자유민주주의 제도는 뿌리를 내리지 못했다. 자유민주주의 정착에 필요한 계급, 구조적 그리고 문화적 조건이 성숙하지 않았음에도 불구하고 민주헌정제도가 도입되었고 농지는 이미 개혁되었다. 노동자들도 노동권과 참정권을 부여받았기 때문에 노동자들과 농민들은 노동권 쟁취, 농지개혁이라는 의제를 내걸고 정당을 조직할 기회를 상실하고 말았다. 한국에서 계급정당이 발달하지 않은 것은 냉전과 반공주의에 주 원인이 있지만 조숙한 민주주의에도 크게 기인한다고 볼 수 있다.

따라서 민주화의 제1의 물결은 외삽성(external imposition)과 조숙성(prematurity)으로 인해 민주주의 제도가 깊게 착근하고 민주주의 문화가 국민들 속에 내면화될 수 없었다. 이러한 자유민주주의라는 형식과 반공주의라는 내용 간의 부조화는 자유민주주의라는 이승만 정권의 공식 이데올로기를 가지고 이승만 정권의 퇴진을 요구하는 '대학-언론연합(university-press nexus)'을 주축으로 한 도시빈민, 재야지식인, 도시중산층 연합을 가능하게 하였다. 이렇게 형성된 자유주의 민주화 대연합은 이승만 정권을 붕괴시키고 한국 역사상 최초로 민주화 혁명을 성공시켰다. 한국 민주화의 제2의 물결이 시작된 것이다. 4·19민주혁명으로 불리는 제2의 물결은 엄청난 역사적 의의를 지닌다. 먼저 냉전의 최전선에서 반공주의의 압도적 영향하에 있던 지역에서 일어난 민주화라는 것이다. 말하자면, 민주화가 불가능한 지역에서 일어난 민주화라는 의의를 갖고 있다. 둘째, 2차 세계대전 이후 신생 독립국가들을 중심으로 세계 민주화의 제2의 물결이 일어났으나 얼마되지 않아 신생국가에서 가장 강력한 조직화된 무장세력으로 부상한 군부에 의해 신생 민주주의가 전복되는 '민주화의 역류(reverse wave)' 현상이 일어났다. 4·19민주혁명은 전 세계적으로 민주화의 역류가 일어나고 있었던 시점에서 난공불락으로 보였던 반공독재정권을 퇴진시키고 민주화를 이룩했다는 점에서 민주주의의 승리로 기록된다. 물론 4·19민주혁명으로 탄생한 민주정권은 군부쿠데타에 의해 전복됨으로써 단명하였지만 '민주화의 역류'라는 세계시간에 일어난 민주화라는 예외성(exceptionalism)은 그 이후 민주화를 열망하는 많은 운동가, 정치가, 혁명가들에게 희망을 주었다.

그러나 1961년 5·16군사쿠데타로 한국도 예외 없이 민주화의 역류에 동참할 수밖에 없었고, 쿠데타의 지도자 박정희 장군은 한국 근대화의 전범을 만들었고 그 영향은 두고두고 지속되었다. 박정희의 독재국가는 경제적으로는 발전국가의 전형이었기 때문에 '실적에 의한 정통성(legitimacy by performance)'을 확보할 수 있었다. 박정희 정권은 실적주의와 계획 합리성(plan rationality)을 중시하는 관료주의와 권위주의가 결합한 근대적인 관료적 권위주의(bureaucratic authoritarianism) 정권이었다. 그러나 관료적 권위주의는 절차적 정당성에 의존하는 민주주의와는 달리 실적에 의존하였기 때문에 실적이 나빠지면 정권의 존속이 위협받는 위기에 빠지게 된다. 1979년 유신체제는 경제위기로 정통성의 위기에 빠진 박정희 정권이 야당, 지식인, 노동자, 민중에 의해 도전을 받았을 때 그들의 요구를 수용하기보다는 강압과 탄압으로 대응하였고 결국은 측근인 김재규에 의해 독재자가 시해당함으로써 종말을 고했다. 그러나 '서울의 봄'은 짧았고 전두환 장군이 이끄는 신군부에 의해 군부 권위주의가 복원되었다. 스스로 5공화국으로 불렀던 군부 권위주의는 광주 대학살을 통해 출범했기 때문에 태생적 정통성의 결함을 안고 출범했다. 따라서 신군부정권이 1984년 유화 국면을 조성하자마자 민주화라는 판도라의 상자는 열려 버렸고, 1985년 2월 12일 총선에서 1987년 6월 민주화 항쟁까지 장기간에 걸친 권위주의 정권과 민주화 연합세력 간의 '밀고 당기기 전쟁(tug-of-war)' 끝에 한국 민주화의 제3의 물결을 열었다.

한국 민주화의 제3의 물결은 먼저 동아시아에서 최초로 자생적으로 민주화를 달성한 사례라는 특징을 갖고 있다. 동아시아 민주주의의 선진국으로 한국, 일본, 대만을 들 수 있는데 일본은 외부 점령세력인 미군정 사령관인 맥아더 장군에 의한 '외부세력에 의한 민주화(democracy from outside)'에 속하고, 대만은 집권국민당이 장기적으로 민주화의 시기와 범위를 통제하는 가운데서 이루어진 '위로부터의 민주화(democracy from above)'에 속한다. 한국의 제3의 민주화 물결은 해방 후 미국에 의한 '외삽 민주화'와는 달리 시민들이 거리로 나와 정치적 자유와 인민주권을 다시 쟁취한 사건이다. 대만과 달리 권위주의 정권이 민주화의 의제, 타이밍, 범위를 통제하지 못했고 일단 정권에 의해 억압완화(decompression) 조치가 내려지자 정권은 통제력을 상실하고 말았다. 한국 민주화가 외부세력이나 정권의 통제, 계획된 시간표에 따라 이루어진 것이 아니라 자생적으로 이루어졌고 장기간에 걸친 밀고 당기기 전쟁 끝에 정권과 민주화 연합 세력 간에 대타협을 통해 이루어졌기 때문에 급진적인 사회경제적 민주화 개혁은 일어나지 않았으나 역전되지 않는 내구성(durable) 있는 민주주의를 낳을 수 있었다. 따라서 한국의 자생적 민주화는 동아시아의 후발 민주화 국가들에게 모델이 되었다.

3김 정치시대에 한국 민주주의는 지속적으로 발전해 왔다. 1987년 12월에 한국인들은 16년 만에 처음으로 선거를 통해 정부를 직접 구성할 수 있었다. 민주주의의 전환기에 선출된 신군부 출신 노태우 대통령은 언론의 자유, 집회의 자유, 결사의 자유를 복원시켜 주었다. 김영삼 대통령은 '문민정부'라는 이름에 걸맞게 군부에 대한 문민통제를 확고히 하였다. 그는 하나회와 같은 정치화된 군인집단을 숙청하였으며, 두 전직 군부 출신 대통령을 사법처리함으로써 탈군부화와 권위주의 과거청산에 있어서 후발 민주주의 국가들에게 모범 사례를 제공하였다. 1997년 말 외환금융위기의 와중에 집권한 김대중 정부는 동아시아에서 최초로 투표를 통해 평화적으로 정권교체를 이룩했다는 것 자체로도 한국 민주주의의 공고화에 크게 기여하였다. 재임 시 독립적인 인권위원회를 설립하여 인권보호를 제도화하였고 정치적 권리와 시민적 자유를 크게 신장시켰으며, 외환금융위기로부터 나라를 구해냄으로써 '민주정부 무능론'에 쐐기를 박았다.

가산주의적家産主義的 민주주의의 시대

이와 같이 3김 정치시대에 권위주의로부터 자유민주주의로의 성공적 전환이 이루어졌다. 그러나 이러한 성취에도 불구하고 3김 정치시대가 막을 내린 2002년 대선에서 모든 대선후보들이 '3김 정치'를 종식시키겠다고 약속한 데서도 드러났듯이, 3김 정치시대는 많은 구 권위주의의 유산을 청산하지 못한 채 민주화 제2

세대에게 물려주었다.

3김 정치가 물려준 대표적인 부정적 유산은 막스 베버(Max Weber)가 가산주의(patrimonialism)라고 정의한 전근대적인 권력의 사유화, 세습화, 사인화의 정치였다(Weber, 1978, 1010-1011). 말하자면, 3김 정치시대의 한국 민주주의는 전근대적 연고주의, 사인주의, 보스주의, 후원-수혜주의와 근대적인 자유민주주의가 결합한 '가산주의적 민주주의(patrimonial democracy)'였다.

3김 중 김영삼과 김대중은 1970년대 이후 반독재, 민주화 운동을 이끌어 온 양대 야당 지도자였고, 김종필은 박정희 권위주의 정권 내에서 온건 개혁세력을 이끌어 온 인물이다. 그런데 박정희 시대에 양김(김영삼, 김대중)은 권위주의 정권의 억압과 감시하에서 민주화 조직을 보전하고 추종자들의 충성을 계속 확보하기 위해 권위주의 독재자들이 조직을 유지하는 방식을 채택하지 않을 수 없었다. 그들은 독재에 저항하기 위해 자신의 조직 내부는 비민주적인 방식으로 운영한 것이다. 측근과 가신을 중심으로 정당과 파벌을 운영하는 가산주의적 정당을 만들고 정당의 정책결정을 철저히 비밀에 부치는 비밀주의를 채택하였다.

양김이 민주화 투쟁과정에서 의존한 가산주의는 민주화 이후에도 정치를 움직이는 중요한 지배원리가 되었다. 민주화 이후 정치의 중심에 선 3김은 근대적 민주정당을 발전시키기보다는 사당을 지속시켰다. 정당 보스가 추종자의 충성에 대한 대가로 추종자의 복지를 책임지는 가산주의는 1987년 이후 민주주의의 제도, 절차, 과정을 도입한 후에도 존속했을 뿐 아니라 더욱 기승을 부렸다.

가산주의의 핵심은 권력의 사유화이다. 막스 베버가 개념화한 가산주의는 가부장주의(patriarchism)의 특수한 형태로 기본적으로 가족주의(oikos)에 기초하고 있다. 군주가 권력을 공적인 것이 아니라 군주의 사유물로 여기며, 국가 관리를 공적 임무수행자로 여기는 것이 아니라 자신의 사적인 가신으로 여기는 것이다.[1] 가산주의가 신생 민주주의를 움직이는 실제적인 작동원리가 됨으로써 3

김 정치시대의 한국 민주주의는 여전히 민주적 책임성(accountability)과 응답성(responsiveness)을 결여한 '엘리트 민주주의'를 벗어나지 못했고 가부장주의, 지역주의, 보스주의, 가신주의, 패거리정치, 부패정치, 위임주의(delegativism)로 인해 질 높은 선진 민주주의로 도약하지 못했다.

3김 시대의 가산주의는 정당의 사당화를 초래하였다. 3김은 자신들의 정치적 필요에 따라 정당을 창당, 해산, 재창당을 반복했다. 그들은 자신의 지역을 근거지로 하여 정당을 봉건영주처럼 운영하였다. 재왕적 당총재로서 자신이 만든 정당 위에 군림하면서 후보공천, 당직배분, 국회직 배분을 독점했고 추종 당원들의 충성에 대한 대가로 정치자금과 권력이라는 보호지대를 제공하였다. 3김에 의한 정당의 사당화는 정당을 공공이익을 추구하기보다는 사적 집단의 사익을 추구하는 조직으로 만들었다. 가산주의적 정당은 민주적 정당체제의 저발전을 초래하였고 3김 시대에 한국 민주주의의 공고화를 지연시킨 가장 큰 장애요인이 되었다.

3김 정치시대의 유교적 가산주의는 궁극적으로 지역으로 확대되어 지역주의로 발전하였고 지역주의는 3김 시대에 한국 정치를 지배하였다. 유교적 가산주의 하에서 가족(가문)의 동심원적 확장이 지역이었고, 정치인과 정당은 지역의 사적 이익을 도모하여 표를 극대화하려 하였다. 대한민국이라는 민주공화국의 공동체적 이익을 희생하여 특정 지역의 이익을 배타적으로 추구하는 지역주의가 3김 정치시대의 각종 선거를 결정하였다. 한국인들은 자신들의 정체성을 좁은 가족, 씨족, 학연 등으로 동심원적으로 확대함으로써 선거를 지역 간 경쟁으로 몰고 갔

---

1 Weber, 1978: 1010-1011. 공자의 '天下爲家'는 베버의 가산주의와 닮은 점이 많다. 천하위가의 정치는 정치를 사유화, 세습화하는 것으로 그 바탕에는 가족주의가 있다. "천하를 사사집으로 생각하여 각각 자기의 어버이만을 친애하여 각기 자기의 아들만을 자애한다. 재화와 인력은 자기만을 위하여 바친다. 천자와 제후는 세습하는 것을 예로하며 성곽과 구지를 견고하게 하여 스스로를 지킨다."(天下爲家 各親基親 各子其子 貨力爲己 大人世及以爲禮 城郭溝池以爲固 — 禮記, 제9 禮運編)

다. 그 결과 지역적으로 3김 정당의 일당독재화가 일어나 한국 민주주의의 경쟁성, 책임성, 응답성을 낮은 수준으로 머물게 하였다.

신자유주의적 민주주의의 시대

3김 정치시대에 동구의 사회주의의 몰락이 있었고 1991년에 냉전체제가 해체됨으로써 '20세기'는 사실상 마감되었고(Hobsbawm, 1994) 세계화의 시대가 도래하였다. 한국 민주화는 냉전해체와 세계화와 그 시기를 같이하면서 신자유주의가 발전국가 모델을 대체하고 지배적인 경제 패러다임이 되었고, '신자유주의적 민주주의'라는 '잡종 민주주의(hybrid democracy)'를 낳았다.

박정희의 발전국가 모델을 수정하려는 움직임은 전두환 정권에서부터 시작되었다. 전두환 정권은 1980년대 말 중화학공업화의 위기가 유신체제 몰락의 구조적 원인을 제공하였다는 데서 교훈을 얻어 과도한 국가 개입에 의한 자원배분의 왜곡을 시정하고 시장에 의한 자율적 자원배분 능력을 강화시키는 시장순응적 정책을 추구하였다. 말하자면, 시장형성적 권위주의(market shaping authoritarianism)에서 시장순응적 권위주의(market conforming authoritarianism)로의 전환이 일어난 것이다.

민주화 이후에도 발전국가의 쇠퇴는 지속되었다. 전두환 정권부터 시작된 경제자유화, 대외개방화, 탈규제화 정책은 민주화 이후의 노태우, 김영삼 정부의 경제정책의 근간을 이루게 되었다. 그러나 발전국가는 약화되었으나 발전국가 모델 그 자체는 단기간에 해체되지 않았다. 자유화 정책으로 발전국가 모델은 경쟁적 시장자본주의가 아니라 '민간주도경제'라는 이름하에 재벌에 의해서 주도되는 독과점적 자본주의로 대체되었기 때문이다. 자유화와 탈규제 정책으로 국가는 재벌을 규율할 수 있는 많은 정책적 수단을 상실하였으며, 대외개방으로 국내 시장 보호라는 당근을 통하여 재벌을 규율할 수 있는 수단이 줄어들었고, 금융 자율화로 재벌은 제2금융권을 장악하고 국가소유 은행주식을 매수하여 금융자본을 사실상 사금고화하였다. 재벌체제는 실상 박정희의 발전국가에 의해 '만들어지고(inventing bourgeoisie)', '육성된' 것이다(nurturing bourgeoisie). 민간주도 경제로 불리는 재벌자본주의하에서 노동은 기업의 이해당사자에서 배제되었고, 채권자인 은행과 일반주주는 경영감시자 역할에서 소외되었다. 재벌자본주의는 사회적 감시체제가 취약한 총수 전제적인 족벌지배체제였다는 점에서 경제적인 가산주의家産主義 체제였다.

그러나 재벌자본주의의 개혁은 내부적 개혁요구와 외부적 개혁압박의 합작에 의해 가능하였다. 6.25한국전쟁에 버금가는 국난으로 불리는 1997년 말의 외환금융위기는 대통령 선거와 맞물리게 되었고 한국의 유권자들은 위기를 불러온 집권 세력에 책임을 물어 최초로 평화적 정권교체를 단행하였고 지금까지 한국의 경제를 이끌어 온 재벌자본주의라고도 불리는 가족소유 자본주의의 개혁을 새 정권에 요구하였다. 여기에 더하여 당시로서는 사상 최대 규모인 550억 달러의 구제금융을 제공한 금융의 세계정부인 IMF와 미국은 재벌체제의 개혁을 비롯한 노동시장, 공공부문, 금융체제의 4대 구조개혁을 구제금융의 조건부(conditionalities)로 제시하면서 정부와 재계를 압박하였다. 1998년 2월 김대중 대통령 당선자와 5대 재벌총수 간에 이루어진 '5대 합의사항'의 핵심 내용은 결합재무제표, 독립적 사외이사, 소액주주 권리강화, 내부거래 금지, 상호채무보증 해소, 수익성 위주의 경영, 핵심역량 중심의 사업구조, 대주주와 경영자의 책임강화였다. 이와 함께 김대중 대통령은 1998년 2월 6일 노사정위원회라는 3자협의기구 내에서 노사정 합의라는 새로운 방식으로 신자유주의적 노동정책의 핵심인 유연적 노동시장제도를 도입하였다. 이제 노동자들은 고용주의 의사에 따라 언제든지 정리해고될 수 있었고 기업의 구조조정도 언제든지 가능하게 되었으며, 몸집을 줄인 한국의 공룡 기업은 국제자본의 매력적인 인수합병의 대상이 되었다. 국제자본이 다시 서울로 들어 오게 되었고 한국은 유동성 위기에서 벗어날 수 있었다.

외세의 압력과 내부적 요구에 의한 경제와 노동의 구조개혁으로 1997년 이후의 한국 자본주의는 신자유주의적 자본주의로 전환하였다. 사업보국, 기업영토확장, 기업가족, 선단경영, 기업집단, 기업복지 등과 같은 유교적 가산주의의 함의를 가진 가족소유 자본주의 또는 재벌자본주의의 담론이 사라지거나 눈에 띄게 줄어들고, 그 자리에는 시장경쟁원리, 이윤극대화, 탈규제, 시장개방, 경제자유화, 민영화, 국가의 비효율성 등과 같은 시장경쟁과 사유재산의 신성화, 공적 영역에 대한 사적 영역의 우위를 강조하는 신자유주의적 담론이 자리 잡았다.

그러나 신자유주의적 시장담론에는 민주주의와 공존할 수 없는 측면이 있었다. 먼저 사적이익추구의 극대화 논리가 국가영역에까지 침투하여 정부운영을 공공성이 아니라 시장적 효율성 원리에 따라 운영해야 한다는 주장이 힘을 얻게 되었다. 공공기관과 공기업이 공공성과 국민의 행복증진이라는 잣대에 의해 평가되지 않고 얼마나 단기적으로 수익을 내었느냐에 따라 평가되면서 공적 영역의 사적 영역화가 일어났다. 민주정부는 '민주공화국'이 지향하는 공익의 극대화, 공공성의 증진이라는 목표에 충실하지 않고 시장적 효율성을 추구하는 기업경영주의적 '국가경영론'에 의해 운영되었다. 정치개혁에서도 신자유주의적 담론이 득세하였다. '고비용 저효율 정치'를 '저비용 고효율 정치'로 바꾸자는 신자유주의적 정치개혁 담론은 김영삼 정부하에서 자본가 단체들로부터 나왔는데 진보정권이라 불렸던 김대중 정부하에서 더욱 극성을 부렸다. 물론 정치도 효율적이어야 하고 투명해야 한다. 그러나 그것만이 정치개혁의 목표가 되어서는 안 된다. 정치개혁의 최우선순위는 정치인들이 시민의 자유보장, 국민복지의 극대화, 정치의 공공성 증진에 나서지 않으면 당선이 될 수 없는 제도적 장치를 마련하는 것이다.

3김 정치시대의 민주주의를 요약하자면, 1987년 이후 15년 동안 평화적 정권 교체, 인권과 자유의 신장, 군부에 대한 문민통제의 확립, 좀 더 책임성 있고 응답하는 정부를 만들어 내었다는 점에서 자유민주주의로의 공고화에 전기를 마련한 반면, 정치뿐 아니라 경제에서 전근대적 유교적 가산주의를 청산하지 못하였고, 냉전의 해체와 세계화와 함께 밀어닥친 신자유주의의 물결에 휩쓸려 공공성이 실종되고, 상업적 시민(bourgeoisie)의 영역이 공적 시민(공민: citoyen)의 영역을 압도하며, 국가에서 시장으로 권력의 중심축이 넘어간 신자유주의적 민주주의로 행진함으로써 민주주의의 질적인 향상을 이룩하지 못했다.

3김 정치시대 이후의 민주주의

3김 정치시대는 3김이 정치의 본 무대에서 퇴장하면서 자연적 생명을 다했다. 그러나 사회적 생명을 다했는지는 의문이다. 여전히 3김 정치의 유산은 지역주의라는 이름으로 내장(embedded)되어 있고, 3김 정치의 특징인 가산주의와 신자유주의는 3김 정치에 고유한 특징이라기보다는 경로의존적으로 문화적 세습에 의해 학습되었거나(가산주의), 3김이 통제할 수 없는 세계화라는 외부적 요인에 의해 강요되었기 때문에(신자유주의) 쉽게 사라지지 않았다.

그러나 그래도 역사는 진보한다. 역사는 '예정론적' 또는 '결정론적'으로 진보하는 것이 아니라 현실을 변화시키려는 인간의 개혁의지에 의해 진보하는 것이다.[2] 언제라도 역사는 '이성의 간지(cunning of reason: 헤겔)'에 의해 진보할 수도 있지만 후퇴할 수도 있는 것이다.

---

2 맑스는 〈포이에르바흐 테제〉에서 "철학자들은 다양한 방법으로 세계를 해석하려했다. 그러나 문제는 세계를 변화시키는 것이다"(Marx, 1845, Theses on Feuerbach)고 이야기했다.

2002년 노무현 정부의 출범으로 탈3김 정치시대가 개막되었다. 사실상 2002년은 '3김 정치시대 이후'를 시작하는 원년이었다. 첫째, 노무현 대통령은 최초의 전후세대 출신 대통령이라는 점에서 그의 당선은 21세기 일어난 정치의 세대교체를 의미하였다. 둘째, 노무현 대통령은 월드컵세대, 참여세대로 불리는 젊은 세대의 지지에 의해 당선되었다. 2002년 선거에서 세대균열이 지역균열에 버금가는 투표결정 요인이었다는 점에서 3김 시대에 한국의 선거를 결정해 온 지역주의가 퇴조하고 있다는 것을 보여 주었다. 셋째, 김대중 정부 말기에 이루어진 국민경선제라는 탈3김적 정치개혁이 정당 보스와 정당 기득권세력의 지지 없이도 국민의 지지만으로 후보가 될 수 있다는 것을 보여 주었다. 셋째, 2002년의 선거는 한국에서 신유목적 민주주의가 활성화되었다는 것을 보여 준 선거였다. 노사모(노무현을 사랑하는 모임)와 같은 유목적 선거지지 그룹은 21세기의 유목민처럼 온라인과 오프라인을 넘나들면서 노무현을 당선시키기 위한 운동을 했고 결과적으로 성공하였다. 한국에서 신유목적 민주주의의 출현은 신유목사회의 바탕 위에서 가능했고 신유목사회는 외환금융위기 극복 이후 김대중 정부가 미래에 대한민국을 먹여살릴 차세대 먹거리로 IT산업에 주목하였고 이를 위해 초고속 정보통신망과 같은 IT인프라를 전국적으로 구축하였기 때문에 가능하였다. 각종 지표에서 현재 한국은 IT산업, 정보 인프라, 전자정부뿐 아니라 SNS, 소셜미디어와 같은 웹 2.0에서도 선두를 달리고 있으며 이것이 변덕스러운 글로벌 금융위기에도 불구하고 한국이 경제적으로 좋은 성적을 내고 있는 기반이다.

그러나 노무현 정부는 그에게 부여된 탈3김 시대의 질 높은 민주주로의 도약을 이루어내지 못하고 '시장의 간지'에 의해 좌초하였다. 노무현 대통령은 권위주의의 제도와 문화의 청산, 부정부패의 척결과 깨끗한 정치실현, 시민의 정치참여 확대 등 한국 민주주의의 발전을 위해 많은 공헌을 하였다. 그러나 시민사회가 참여하여 구출해서 당선시켜 준 노무현 대통령은 정당정치에는 미숙하였다. 그는 한나라당은 물론 집권여당인 열린우리당과도 원활한 소통을 하지 못했다. 4대개혁입법(국보법폐지, 과거사진상규명법, 사립학교법, 언론개혁법)의 실패는 주기적으로 치러진 선거에서는 소수로 밀려났지만 여전히 강고한 한국 사회의 주류세력(social majority)을 다루는 정치력이 미숙했다는 것을 보여 준다. 여당, 야당은 물론 국민과의 소통에 실패하였고 권위주의의 정치문화와 제도를 청산하는 개혁을 하면서 그는 권위주의만 청산한 것이 아니라 민주적 지도자가 반드시 갖추어야 할 권위마저 잃어버린 것이다. 이런 상황하에서 개혁을 밀고 나갈 추진 동력을 상실하게 한 것은 '시장의 간지'이다. 그가 집권한 시기는 세계화의 물결이 거세게 몰아치던 때였다. 세계화를 움직이는 원리는 신자유주의적 시장원리였다. 뉴욕타임즈 칼럼니스트 토마스 프리드먼은 "세계화는 국민국가에게 황금죄수복(golden strait jacket)을 입힌다. 황금죄수복을 입는 순간 정치적 선택은 '펩시냐 코카콜라냐'로 좁혀진다"라고 하였다(Friedman, 2000). 노무현 대통령도 "권력은 이미 (국가에서) 시장으로 넘어간 것 같다"고 고백하였다.

'시장의 간지'에 의해서 노무현 대통령은 시장에 압도된 것 같다. 젊은 세대, 노동자, 그리고 민주화 운동세력의 지지에 의해서 당선된 노 대통령이 급격히 시장친화적인 정책으로 우회전함으로써 그는 전통적 지지기반을 상실하였다. 그런다고 해서 한국의 사회적 주류세력이 노 대통령의 지지세력으로 전향하지도 않았다. 그들은 노무현 대통령과는 출신, 문화, 정체성이 다르다고 생각하고 있었기 때문에 노무현 대통령과는 화합할 수 없다고 생각하였다. 결국 노무현 정부는 집토끼와 산토끼 모두를 잡으려다가 둘 다 놓치고 민주화 이후 선거에서 가장 큰 표차로 보수야당 후보에게 정권을 내어주었다.

한나라당의 이명박 대통령으로의 정권교체로 한국은 20년 만에 헌팅턴(Huntington)이 이야기한 민주주의 공고화를 측정하는 '두 번의 정권교체 테스트(two turn-over test)'를 통과한 동아시아 최초의 민주주의 국가가 되었다. 이코노미스트지는 이명박 정권하에서 한국을 결손 민주주의(flawed democracy)에서 완전한 민주주의(full democracy)로 상승한 유일한 아시아 국가로 선정하였다. 그러나 이명박 정권하에서 민주주의가 발전한 것만은 아니다. 오히려 많은 후퇴의 징후가 발견된다. 첫째, 정당정치가 후퇴하고 있다. 정당개혁의 상징이었던 국민경선제는 이제 잔재만 남아 있을 뿐이며, 정당과 국민이 선출한 국회가 정치를 주도하지 못하고 정치적 결정을 국민에 의해서 선출되지 않는 검찰, 경찰, 사법부가 법률가적 잣대로 내리는 '다른 수단에 의한 정치(politics by other means)'가 더 강화되고 있으며, 검찰에 지나치게 권력이 집중되는 현상은 민주주의의 미래를 어둡게 하고 있다. 둘째, 자유가 후퇴하고 있다는 것이다. 미국 민주주의의 핵심인 수정헌법 1조는 의회는 어떤 이유로라도 종교, 언론, 출판, 결사, 집회의 자유를 침해하는 법을 제정할 수 없다고 못박고 있다. 수정헌법 1조는 미국 민주주의를 지탱해 온 반석이며 미국 시민들의 자유를 보호해 준 권리장전이다. 그런데 비슷한 권리장전이 장착된 헌법을 가지고 있는 대한민국에서 시민적 자유, 특히 언론의 자유가 심각하게 후퇴하고 있다는 징후가 도처에 나타나고 있으며 보수적인 국제인권단체인 프리덤하우스도 최근 한국을 '언론이 부분적으로 자유로운 나라(partly free)'(Freeedom House, 2011)로 분류하면서 언론이 자유로운 나라에서 등급을 하향조정하였다. 셋째, 국가권력을 법의 테두리 내로 제한하고 개인의 인권과 시민의 자율성, 자유, 권리를 보장하고 보호하는 법치 또는 법의 지배(rule of law)가 아니라, 법가주의적인 '법에 의한 지배(rule by law)'가 강화됨으로써 정치화된 사법기관에 의존하여 정부의 법집행을 정당화하고 시민의 자유를 침해하는 국가의 행위를 법적으로 정당화하는 일이 만연하고 있다. 법이 시민의 자유을 보호하는 최후의 보루가 아니라 국가권력의 정당화의 보루가 될 때 민주주의의 근간인 진정한 법치는 무너진다. 넷째, 신자유주의적 민주주의에서 신자유주의가 강화되면서 민주주의의 물질적 기초가 약화되고 있다. 신자유주의적 민주주의는 '시장에 의한 정치(politics by the market)'를 강화하여 자유화, 탈규제화, 승자독식의 사회, 자본편향적인 사회적 자원배분, 비즈니스프렌들리 정부, 국가의 축소, 탈정치화를 불러와 국가에 의한 시장적 자원배분의 시정과 보완기능을 축소시켜 버렸다. 그 결과 경제적 양극화가 심화되고 경제적 양극화는 사회적 양극화를 가져와 민주주의의 버팀목이자 허리인 중산층이 잘룩해진 모래시계형 또는 눈사람형 계층구조를 초래함으로써 중산층에 기반한 민주주의가 사라지고 부자의 민주주의와 빈자의 민주주의로 분열된 정치적 양극화가 나타나고 있다.

맺는말 — "Hic Rhodus, hic saltus!"

3김 정치시대에 박정희의 발전국가 모델은 1997년 말 국가를 부도의 위기로까지 몰아넣은 외환금융위기와 IMF의 구제금융체제로 들어가면서 '역사적으로' 폐기되었다. 그 후 발전국가 모델과 전혀 다른 신자유주의 모델이 등장했으나 한국에서의 신자유주의 모델은 3김 정치시대의 '가산주의(patrimonialism)'와 결합하여 하이브리드형 신자유주의로 변질되고 말았다. 이러한 가운데 탈3김 시대에 이미 생명을 다한 것 같았던 재벌조직이 다시 부활하게 되었고 재벌은 신자유주의의 청산 대상이 아니라 신자유주의를 견인하는 주력부대가 되었다. 재벌이 살아나고 발전국가 모델도 살아나면서 박정희도 살아났고 '박정희 향수론', '개발독재 예찬론'과 함께 '민주정부 무능론'이 고개를 들고 있다. 이는 민주정부와 민주주의에 대한 신뢰를 떨어뜨리고 한국에서의 지속 가능한 민주주의의 실현을 위협할 수 있다. 그러나 필자의 조사에 의하면, 1987년 이후 지금까지 지속되고 있는 한국의 민주정부들은 여러 영역에서 권위주의 정부보다 뛰어난 실적을 보여 주고 있다. 1987년 민주화 이래 한국의 역대 민주정부는 국내 투자율을 비롯한 GDP성장률, 총고정자본 형성률, 무역수지흑자, 인플레이션 등 다양한 측면에서 권위주의 정부보다 좋은 성과를 거두고 있을 뿐 아니라 선진국과 비교해도 뒤떨어지지 않는 것으로 나타났다(Im and Choi, 2010).

대한민국이 민주화를 이룩하지 못했다면 지속적인 경제성장은 물론 냉전의 종식과 세계화로 인해 변화된 국제경제 환경에 적응하는 데에도 실패했을 것이다. 한국의 민주정부는 세계화와 IT혁명을 주도하였고, 고도의 경제성장을 지속해 왔다. 민주화 이후 역대 민주정부들이 거둔 실적은 '선 민주, 후 발전'이라는 '민주적 발전론(democratic development)'이 '선 경제발전, 후 민주주의'라는 근대화론보다 민주화 이후의 민주주의와 경제발전 간의 상관관계를 더 잘 설명해 줄 수 있는 이론이라는 것을 증명해 주고 있다.

한국의 민주주의자들은 더 이상 민주주의의 가치와 능력에 회의해서는 안 된다. 한국의 민주주의자들은 지금까지 쌓아 온 민주주의의 탑 위에서 다시 탑을 올리는 작업을 시작해야 한다. 비록 3김 정치시대에 민주화의 주역들은 많은 흠결이 있었으나 기본적으로 자신에게 부여된 민주화의 역사적 사명을 완수하였다. 3김 정치시대 이후의 지도자들도 마찬가지이다. 우리는 그들의 결점을 지적하기 전에 그들이 수행한 성취에 찬사를 보내야 한다. 거기서부터 우리는 더 질 높은 민주주의를 향한 여정에 나서야 한다. 우리는 3김 시대 이후 민주화 2기의 과제인 복지화와 통일 한국의 민주주의 건설을 향해 전진해야 한다.

우리는 민주정부의 선택을 좁히는 신자유주의적 세계화가 강요하는 '황금죄수복' 이야기나 '신자유주의 외에 다른 대안이 없다'(TINA: There Is No Alternative)는 이야기에 절망할 필요는 없다. 그 대신 세계화 시대에도 다양한 자본주의가 가능하며(varieties of capitalism: Hall and Soskice, 2001), 세계화 시대에도 민주정부는 경제정책 선택권이 있으며 문제는 선택의 폭이 좁은 것이 아니라 선출된 민주정부 지도자들이 선택한 경제정책의 내용에 관한 것이라는 아담 쉐보르스키 교수의 말을 경청할 필요가 있다(Prezeworski and Yebra, 2005). 헤겔은 〈법철학 서문〉에서 이솝의 허풍쟁이의 우화(Aesop, The Boastful Athlete)를 인용하여 "여기가 로두스다, 여기서 뛰어라(Hic Rhodus, hic saltus!)"고 번역한 뒤 이를 패러디하여 "여기에 장미가 있다, 여기서 춤추어라(Hier ist die Rose, hier tanze)"라고 독일어로 의역하였다. 맑스는 〈루이 보나파르트의 브뤼메르 18일〉에서 헤겔의 독일어 의역을 다시 라틴어로 옮겼다(Marx, 1852). "Hic Rhodus, hic salta!" 로두스 섬이든 장미든 헤겔과 맑스가 이야기하고 하는 것은 현실주의적 행동주의이다. 이상적인 상황, 구조, 조건이 도래할 때까지 기다리지 말고 현실과 부딪치며 행동에 옮겨야 하며, 그것도 로두스 섬의 절벽에서 절망적으로 뛰어내리는 것이 아니라 장미처럼 아름답고 즐겁게 춤추듯이 뛰라는 것이다. 우리는 3김 정치시대의 한국인들이 쌓은 민주주의의 광장에서 축제하듯이 민주주의의 장미꽃을 피워야 할 것이다.

I

한국 민주주의의 권위와 공공성

1. 한국 민주주의의 권위구조— 탈권위주의에서 민주적 권위 구축으로*

민주화 이후 한국의 정치사회는 탈脫권위주의화에 몰두해 왔다. 제왕적 대통령의 권력을 분산·분권화하고, 중앙정부의 권력을 지방정부에 이양하고, 여소야대 국회는 대통령과 그 정부를 비판·견제·감시하고 있다. 시민사회는 과거 권위주의 시대의 '어용' 시민단체의 오명을 벗어던지고 자율적인 존재로 다시 태어나 정부·정당·기업을 견제·감시하고 있다. 무소불위의 권력을 휘두르던 국가권력기구들(국정원, 검찰, 보안사, 경찰, 국세청 등)은 대표들의 통제를 받게 되었고, 대통령은 이들 기구들을 탈정치화·중립화시키면서 이들을 정치적으로 이용하는 것을 중단한 사실을 탈권위주의화의 치적으로 자부하고 있다.

2002년 대선과 2004년 총선은 사실상 탈권위주의화를 마무리 지은 선거였다. 양대 선거를 통해 제왕적 대통령과 제왕적 당 총재는 역사의 뒤안길로 사라졌다. 1인 지배의 사당적 정당도 사라지고 정당의 민주화 작업이 시작되었다. 정치영역에서 권위주의의 해체와 파괴 현상이 도처에서 발견되었다.

그러나 탈권위주의화가 탈권위로 잘못 인식되어 권위주의의 해체와 파괴 현상

* 이 글은 다음의 글을 수정·보완한 것임. 임혁백, 2005, 〈민주주의와 권위구조〉, 조대엽·박길성 외 지음. 《한국 사회 어디로 가나?》, 서울: 굿인포메이션.

과 동시에 권위의 해체와 파괴가 일어났고 그 결과 '통치의 위기(crisis governability)'를 초래했다. 최초의 한국 대통령 탄핵사건은 '권위의 위기'를 상징한다. 대통령 권력의 탈권위주의화가 진행되면서 대통령의 권위까지 인정하지 않겠다는 권위 경시현상이 일어났고 탄핵사건은 이러한 현상의 정점이라 할 수 있다.

그러나 권위의 위기가 통치의 위기를 가져왔으나 국민들은 탄핵이 이뤄진 지 한 달 뒤 치러진 선거에서 대통령을 정치적으로 복권시켰고, 뒤이어 헌법재판소가 이를 법적으로 확인시켜 줌으로써 통치의 위기는 해소되었다. 그러나 여전히 대통령 권위의 회복은 과제로 남아 있다. 민주주의가 '가장 권위 있는' 정치체제라는 사실에 동의한다면, 지금 우리가 풀어야 할 과제는 권위의 해체와 파괴가 아니라 민주적 권위의 구축이라 할 수 있다.

권력과 권위는 다르다

권력과 권위의 차이

탈권위주의가 탈권위가 아니라는 것을 알기 위해서는 먼저 권력과 권위의 차이와 관계를 명확히 파악하는 것이 필요하다. 라틴어로 권력을 의미하는 'potestas'는 어떤 사물과 인간을 내가 원하는 대로 변화시킬 수 있는 능력으로 정의된다. 불어로 권력의 동사적 표현인 'pouvoir'는 'I can'의 의미를 갖고 있고, 명사인 'puissance'는 'capacity of having things done'으로 변화시킬 수 있는 능력을 뜻한다. 따라서 권력은 강제력(coercibility)과 제재력(sanctionability)과 연관된다. 권력은 보상과 박탈에 의해서 명령을 내릴 수 있는 힘을 의미한다.[3]

3 베버(Max Weber)는 권력을 주로 '지배(herrschaft)'로 표현했다. 지배(herrschaft)는 권력(power)과 힘(force)을 모두 의미하며 강하고 거친 권력(macht)이 아닌, 봉건영주의 통치(domination)와 지배(mastery)에 연원을 둔

반면, 권위(auctoritas)는 '명령을 내릴 수 있는 권리(right to command)' 또는 '통치할 수 있는 권리(right to rule)'이다. 권위는 권력과 유사한 특성을 공유하고 있으나 그럼에도 권력으로 환원될 수 없는 특성을 갖고 있다. 권위가 있다는 것은 "권력이 받아들여지고, 존중되고, 인정되고, 정당화되는 것"을 의미한다(Sartori, 1987: 187). 그러므로 정치적 의무와 정통성, 권위는 상호 교환할 수 있는 용어이다. 권위는 정통성이 있는 권력이고 자발적으로 복종되는 권력이다. 권위를 의미하는 라틴어인 'auctoritas'는 '증가하다'는 의미의 'augere(augument)'라는 동사에서 연유했다. 그것은 도시국가(polis), 가족, 또는 책이나 사상의 창시자인 'auctor(author)'의 행동이나 사상을 강화하고, 확인하고, 확산시키는 것을 의미했다(Sartori, 1987: 186; 박효종, 2001: 119). 다시 말해, 권위란 물리적 강제력을 수반하지 않고도 명령이 지켜질 수 있게 하는 영향력이라 할 수 있다.

법적 위치로부터 기인한 정치적 권위

권위를 가진 사람은 기본적으로 '법적 권위'를 가진 사람이다. 그는 사람들에게 명령을 내릴 수 있고 복종을 요구할 권리를 가진다. 그가 복종을 요구할 수 있는 권리를 갖게 된 것은 그 자신의 행동이나 말에 의해서가 아니라 일정한 규칙과 절차에 의해 확보된 '권위(또는 법)적 위치'로부터 기인한 것이다. 그가 확보한 '위치'가 바로 권위의 원천이다(박효종, 2001: 138).

그러나 그가 사계斯界의 권위자인 경우에 그의 권위는 법적 위치가 아니라 그가 가진 특별한 기술이나 지식 때문에 복종이 일어나는 권위이다. A가 사계의 권

지배(rule)와 지배력(rulership)을 의미하는 용어이다. 베버가 권위(autoritat) 대신 지배(herrschaft)를 사용한 것은 권력이란 위로부터 강요하고(impose), 무조건적으로 받아들여져야 하고, 즉각적으로 복종해야 하는 힘을 의미하고 따라서 권위와 구별된다고 생각했기 때문일 것이다. 베버의 근대국가는 '물리적 폭력의 합법적인 독점'에 근거한 권력에 의해 명령을 내린다. 굳이 이야기하자면 베버의 권위는 '정통성 있는 지배(legitimate herrschaft)'가 될 것이다(Sartori, 1987: 186, 208).

위자라는 것은 전문지식의 소유자로서 권위이다. "아는 것이 힘이다"에서 보는 지적 권력인 것이다. 그런데 사계 권위자의 권위는 이론적 영역에서의 권위일 뿐이다. 이 경우, 권위자의 의견에 따르는 것은 추종자들의 선택에 달려 있기 때문에 권위자의 권위는 이론상으로만 권위일 뿐이다.

정치적 권위는 전문지식을 의미하는 권위와 다르다. 대통령의 권위는 선거에서 뽑힌 대통령이기 때문에 갖고 있는 정치적 권위이다. 정치적 권위는 법적 위치에서 나오는 법적 권위 또는 위치적 권위이다(박효종, 2001). 정치적 권위는 정치권력에 대한 복종이 피치자의 의무(political obligation)로 받아들여지고, 권력의 정통성(legitimacy)에 의해 지지되는 권위이다. 또한 인민의 존경(esteem)과 존중에 바탕을 둔 권력이다(De Grazia, 1959: 321). 따라서 권위는 지도자의 목소리가 피치자에 의해 경청될 때 발생한다. 부족국가이든 도시국가이든 근대국가이든 인민은 공동체의 공통의 목표를 향해 자신들을 이끌어 줄 수 있는 존경하는 지도자에게 권위를 부여하며, 지도자는 열정과 능력을 통해 이러한 공통의 목표를 향해 인민을 이끌어 나간다(De Grazia, 1959: 322).

권력은 강제, 권위는 호소

권력은 명령을 내리고 그 명령은 강제(enforcement)에 의해 뒷받침된다. 반면, 권위는 호소(appeal)에 의존한다. 권위는 보상과 강제에 의거하지 않는 권력의 한 특수형태이다. 강제된다면 권위가 아닌 것이다. 권위는 피치자들이 자발적으로 관직(공직)을 인정함으로써 부상하고, 피치자들이 공직자의 목소리에 귀를 기울이는 데서 능력을 얻는다. 권위는 강압력보다는 위신과 존경에 기초한 권력인 것이다. 이 점에서 권위는 권력이기보다는 도덕적 영향력이라고 부르는 것이 적합할지 모른다. 권위는 강제에 의거하지 않기 때문에 권위를 가진 자의 말을 따르지 않는다고 해서 피치자의 자유가 박탈되지는 않는다. 따라서 권위는 자율성과 조화를

이룬다(Flathman, 1980: 191).[4]

권위 없는 권위주의

권위가 강제에 의하지 않는 권력이라면 권위주의(authoritarianism)는 '권위가 없는 권력'이다. 권위주의야 말로 권력의 요소 중 강제력과 강압력에만 의존하는 가장 권위 없는 정치체제이다. 정치체제로서 권위주의라는 용어는 파시즘에 의해 만들어졌다. 파시스트들은 원래 좋은 의미를 갖고 있던 권위를 위조하고 도용했다. 파시스트들은 자신의 정치체제가 마치 권위를 가지고 있는 정권으로 호도하기 위해 민주주의를 타락하고 권위 없는 금권정치(plutocracy)로 깎아내리고 자신들이야말로 '진정한 권위'를 회복한 정권으로 미화하려 했다(Sartori, 1987: 189).

파시스트들은 권위라는 단어를 정치적으로 오염시켰다. 파시스트들은 진정한 권위의 회복을 내걸었으나 권위가 아닌 권력에 의존했고 개개인의 자유를 인정하지 않았다. 파시스트들에 의해 권위라는 말이 위조되고 남용된 결과, 권위주의는 권위가 없는 권력이 되었고 억압적인 권력이자 무능력한 권력을 상징하게 되었다. 결국, 권위주의는 권위의 위기를 의미한다.

민주주의와 권위

민주주의와 권위의 관계와 관련해서 두 가지 질문이 있다. 하나는 "권위가 민주적인가"이며, 다른 하나는 "민주주의가 권위를 증가시키는가"이다.

---

4 권위에 대한 다양한 정의를 살펴보면, 파슨스(T. Parsons)는 권위를 '제도화된 권력(institutional power)', 미헬스(R. Michels)는 '행사된 지배권, 현시화된 권력(exercised ascendance, manifestation of power)', 카틀린(G. E. G. Catlin)은 '관습과 관행에 의거하여 행사된 권력(power exercised in accordance with a convention)', 맑시스트들은 '합리화하는 이데올로기의 가장 투명한 외투(the most transparent cloak of rationalizing ideology)' 등으로 정의했다.

민주주의는 권위를 가진 자의 지배

우선 첫 번째 질문에 대해 답하면 권위는 민주주의 권력의 공식이다. 그래서 민주주의는 권력을 극소화하고 권위를 극대화한다. 민주주의하에서는 누구도 자신을 지배자로 선출할 수 없고, 자신이 타인을 지배할 수 있는 권력을 스스로에게 부여할 수 없다. 또한 비합법적이고 무제한적인 권력을 참칭僭稱할 수도 없다. 민주주의 권력은 국민만이 부여할 수 있고, 국민이 부여한 권력은 제한되고, 통제되고, 분산된다. 이렇게 민주주의에서 권력은 다두정(polycratic)의 성격을 갖고 있다. 그러나 이러한 성격이 무정부적 상태를 의미하는 것은 아니다. 민주주의라는 단어 속에는 분명히 지배(kratia)의 의미를 갖고 있기 때문에 민주주의는 지도자가 없는(leaderless) 무정부 상태가 아니다(Sartori, 1987: 207).

민주주의는 '권력을 가진 자에 의한 지배'를 '권위를 가진 자에 의한 지배'로 대체하려 한다. 민주주의하에서 행사되는 권력은 권위에 의해 후원되는 권력이기 때문에 민주주의하에서 권위는 권력을 대체하고 지도(direction)하며 강압적 통치를 대체한다. 결국 참된 권위를 회복하려는 것은 권위주의가 아니라 민주주의인 것이다. 그런데 권위라는 말은 이미 파시스트에 의해 오염되고 말았다. 그래서 민주주의 이론가들은 '권위주의적(authoritarian)'과 '권위적(authoritative)'이란 말을 구분함으로써 민주주의의 권위를 회복하려 했다.[5] 이스턴(D. Easton)은 민주정부를 '가치를 권위적으로 배분하는(authoritative allocation of value)' 정부로 규정함으로써 권위주의 정부와 차별화하려 했다(Easton, 1953). 아도르노(T. W. Adorno)는 '권위주의적 인간형(authoritarian personality)'과 '권위적 인간형(authoritative personality)'을 구별함으로써 권위주의와 친화적인 인간형과 권위주의를 불러오는 인간형을 파악하려 했다(Adorno et al, 1950).

---

5 '권위주의적(authoritarian)'은 권력에 초점을 맞추나 '권위적(authoritative)'은 피치자의 동의(consent) 또는 권위부여(authorization)에 초점을 맞춘다(Barber, 1998: 106).

권위가 비민주적이라는 것은 신화일 뿐이다. 권위는 민주적 특색을 지니고 있다. 권위는 민주적으로 부여될 수도 있고 비민주적으로 부여될 수도 있다. 그러나 부여된 권위는 민주적이다. 왜냐하면 공공선을 향한 지도자의 헌신과 능력이 없이는 권위가 존속할 수 없기 때문이다. 인민의 존경 없이 지배하는 자는 권력을 가진 자일 수 있으며, 피치자로부터 복종을 받는 자일 수 있다. 그러나 그가 권위를 가진 자라고는 볼 수 없다. 이러한 지배자는 통치자가 아니라 폭군이다(De Grazia, 1959: 322). 합법적이고 정의로운 권력을 소유하고 있을 때 권위를 갖고 있다고 할 수 있다.

민주주의가 권위를 확보

두 번째 질문, 민주주의가 권위를 증가시키는가와 관련해서는 다양한 견해가 존재한다. 우선, 첫 번째 입장은 민주주의가 자동적으로 권위를 확보한다는 것이다. 루소(J. J. Rousseau)는 민주주의를 일반의사(인민의 집단적 의사)의 지배로, 민주적 과정을 일반의사의 발견과정이라고 보았다. 일반의사는 진정한 인민의 의사로 인민이 일반의사에 지배당한다는 것은 진정한 자기 자신의 의사에 지배당하는 것을 의미한다. 다른 말로 하면, '자유롭게 강제되는 것'이다. 루소의 민주주의에서는 권위와 자율 간의 긴장이 풀어지는데 개인은 집단적으로 법 제정에 참여함으로써 개인의 자율성을 구현하게 되며, 개개인의 자율적 표현에 의해 결정된 법과 법을 제정하는 공직자는 권위를 갖게 된다(Warren, 1996: 52). 따라서 루소의 민주주의하에서는 인민들의 복종문제가 발생하지 않게 된다. 왜냐하면 진정한 자신의 의사에 의해 지배당하기 때문이다. 투표를 통해 확인된 다수의 견해가 일반의사이며 일반의사를 잘못 이해하고 있던 소수가 다수의 의견에 순응하는 것은 당연한 것이기 때문이다(Rousseau, 1964). 루소에게 있어 민주주의는 자발적인 복종을 불러일으키고 자동적으로 복종이 정당화되고 따라서 자동적으로 지배자는 권위를 확보하게 된다.

민주주의로 인한 권위의 상실

두 번째 입장은 민주주의가 권위를 저해한다는 것이다. '권위의 위기'를 주장하는 신보수주의자들은 민주주의의 과잉이 권위의 상실을 가져온다고 비판한다. 사회의 민주화가 권위적 질서(authoritative order)를 잠식하고 부식시켜 결국 사회를 무정부적인 상태로 이끈다는 것이다. 신보수주의자들은 민주주의와 사회적 질서를 대척점에 놓고 민주주의를 공격한다. 민주주의의 과잉이 결사체를 위협하고 가족·기업·공동체의 유대를 약화시키고, 평등화와 동질화를 통해 시민들 간의 신뢰와 협력을 파괴한다고 주장한다(Crozier et al, 1975: 162-163). 가족·기업·교회·대학을 민주화함으로써 결국 가족의 가치와 조직적 효율성, 권위 있는 영적 지도력, 지식의 권위가 파괴되었다는 것이다. 각종 제도들이 정통성을 상실했고 지배 엘리트들의 자신감도 약화되었다. 대학도 상아탑으로서의 권위를 상실했고, 교회도 도덕적 지도자로서의 권위를 상실했다. 자유주의자들이 추구하는 쾌락주의 또한 가족의 권위를 실추시켰다(양진석, 2003; Crozier et al, 1975). 결국, 민주주의의 과잉이 권위의 위기를 초래했고 이는 통치력의 위기(crisis of governability)로 이어졌다는 것이다. 그러나 신보수주의자들의 권위 위기론 또는 민주주의에 의한 권위 훼손 주장은 오페(C. Offe)가 비판한 것과 같이 질서와 안정을 위한 비정치적·비민주적 대안을 모색하기 위해서 나온 것이다(Offe, 1985: 819). 정치·경제·문화 조직에 있어서 경쟁자가 없는 표준(uncontestable standards)을 복원하려는 시도라고 할 수 있다.

권위와 민주주의의 양립불가능

세 번째 입장은 권위가 민주주의를 저해한다는 것이다. 아렌트(H. Arendt)는 권위를 종교 및 전통과 함께 삼위일체로 보는 로마적 정치철학을 지지한다. 아렌트는 권위가 비정치적 기초를 갖고 있다고 보면서 면대면적인 정치참여에 파괴적이라고 보았다. 즉, 권위의 도덕적·윤리적 성격을 강조하면서 권위가 민주주의와 양립할 수 없다고 보았다(Arendt, 1968: 136-141). 볼프(R. Wolff) 또한 권위는 개인의 자율적 판단을 지배자에게 양도하기를 요구하기 때문에(surrender of judgement) 민주적이지 않다고 주장했다(Wolff, 2001). 볼프는 특정인이 한 개인에게 명령을 내릴 권리가 있다는 것을 인정하게 되면, 결국 다른 사람이 한 개인을 지배하는 것을 허용하는 것이며, 이는 자율적으로 행동해야 할 개인의 기본적 의무를 포기하는 결과를 가져온다고 주장했다.[6] 만약, 권위가 개인의 '자율적인 결정의 양도(surrender of autonomous judgement)'를 요구한다면 권위는 자율성과 공존이 불가능하게 되며 따라서 민주적이 될 수 없다. 따라서 권위는 정당성이 없는 사회질서 조직방식이며, 무정부주의야말로 자율성의 덕목과 부합할 수 있는 유일한 정치 비전이다(Warren, 1996: 51-52).

볼프의 '철학적 무정부주의'에 대한 해결책은 뷰캐넌(J. Buchanan)과 털록(G. Tullock)의 만장일치적 '헌정 민주주의(constitutional democracy)'이다. 각 시민이 국가의 모든 제안에 대해 투표(직접 민주주의)하고 모든 개인은 어떠한 정책에 대해서도 거부권을 행사(만장일치주의)할 수 있는 헌법 민주주의하에서 자율과 권위는 충돌하지 않기(Buchanan and Tullock, 1962) 때문이다. 개인은 자기 자신의 의지에 따르기 때문에 자율적이고, 자기 자신에게 복종하는 것이기 때문에 권위의 명령과 자율의 책무가 충돌 없이 양립하게 된다(Wolff, 2001: 63).

피치자의 판단에 기초한 민주적 권위

네 번째 입장은 자유주의자들의 입장으로, 이들은 민주주의가 개인의 동의에 기

6 볼프에게 있어 자율성이란 '한 개인이 자기 자신에게 부과한 법에 대한 승복행위'이고 권위란 '명령을 내릴 수 있는 권한', 즉 복종을 요구할 수 있는 권한이다.

초한 권위를 정당화한다고 주장한다. 절대군주나 종교의 절대적 권위 개념에 대항해 자유주의자들은 개인의 동의에 기초한 자유주의적 권위 개념을 개발했다. 신보수주의자들과 달리, 자유주의자들은 권위의 힘이 자유롭고 합리적인 개인들 속에 있다고 보고 이익과 관련된 개인들의 동의에서 나오는 권위는 정당화될 수 있는 유일한 권위라고 주장한다.[7]

자유민주주의하에서 정치적 권위는 개인의 행동을 규제하나 개인의 판단과 신념에 대해서는 규제할 수 없는 권리이다. 개인은 공적인 문제에 대해서는 권위 있는 자에게 판단을 양도하나 사적인 문제에 관해서는 자신의 판단을 견지한다. 따라서 공직자의 결정은 법에 의해 확립된 공직의 경계 내에서 이뤄질 때 권위를 갖게 된다. 즉, 공직자의 권위는 합의된 절차를 따르는 데서 나오는 (법적·합리적) 정당성에 기초하는데 이는 절차 그 자체가 민주적 요소를 갖고 있기 때문이다.[8]

자유주의적 권위 개념을 발전시킨 라즈(J. Raz)에 의하면, 절차적 권위에 기초한 정치적 권위는 전문가의 권위 또는 이론적 권위와 유사점이 있다.[9] 자유주의적 계약론적 입장에서 권위를 설명하는 라즈는 절차적 권위가 (자동적으로) 인민의 복종을 보장하지 않고 지배자가 서비스를 통해 인민에게 봉사할 때만 권위가 정당화된다고 주장한다. 그는 정치적 권위가 개인들의 독립적·독자적 판단에 의존하고 있다고 주장하면서 신념이나 카리스마 또는 맹목적 복종에 근거한 권위를

7 자유주의자들은 권위를 정치적 권위와 전문가의 권위로 구분한다. 전문가의 권위는 '어떤 권위(an authority)'인 데 반해, 정치적 권위는 '안에 있는 권위(in authority)'이다. 어떤 권위는 전문성에 기초한 '실질적 권위'이고 안에 있는 권위는 중립적인 절차와 법에 의해 부여되는 위치적 권위이다(Flathman, 1980: 16-19; Friedman, 1990).

8 그러나 자유주의자들의 주장은 다른 절차가 다른 결과를 낳으며, 어떤 절차는 정의롭지 못한 결과를 산출한다는 사실을 간과하고 있다는 비판을 받고 있다. 절차적 정의 또는 절차적 정당성은 절대적이지 않으며, 중립적인 절차 내에서는 목소리를 낼 수 있는 공간, 즉 심의 민주주의 공간이 없다(Warren, 1996: 52-53).

9 이론적 권위란 이론적 영역에서의 권위로서 반드시 복종을 보장하지 않는다. 전문지식을 가진 권위자라고 해서 다른 사람들이 그의 충고나 말을 듣는 것은 아니다(박효종, 2001: 138).

배제하고 합리적이고 인민에 봉사하는 권위를 정당화했다. 이로써 그는 정치적 권위를 중립적 절차에 기초한 권위로 규정할 때 발생하는 자유주의자들의 어려움을 실질적 서비스에 기초한 권위 개념을 도입해 상당 부분 해소했다.[10]

플라트만(Flathman)도 권위가 절차에서만 나올 수 없다고 주장한다. 왜냐하면 절차적 권위가 중립적이지 않기 때문이다. 특정한 절차는 그 절차를 지지하고 정의하는 정치문화에 기초한다. 따라서 절차가 특정한 문화에 기초하고 있을 경우, 특정한 문화는 특정한 규칙을 낳고 특정한 규칙은 '판단의 양도'를 포함하는 권위관계를 낳게 된다. 예를 들어, 미국 헌법은 정부에 대한 불신, 개인주의, 미국적 자유의 개념 등과 같은 특정한 정치문화에 대한 공약을 담고 있다. 절차가 실질적 내용까지 담고 있는 것이다.

플라트만은 진정한 민주적 권위는 판단의 양도가 아니라 '피치자의 판단'에 기초하고 있다고 이야기한다. 특정한 신념과 공약을 내장하고 있는 피치자의 판단이 민주적 권위의 기초라는 것이다. 따라서 피치자의 판단이 동의에 기초한 민주적 권위와 강제, 지배, 조작, 단순한 묵인에 기초한 권위주의적 권위를 구별하는 기준이 된다. 지배자가 경쟁자에 의해 자신의 판단을 검증받으면 받을수록 더 많은 피치자가 지배자의 판단을 더 권위 있는 것으로 받아들인다. 이 점에서 정치적 권위가 구축되는 과정은 전문가적 권위가 구축되는 과정과 유사하다. 전문가의 권위가 사람들이 전문가의 지식을 어떻게 평가하느냐에 달려 있듯이 개인은 지배자가 권위를 자신들에게 보여 주었다고 여길 때 지배자에게 판단을 양도한다.

권위는 사회 내에서 수용되는 가치와 신념의 지지를 필요로 한다. 개인이 공직자(지배자)에게 판단을 양도하겠다는 신념은 공직자가 추구하는 신념이 아니라

10 라즈의 문제점은 권위의 정당성의 기초를 '올바른 이성(right reason)'으로 보는 데 있다. 이성은 권위와 독립적이다. 따라서 라즈가 권위를 정당화하는 방식에서는 인민의 동의가 들어설 자리가 없다. 올바른 이성은 피치자가 동의하든 안 하든 상관없이 올바른 이성이기 때문이다(Warren, 1996: 53).

피치자들의 신념이어야 한다(Flathman, 1980: 106). 여기서 권위와 복종의 수렴이 일어나게 되고 신념과 복종은 사회적으로 구분이 어렵게 된다. 그런데 규칙과 절차는 중립적일 수 없고, 특정한 규범적 내용과 목적을 갖고 있기 때문에 규칙과 절차가 의문스러운 결과를 낳게 되면 그 규칙과 절차의 권위는 사라지고 공적 논쟁과 정치적 공격의 대상이 된다.

플라트만은 권위가 반드시 피치자로 하여금 판단의 양도를 요구하는 것이 아니고 오히려 피치자의 판단을 요구한다고 주장한다. 공직자들이 피치자로부터 비판적으로 검정을 받았을 때, 그들은 권위를 보유하게 되는 것이다. 권위는 판단의 양도가 아니라 '제한적인 판단의 유보(limited suspension of judgement)'를 요구하는 것이다. 환경부의 권위는 환경부에 개인의 판단을 양도하는 데서 나오는 것이 아니라, 환경부의 환경정책이 시민들이 신뢰하는 환경단체의 비판적 검증을 통과했을 때 올라간다. 결국 합리적 권위는 광범위하게 제도화된 피치자의 도전을 통과할 것을 요구한다.

심의의 제도화를 통한 권위의 발생

마지막 입장은 심의 민주주의자들의 주장으로 이들은 민주적 권위가 전문성과 신념에 기초한 권위적 지위나 규칙과 절차에 기초한 권위적 지위에서 나오는 것이 아니며, 심의적 정당화(discursive justification)가 제도화되었을 때 나온다고 주장한다. 즉, 심의를 통한 도전을 가능하게 하는 보호장치와 안전장치가 제도화되었을 때 심의 민주주의적 권위가 발생하게 된다는 것이다. 개인들이 판단을 유보하고 철회할 수 있는 제도적 장치가 있을 때, 개인들은 당국의 결정을 따른다. 왜냐하면 개인들은 항상 판단을 유보할 수 있는 제도적 장치를 갖고 있기 때문이다.

심의 민주주의는 대화, 토론, 심의를 통해 자신의 선호를 교정하여 합의된 결정에 도달하는 직접적이고 참여적인 민주주의이다. 따라서 대화, 토론, 심의에 의한 시민적 합의를 통해 집단적 의사를 형성하는 심의 민주주의 방식은 결정된 의사의 정당성과 권위를 높여 주게 되고 대표는 과단성 있게 시민적 합의에 기초한 결정을 추진할 수 있는 권위를 갖게 된다.

심의 민주주의에서 권위는 피치자(시민)의 습관적 충성(전통)이나 두려움에 의한 복종(권력)에서 나오는 것이 아니라 신뢰에 의해 구축되는 것이다. 개인들은 지배자에게 위임했던 판단을 언제든지 거둘 수 있고 지배자의 결정에 도전할 수 있는 제도적 기회를 갖고 있기 때문에 기본적으로 지배자를 신뢰하며 그들이 내린 결정을 따른다.

민주적 권위구조 — 심의 민주주의와 대의제의 결합

진정한 민주적 권위는 지배자의 결정에 대한 시민의 도전이 허용될 때 발생한다. 따라서 제도나 공직자의 권위에 대한 도전을 권위의 위기로 보는 신보수주의자들의 주장은 근거가 없다. 지배자의 권위에 대한 시민의 도전은 신보수주의자들이 주장하는 것처럼 사회질서를 경쟁하는 이익들 간의 무정부적 다원주의로 빠뜨려 권위의 위기를 불러일으키는 것이 아니라, 새로운 다원주의적 권위를 창출하는 것이다. 공적 행위와 서비스 측면에서 지배자나 지배기구들로 하여금 그들의 권위를 항상 정당화하게끔 요구하는 것을 권위의 위기로 보는 것은 잘못된 것이다. 지배자들이 그들이 제공하는 서비스의 권위를 구체적으로 상술하도록 요구받는다면, 이는 권위의 위기가 아니라 권위의 정당화를 가져다줄 것이다. 지배자의 행위가 정당화되고 성공적으로 방어된다면, 지배자와 기구의 권위는 약화되는 것이 아니라 오히려 강화된다.

그런데 시민들의 심의를 통한 결정은 현실적으로 항상 가능하지 않다. 개별시민들은 '심의자원(deliberative resources)'의 희소성 문제를 안고 있기 때문이다. 많은 개별시민들은 심의에 참가할 수 있는 시간이 충분하지 않거나 전문성이 부족하거나 관심이 적거나 심의 참여로 인한 심리적 안정감이 낮은 문제 등을 갖고 있다(Warren, 1996: 57). 다수의 시민들이 낮은 심의자원을 갖고 있으면 이들의 심의능력은 의심스러운 것이 되고 심의 민주주의 자체가 현실적으로 불가능하게 된다. 따라서 시민의 심의능력이 낮을 경우에는 대의제 민주주의 틀 내에서 민주적 권위를 확립할 수 있는 방안을 찾을 필요가 있다. 다시 말해, 심의 민주주의와 대의제 민주주의 간에 적절한 분업을 통해 민주적 권위를 증대시켜야 한다.

주어진 정책결정 이슈(정치적 이슈와 일상적 이슈)와 심의자원을 기준으로 가능한 민주적 권위구조를 분류하면 〈표 I-1〉과 같다(Warren, 1996: 57). 〈표 I-1〉을 보면, ②와 ③은 불안정한 권위구조를 갖는 민주주의다.

〈표 I-1〉 민주적 권위구조

구분	정치적 이슈	일상적 이슈
시민들의 심의를 통한 결정 (시민의 심의자원 높음)	① 심의 민주주의	② 참여 민주주의
대표(당국)에 의한 권위적 결정 (시민의 심의자원 낮음)	③ 신보수주의	④ 대의제 민주주의

* 심의자원: 시간, 전문성, 관심도, 안정감.

③은 신보수주의자들이 주장하는 권위구조인데 이들은 시민들이 결핍된 심의자원을 갖고 있고 심의능력 또한 부족하기 때문에 모든 정치적 이슈에 권위를 가진 당국자나 대표에 일임해 정치적 결정의 권위를 높일 것을 주장한다. 그러나 이들의 주장처럼 모든 결정을 당국자에 일임하게 되면 시민들은 정치적 무관심과 냉소주의에 빠지게 되는데, 이는 마침내 민주주의 권위 자체를 파괴하게 될 것이다.

이와 반대로 급진적인 심의 민주주의론자들은 모든 이슈를 시민의 참여에 의해 해결할 것을 주장한다(〈표 I-1〉에서 ②에 해당). 그러나 급진적인 참여민주주의는 현실적으로 불가능하다. 왜냐하면 결정해야 할 수많은 복잡한 이슈들이 존재할 뿐만 아니라 이를 결정하기 위해 광범위한 개별 시민이 참여하기에는 시간·전문성·여론 등의 제약이 존재하기 때문이다. 현대 산업사회에서 제기되는 이슈들은 복잡할 뿐만 아니라 높은 전문성을 요구하고 있다. 또한 이러한 문제에 시민이 참여하는 것에 대해 시민 스스로 부담스러워하기도 한다. 역설적으로 급진적 참여 민주주의는 시민들로 하여금 모든 결정을 당국자나 대표자에게 위임하는 신보수주의로 퇴보하도록 유도할 수 있다.

민주적이고 권위 있는 결정을 내릴 수 있는 권위구조는 ①과 ④이다. 이 두 개가 최적의 균형점이다. 민주주의하에서 정치적 문제, 즉 공적 문제 중에 날카로운 이견이 존재하는 이슈에 대해서는 시민들이 직접 참여해 토론과 대화를 통해 합의적 결정을 이뤄내야 그 결정이 권위 있는 결정이 될 수 있다(〈표 I-1〉의 ①). 그러나 일상적인 문제, 즉 비논쟁적이고 법과 원칙에 따라 일상적으로 결정되고 처리될 수 있는 문제(일상적인 정부 서비스)는 민주적 선거를 통해 권력을 위임받은 대표와 정부 당국자가 직접 권위 있는 결정을 내리는 것이 좋은 방법이라 할 수 있다(〈표 I-1〉의 ④).

대의제 민주주의 — 제도화된 불신을 통한 대표의 권위 획득

대의제 민주주의가 권위를 갖기 위해서는 시민의 대리인인 대표에 대한 주인인 시민의 높은 신뢰가 요구된다. 대부분의 시민들이 자신들의 대표들이 일상적인 문제를 제대로 처리할 수 있다는 것에 신뢰를 갖게 될 때 대표의 명령은 권위를 갖게 되고 대의제 민주주의가 작동하게 된다. 또한 시민들이 대표들을 부여한 권위의 경계 내에서 행동하도록 강제하는 민주적 절차가 작동한다고 믿을 때, 시민들은 대의제 민주주의와 대표들을 신뢰한다. 그러므로 대의제 민주주의하에서 대표의 권위는 시민의 대표에 대한 신뢰에 달려 있다.

대의제 민주주의는 대표에 대한 시민들의 신뢰를 확보할 수 있는 제도적 장치를 갖고 있다. 대의제 민주주의는 정부와 대표를 '제도화된 불신(institutionalized distrust)'에 끊임없이 노출시키고 시험을 받게 함으로써 시민들이 대표를 신뢰하는 데 드는 위험부담을 줄여 주고 대표에 대한 신뢰를 높이고 대표의 권위를 제고하게 한다(Stzompka, 1996).

대의제 민주주의는 기본적으로 정치인에 대한 시민의 신뢰가 항상 배신당할 수 있다고 가정하고 시민의 신뢰가 지켜질 수 있는 제도적 교정장치를 마련하고 있다. 첫째, 대의제 민주주의는 정치인과 정당을 불신하는 데서부터 출발한다. 정치지도자는 항상 권력을 영구화하려는 유혹을 갖고 있으며 권력을 자발적으로 내놓으려 하지 않는다고 가정한다. 따라서 대의제 민주주의는 선거를 통한 시민의 동의에 의해서만 권력이 정당화될 수 있다고 규정함으로써 시민이 지배자의 권력 정통성을 신뢰할 수 있는 사전적 시험장치를 마련했다. 사후적으로도 대표가 시민의 신뢰를 위반했을 때를 대비해 시민불복종이나 대표소환권 등을 통해 시정할 수 있는 제도적 장치를 마련했으며, 주기적 선거와 임기제한을 규정함으로써 '한시적 정부(government pro tempore)'라는 제한적 정부의 원칙을 준수하게 하고 있다. 또한 지배자(와 지배정당)를 견제, 감시, 대체할 수 있는 반대세력의 존재를 필수적으로 보장함으로써 지배자에 대한 불신의 소지를 원천적으로 줄여 주는 장치를 마련해 놓고 있다(임혁백, 2004).

둘째, 법의 지배와 독립적인 사법부는 정치인과 시민들 모두가 자의적인 결정, 권력의 남용, 불법적이고 탈법적인 행동을 방지하는 역할을 한다. 대의제 민주주의는 법의 공정한 집행을 보장하기 위해 독립적인 사법부 설치를 보장하고 소송의 권리를 통해 계약의무를 위반하는 데 대한 보장책을 마련하고 있다. 또한 법의 집행과 강제에서 적법한 절차를 의무화함으로써 편파적인 법 적용을 방지하려 하고 있다. 이렇게 법적으로 절차적인 객관성, 투명성, 일관성, 공정성 등이 확보된 조건 하에서 정부가 구성되면, 시민들은 정부의 행동을 신뢰하게 되고 정부의 행동은 권위를 갖게 된다. 독립적인 사법부와 법의 지배는 정치인의 시민에 대한 신뢰 위반을 감시할 수 있는 최후의 보루라고 할 수 있다.

이와 같이 대의제 민주주의는 피신뢰자인 대표를 맹목적으로 신뢰(blind trust)하기보다는 불신하는 데서부터 출발하여 대표들이 불신으로부터 벗어날 수 있는가를 끊임없이 테스트하는 것을 제도화하여 대표에 대한 신뢰를 높여 주고 있다. 따라서 대의제 민주주의하의 대표들은 불신의 테스트를 통과한 사람들이기 때문에 이들은 신뢰할 수 있는 사람이 되고 이들의 말과 행동은 권위를 갖게 된다.

심의 민주주의 — 공적 토론을 통한 해결책 모색

심의 민주주의는 시민들과 대표들이 이성적인(reasoned) 성찰과 판단에 근거해 공적 문제에 대한 해결책을 토론, 토의, 심의하는 것이다. 심의 민주주의는 선호집합적 민주주의와 달리, 시민들의 선호가 고정되어 있지 않고 대화, 토의, 토론, 심의 등을 통해 변화할 수 있다고 가정한다. 그리고 민주적 과정을 주어진 선호를 집합해 그 중에서 집단적인 선호를 선택하는 것이 아닌, 상호발견과 설득, 교정 등의 과정을 통해 공공의사 또는 집단적 의사를 형성하는 과정으로 본다. 심의 민주주의하에서 '공적 토론의 영역(public sphere)'은 대화, 담론, 토론, 심의를 통해 시민들이 자신의 선호를 형성하거나 세련화하거나 교정할 기회를 제공한다. 따라서 공공영역은 다양한 시각과 이익들이 상호 이해와 공동행동으로 수렴되는 장이라 할 수 있다(임혁백, 2000).

심의 민주주의하에서 시민은 동료시민에게 이성에 근거해 문제를 제기하고 의견불일치를 해결하며 갈등을 극복할 수 있는 길을 찾으려 한다(Sanders, 1997). 그러므로 심의 민주주의는 '평등한 사람들의 자유로운 공적 변론(free public reasoning among equals)' 또는 '평등한 시민들의 자유로운 심의(free deliberation among equals)'에 의해 달성된다.

그런데 심의 민주주의를 통해 합의된 결정이 권위를 갖기 위해서는 몇 가지 조건이 충족되어야 한다. 첫째, 평등의 조건이 충족되어야 한다. 심의 참가는 평등과 대칭성의 규범에 따라 이뤄져야 한다. 즉, 심의능력(deliberative capacities)이 있는 모든 사람들은 심의과정에서 동등한 지위(standing)를 가져야 한다. 문제를 제기하고, 해결책을 제시하고, 해결책에 대한 지지와 반대 이유를 제시하는 데 있어 어느 누구도 특권적 지위를 누려서도 안 된다. 결정과정에서 모두가 동등한 목소리를 낼 수 있어야 한다. 이러한 원칙이 지켜지기 위해서는 기존 권력과 자원배분이 심의기회구조에 영향을 미치지 않도록 평등하게 이뤄져야 한다(Benhabib, 1997; Cohen, 1998).

둘째, 자유의 조건이 충족되어야 한다. 심의 참가자의 정체성(identity)이 심의 참가의 조건을 구성해서는 안 된다. 도덕적·종교적 관점이 참여의 조건이 되어서는 안 될 뿐만 아니라 이러한 관점이 주장을 수용하는 조건이 되어서도 안 된다. 종교의 자유(양심, 사상, 믿음과 확신의 자유)에서 더 나아가 자신의 정체성에 관계없이 표현할 수 있는 자유(표현의 자유, 언론의 자유)가 보장되어야 심의 민주주의가 가능해진다(Cohen, 1998).

셋째, 이성(reason)의 조건이 충족되어야 한다. 심의 참가자는 제도와 프로그램을 옹호하거나 비판할 때 동료 시민이 이성적으로 받아들일 수 있는 이유를 제시해야 한다. 이 점에서 심의 민주주의는 엄밀하게 말해 '공적 토의(public discussion)'가 아니라 '공적 변론(public reasoning)'이라 할 수 있다. 심의 민주주의는 공적 변론을 통해 상호 이해에 도달하려는 것이다. 심의 민주주의의 목표는 갈등하는 이익들 간의 타협이 아니라 '합리적인 합의'이기 때문이다. 따라서 심의를 통한 합의가 가능하기 위해서는 이성적·합리적 이유를 제시할 수 있어야 한다.

넷째, 시민들의 대화가 싸움이나 강압적 강제보다 더 나은 대안이라는 것에 대해 믿음을 갖고 있어야 하며, 싸움으로 문제를 해결하는 것을 어렵게 하는 제도를 디자인해야 한다. 대화를 통한 타협보다는 원칙을 고수하는 투쟁을 선호하는 상황이 많이 있는데 이를 물리적으로 강제하기보다는 투쟁보다 타협을 선호하는 제도를 만드는 것이 필요하다.

마지막으로, 대화가 권위적(authoritative)이 되기 위해서는 각 개인의 목소리에 권위를 실어 주어야(authorization of voice) 한다. 각 개인의 목소리에 권위를 실어 주는 것은 대화가 권위를 갖게 하기 위해 필요할 뿐만 아니라 공유된 생각을 사장시키지 않기 위해서도 필요하다(Warren, 1996). 권위 있는 목소리는 평등하고 광범위하게 배분되어야 한다. 많은 경우, 여성과 소수파의 목소리가 제대로 전달되지 않는 경우가 많은데 이들 목소리에도 권위를 실어 주어야 한다.[11]

민주적 권위는 지도력과 추종력의 결합

민주주의에서 대표의 권위는 시민들에 의해 위임된 것이다. 대표가 시민들로부터 위임받은 권력을 제대로 사용하고 있다는 믿음을 시민들에게 주고, 대표가 행사하는 권력의 정당성을 시민들이 인정하고 순응하도록 하기 위해서 지도자들은 리더십을 발휘할 수 있어야 한다.

통합의 리더십 발휘해야

막스 베버는 권위를 카리스마적 권위, 전통적 권위, 합리적·법적 권위 등 세 가지 유형으로 분류하면서 지도자가 갖추어야 할 권위를 논했다(Weber, 1947). 카리스

11 심의 민주주의는 소수파와 약자를 위한 비지역적·기능적 대표(non-territorial & functional representation) 방식으로 유용성이 있다.

마, 전통, 법과 합리성 이 모두는 권력의 정당성, 즉 권위의 원천이다.

카리스마적 권위는 지도자의 카리스마에 의존하는 권위이고 종교와 정치가 결합되어 있는 신정체제에서 지배적인 권위이다(Friedrich, 1961). 카리스마는 종교의 창시자, 건국의 아버지, 또는 영웅 등이 개인적으로 가지고 있는 특출한 특성과 자질로부터 나오는 권위이기 때문에 카리스마에 의존하는 권위는 '법적 권위(de jure authority)'라기보다는 '실질적 권위(de facto authority)'라고 할 수 있다. 종교적 창시자 또는 세속국가 건국자의 카리스마는 조직(교회 또는 국가) 내에 제도화됨으로써 '카리스마의 일상화(routinization of charisma)'가 일어나고 그것이 반복될 경우 전통적·세습적 권위로 변하게 된다.

전통적 권위는 세습군주나 족장, 추장 등이 갖고 있는 권위이다. 전통적 권위에서는 불문율의 성격을 지니면서도 내적인 구속력을 지닌 규칙들을 발견할 수 있는데 이들 권위의 근거는 합리적이기보다는 역사적·관습적이다(박효종, 2001).

법적·합리적 권위는 현대 관료국가에서 지배적인 권위이다. 관료국가에서 명령을 내리고 결정하는 사람의 권한은 비인격적 규칙으로부터 나오며, 비인격적 규칙에 따라 행동했는가의 여부가 합리적 정당성의 기준이 되고 권위의 원천이 된다. 민주적 권위는 법적·합리적 권위에서부터 나온다. 따라서 민주적 지배자의 권위는 기본적으로 헌법상의 절차를 통해 공직을 차지했을 때 공직이 갖고 있는 자리가 제공하는 권위이며, 민주적 권위는 정치적 권위인 법적 권리라 할 수 있다.

그러나 법적 위치(지위)만으로는 민주적 권위를 보장하고 구축할 수 없다. 민주적 지도자가 전문지식 없이 법적 위치를 확보한 것만으로 권위를 구축할 수 있는지 의문이다. 플라톤은 《국가론*Republic*》 6권에서 전문지식이 없는 민주적 지도자의 모습을 배의 선장에 비유해 그리고 있다. 우유부단한 배의 선장은 항해에 대해 특별한 기술이 있다고 생각되지 않는 사람들로부터 항해권을 양도하도록 설득당하거나 강요받는다. 그 결과, 사이비 선장들이 자신들의 욕심 채우는 데만 급급해하는 동안 배는 일정한 항로 없이 바다를 정처 없이 떠다니는 신세로 전락하게 된다. 플라톤은 이 비유를 통해 평범한 시민들이 선장 노릇을 하고 정치인들은 권력만 탐닉하는 사기꾼으로 전락하는 정치가 바로 민주주의라며 민주주의를 비판한다.

이러한 플라톤의 비유에서 민주적 선장의 문제점은 항해술이 없다는 데 있는 것이 아니라 자신이 위임받은 항해권을 자신의 사익을 위해 또는 강력한 이익집단의 압력에 의해 전문적 항해술이 없는 자에게 재위임한다는 데 있다. 민주주의 하에서 정치적 지도자의 역할은 자신의 뜻을 펴는 것이 아니라 시민의 뜻을 시행하는 데 있다. 승객들이 원하는 방향으로 안전하게 항해하는 것이 선장의 역할이다. 이를 위해서 선장은 어느 정도의 전문 항해술을 갖고 있어야 하며 더 중요한 것은 항해술을 갖고 있는 선원들을 충원해 그들로 하여금 안전하게 목적지까지 항해하도록 지휘하는 것이다.

플라톤은 《정치가*Statesman*》에서 '법의 지배(rule of law)'에만 충실해서는 권위를 확보할 수 없으며, '지혜에 의한 지배(rule of wisdom)'에 더 많이 의존해야 한다고 주장했다(Stern, 1997). 전문지식이나 법적 지위는 민주적 권위의 필요조건이나 충분조건은 될 수 없다. 민주적 권위는 지도자가 대중의 인정과 존경, 추종을 불러일으킬 수 있는 리더십을 요구한다. 전문지식과 법적 지위에 더해 리더십이 추가될 때 민주적 권위는 완성된다.

플라톤의 '지혜에 의한 지배'는 마키아벨리가 이야기하는 '비르투(virtue or arete)'이다. 마키아벨리는 지도자는 운명의 여신인 행운(fortuna)에 의존하기보다는 운명을 극복할 수 있는 의지와 역량, 즉 비르투를 키우고 이를 통해 새로운 정치질서를 수립해야 한다고 주장했다. 지도자는 인민으로부터 좋은 평판과 지지를 받을 수 있는 방향으로 공공이익과 관련된 권력을 행사함으로써 권력뿐만 아니라 영광과 명예를 얻을 수 있다(이수석, 2004: 26).[12] 마키아벨리의 비르투가 우리에게 가르쳐 주는 것은 군주정이나 민주정이나 상관없이 성공한 지도자가 되기 위해서는 강력한 권위를 요구한다는 것이다. 민주주의하에서 선거를 통해 권력을 장악한 지도자는 권위를 확보하기 위해서 국민과 올바른 관계를 설정해야 한다. 이를 위해 지도자는 탁월한 능력의 소유자이며 인자하고 고결하며 인간적으로 신실하다는 인상을 인민들에게 주어야 한다. 인민들이 지도자가 변덕스럽고 경박하며 나약하고 우유부단하다고 여기게 된다면 그 지도자는 인민들로부터 경멸을 당하며 인민은 지도자에 복종해야 할 이유를 찾기 힘들게 된다(이수석, 2004: 28-29).

권위를 확보하기 위해서 민주적 지도자는 특정 정파가 아닌 국민 전체를 위한다는 인상을 주어 국민들에게 비전 있는 지도자로 각인되어야 한다. 마키아벨리가 민주정(공화정)에서 권위를 확보하기 위해서 갖추어야 할 비르투로 들고 있는 것은 첫째, 지도자는 법을 존중하고 법에 따라 지배해야 한다는 것이다. 지도자는 항상 국민의 노여움과 분노에 합법적인 배출구를 마련해야 하며 이를 위해 법의 지배 원칙을 세우고 법에 따라 지배해야 한다. 둘째, 지도자는 인재 등용에 있어 개방적 원리를 채택해야 한다. 개방적인 충원체제는 지도자의 권위를 높일 뿐만 아니라 국가의 힘을 키우기 때문이다. 셋째, 지도자는 국가운영에 있어 권력공유의 원리를 구현해야 한다. 지도자가 사회계급 간에 상호 존중과 권력균형이 이뤄지도록 할 때, 공동체를 유지하고 권위를 확보할 수 있다. 넷째, 지도자는 솔선수범하는 자세를 보여야 한다. 지도자가 솔선수범을 보일 때 지도자의 지도력과 국민의 추종력이 조화를 이룰 수 있기 때문이다. 이와 같이 마키아벨리는 법의 지배, 권력분산, 분점, 지도자와 국민의 일치감이라는 통합 리더십을 통해 통합된 국가

12 지금까지 마키아벨리 연구는 여우 같은 교활하고 전략적인 리더십을 강조했으나 루크는 마키아벨리의 리더십 연구에서 남성적이고 공동체적인 비르투를 가진 '사자의 리더십'에 더 주목해야 한다고 주장한다(Lukes, 2001). 여우의 교활함이 권력을 장악하기 위해 필요한 개인적 리더십이라면, 권력장악 이후 국민통합과 부강한 국가건설을 위해 필요한 것은 사자의 리더십이다.

를 건설하는 것이 지배자가 권위를 확보할 수 있는 좋은 방법이라고 주장했다.[13]

시민의 호응, 추종력 확보해야

민주적 권위의 또 다른 특징은 민주적 권위가 쌍방향적이라는 것이다. 민주주의 하에서 지도자가 피지배자의 순종을 받기 위해서는 뛰어난 지도력만으로 충분하지 않다. 시민사회의 추종력(followership)이 있어야 한다. 민주주의는 동의에 의한 지배이기 때문이다. 따라서 지도자의 리더십은 사회의 추종력에 의해 뒷받침될 때 권위를 갖게 된다. 시민은 지도자를 신뢰하는 동시에 견제하고 지지하는 동시에 저항함으로써 지도자를 단련시키고 감화시킨다. 결국, 정치 지도자의 권위는 지도자의 지적·도덕적 탁월성 못지않게 시민의 호응에 달려 있다(황주홍, 2002).[14]

시민사회의 추종력을 높이기 위해서는 지도자 또는 대표의 정치적 권위가 시민에 의해 단련되고 정화되는 것이 필요하다. 시민에 의해 단련되고 '정화된 정치적 권위(chastened political authority)'는 높은 도덕성을 갖기 때문이다(Kateb, 1981: 366-369). 정화된 권위는 대의제 민주주의가 무정부적 상태, 절제가 없는 상태로 가는 경향을 제어하고 시민들의 추종력과 대표의 지도력이 조화롭게 결합된 권위 있는 민주주의로 이끈다. 따라서 시민사회의 추종력을 확보하기 위해 민주적 지도자는 항상 시민사회와 대화를 하고 시민사회의 목소리를 경청해야 하며 시민들에 의한 참여와 견제를 수용하고 무엇보다도 시민사회에 힘을 실어 주어야(empowering civil society) 한다. 강한 시민의 추종력이 강한 지도자를 만든다.

---

13 이는 지역감정으로 분열된 한국 사회에 잘 들어맞는 처방이라 할 수 있다(이수석, 2004: 33-40).

14 특히 로크(John Locke)는 시민사회의 추종력을 다른 누구보다 강조한다. 국가건설을 위한 사회계약을 체결함에 있어 최종적 권위는 시민사회에 남아 있기 때문이다. 지도자는 시민의 생명, 자유, 재산을 보호해야 한다는 계약조건을 충실하게 이행해야 하며 이를 위반할 경우 시민은 더 이상 지도자에 대한 복종의 의무를 지지 않게 된다. 국가의 권위는 항상 취소될 수 있게 되는 것이다. 따라서 시민사회의 추종력, 즉 시민사회의 동의, 협력, 호응을 얻는 것이 국가권위 유지의 필수조건이다.

바버(B. Barber)는 신보수주의자들이 이야기하는 '리더십의 위기'는 너무 많은 시민 참여의 홍수로 일어난 것이 아니라 오히려 반대로 강력한 리더가 약한 시민을 만들어 놓았기 때문이라고 주장한다. 강력한 지도자는 정부와 시민의 간격을 벌려놓았고, 대의기구는 점점 더 과두제화되었고, 결국 시민은 약한 시민이 되어 버렸다. 시민이 약해지면서 지도자에 대한 추종력도 약해지고 따라서 지도자의 리더십도 약화된 것이다. 그럼에도 불구하고 지도력이 실패했을 때, 시민들은 지도자를 견인할 수 있는 추종력을 키우기보다는 새로운 강력한 지도자를 찾아 나섰기 때문에 리더십 위기가 해소되지 않고 권위의 위기로 이어진 것이다(Barber, 1998: 97).

지도자는 추종자에게 집단적 정체성을 확인시켜 주고, 집단적 효능감을 높여줌으로써 시민들의 참여를 이끌어 내야 한다. 그러기 위해 지도자는 추종자인 시민들 위에 군림하는 권력을 행사하기보다는 시민의 챔피언이 돼 그들을 고무해야 한다. 말하자면, 추종자에 힘을 실어 주는 지도자가 됨으로써 추종자들로 하여금 자신의 편협한 이익을 넘어서 지도자가 추구하는 국가적 목표를 위해 함께 일하게 하는 추종력을 얻게 되는 것이다(Burns, 2003: 25-26).

신중함과 품위를 갖춘 민주적 지도자[15]

민주주의하에서 통치자의 권위가 어떻게 형성되고 유지되느냐는 상당 부분 통치 스타일에 달려 있다. 민주적 지도자의 통치 스타일은 농악대의 꽹과리를 치는 상쇠의 모습이 되어야 한다. 대중과 함께 보고, 듣고, 호흡하면서 자신의 박자로 사람들을 이끌어 낼 수 있는 리더십이 개혁을 추구하는 민주적 지도자가 갖추어야 할 덕성이다.

15 이 부분은 곽준혁 교수의 조언과 그의 논문(곽준혁, 2003)에서 크게 도움을 받았다.

민주적 지도자는 대중을 논리적으로 설득하려 해서는 안 되며 대중과 끊임없이 대화하면서 그들의 의견을 경청해야 한다. 설득이 아닌, 대화(소통)를 통한 리더십이 민주적 지도자에게 요구된다. 민주적 지도자는 대중을 설득시켜야 한다는 강박관념을 버리고 시민들과 감성적 공감대를 형성하는 것이 더 중요하다. 사람들이 호감을 느낄 수 있도록 해야 하며 '말하기보다는 들어야' 한다. 지도자는 시민들이 국가정책 추진에 있어 지도자가 가장 중요한 인물이라는 확신을 심어줄 수 있어야 한다.

민주적 지도자에게 요구되는 리더십은 베버가 이야기한 책임윤리적(verantwortungsethik) 리더십이다. 국민에게 자신의 신념을 따를 것을 요구하는 신념윤리(gesinnungsethik)보다 국민의 요구에 응답하고 국민에게 항상 책임을 지겠다는 책임윤리를 가진 리더십을 시민들은 요구한다. 따라서 민주적 지도자는 자신의 생각을 강요하기보다는 국민과 공감대를 형성하는 것이 중요하다.

선거캠페인에서는 상대 후보를 넘어뜨릴 수 있는 토론가적 자질이 요구될 수 있으나, 국가 지도자가 되었을 때 요구되는 것은 파당적 이익이 아니라 전체 국민의 이익을 대변하는 것이다. 이런 점에서 후보로서의 자질과 행정가로서의 자질이 서로 다르다는 슘페터의 지적은 오늘날에도 여전히 유효하다. "훌륭한 후보를 만드는 자질과 인격은 훌륭한 행정가를 만드는 자질과 인격이 아니다. 그리고 투표에서 성공적으로 선출되었다는 것이 공직의 장으로서의 성공에는 나쁘게 작용할 수도 있다(Schumpeter, 1942: 288)."

선출된 공직자의 개인적 성공이 국가적 측면에서는 실패로 끝날 가능성이 높은 이유는 합리적 정치인은 재선을 추구하지 국가의 이익을 추구하는 사람이 아니기 때문이다. "정부의 결정이 정치적 기회를 노리기 위해 내려진다면 이는 반드시 나라를 위해 만족스러운 결과를 낳지 못하게 될 것이다(Schumpeter, 1942: 287)." 따라서 나라의 최고통치자가 되었을 때 지도자는 후보로서의 리더십을 버리고 최고지도자로서의 리더십을 연마하고 발휘해야 한다. 즉, 대통령이 '대통령답게 보이는 것(being presidential)'이 필요하며, 이것이 권위를 확보하는 필수조건이다. 대통령이 대통령답게 보이기 위해서는 정부의 수장으로서 시시콜콜한 정책논쟁에 끼어들기보다는 정책의 핵심 방향을 정하는 데 초점을 두어야 한다. 그리고 자기 자신이나 당을 위해 이야기하기보다는 국가를 위해 이야기한다는 느낌을 사람들에게 주어야 한다. 또한 확고한 비전을 갖고 역사와 대화할 수 있는 능력이 있어야 하며 국민들과 권력을 공유하고 영광을 함께 나눌 수 있어야 한다.

민주적 지도자는 자신이 공적인 인간(public man)이라는 사실을 한시도 잊어서는 안 된다. 공적 인간은 자신의 사익을 대변하는 인간이 아니라 공동체의 이익을 대변하는 인간이다. 지도자는 공인으로서 행동하고 대화하고 걷고 토론하고 심지어 눈초리까지도 공인의 모습을 갖추어야 한다. 지도자는 말을 아끼고 길게 하지 말며 자신을 대변한다는 인상을 주지 말아야 한다. 공인으로서 대통령은 신중함(prudence)과 품위(decorum)를 잃지 말아야 한다. 신중함과 품위를 상실한 대통령의 말은 파당을 대변하는 이야기가 되고 연예인의 이야기처럼 희화화된다. 이러한 지도자에게는 권위가 존재할 수 없게 된다.

민주적 권위 구축으로 민주화 2기 완성

왜 민주화 이후 한국에서 탈권위주의화가 권위의 강화가 아닌, 권위의 약화, 더 나아가 권위의 위기를 가져왔는가? 우선은 제도적 측면에서 전반적으로 권위주의적 제도가 민주적 제도로 대체되었으나 정치적 리더십과 관련해서는 권위주의 해체가 충분히 이뤄지지 않았기 때문이다. 역설적으로 권위주의 제도해체를 주도한 민주화 이후의 지도자들이 권위주의적 리더십을 보유하고 행사했다. 민주화 지도자들의 권위주의적 리더십은 권위주의 정권에 대항하면서 학습한 '거울효과(싸우면서 닮는다)'의 결과라고 할 수 있다. 군부 권위주의 정권의 억압이 강할수록 그에 대항하는 민주화 지도자들도 권위주의적이 될 수밖에 없었다. 군부 독재정권의 감시와 통제, 분열과 이간 책동에 맞서 민주화 지도자들은 대화와 토론, 협상과 타협 등과 같은 민주적 방법보다는 지도자와 추종자 간에 일방적·수직적 관계를 설정하고 명령, 회유, 금전적 보상 등에 의존하는 권위주의적 방식을 통해 조직을 보전하고 운동의 단결성을 유지할 수밖에 없었다.

민주화 투쟁 기간에 배태된 민주화 지도자들의 권위주의적 리더십은 민주화 이후에도 계속되었다. 민주화 이후 선거를 통해 권력을 장악했을 때, 그들의 권력 운영방식이 민주적이었다면 그들은 시민사회의 자발적 추종을 얻을 수 있었을 것이고 그를 통해 권위를 확보할 수 있었을 것이다. 그러나 우리의 지도자들은 그렇지 못했다. 우리 지도자들은 권위주의를 청산하는 제도개혁을 민주적 방식으로 할 수 있을 것인가에 대해 회의적이었다. 그들은 권위주의적 방식으로 탈권위주의 제도개혁을 밀어붙였다.

그 결과, 우리 지도자들에게 위임주의(delegativism)가 만연하게 되었다. 직접선거를 통해 당선된 대통령은 국민들로부터 모든 권력을 위임받은 것처럼 행동했다. 대통령들은 정당이나 조직화된 사회세력 위에 군림하려 했고 주권자인 국민을 수동적인 청중으로 만들어 버렸다. 다른 대의기구와 자신을 분리하고 권력을 분점하려 하지 않고 정책의 성공과 실패를 모두 자신이 책임지려 했다. 위임주의적 대통령들은 정당을 사당화하고 의회에는 '밀어붙이기' 정치를 강요했다. 밀어붙이기는 민주화 투쟁 시기에는 유용한 지도자의 자질일 수 있을지 모르지만 민주화 이후에 필요한 자질은 아니다.

민주주의는 어쩌면 답답하고 빈혈증적이다. 그러나 시간이 걸리더라도 국민의 동의를 얻어내고 협상과 타협을 통해 의회로부터 합의를 도출해 내면 민주적 결정은 강력한 권위를 갖는다. 그런데 민주화 이후의 지도자들은 이를 받아들이려 하지 않았다. 민주화 투쟁기에 학습한 권위주의 독재자들의 리더십을 민주화 이후에 자기 자신에게 그대로 적용했고, 특히나 개혁 조급증이 지도자들로 하여금 권위주의적 리더십을 통한 탈권위주의 개혁을 밀어붙이게 했다. 그 결과 권위주의 제도의 해체가 권위주의적 리더십에 의해 이뤄지는 역설적인 상황이 전개되었고 우리 민주주의는 진정한 권위를 구축할 수 없게 되었다.

둘째, 한국 민주주의의 권위가 낮은 수준에 머물러 있는 것은 지도자, 대표, 정치인들에 대한 시민의 신뢰가 낮은 수준에 머물러 있기 때문이다. 대의제 민주주의하에서 대표의 권위는 대표에 대한 신뢰 수준에 달려 있다. 김영삼 정부나 김대중 정부 모두 집권 초기에는 매우 높은 지지율을 보이다가 집권 후반기에 들어서면서 지지율이 급격히 하락하는 신뢰의 위기를 겪었다. 두 민주정부가 신뢰를 상실한 주요 원인으로는 민주정부에 대한 높은 기대에 못 미치는 경제적 실적(특히, 김영삼 정부의 외환금융위기), 측근과 친인척의 비리와 부정으로 야기된 도덕성의 상실, 특정 정책(김대중 정부의 햇볕정책 등)에 대한 일부 국민들의 의혹 제기와 이를 확대재생산한 일부 언론, 그리고 분열적 지역주의를 해소하려는 노력의 부족 등을 들 수 있다.

정부뿐만 아니라 의회와 정당도 마찬가지 모습이었다. 의회와 정당은 한국 사회에서 가장 신뢰받지 못하는 집단이다. 2001년 6월에 실시한 "신뢰에 대한 국민의식조사"에 따르면, 가장 높은 불신집단이 국회(91.3%)이고, 다음으로 정당(89.4%)인 것으로 나타났다. 신뢰도는 국회가 8.75%, 정당인이 10.6%에 머물렀다(김인영, 2002: 135). 국민들은 의회와 정당이 여론을 수렴하기보다는 양극화하려하고 있고, 지역분열을 조장하고, 색깔론을 유포시켜 이데올로기적 갈등을 유발하고 있다고 보았다. 정치인과 대표들에 대해서도 이들이 유권자와의 약속을 지키고 시행하기보다는 유권자와 지지자와의 사전협의도 없이 자신의 정치적 이익을 위해 보스의 움직임에 따라 이합집산을 반복하고 있는 것으로 보았다.

민주적 권위는 국민적 동의를 얻어냄으로써 권력을 정당화할 수 있는 능력, 지배자의 전문가적 통치능력, 피지배자인 시민의 추종력을 확보할 수 있는 지도력에 달려 있다. 그런데 민주화 출신 대통령의 위임주의적 경향은 동의를 통한 권력의 정당화를 이룰 수 없게 하였고 민주화 투쟁능력은 있으나 국가경영능력이 부족해 시민에 대한 서비스를 만족스럽게 제공하는 데서 나오는 권위를 확보할 수 없었다. 시민의 추종력을 확보하기 위해서는 심의 민주주의적인 결정방식이 시행되어야 하나 김대중 정부가 들어서기 전까지 심의 민주주의 방식은 심도 있게 논의되지 않았다.[16]

노무현 참여정부는 '토론 공화국', '토론 민주주의'를 내걸고 다양한 차원에서 공론장을 열고 정책결정과정에 시민들의 참여를 확대하려는 노력을 시도했다. 그런데 공적 토론장에서 지도자의 잦은 말실수와 품위를 잃은 발언이 한국 보수주의자들에게 공격의 빌미를 제공, 참여 민주주의와 심의 민주주의, 토론 민주주의에 대한 냉소와 회의를 불러일으켰다.

3김의 퇴장과 함께 민주화 1기 또는 1987년 체제는 막을 내렸고 민주화 2기가 시작되었다. 민주화 2기는 2002년 대통령 선거와 2004년 총선으로 공식적으로 출범했다. 이제 위임주의적 3김의 퇴장으로 제왕적 대통령이 사라지고, 정당지배구조 개혁과 선거개혁으로 제왕적 총재가 사라진 민주화 제2기에서는 탈권위주의화보다는 민주적 권위 구축이 핵심과제가 되어야 할 것이다.

민주적 권위를 구축하기 위해서는 우선, 대의제 민주주의와 심의 민주주의 간에 적절한 분업이 이뤄져야 한다. 앞에서 제시한 바와 같이, 대부분의 일상적인 정치적·정책적 사안들은 대의기구에서 처리하고, 사회적으로 첨예한 갈등을 야기

16 김대중 정부가 시도한 노사정위원회 구성과 노사정 사회협약 시도는 한국 최초로 심의 민주주의를 도입하려 한 것으로 평가할 수 있다.

하는 사안에 대해서는 이해 당사자, 시민단체, 지식인 등이 참여하는 공론장을 열어 정책을 결정하는 심의 민주주의적 방식을 적용할 필요가 있다.

민주적 정책공론장을 통한 심의적 결정방식은 세 가지 정도 생각해 볼 수 있다. 첫째, 선거에서 공약을 통해 위임받은 정책사안(행정수도 이전 등)의 경우에는 구체적인 정책대안을 수립한 뒤 정책토론회, 정책세미나, 정책공청회 등을 통해 국민적 동의기반을 확대하면서 추진할 수 있다. 둘째, 집단 간 첨예한 이익갈등을 야기할 수 있는 정책사안(노사관계 등)은 민주적 코포라티즘(corporatism) 모델을 통해 이해 당사자들이 갈등의 비용을 분담하는 타협에 의해 문제해결을 시도할 수 있다. 마지막으로 정책소비자가 쉽게 동의하기 어려운 사안(부안사태 등)에 대해서는 사전에 관련 정책의 소비자와 공급자를 참여시켜 충분히 논의한 뒤 정책공론장을 열어 심의를 하고 자발적으로 공동결정에 도달하는 협의狹義의 심의 민주주의 방식을 통해 문제를 해결할 수 있다.

심의 민주주의 확대를 통해 민주적 권위를 제고하기 위해서는 시민의 심의능력을 높이는 것이 필요하며, 이는 정부가 심의자원의 불평등을 해소함으로써 이뤄질 수 있다. 3김 시대의 종언, 2002년과 2004년의 양대 선거, 정치제도 개혁 등으로 이제 정치인들과 대표들은 권위주의적 리더십을 통해 권위를 확보하기 어렵게 되었다. 이제는 심의 민주주의 영역을 넓혀 시민참여에 의한 시민들의 자발적 동의와 복종, 그리고 시민들의 추종력을 이끌어 내면 한국 민주주의의 권위는 더욱 높아질 것이다.

2. 한국에서의 공공성의 정치와 공화주의*

공공성의 정치의 위기

정치가 '공적(public)'이라는 개념은 동·서양을 막론하고 소위 국가가 형성되고 정치가 행해지면서부터 형성되었다. 일찍이 공자는 요순시대를 "大道之行也 天下爲公 : 큰 도가가 행해지니 천하가 공변되었다(禮記, 제9 禮運編)"라고 이야기함으로써 정치의 공공적 성격을 논설하였다. 정치란 무릇 모든 일을 천하의 공, 공익, 공공선을 위하여 노력해야 한다는 것을 설파한 것이다. 말하자면, 천하를 공기로 생각하고 권력을 사유화하지 말고 사적으로 세습하지 말며 천하의 인재를 등용하여 대동大同의 세상을 만들어야 한다는 것이다.

그런데 공자는 한탄한다. 춘추전국시대에 들어서면서 정치가 사유화, 세습화되면서 "天下爲家"가 되었기 때문이다. "今大道旣隱 天下爲家 各親基親 各子其子 貨力爲己 大人世及以爲禮 城郭溝池以爲固 : 지금의 세상은 천하를 공유로 생각하는 대도가 없어지고 천하를 사사집으로 생각하여 각각 자기의 어버이만을 친애하여 각기 자기의 아들만을 자애한다. 재화와 인력은 자기만을 위하여 바

* 이 논문은 다음 논문을 수정·보완한 것임. 임혁백, 2008, 〈공공성의 정치학적 접근〉, 한국행정연구원 발표, 2008년 7월 14일.

친다. 천자와 제후는 세습하는 것을 예로하며 성곽과 구지를 견고하게 하여 스스로를 지킨다(禮記, 제9 禮運編)."

비슷한 시기에 서양에서는 고대 아테네 민주주의의 아버지라고 할 수 있는 페리클레스(Pericles) 또한 공자와 비슷한 이야기를 하였다. 그는 더 적극적으로 정치는 공적인 것일 뿐만 아니라 그 정치의 공공성을 모든 인민이 참여하여 실현해야 한다는 직접적이고 참여적인 고전 민주주의 이론을 설파하였다. "우리 아테네(Athens)에서 각 개인은 자신의 사적인 일뿐만 아니라 국가의 공공업무에도 관심을 가지고 있다. 자신의 사적 사업에만 몰두하는 사람들조차도 일반 정치(polis, 정치, 국가, 정부)에 대해 매우 잘 알고 있다. 이것이 바로 우리 정치의 특징이다. 우리 아테네에서는 정치에 아무런 관심도 갖지 않고 자기 자신의 일에만 신경 쓰는 사람을 할 일(business, 업무)이 전혀 없는 사람이라고 이야기한다. 우리 아테네 사람들은 스스로 우리의 정책을 결정하고 그것을 적절한 토론에 부친다. 왜냐하면 우리는 말과 행동이 양립 불가능한 것이 아니라고 생각하고 있기 때문이다(Pericles, "Funeral Oration" in Thucydides, The Peloponnesian War)."

이러한 공공성의 정치, 정치적 공공성은 조선에서는 공론정치로, 서구에서는 공화주의로 이어졌고, (물론, 형태와 내용은 달리하지만) 대체로 근대 헌정 민주주의의 근간이 되었다. 미국의 대의제 민주주의를 고안한 미국 건국의 아버지들 중 한 사람인 매디슨(James Madison)의 헌정제도 디자인의 기본원칙 중 하나가 바로 공화주의였다. 로버트 달(Robert A. Dahl)은 일찍이 사적이고 자유주의적인 대의제 민주주의 아버지로 매디슨을 지목하고 "매디슨적 민주주의(Madisonian democracy)"라는 용어까지 만들었다(Dahl, 1956). 그러나 후에 달은 "(매디슨이) 공민의 개념에 여성, 흑인, 인디언 등을 제외한 흠결이 있기는 하지만 매디슨은 훌륭한 공화주의자이자 민주주의자"라고 자신의 견해를 수정했다(Dahl, 2005).

해방 이후 분단국가의 헌법을 제정하는 과정에서 우리 역시도 공화주의라는 말을 헌법 제1조, 1항에 명기함으로써 공공성의 정치 실현을 우리 헌정이 추구하는 최고의 실천적이고 선언적인 규범으로 삼았다. 대한민국 헌법 제1조, 1항은 "대한민국은 민주공화국이다"로 되어 있고 이 조항은 놀랍게도 아홉 번의 헌법개정에도 불구하고 유지되었다. 1987년까지 우리는 민주주의를 회복하기 위해 엄청난 희생을 지불했고 이를 항상 자랑스럽게 생각해 오고 있다. 그러나 명실상부하게 만들려고 투쟁한 헌정 민주주의가 단순한 민주주의가 아니라 민주적 공화정(democratic republic)이라는 사실에 대해서는 잘 알지 못하고 있다. 우리 헌정이 추구하는 정치체제는 국민들이 주인이 되는 민주주의일 뿐만 아니라 시민적 덕성을 갖춘 시민들이 공적 영역에 참여해 공적 업무에 책임을 지는 '민주공화국'인 것이다.

그런데 우리는, 김상봉 교수가 지적한 바와 같이, 공화국이 무엇인지에 대해 제대로 이해하고 있지 못하다. 헌법학자들마저도 공화국에 대한 명확한 개념을 갖고 있지 않다(김상봉, 2007: 333; 곽준혁, 2005: 34-37). 바로 이러한 공화국, 공화주의에 대한 이해 부족은 공화주의에 담긴 정신을 실현하는 것을 소홀히 하는 결과를 가져왔다. 헌법이 지도자와 국민 모두에게 공공이익, 공공선, 공공성 등을 실현하라는 명령을 내리고 있음에도 불구하고 지도자들은 공적 인간으로 행동하기보다는 권력을 사적 소유물로 인식하고 권력을 가진 사적 개인으로 행동하고 있으며, 국민들 또한 정치의 공공성을 인식하지 못한 채 사기업의 경영자를 뽑듯이 국가경영자를 뽑으려는 경향을 보여 주고 있다.

역설적으로 정치의 공공성과 공화주의 정치가 민주화 이후 위협을 맞고 있으며 위기에 처해 있다. 3김 시대 이후 지역주의를 볼모로 한 가산주의(patrimonialism)가 한국 정치를 지배했고 한국의 대통령, 정당, 국회, 지역 등에서 권력이 사유화되고 세습화되는 현상이 일반적 현상으로 나타나게 되었다. 막스 베버(Max Weber)가 개념화한 가산주의家産主義는 가부장주의의 특수한 형태로 기본적으로 가족주의(oikos)에 기초하고 있다. 즉, 군주가 권력을 공적인 것이 아니라 군주의 사유물로 간주하고 관리를 공적 관리가 아니라 자신의 사적인 가신으로 여기는 것이다(Weber, 1978: 1010-1011).

베버의 가산주의가 공자가 이야기한 "天下爲家"와 닮은 점이 많다는 데서 동·서양을 막론하고 정치가 사적으로 흐르는 것을 경계했다는 놀라운 사실을 발견할 수 있다. 2002년 노무현의 대통령 당선으로 3김 시대의 가산주의는 어느 정도 청산의 계기를 마련했다. 그러나 5년 후 신자유주의를 전면에 내세운 이명박 정부가 들어서면서 '정치의 시장화(politics by market)'가 시도되었다. 국가경영을 사기업 경영과 같은 방식으로 경영하는 정치에서는 공공성이 설 자리가 없다. 국가가 당연히 해야 할 일을 방기하고 국가의 일, 즉 공공재의 생산과 공급을 기업과 시장에 맡길 때 시민들은 국가로부터 공적인 서비스를 받을 길이 없다. 민영화라는 이름하에 국가의 공기업을 외국의 다국적 기업에 매각한다면 공적 서비스에서 공공성의 개념 자체가 사라질 것이다. 이명박 정부 들어 가속화되고 있는 신자유주의는 가산주의 이상으로 한국 정치의 공공성을 위협하고 있다.

본 장은 민주화 이후 한국 정치에서 공공성의 정치가 위협받고 있으며 위기를 맞이하고 있다는 사실에서부터 출발한다. '위기의 공공성 정치'에서 출발하여 한국에서 공공성의 정치를 복원하기 위해 필요한 것이 무엇이며, 해야 할 일은 무엇인가를 모색하는 것을 최종 목적으로 한다. 이를 위해 우선, 서구정치사에서 나타난 공공성 개념의 등장과 변화에 관해 논한다. 공공성(publicness, res publica, public, 公)과 공화주의(republicanism)의 개념을 논의하고, 다음으로 자유주의와 공공성, 그리고 둘 간의 관계, 서구의 가산주의, 유교적 가족주의天下爲家와 공공성, 공화주의의 안티테제 등과의 관계 등을 살펴본다. 이러한 개념을 통해 서구정치사에서 공공성의 정치가 어떻게 표출되고 구현되었는가를 추적한다. 그리고 탈근대 시대에 출현하고 있는 신유목적 사회(neo-nomadic society)에서 공공성의 정치가 상승할 것인지 여부를 살펴본다.

둘째, 한국 정치사에서 나타난 공공성의 정치를 살펴본다. 한국 정치사에서 공공성 정치의 전통은 풍부하다. 신라의 화백, 백제의 정사암, 고구려의 제가평의, 고려의 재추회의, 조선의 의정부 등은 공익을 도출하기 위한 합의제기구였다. 특히 조선 전기와 중기 시대에 '소통을 통한 공론' 형성을 목적으로 하는 공론정치가 활성화되었다. 민중부문에서도 소통, 합의, 나눔 등을 목적으로 하는 민중적 소통과 나눔의 공동체가 활성화되어 있었다. 그러나 인조반정 이후 노론의 일당독재가 지속되면서 소통이 막히고, 공론이 아닌 사론과 당파이익이 정치를 지배했고 그 끝은 나라의 멸망이었다. 일제 식민지하에서는 공론 형성 자체가 허용되지 않았고, 해방 후에는 분단과 민족상잔의 전쟁을 겪으면서 사회가 '만인의 만인에 대한 전쟁상태'에 들어가 공론 형성이 어려웠다. 전쟁상태 속에서 공론정치가 확립되기를 기대하는 것은 무리였다. 그러다 1987년 마침내 민주화를 성취하면서 우리는 오랫동안 잊었던 공론, 공익, 공공성의 정치를 다시 부활시킬 수 있는 호기를 맞이하였다. 그러나 민주화 이후 3김 정치가 지속되면서 정치의 사유화, 연고주의(특히 지역주의)를 특징으로 하는 유교적 가산주의(confucian patrimonialism)가 한국 정치를 지배하였다. 앞으로의 과제는 IT혁명의 선두주자인 한국이 사이버 공공성을 확립할 수 있는가이다.

마지막으로 한국에서 공공성의 정치를 복원하기 위해 해야 할 일이 무엇인지를 논한다. 한국이 공공성의 정치를 복원하기 위해 필요한 것은 마키아벨리가 이야기한 공화주의적 비르투를 가진 리더십이다. 그는 대소통자(great communicator)이며, 기업과 사익의 수호자가 아니라 공익의 수호자이다. 또한 자신이 공적인 존재라는 것을 깊이 인식하고 공인으로서 말과 행동, 예의 등을 갖추고 있으며, 항상 공적으로 행동하고 공익을 위해서 행동하는 자이다.

서구 정치사에서 공공성의 정치

우리는 오랜 투쟁 끝에 민주화를 이룩하였고 민주주의를 위한 개혁에 힘을 기울여 짧은 시간 내에 압축적으로 민주주의 공고화에 성공하였다. 그러나 우리는 공화국 또는 공화주의로 상징되는 한국 민주주의의 공공성에 대해서는 큰 관심을 갖지 않았다. 한국 민주주의의 공공성을 이해하기 위해 우선, 서구정치사에서 공공성의 정치와 공화주의 개념이 어떻게 변천하고 발전되어 왔는지를 살펴본다.

아테네 민주주의 — 공동체 참여를 통한 공공성 실현

정치에서 공공성(publicness)을 중시하는 고전적 공화주의(classical republicanism)는 아테네 민주주의에서 출발한다. 공화주의(republic)의 연원은 레스 푸블리카(res publica)이다. 공공적인 일 또는 '공적인 것(public thing)'이라는 뜻으로, 사적인 일 또는 사적인 것이라는 레스 프리바타(res privata)와 대립되는 말이다(김상봉, 2007: 335). 그리스적 표현을 빌리면 '폴리스적인 것'이다. 말하자면, 폴리스에 대한 헌신, 공공 이익, 공동선(common good) 추구, 사적인 것에 대한 공적인 것의 우위 등이 공화주의의 기본특성이다(임혁백, 2007a: 37).

아테네 민주주의에서 '개인의 덕성'은 '시민의 덕성'과 동일하다. 윤리적으로 '선한 인간(good man)'이 되기 위해서는 정치적으로 '선한 시민(good citizen)'이 되어야 하고, 정치적으로 선한 시민이 되기 위해서는 반드시 폴리스(polis: 정치, 국가)에 참여해야 한다. 폴리스에 참여함으로써 개인은 선한 시민이 되고 선한 인간이 된다. 왜냐하면 폴리스는 선한 사회를 실현하려는 자급자족적 공동체이고, 따라서 선한 생활은 폴리스 내에서만 가능하기 때문이다. 인간이 단지 육체적인 생존을 하기 위해서는 오이코스(oikos: household economy)에서 자신의 사적인 일에 몰두하면 된다. 그러나 오이코스의 세계에서 인간은 짐승과 구별되는 윤리적인 생활을 할 수 없다. 따라서 완전한 자아의 완성을 위해서 인간은 자급자족적이고 윤리적인 공동체인 폴리스에 참여해야 한다. 아테네의 영웅인 페리클레스가 '장송연설'에서 언급한 바와 같이 정치에 관심이 없어서 폴리스에 참여하지 않고 자기 일에만 몰두하는 사람은 아무것도 아닌 존재일 뿐이다. 그래서 고대 그리스, 특히 아테네에서 인간은 아리스토텔레스(Aristotle)가 지적한 바와 같이 폴리스 활동에 참여함으로써만 자아를 완성할 수밖에 없는 '정치적 동물(zoon politikon)' 또는 호모 폴리티쿠스(homo politicus)였다. 폴리스로 표현되는 고대 아테네 도시국가는 공동선 형성과 실현에 참여하는 공적 시민의 공동체였다(임혁백, 2000: 318-319).

따라서 아테네 민주주의에서 공공성은 참여 민주주의적 공공성이다. 시민적 덕성을 가진 참여적 시민들이 공화주의적 도시국가에 끊임없이 참여함으로써 공공선 또는 공공성, 공적 덕성을 실현하려는 민주주의가 아테네 민주주의이다. 아테네 시민들은 사적 생활을 공적 업무와 공동선(common good)에 종속시키는 것을 당연하게 생각했다. 이것이 페리클레스의 장송연설이 나오게 된 배경이다(Held, 1996: 17). 아테네 시민들은 개인의 덕성을 시민의 덕성과 동일시하는 경향이 있었다. 따라서 그들은 개인적 행복을 추구하기 위해서는 먼저 선한 시민이 되어야 하고 선한 시민이 되기 위해서는 정치공동체인 선한 폴리스에 부단히 참여해야 한다고 생각했다. 그들에게 정치와 윤리는 구분되지 않았다. 정치란 무엇보다도 공공적인 것, 윤리적인 선한 생활을 추구하는 것이었다.

로마 공화정 — 혼합정체(mixed constitution)를 통한 공공성 구현

그리스의 공화주의는 아우구스투스가 제국을 세우기 전까지 로마공화국에 이어졌다. 투철한 공공책임감, 시민적 덕성, 공화국에 대한 책임, 공공업무에 대한 참여와 책임을 강조하는 공화주의는 로마공화국에 살아 있었다(헬드, 1988: 43). 단지 로마는 그리스의 도시국가와 달리 계속 팽창하는 군사국가였다. 따라서 로마사회는 소규모의 그리스 도시국가보다 상당히 이질적이고 복잡하게 구성되었다. 그리고 국가 규모가 확장됨으로써 부패가 발생하고 시민적 덕성이 취약해지고 퇴화되었다. 공공정신이 발현되기보다는 부패와 파벌, 정치적 갈등이 만연해졌다.

이러한 문제를 해결하기 위한 로마 공화주의의 해법은 혼합헌정체제(mixed constitution)였다. 혼합정은 부와 권력의 불평등으로 부패가 발생하고 권력이 자의적으로 행사되기 쉬운 단일 정체의 폐해를 방지하기 위해 각각의 단일 정체들의 장점을 혼합한 정체를 말한다(이수석, 2004: 33). 혼합정은 계급 간 갈등을 전제하고 있으며 계급 간 갈등을 해결하기 위해 계급 간의 권력공유를 지향하는 정체이다(Ingersoll, 1970: 271).

로마공화국은 군주정, 귀족정, 민주정의 요소가 혼합된 혼합헌정(mixed constitution)체제를 통해 권력 상호간의 견제와 부패방지를 통해 공공성을 확보하려 하였다. 공화정 시대에 로마시민들은 아레테(arete)라는 그들만의 용감한 시민적 덕성(virtu)을 갖고 있었다.[17] 그 덕성은 애국주의, 공공정신, 공익과 공공선을 개인 또는 가족의 이익보다 우선시하는 영웅적 정신을 의미하였다(Held, 1996: 41). 로마의 공화주의는 모든 계급을 통합하는 헌정주의이다. 말하자면, 귀족계급과 인민(populus) 간 권력균형을 공화제(res publica)에서 찾으려는 헌정원리이다. 폴리비우스(Polybius)가 이야기하였듯이 로마헌정체제는 원로원(senate)이 제안하고, 인민이 결의하며, 행정장관 또는 치안판사(magistrates)가 법을 집행하는 헌정체제이다. 로마의 헌정은 시세로(Cicero)가 이야기하듯이 "인민에게는 권력을, 원로원에게는 권위를(potestas in populo, auctoritas in senatu)" 부여하는 헌정체제이다. 로마의 원로원은 정치적 절제, 사려, 분별을 구현하는 귀족주의 원리에 따라 구성되며 법의 최

17 근대에 들어 아레테(arete)를 덕성(virtu)으로 번역하나 좀 더 정확히 번역하면 아레테는 덕성보다는 용기(courage)에 가깝다. 말하자면 아레테는 시민들이 자신의 공화국을 보존·확장하고 공화국의 영광을 위해서는 무엇이든지 할 수 있는 용기를 핵심으로 하는 특수한 덕성을 의미한다(Crick, 2000: 24).

종적 분석자이자 해석자이다. 인민대중은 통치하지는 않으나 정부를 갈가리 찢어놓을 수 있다. 평민들(plebians)은 민주적 민회(concilium)에 모이거나 그들이 선출한 호민관(tribunes)을 통해 원로원에 대한 비토권을 행사하였다. 원로원의 귀족주의와 호민관의 민주주의에 집정관(consuls)이라는 왕정 또는 군주제의 원리가 더해졌다. 집정관은 원로원이 행사할 수 있는 권위의 범위를 제시하고 모든 사람들이 공공법(public laws)에 따라 행동할 수 있도록 법을 집행하는 등 과거 왕이 행사하던 절대통치권(imperium)을 행사한다(Crick, 2002: 24-26). 그러나 로마공화정에서 통치권 또는 주권은 정치적 사려(prudence)에 의해서만 제약받는 대내적 권위 또는 권력이기보다는 다른 국가에 대해 로마의 절대적인 권위를 주장하는 상징이자 로마가 갖고 있는 정의(justice)의 우월성에 대한 자부심을 상징하는 대외적 권위와 권력의 성격이 강하다.

결론적으로 로마의 공화주의는 리비우스(Titus Livius)가 적절히 요약한 바와 같이 귀족정의 존귀성(dignitas), 민주정의 자유(libertas), 군주정의 통치권(imperium)을 결합함으로써 정치의 공공성을 실현하고자 하였다(Crick, 2002: 28-29).

르네상스 — 자치도시공화국에 기반한 마키아벨리의 공화주의

고대 그리스에서 민주주의가 발명된 이래 18세기까지 정치의 지배원리이자 제도적 장치로 민주주의를 크게 외치는 목소리는 들리지 않았다. 그러나 공공성이 지배하는 정치, 공화주의 정치에 관한 목소리는 로마가 멸망한 뒤에도 끊임없이 제기되었다. 근대의 출발을 자축한 르네상스 시대의 대표적인 정치사상가인 마키아벨리도 예외 없이 공화주의에 대해 목소리를 높였다(Crick, 2002: 32).

마키아벨리의 공화주의는 그의 대표작인 《군주론*The Prince*》이 아니라 《리비우스의 로마사 논고들*The Discourses on the First Decade of Livy*》에 잘 나타난다. 새로운 국가를 건설하기 위해 마키아벨리는 고대 그리스와 로마 시민들이 보유하고 있었던 애국적이고 강인한 시민적 덕성(virtu)을 이탈리아 도시국가 시민들 사이에 복원하는 것이 필요하다고 생각하였다. 마키아벨리는 국가를 보존하고 권력을 확장하기 위해서는 군주국보다 공화국(republic)이 더 우월하다는 것을 리비우스가 쓴 《로마사*History of Rome*》에서 발견하였다. 마키아벨리에게 고대·영웅들은 불가능한 환경하에서 나라를 건설하고 시민들에게 자치를 허용한 공화국 건국의 아버지들이었다.

마키아벨리가 가장 선호한 정치체제는 공화정이었고, 공화정 중에서도 혼합정을 가장 이상적인 공화정으로 보았다. 왜냐하면 혼합정을 통해 시민이 정치에 참여하게 되면 자유로운 정체가 되고 경제력이 향상되고, 영토가 확장되기 때문이다(이수석, 2004: 33). 공화주의가 갖고 있는 장점이 가장 잘 발휘되기 위해서는 시민의 정치참여가 필수적이며 시민들이 정치에 참여하기 위해서는 시민 개개인의 자유가 확보되는 것이 필수적인 전제조건이다. 자유로운 민중(the people), 귀족, 군주 간에 권력균형이 보장되고 모든 지도적인 정치세력이 공적 생활에 적극적으로 참여하는 혼합헌정체제를 수립해야 한다는 것이 마키아벨리의 공화주의의 핵심이다. 마키아벨리의 혼합정에서 시민들은 여러 가지 제도적 통로를 통해 정치에 참여한다. 시민들은 집정관을 선출하고 통치위원회(ruling councils)에서 봉사할 대표를 선출한다. 혼합정에서 경쟁적 사회집단들은 자신의 이익을 증진시키기 위해 경쟁하며, 언론·표현·결사의 자유를 부여받으며, 이와 같은 기본적 자유를 '법'에 의해 보장·보호받는다.

그런데 마키아벨리는, 홉스 및 로크와 달리, 정치를 조직(organization)으로 보기 보다는 리더십(leadership)으로 보았다. 정치는 질서를 창출하는 것이다. 말하자면, 정치는 권력을 획득하고 이용(utilize)하며, 보존하는 것이다. 따라서 훌륭한 조직보다 오히려 뛰어난 지도자의 리더십(virtu)이 중요하다. 마키아벨리에 의하면, 아테네 민주주의가 몰락한 이유는 폴리스(국가)가 상층계급의 오만과 일반민중의 방종으로부터 스스로를 보호하지 못했기 때문이다. 국가 지도자의 비르투만 이 공화정을 건국하고, 보호하고 구출할 수 있는 것이다.

마키아벨리가 선호한 공화주의 지도자가 갖추어야 할 비르투는 첫째, 법을 존중하고 법에 따라 지배해야 한다(이수석, 2004: 34-39). 법과 제도가 견제와 균형의 역할을 충분히 수행하여 평민들의 분노와 귀족의 억압을 사전에 방지해야 한다. 갈등을 해소할 합법적 배출구가 없으면 각 계급은 자신의 이익을 관철하기 위해 무력을 사용하고 외세를 끌어들이기 때문이다. 따라서 국민들의 분노와 노여움이 해소될 수 있는 합법적인 배출구가 있어야 한다. 둘째, 지도자는 인재 등용에 있어 개방적 원리를 채택하여 문벌, 세대, 계급, 국적 등에 관계 없이 모든 일반인에게 공개적으로 인재 등용의 문을 열어야 한다. 베네치아는 국내적으로 불화가 없어서 오랫동안 자유를 향유하고 통일을 유지하며 번영을 구가할 수 있었다. 그러나 외국인을 시민으로 받아들이지 않는 폐쇄적 시민권 정책으로 시민들의 수가 줄어들었고 결과적으로 국가의 약화와 몰락이 초래되었다. 셋째, 지도자는 국가경영에 있어 권력공유 원리를 구현해야 한다. 모든 정치체제의 불안은 권력독점 욕심에서 비롯되기 때문에 견제와 균형이 정치 안정에 필수적이다. 그런데 권력공유 원리를 구현하기 위해서는 극단주의 경향을 배제하여야 한다. 지도자는 완벽한 이상주의 정치를 추구하기보다는 이익을 중시하는 현실정치의 원리를 터득하여 서로 다른 경쟁하는 이익을 가진 집단과 계급들을 절충하고 타협시켜 평화적인 정치질서를 구축하여야 한다. 마지막으로, 지도자는 대중과 일치하기 위해 솔선수범해야 한다. 대중과 지도자가 결합하면 강한 권력 토대가 마련된다. 정치질서를 안정시키고 유지하기 위해서는 국민과 지도자 간 조화가 중요하며 이를 위해 항상 국가 지도자는 대중에게 모범이 될 수 있도록 솔선수범하는 자세를 보여야 한다. 마키아벨리는 국민개병제가 용병제보다는 우월하며 시민군이 국가체제를 지탱하는 근간이라고 보았다. 이러한 국민개병제가 유지되기 위해서는 먼저

지도자가 전쟁에 나가는 모범을 보여야 하는 것이다(이수석, 2004: 38-39).

절대주의 국가—신흥 부르주아지에 의한 공론장 형성

중세에서 근대로 넘어오면서 최초의 승자는 공화국이 아니라 절대주의 군주였다. '어부지리漁父之利' 고사에 나오는 황새와 조개 간의 권력균형에서 이득을 취한 어부처럼, 절대주의 군주는 봉건귀족과 신흥부르주아지 사이에서 파멸적 권력균형의 한가운데를 차지하면서 중세봉건시대에서 근대 자본주의국가로 넘어오는 과도기에 최초로 근대적인 의미에서 '국가주권(state sovereignty)'을 장악했다. 절대군주의 주권은 국내적으로는 봉건귀족 계급과 부르주아 계급으로부터 인정을 받았고, 국제적으로는 1648년에 형성된 베스트팔리아(Westphalia) 체제에 의해 승인되었다.

절대군주가 주권을 독점하였으나 절대주의에서도 공공성의 정치는 사라지지 않았다. 오히려 근대 자유주의적 공화주의를 예비하는 공공성의 정치가 출연해 발전했다. 무엇보다도 절대군주들은 자신을 공적인 존재로 인식했다. 잔프랑코 폭지(Gianfranco Poggi)라는 이탈리아 학자는 왜 절대군주가 자신을 공적 존재로 인식했고, 태어나서부터 사망할 때까지 공적으로 행동할 수밖에 없었는지를 루이 14세의 이야기를 통해 풍자했다.

> 프랑스 왕은 철저하게 '공적' 인물이었다. 그의 어머니는 공개된 상태에서 그를 출산하였고 그 순간부터 그와 관련된 아주 하찮은 일조차도 고위관직 수행원들이 보는 앞에서 연출되었다. 그는 식사, 취침, 기상, 착의, 정발 등 모든 것을 공개적으로 하였고 대·소변도 수행원들이 보는 앞에서 이루어졌다. 목욕을 공개적으로 한 것은 아니지만 그렇다고 사적 장소에서 한 것도 아니었다. 그가 방사를 공개적으로 했다는 아무런 증거도 없지만 그가 신부의 처녀성을 꺾을 것으로 예상되던 전후의 상황을 고려해 볼 때 그것도 거의 공개적으로 한 것이나 다름없다. 그가 (공개적으로) 사망하

였을 때 그의 사체는 즉시 공개적으로 잘게 절단되었고 (그의 신체의) 각 부분들은 그가 살았을 때 그를 계속 수행했던 인물들 중에서 보다 존귀한 사람들에게 배분되었다(잔프랑코 폿지, 1995: 117).

이 이야기를 인용하는 이유는 절대권력을 독점한 절대군주는 태어날 때부터 공인으로서의 예절을 훈련받고 내면화했다는 사실을 밝히기 위해서이다. 절대군주는 공적 존재였고 공적으로 행동했고 공익을 위해 일했으며 공적 책임을 졌다고 폿지는 이야기하고 있다.

그렇다면 왜 절대권력을 가진 절대군주가 공적으로 행동하고 공익을 위해 일했을까? 역설적으로, 절대군주의 권력이 절대적이지 않았기 때문이다. 앞서 이야기한 바와 같이, 절대군주의 권력은 봉건귀족과 신흥 부르주아지의 세력균형 위에 서 있었다. 절대군주는 새로 등장한 신흥 부르주아지를 육성해 이전 지배계급인 토지귀족의 힘을 견제함으로써 자신의 힘을 절대적으로 키워 나갔다. 이러한 절대군주의 이이제이以夷制夷 전략에 따라 성장한 신흥 부르주아지 계급은 군주와 귀족에 의한 공(public)의 독점을 깨고 자신들만의 독특한 공공영역(public sphere)을 만들어 냈다(Poggi, 1978: 82-85). 절대군주의 암묵적 지원하에서 교양(literary) 부르주아지들은 검열과 억압을 받지 않고 정치와 관련된 다양한 주제들에 관해 토의를 진행했다. 이들은 시민적 덕성, 민족(nation)의 해악, 자신들의 복지, 법제도의 개선과 촉진을 위한 방법과 수단, 교회와 국가의 관계, 국제문제의 처리 등 공적 영역(public realm)에 속한 모든 것을 토의, 숙의, 토론하였다. 공적 문제에 대한 토론은 압도적으로 교양 부르주아지에 의해 주도되었지만 가끔 귀족과 하층 성직자들 또한 토론에 참여했다. 이들은 공론장(public sphere, Offentlichkeit)을 형성하려 하였다. 그들은 시민사회(Burgerlich Gesellschaft)의 개별 회원들이었고 사적 영역과 이익을 넘어 국가의 일(matters of the state)이 무엇이며,

어떻게 국가기관들로 하여금 국가업무를 책임 있게 처리할 수 있게 하느냐에 관한 '공론(public opinion)'을 정교하게 정리하려 하였다.

그런데 이러한 부르주아지들의 비판과 논쟁을 제도화하고 이를 국가의 지도원리로 만들려는 노력은 기존 계급의 요구를 수용하는 것보다 더 절대주의 국가에 도전이 되었다. 교양 부르주아지가 '이성적 공중(reasoning public)'이 됨으로써 부르주아 시민사회는 더 이상 과거의 수동적이고 신민적(subjective) 존재가 아니게 되었다. 이들은 과거에는 '비밀스러운 주권(arcana imperii)' 영역에 속했던 문제들에 대해서도 공개적인 토론을 전개하고 이를 더 넓고 광대한 영역으로 확장하겠다며 군주를 위협했다. 부르주아지들은 특정 신분계층(ranks)에 속했던 귀속적(ascribed)이고 특수한 특권 개념을 공격했고, 공론장을 통해 공격적인 합리주의와 반전통주의를 표방했다. 그리고 '왕관과 제단의 동맹(the alliance of throne and altar)'으로부터의 해방을 주장하였다.

부르주아지들이 국가이익과 공공복지가 국내정책과 외교정책을 이끄는 기본원리가 되어야 한다고 주장했을 때 이는 분명 절대군주들을 당혹하게 하는 것이었다. 그러나 부르주아지들의 공공업무(public affairs)에 관한 공론의 활성화는 절대군주의 정책에 부합하는 것이었고 따라서 절대군주로부터 이데올로기적인 승인을 획득하였다. 왜냐하면 부르주아지들의 공적 영역은 백성들에게 직접 다가가서 법, 징세, 제복(uniform), 구석구석 침투하는 행정, 그리고 애국주의에 호소하려는 절대국가 군주의 정책이었기 때문이다. 한편, 부르주아지들은 과거에 군주의 반대세력 또는 저항세력들이 요구했던 독립, 자립, 자치를 요구하지 않고 오히려 절대군주의 주권을 인정하면서 절대군주의 지배 정당성을 받아들였다. 이와 같은 절대군주와 신흥 부르주아지들 간의 간접 동맹을 통해 공론장이 형성되었고, 공적 시민사회의 기틀이 마련되었다.

근대국가 — 몽테스키외와 매디슨의 자유주의적 공화주의

18세기 공화주의의 아버지로 불리는 몽테스키외(Montesquieu)는 로마의 공화주의에 깊은 감명을 받았고(임혁백, 2007b) 고대 그리스 공화주의의 핵심내용인 적극적 시민권, 시민적 의무감, 정치공동체에 대한 헌신 등을 숭배했다. 그러나 이러한 이상을 근대의 대규모 국가에서 실행하는 것이 사실상 불가능하다는 것을 인식하고 이를 제도적으로 강제할 수 있는 장치를 고안했다. 그는 그러한 제도적 연원을 로마 공화주의에서 발견하였다. 그는 혼합국가와 권력분립을 통해 귀족, 군주, 인민 간에 균형을 효과적으로 유지할 수 있으며 견제와 균형을 통해 공공적 덕성을 발현하는 정부를 확보할 수 있다고 생각했다. 몽테스키외는 영웅적 개인, 시민적 덕성, 시민적 규율이 강조되는 고대 그리스적인 고전적 공화주의 또는 시민적 공화주의보다는 제도화된 분리와 균형을 통해서 '덕성 있는 정부(virtuous government)'를 확립하려 하였다는 점에서 자유주의적 공화주의(liberal republicanism)에 경도되었다고 볼 수 있다.

로마의 공화주의와 몽테스키외의 공화주의는 미국 건국의 아버지들(founding fathers), 특히 매디슨(James Madison)에 깊은 영향을 미쳤고, 그로 하여금 공공정신보다는 견제와 균형이 가능한 제도적 장치를 통해 공동선을 실현하는 공화국을 디자인하도록 하였다. 매디슨은 '파벌의 해악(mischief of factions)'을 제거하는 데 특히 노력하였다. 그는 기본적으로 개별 시민을 불신하는 성악설을 믿었다. 즉, 인간은 공동선을 위해 협력하기보다는 상호 증오하고 억압하는 경향이 있다고 보았다. 따라서 매디슨은 직접 민주주의보다는 견제와 균형을 통해 파벌의 해악을 제거할 수 있는 대의제 민주주의를 선호했고 이것이 매디슨의 자유주의적 공화주의의 핵심이었다.

공화주의 역사를 짧게 요약하면, 고대 그리스 소규모 도시 공동체에서는 시민과 지도자들의 공공정신(public spirit)이 (고전적 또는 시민적) 공화주의의 핵심이었으나 규모가 커진 로마공화국이나 근대 민주공화국에서 공화주의는 공공정신의 부패를 방지하고, 공공정신에 따라서 행동할 수밖에 없게 강제하는 제도적 장치, 법의 지배를 강조하는 자유주의적인 공화주의의 특성을 가지고 있다. 자유주의적 공화주의는 민주공화국을 실현하기 위해서는 '인민의 권력(demo power)'인 민주주의만으로는 충분치 않기 때문에 시민과 대표가 모두 공적 이익, 공공성, 공공재, 공적인 것을 추구하도록 제도적으로 강제되는 공화주의를 수립해야 한다고 주장한다.

자본주의적 민주주의 — 시민친화적 시장을 통한 공공선

현재 우리가 살고 있는 사회는 고대 그리스의 고전적 공화주의적 질서도 아니고 르네상스 시대의 도시자치공화국의 공화주의적 질서도 아니다. 우리가 살고 있는 사회는 자본주의적 민주주의(capitalist democracy) 사회이다. 자본주의적 민주주의 사회는 국가, 시장, 시민사회라는 세 가지 질서형성 원리가 공존하면서 사회질서를 형성하는 혼합통치(heterarchy) 사회이다(임혁백, 1993; 2004a; 2005). 국가는 위계적 통제(hierarchical control)에 의해 사회질서를 조직한다. 막스 베버가 정의한 바대로 "주어진 영토 내에서 물리적 폭력을 합법적으로 독점 사용하는 강제적 조직"인 국가는 공공재(public goods)를 직접 생산하거나 사회구성원으로 하여금 공공재를 생산하도록 이끈다. 시민사회는 자발적 연대(spontaneous solidarity)에 의해 공동체적 사회질서를 조직한다. 시민사회(또는 구체적으로 시민결사체)의 구성원들은 상호의존적 관계에서 협력과 호혜성에 의거해 공동으로 만족할 수 있는 연대적 재화(solidaristic goods)를 생산한다. 시장은 분산적 경쟁을 통해 소위 하이에크(Friedrich August von Hayek)가 이야기하는 자생적 질서(spontaneous order)를 형성한다. 시장에서 구성원들은 경쟁적인 관계에서 자신의 사적인 효용을 극대화하기 위해 사적재화(private goods)를 생산한다(Streek and Schmitter, 1985).

자본주의적 민주주의 사회에서 이 세 가지 원리, 즉 시장적 질서, 국가적 질서, 시민사회적 질서는 다양한 방법으로 혼합된 형태로 사회질서를 조직해 왔다. 물론 이 세 가지 질서가 항상 균형을 이루고 있었던 것은 아니다. 폴라니(Karl Polanyi)가 이야기한 자율적 조절시장이 지배하던 19세기 시장사회에서는 균형 축이 시장으로 기울어졌다. 그러나 20세기 초반에 제1차 세계대전과 대공황을 맞이하면서 시장사회는 파국을 맞이하였고 균형 축은 국가로 넘어갔다. 폴라니가 이야기한 대변환(Great Transformation)이 일어나 국가주의적 반동이 파시즘, 나치즘, 스탈린이즘 등의 형태로 나타났고 2차 대전 이후에도 국가는 시장에 대해 명백한 우위를 지켰다(Shonfield, 1965). 그러나 1970년대에 들어 케인즈주의적 복지국가가 자본주의 위기의 주범으로 지목되면서 다시 시장이 신자유주의라는 이름하에 화려하게 복귀하였다. 이후 냉전종식과 시장의 세계화 물결이 도도하게 밀어닥치면서 균형 축으로서 시장은 자신의 입지를 더욱 강화했다. 민영화와 탈규제를 중심으로 국가·시장·시민사회라는 세 개의 축에서 시장이 압도하는 사회질서 지도가 그려졌다.

국가의 공적 규제영역에 시장원리가 도입되고, 기업단체가 국가의 규제기능을 대행하는 '사적 이익 정부(private interest government)' 현상이 나타났으며, 전통적인 국가영역인 보건서비스, 복지서비스 등이 민영화(privatization)되었다. 국가의 임무라 할 수 있는 사회간접자본 형성, 사회하부구조 건설 등도 민간기업이 담당하는 일이 늘어나고 있다. 공공성이 지배해야 할 공적 영역에 효율성, 수익성, 사적 이익 극대화를 최고 가치로 하는 시장주의가 도입되고, 효율성을 최우선 가치로 하는 시장주의가 공공성을 최고 가치로 하는 공화주의를 대체하고 있다.

현재 시장은 세계금융의 중심지인 미국 뉴욕에서뿐만 아니라 잔존 사회주의 국가인 중국 상해와 중동 사막 끝자락에 있는 두바이에서도 갈채를 받고 있다. 누구도 시장의 효율성과 시장을 통한 성장을 부정하지 않는다. 그러나 일찍이 폴라니가 지적하였듯이 자기 파괴적인 시장운동은 그로부터 위협받는 사회와 자연으로부터 반동(counter-movement)을 불러온다. 시장의 횡포로부터 자신을 보호하기 위해 사회는 스스로를 보호하기 위한 조치를 취하기 마련이라는 것이다(Polanyi, 1957). 왜냐하면 시장은 평등한 기구가 아니며, 가난한 사람들과 약자들의 필요에 응답하는 자원배분기구가 아니기 때문이다. 그리고 시장은 외부효과가 있는 환경문제에 무관심하며 폴라니가 이야기한 바와 같이 인간과 그 주변의 자연과 환경을 파괴한다. 그래서 자연은 환경재앙으로 시장에 복수하고 인간은 '보호주의(protectionism)'로 시장에 저항하는 것이다. 한미자유무역협정(FTA: Free Trade Agreement)을 반대하는 운동은 자유무역으로부터 자신을 보호하려는 노동자, 농민, 내수 중심의 중소기업가들의 보호무역주의운동이다. 미국산 쇠고기 수입반대운동은 시장에 의해 위협받는 건강권을 지키려는 시민 소비자들의 자기보호운동이다. 교육개방과 교육자율화에 중고생들이 반대하는 것은 자신들은 입시를 위해 경쟁하는 기계가 아니며 자신들이 인간다운 교육을 받을 수 있게 해달라는 교육 소비자들인 중고생의 자기보호운동인 것이다.

결국 사회에 의해 통제받지 않는 발가벗은 시장법칙이 지배하는 사회는 '칼 날위에서 경쟁하는' 블레이드 러너(Blade Runner) 사회가 될 가능성이 높다. 블레이드 러너 사회는 경제의 세계화, 탈규제, 이윤을 극대화하려는 기업과 이기적 개인이 만들어 낼 수 있는 최악의 미래사회이다. 이 사회에서 유일한 종교는 개인의 이윤이며 공동체 의식은 쇠퇴한지 오래다. 초경쟁적 환경 하에서 사회는 가진 자와 못 가진 자로 양극화된다. 가진 자는 양질의 교육을 받고 고용되어 이동하면서 극단적으로 부를 추구하는 반면, 못 가진 자는 좋은 교육을 받지 못하고 대체로 실업자로 전락하며 더욱이 국가의 사회안전망이 해체되었기 때문에 사회의 낙오자가 되어 버린다. 이것이 바로 블레이드 러너 사회이다. 부자들은 가난, 마약, 범죄로 피폐해진 하층민들의 공격으로부터 자신의 생명과 재산을 보호하기 위해 성벽을 쌓고(gated communities, walled city) 빈자들은 테러와 범죄에 의존하여 생존을 도모하려 한다. 빈자의 반란은 사회를 불안하게 만들며 급기야는 내전으로까지 발전할 수 있다.

그러므로 대안은 시장의 공공성을 확보하려는 '사이버 우드스톡 공동체(Cyber-Woodstock)' 모델이 되어야 한다. 사이버 우드스톡 공동체는 환경, 교육, 지속적 경제, 가족과 공동체, 공적 업무에 대한 적극적 참여 등과 같은 가치를 공유하는 강한 공동체를 지향하게 한다. 사이버 우드스톡 공동체에서 기업환경은 경쟁 친화적이나 강한 공동체 지향을 보여 준다. 거대 기업의 현지 지사나 지방기업들은 현지화 전략을 통하여 지역 친화적인 기업이 되려 하며, 환경을 고려하는 지속적 발전에 관심을 갖는다.

그러므로 사이버 우드스톡 공동체로 나아가기 위해서는 자생적 시장질서 형성에 의존하지 말고 제정된 시장질서 또는 독일에서 이야기하는 '질서 자유주의(Ordnung Liberalismus)'를 구축해야 한다. 제정된 시장질서는 인간과 자연의 본성에 합치되고 조화와 균형이 존재하며 다양한 것들을 하나로 통합하는 정의로운 질서이다. 국가는 독과점 규제, 화폐가치 안정화 정책, 소득정책, 최저임금정책과 같은 적극적인 질서정책을 통하여 시장경쟁을 최대한 허용하면서 사회정의, 사회진보, 사회보장, 사회통합을 실현하여야 한다. 국가는 사회의 통합과 안정을 추구하는 '시민 친화적 시장질서(people-friendly market)'를 수립하는 동시에 시장경쟁 친화적 질서를 유지하기 위해 '시장경찰(policing market order)'의 역할을 강화해야 한다.

시민 친화적 시장질서를 구축하고 시장의 공공성을 확보하기 위해서는 복지 확대는 필연적인 선진화 경로이다. 한국의 복지는 민주화나 산업화와 마찬가지로 후발성(lateness in world time)을 특징으로 하고 있다. 민주화 이후에도 한국에서는 복지국가가 구축되지 않았고 외환금융위기 이후에 케인즈주의적 복지국가가 아닌, 영국의 기든스(A. Giddens)가 이야기한 '제3의 길'을 본뜬 '생산적 복지'가 한국 역사상 최초로 시도되었고 노무현 정부까지 이어졌다. 그러므로 최초로 시도된 한국의 복지는 신자유주의적 복지국가였다. 그런데 노무현 정부 이후 등장한 이명박 정부는 민영화라는 이름으로 복지 제공을 더욱 더 축소하려 하고 있다. 이명박 정부의 복지축소 정책은 국민적 저항을 유발할 수 있다. 유럽 복지국가 역사를 보면, 복지는 한번 제공된 뒤에는 복지가 없는 과거로 다시 되돌아갈 수 없는 '비역진적' 또는 '불가역적(irreversible)' 성격을 갖고 있다. 복지를 주었다가 빼앗게 되면 아예 복지를 주지 않았을 때보다도 더 큰 저항에 직면한다는 것이다.

따라서 산업화와 민주화 이후 한국의 시대정신, 즉 민족시간은 복지화이다. 선진화가 선진국처럼 되는 것이라고 했을 때 우리가 선진국에 비해 모자라는 것은 시장이 아니라 복지다. 그렇다면 선진화를 위해서라도 복지를 확충해야 한다. 민주화는 프리덤하우스(Freedom House)가 정치적 자유 등급에서 한국을 1등급으로 올려준 데서 볼 수 있듯이 거의 선진국 수준으로 올라섰다. 반면, 복지 분야는 선진국에서 한참 뒤처진 수준에 있다. 그런데 한국의 보수주의자들은 복지국가를 도입하기도 전에 영국병, 네덜란드병, 독일병 등 복지국가의 실패와 폐해를 이야기하면서 복지국가 도입을 반대하고 있다. 그러나 유럽 복지국가에 문제가 있으면 '후발자의 이점'을 살려 성장을 저해하는 것이 아닌 성장을 촉진하는 혁신적인 복지체제를 만들 방법을 고민해야지 복지국가 도입 자체를 반대하는 것은 반민주적이고 반시장적이다. 왜냐하면 복지는 시민들이 시장에 의존하지 않고도 받을 수 있는 사회적 임금(social wage) 또는 시민이기 때문에 시민으로서 존엄성을 유지하기 위해 국가가 시민에게 제공하는 시민임금(citizen wage)이기 때문이다. 복지는 평등주의에 기초한 민주주의와 불평등주의에 기초한 시장이 공존하기 위해 필수불가결한 장치이다. 더욱이 복지는 시장경제를 유지하기 위해서도 필수적이다. 폴라니가 이야기한 바와 같이 복지와 보호주의는 시장과 인간 그리고 자연을 이어주는 연대재(solidarity goods) 역할을 하며 시장과 인간, 시장과 자연이 공존하는 것을 가능하게 해 준다.

탈근대 시대 — 신유목적 민주주의의 공공성

탈근대 시대에 들어 미국 제국이 부활하면서 미국 중심의 세계화가 진행되고 있는 동시에 1648년 베스트팔리아 체제 수립 이후 국제질서의 기본 행위자였던 영토적 국민국가가 쇠퇴하면서 신중세적인 다층적이고 다중적인 권력분점 구조가 형성되고 있다. 경제적으로는 전통산업에서 지식정보산업으로 중심축이 이동하고 있다. 디지털 산업, 소프트웨어 산업, 콘텐츠 산업, 문화 산업, 브랜드 산업, 미디어 산업이 미래의 세계경제를 이끌어 가는 주역이 되고 있으며, 고위험과 고수익(high risk, high profit)을 추구하는 SOHO(small office home office)형 창업도 활성화되고 있다. 노동과 자본이 가치창출의 원천이었던 산업사회에서는 품질이 경쟁의 핵심이었다면 탈근대에는 시간이 경쟁의 핵심이 되고 있다. 한편 경제의 IT화化는 경제 양극화 등의 부작용 또한 낳고 있다. IT혁명의 부수효과로 대기업 대 중소기업, 수출산업 대 내수산업, 첨단산업 대 전통산업 간에 격차가 크게 벌어지고 있다.

노동영역에서도 혁명적 변화가 일어나고 있다. 혁신적인 IT기술로 대규모의 노동이 절약되어(labor saving) '노동자 없는 공장(workerless factory)'이 현실로 나타나고 있다. 이로 인해 IT는 '고용 없는 성장'이라는 새로운 과제를 한국 경제에 던져주고 있다. 또한 IT는 다기능 노동자를 요구하면서 과제 중심으로 모였다가 흩어지는 유연한 노동조직을 등장시키고 있다.

사회적 이동성이 증가하면서 정주사회가 유동적(liquid) 사회로 바뀌고, 사이버 접속이 활발해지면서 접속을 통해 자신의 정체성을 확인하는 접속사회로 나아가고 있다. "나는 접속한다. 그러므로 나는 존재한다"는 것이다. 사회가 유동적일 뿐만 아니라 상호작용 증가로 사회적 경계가 파괴되는 현상이 일어나고 있다.

학습과 노동, 일과 놀이, 이성과 감성, 사실과 가치, 중심과 주변 간 경계가 모호해지고 있는 것이다. 사회적 이질성과 복합성이 증가하면서 사람들은 오히려 더욱 서로 연결되기를 원하고 있다. IT와 세계화로 다중적 정체성을 가지게 된 사람들이 다양한 네트워크에 연결되어야 안심하는 네트워크 사회가 출현하고 있다. 신유목적 사회 출현과 함께 사회조직은 위계형 피라미드 조직 또는 지휘자(또는 지도자)가 이끄는 필하모니형 조직에서 수평적 네트워크 조직이자 지휘자가 없는 재즈밴드형 조직으로 바뀌고 있다.

정치적으로는 촛불집회에서 보듯이 축제와 같은 정치가 등장하고, 이념이 아니라 문화를 만드는 정당이 시민의 사랑을 받게 되고, 정치적 경쟁의 장이 계급투쟁에서 생활정치로 바뀌고 있다. 이성적 정치보다는 감성적 정치가 유권자의 표를 얻는 데 더 매력적인 것이 되고 있다. 물질적이고 직업적인 이해관계를 중심으로 한 이익집단정치가 쇠퇴하고 기호, 의견, 문화적 공감대를 매개로 한 네트워크형 동원과 축제의 정치가 등장하고 있다. 유권자들이 계급, 지역, 정당 귀속감보다는 인물과 쟁점에 따라 투표하는 경향 또한 증대되고 있다. 21세기 탈근대 사회에서 투표자들의 선호(preference)는, 이성적이고 안정적이고 일관성이 있던 산업화 시대 시민들의 선호와 달리, 감성적이고 유동적이며 정책선호에 일관성이 없는 것이 특징이다. 산업화 시대에 압도적이었던 국가는 점점 작아지고 시장과 기업, 시민사회단체(NGO: Non-Governmental Organization)의 힘이 커지고 있다. 국민국가는 상대적으로 쇠퇴하고 있고, 정치는 분권화되고 있으며, 지방은 갈수록 중앙정부로부터 자율성을 증대시키고 있다.

이와 같이 21세기에 일어난 IT혁명과 세계화는 정주사회를 유목사회로 변화시키고 있다. IT와 세계화는 사회를 엄청나게 이동적인(mobile) 사회로 바꾸어 놓고 있다. 사람, 사물, 제도, 기업, 개념, 가치, 연대감, 사랑, 가족, 일, 소비양식, 식사시간과 수면시간, 이데올로기, 전쟁형태, 명성, 여가나 여흥 등에서 정주성이 사라지고 있다(아탈리, 2005: 32). 국경을 넘나드는 초국가적 행위자들이 출현하고 급속도로 영향력을 확대해감에 따라 지리적 연대감이 약화되고, 정치의 탈영토화가 일어나고, 사회의 경계가 무너지고, 자본과 노동이 국경을 넘어서 움직이고, 안방에서도 세계의 정보·금융·정치를 넘나들 수 있는 사이버 유목이 일상화되고 있다(조정관, 2005). 기업들 또한 제한된 시간에 주어진 역할을 해내기 위해 사람들이 모였다 흩어질 수 있게 조직을 유랑극단 형식으로 조직하며 기업조직 전체를 유목형으로 바꾸고 있다. 소비, 노동, 여흥, 예술 등이 모두 유목화되고 있다(아탈리, 2005: 33). 지금 세계는 수천 년간 지속되었던 정주생활에서 유목생활로 전환을 진행하고 있다.

정치도 유목화하고 있다. 영토국가 시대의 정부는 정주형 정부였다. 수많은 관료로 구성된 중앙집권적인 거대 정부가 영토 내 국민들을 위계적으로 통치하는 정부였다. 민주주의 또한 강한 정주적 특징을 보였다. 주어진 국경에 묶여 있는 정착민들이 자신의 대표를 선출하고 그들에게 권력을 위임하는 간접적인 주권을 행사했다. 대의제 민주주의가 영토국가 시대의 민주주의였다. 그러나 사회가 유목사회로 바뀌면서 대의제 민주주의가 유목화하고 있다. 대의제 민주주의는 유목민의 요구에 부응하여 조직을 경량화하여 이동성을 높이고(小), 가벼운 몸집을 가지고 국민의 요구에 빠르게 응답하고(速), 다양한 유목시민들을 연결시켜 주며(連), 다양한 유목시민들이 언제, 어디서나 참여할 수 있도록 정치를 개방하며(開), 주어진 가치를 분배하기보다는 새로운 가치를 창조함으로써 정합적으로 권력을 분점하고 국민적 통합과 포용을 추구하는(包) 신유목형 민주주의로 변화하고 있다(임혁백, 2004b).

첫째, 신유목적 민주주의는 조직 경량화를 통해 저비용·고효율의 정치를 실현하려 한다. 신유목민들의 기본적 유목 물품인 인터넷을 활용할 경우, 정치비용을 획기적으로 절감할 수 있을 것이다. 거대국가 또는 유모乳母국가(드러커, 1994:

188) 또한 작고 유연한 조직으로 변해 신유목민들에게 방문형 서비스를 하는 신유목 정부 또는 유비쿼터스 정부로 바뀌고 있다. 거대조직 또는 포드주의적 조립라인 생산방식으로 표를 동원했던 산업화 시대의 정당정치 또한 온라인과 오프라인 모두를 통한 개별적 접속, 접촉, 소통 등을 통해 유권자들의 표를 이끌어 내는 유목형 정당정치로 바뀌고 있다. 정당조직이 경량화, 분권화, 유연화, 탈관료화, 탈피라미드 조직화되고 있다.

둘째, 신유목적 민주주의는 국민 요구에 빠르게 응답하는 정치를 실현하고 있다. IT는 소통에 필요한 시간적·공간적 제약을 제거하고 있다. 소위 지리의 종말과 속도전쟁이 동시에 일어나고 있다. 신유목적 민주주의에서 대표와 시민들은 유목물품을 통해 소통하며 이를 통해 시민의 요구를 빨리 전달받고 이를 빠르게 정책에 반영하는 속도의 정치를 실현하고 있다(비릴리오, 2004). 누가 빨리 시민의 요구를 파악해 정치에 반영하느냐는 속도경쟁이 신유목적 민주주의의 핵심을 이루고 있다.

셋째, 신유목적 민주주의는 개방적 네트워크를 통해 시민과 대표, 시민과 시민을 연결하는 정치를 실현하려 한다. 유목민들은 살아남기 위해서 항상 부족 전체와 연결되어 있어야 하며 필요하다면 가까운 오아시스와도 연결되어 있어야 한다. 신유목민의 유목물품인 휴대폰, 인터넷, 팩스, MP3 등은 다양한 네트워크와 항시적으로 접속을 유지하기 위해 필요한 전송수단이다. 그런데 신유목 사회가 구축하려는 네트워크는 개방적 네트워크이다. 따라서 신유목 사회에서는 사회적으로 합의된 게임규칙(rule of game)을 준수하기로 동의한 모든 자들에게 네트워크가 개방된 정치가 가능하게 된다. 그리고 시·공간적 제약을 없애 준 디지털 혁명으로 중앙에서 지방, 국경을 넘어 전 세계적으로 확장이 가능한 확장형 네트워크로 나가게 된다. 또한 프로젝트와 과업 중심으로 네트워크를 형성하고, 작업이 끝나면 해체되었다가 다시 새로운 과업을 중심으로 새로운 네트워크를 형성하는 과제형(task force) 네트워크 정치조직 또한 출현하게 된다.

넷째, 신유목적 민주주의는 개방적 민주주의를 지향한다. IT혁명은 산업화 시대에 종료되었다고 생각한 프론티어(frontier) 정치를 재개하고 있다. IT혁명은 생산력을 획기적으로 증가시키면서 인간생활에 새로운 영역을 열고 기존 아날로그 영역을 확대하고 있다. 이에 따라 주어진 산출물 분배를 둘러싸고 제로섬(zero-sum)적인 분배게임을 특징으로 하는 농경시대형 가치분배 정치가 종식되고, 기존 영역을 확대하면서 동시에 새로운 영역을 창출해 관할권을 조정하는(coordinate) 포지티브적 '가치창조 정치'가 등장하고 있다. 즉, 폐쇄적이고 배타적인 이념정치와 계급정치를 특징으로 하는 구舊 정치가 쇠퇴하고 새로운 정치세력이 항상 정치에 진입할 수 있는 개방적 정치가 나타나고 있다. 이제는 고정된 계급이 아니라 이동하는 시민의 표가 중요해지고, 자본가와 노동자 간 계급균열이 아니라 정보부자(gold collar)와 정보빈자(information poor) 간 균열선이 표를 동원하는 핵심적 균열선이 되는 탈계급정치가 등장하고 있다.

다섯째, 신유목 사회는 포용성이 높은 민주주의를 이끌 것이다. 신유목민들이 계속 이동하면서 서로 거래, 교환, 교류하기 위해서는 서로를 포용하는 공존의 정치를 펼칠 수밖에 없다. 아탈리에 의하면 유목민(nomade)이라는 단어는 '함께 나눈다'는 의미의 그리스어이다. 유목민은 타인에게 예의 바르고 개방적이어야 하며 다른 부족과 방랑의 장소를 공유해야만 살아남을 수 있다(아탈리, 1999). 신유목민들은 서로의 생활양식과 가치관을 존중하면서 공존할 수 있는 복합적 문화를 조립하는 레고문명(CiviLego)의 시대를 열어 간다는 것이다. 복합적이고 다중적인 정체성은 신유목 시대의 다양한 네트워크에 참가하기 위한 필수조건이기 때문에 신유목민들은 세계시민으로서의 정체성, 민족의 일원으로서의 정체성, 지방적 정체성, 직업적 정체성을 동시에 가져야 한다.

마지막으로, 신유목적 민주주의는 신뢰정치를 지향한다. 디지털 시대에 네트워크를 유지하기 위해서는 높은 사회적 신뢰가 요구된다. 디지털 시대에 신뢰는 사회조직의 단순한 덕목이 아닌 생존을 위한 조건이다. 디지털 네트워크에서 신뢰가 형성되지 않으면 네트워크 자체의 존립이 어려워지기 때문이다. 수많은 네트워크가 그물처럼 얽혀 있는 디지털 시대의 특성상 한 주체의 일탈행위는 승수작용을 거쳐 사회 전반에 막대한 피해를 초래할 것이다. 따라서 사회적 신뢰가 구축되어야 신유목적 네트워크 사회가 본질적으로 완성된다.

그런데 신유목사회의 출현은 자동적으로 정치적 공공성을 보장하는 신유목적 민주주의 실현으로 이어지지 않는다. 아시아에서 가장 신유목적인 사회라 할 수 있는 싱가포르가 정치에 있어서는 권위주의를 탈피하지 못하고 있는 것이 대표적 반증 사례이다. 따라서 끊임없는 거버넌스(governance) 혁신을 통해 신유목적 민주주의를 실현해야 한다. 정치적 자유가 확보되어야 하고, 디지털 격차(digital divide)가 해소되어야 하며, IT를 활용하여 정당활동과 선거활동 등에 참여할 수 있어야 하며, 책임성(accountability)과 투명성, 신뢰성을 담보할 수 있는 전자민주주의가 실현되어야 하며 이를 위한 정치개혁이 이루어져야 한다. 그리고 신유목적 민주주의를 이끌고 있는 핵심 주체세력인 젊은 세대의 정치참여를 촉진할 수 있는 참여정치 거버넌스를 확립해야 한다. 온라인 시민참여를 활성화해야 하고, 공급자 중심의 정부에서 수요자 중심의 거버넌스로 전환해야 하며, IT로 조성된 사회자본(social capital)을 정치자본(political capital)로 전환해야 한다.

더욱이 국가·시장·시민사회의 거버넌스도 국가 주도의 중앙집권적, 집중적, 수직적, 독점적 통치에서 분권적, 분점적, 자율적, 수평적, 네트워크적인 협치協治 거버넌스로 전환해야 한다. 협치 거버넌스로 전환하기 위해서는 국가영역에서 분권, 참여, 네트워킹이 일어나야 하고, 국가가 시장, 기업, 시민사회, 지방정부 간의 협력을 촉진하는 촉진자이자 관문(gateway)이 되어야 한다. 시장영역에서는 사회적 책임을 다하는 '좋은 기업시민(good corporate citizen)'이 육성되어야 하고, 시민친화적 시장이 되어야 한다. 시민사회영역은 지대를 추구하는 사적 이익사회에서 탈피하고, 공공재(public goods)를 사용하는 공공재 소비자에서 공공재를 만들어 내고 제공하는 공공재 공급자 역할을 제고해야 한다. 이를 통해 시민사회의 공적(public) 성격을 강화하고, 공공재 공급에서 국가독점을 깨고 국가·기업·시민사회가 공유와 분점을 하는 협치 거버넌스를 확립해야 한다.

세계화 시대에도 시민은 공적 존재이다. 따라서 신유목적 민주주의에서 공공성의 정치를 고양하기 위해서는 관官에서 민民으로의 전환을 공公에서 사私로의 전환으로 오해되어서는 안 된다. 시민은 단순히 공의 사용자가 아니라 공의 창조자이면서 공급자이다. 공적 영역이야말로 시민의 영역이라는 것을 인식할 때, 시민과 시민사회의 권위가 창출된다. 시민과 시민사회가 개별적이고 집단적인 사적 이익만을 추구할 때 또는 시민사회단체가 사적 이익단체나 거대기업에 포획될 때 협치 거버넌스는 유효하게 작동하지 않으며 탈근대적 공공성의 정치는 실현되지 않는다.

한국 정치사에서 공공성의 정치 전통

한국 정치는 아직까지 공공성의 정치를 실현한 적이 없다. 오랜 투쟁 끝에 민주화를 이루었지만 우리는 한국 민주주의의 공공성에 대해서는 거의 관심을 갖지 않았다. 헌법 제1조 제1항에 '대한민국은 민주공화국이다'라고 기록했지만 그것에 대한 논의는 이뤄진 적도 없고 고민도 거의 없었다.

한국 정치에서 공공성 부재는 경로의존성(path dependence) 때문이 아니다. 왜냐하면 우리 정치사에서 공공성의 정치 전통을 발견하는 것은 어려운 일이 아니기 때문이다. 우리 정치사에서 발견되는 합의의 정치, 소통의 정치, 공론의 정치, 공동체 정치는 한국 정치 전통이 폭력적이고 대결적이고 상극적이지 않고 오히려 평화적이고 공존적이며 상생적이고 공적이고 공동체적이라는 것을 일깨워 준다. 우리 역사는 시작에서부터 "널리 인간을 이롭게 한다"는 홍익인간弘益人間을 건국이념으로 삼았으며, 이는 한민족이 인류공영, 보편적 인권, 복지에 대한 권리, 공존공생의 합의주의를 건국이념으로 삼았다는 것을 보여 준다(한국민족문화대백과사전, 25권: 151).

삼국시대, 통일신라, 고려 — 합의주의와 협의주의 정치

한국역사에서 공공성 정치의 전통은 부족하지 않다. 삼국시대부터 소통을 통한 합의주의 정치가 꽃을 피웠다. 신라의 화백和白회의는 합좌제적 회의제도로 왕위계승, 개전결정, 인사 등 주요 국정을 만장일치 합의에 의해 결정하였으며, 백제의 정사암政事巖회의, 고구려의 제가평의諸加評議 혹은 군공회의群公會議는 국정을 총괄하는 수상인 좌평(백제)과 대대로(고구려)를 전원합의에 의한 선거로 선출하고 주요 정책을 결정하였던 합의제기구였다(한국민족문화대백과사전, 25권: 227-28; 제6권: 312; 제19권: 785).

합의주의와 협의주의 전통은 고려 건국에서 확인된다. 우리는 민족 재통합 과정에서 본보기로 삼을 수 있는 협의주의(consociationalism)를 통한 통합 모델을 고려에서 발견할 수 있다. 고려의 태조 왕건은 분열된 한민족을 전쟁과 무력을 통해 통일했지만 통일 후에는 관용, 화해, 포용을 도모하는 다원주의 원칙에 따라 한민족을 재통합했다. 국왕이 최종 결정권을 보유하고 있었으나 실제로는 재신들이 재추회의宰樞會議에서 합의로 국가의 주요 정책을 결정하였다(김익두, 1998: 469).

왕건은 불교를 국교로 삼으면서도 도참설, 제천행사, 유교윤리 등 다양한 종교와 사상을 용인하고 수용함으로써 종교 간 소통을 가능하게 했으며, 인사정책을 통해 구 신라, 구 백제, 구 고구려인들 간에 소통을 촉진하고 다양한 문화를 통합하여 삼한을 하나로 만드는 삼한일통론三韓一統論에 의해 민족을 재통합하였다.

조선이 성리학이라는 하나의 원리에 의해서 모든 것이 움직이는 일이관지一以貫之 사회였던 반면, 고려는 다양한 사상·문화·제도가 공존하는 다원주의 사회를 유지하면서 다양한 사상·문화·제도를 하나로 통일하는, 즉 다양성 속에서 통일을 추구하는 다이관지(多以貫之: 다양한 이치와 원리로 모든 것을 꿰뚫는다) 사회였다. 고려사의 대가인 박종기 교수는 고려 사회를 수많은 벌집방이 모여 하나의 벌집을 이루는 벌집구조와 같은 다원주의 사회 또는 연방주의 사회라고 지적하였다. 성리학이라는 단일 이념에 의해 운영되는 동심원의 조선사회에서 중앙과 지방 간 관계는 위계적인 지배·종속 관계인 반면, 고려의 벌집구조 사회에서 각 조직과 구성원 간 관계는 '평행원리'에 기초한 수평적·협력적 사회였다(박종기, 1999).

고려는 통일신라시대에 지배세력에서 소외되었던 지방세력들이 연합하여 건설한 왕조다. 고려 초기 중앙정부는 지방세력들에게 성씨와 본관을 주어 그들이 지배하는 영역에 대한 지배권을 인정해 주었고 지방세력의 자율성을 최대한 존중하는 본관제本貫制 정책을 통해 왕조 건국에 참여한 다양한 성향의 수많은 지방세력을 통합하여 새로운 사회체제를 건설하는 데 성공하였다. 본관단위가 지방사회에 벌집처럼 분포되어 있는 벌집구조 사회에서 중앙정부와 지방정부 간 상호 공생관계 또는 상호 의존관계가 형성되었으며, 엄격하게 신분을 구별하는 신라의 골품제와 달리, 고려는 하층민들에게도 관리가 될 수 있는 기회를 부여했다는 점에서 개방적인 사회였다. 고려는 이와 같은 다원주의에 의해 신라 말기 이래 심화되어 온 지역 간, 계층 간 갈등을 극복하고 새로운 사회통합과 민족통합을 이루어 내었다. 이 점에서 고려의 벌집구조 사회는 원초적인 형태의 연방주의로 볼 수 있다.

고려는 또한 대외적으로 개방적인 국가였다. 송, 원, 거란, 여진은 물론 멀리 아라비아 상인과도 무역을 했으며, 외국인들에게도 관리가 될 수 있도록 용인했다는 사실에서 고려 사회의 대외적 개방성을 확인할 수 있다. 고려왕조가 대외적으로 개방적이면서도 중국에 대해 종속적이지 않았다는 것은 고려가 열린 민족주의를 지향했다는 것을 보여 주는 것이다. 고려는 원의 속국으로 떨어지기 전까지 제사, 왕실의 칭호, 복장, 중앙관제를 중국과 대등하게 사용했다. 고려는 국제주의적 방식으로 민족을 통합하고 대외적인 자존을 지켰다.

조선시대 — 공론정치와 유교적 시민사회

공론정치

중앙집권적 왕국을 건설했던 조선시대에도 공공성 정치의 전통은 계승되었다. 조선조의 공공성 정치는 공론정치와 유교적 시민사회로 특징지어 진다. 공론정치란 "양반이라 통칭되는 지식인 관료들과 예비 관료집단인 유생들이 다양한 방식으로 공론을 형성하고 이러한 공론이 국왕과 언관을 주축으로 하여 공식적, 공개적으로 소통되는 정치(엄훈, 2002: 289; 박홍규, 2006: 7)"를 의미한다. 말하자면, 소통을 통해 공론을 형성하는 정치이다. 공론이란 "천하의 모든 사람들이 한결같이 하는 말(萬口一辭: 주희)", "사람의 마음이 모두 그렇게 여기는 것(이율곡)"으로 이미 결정되어 있는 실체가 아니라 다양한 토론과 대화 속에서 형성되고 만들어지는 것이다(박현모, 2004: 45-47). 그러므로 공론에 도달하기 위해서는 반드시 소통과정을 거쳐야 한다. 공론은 공적 문제에 대한 토론과 합의를 통해 정당화되기 때문이다.

조선조 공론정치의 우수성은 소통을 제도적으로 보장했다는 점이다. 소통을 보장하는 제도적 장치로는 첫째, 합의제적 정부를 구성해 토론과 심의에 의해 주요한 정치 현안을 결정했다는 점이다. 국정의 최고기관인 의정부는 영의정, 좌

의정, 우의정 3정승이 심의를 통한 합의로 국가의 중대사를 결정하였다(김익두, 1998: 474).

둘째, 국왕과 학자관료(literati) 간 소통을 보장하는 경연제도가 있었다. 국왕과 재상, 언관은 경연에서 토론과 심의를 통하여 국가의 공론을 합의제적으로 정하는 유교적 심의정치(confucian deliberative politics)를 구현하였다(박현모, 2004: 44). 경연제도는 왕과 신하가 경전을 읽고 토론하는 제도였지만, 경전을 매개로 왕과 신하가 정기적으로 정치토론을 하며, 국왕과 신료 간에 대등한 대화가 가능했다는 점에서 심의정치의 요건을 충족시키고 있다고 할 수 있다(박홍규, 2006: 13-14).

셋째, 학자관료들의 언로를 열어 주는 언관제도가 있었다. 조선조는 사헌부, 사간원, 홍문관이라는 언관삼사言官三司 제도를 두어 학자관료들의 언로를 보장하였다. 조선조의 언관言官들은 대관臺官과 간관諫官으로 나누어져 있었고 이를 총칭하여 대간臺諫이라 하였다. 대관은 풍속을 교정하고 정치의 옳고 그름을 논하는 언관으로 인사문제를 심사하는 권한인 서경署經을 갖고 있었다. 간관은 관리들 언행의 옳고 그름을 간쟁諫爭하고 국가 중대사에 대한 시비를 논박하는 책무를 맡았다(김용직, 1998: 66). 간관의 업무인 간쟁이라는 말은 고구려 시대부터 사용되어 왔으며 "웃어른이나 임금께 옳지 못하거나 잘못한 일을 고치도록 말한다"는 의미를 갖고 있다. 결국 간쟁은 오늘날의 언론과 비슷한 의미를 갖고 있다고 할 수 있다(김영주, 2002: 75-76).

유교적 시민사회

조선조에서도 국왕과 학자관료들 간에 소통이 제도적으로 보장되어 있었다. 그렇다면, 재야학자들(사림)과 정부, 그리고 백성들 간에 소통은 어떻게 이뤄지고 보장되었으며, 공론은 어떻게 형성되었는가?

조혜인(1997)에 따르면, 조선 왕조에서 유학자들은 국가관료로 등용된 학자관료 집단과 관직이 없는 재야 유학자 집단인 사림파, 두 집단으로 갈려 있었다. 관료들은 과거시험의 모든 단계를 통과한 사람들로 충원되었다. 관료로 등용되지 못했거나 제안을 거절한 유학자들은 재야 유학자로 남았다. 재야 유학자들은 최소한 과거의 첫 단계인 초시를 통과한 학자들로 구성되어 있었다(Cho, 1997: 31).

재야 유학자들은 자신들이 살고 있는 지역 공동체에서 사회적 공론을 형성하는 데 있어 지도자 역할을 담당했다. 그들은 지방 백성들을 유교적 방식으로 살도록 이끈 공적 시민들이었고 대부분의 지역 공동체 일들은 유학자 집단에게 맡겨졌다. 왕에 의해 임명 또는 파견된 관료들은 지역 공동체 문제들을 지역 공동체 지도자들과 협의해야 했고, 그들의 충고를 존중했다(Cho, 1996). 관직이 없는 유학자들의 사회는 분명 서구의 시민사회와 동등한 것이었다(Cho, 1997; Haboush, 1994).

첫째, 그들은 국가로부터 상대적으로 자유로운 자율적 소통조직을 갖고 있었다. 그들은 공동체 내부 규약인 향약과 공동체의 관청인 유향소留鄕所, 지방 사립학교인 서원을 조직했다. 유향소는 지역사회 사대부(在地士族)들의 자발적 결집소로 중앙에서 임명된 수령을 견제하는 역할을 했으며, 수령의 직접적인 통치가 영향을 미치지 못하는 영역에 형성된 지방자치행정 공공영역(public sphere)이었다. 사당에서 현인과 학자들을 숭배하는 일과 학생과 교사를 선발하는 일에 있어 국가의 통제를 받는 공립학교(관학, 즉 성균관成均館과 사학四學)와 대조적으로, 지방 사립학교인 서원은 이런 일들에 있어서 상당한 자율성을 누렸다(Haboush, 1994: 384). 하보쉬(Haboush)에 의하면, 사립학교인 서원은 국가와 사회를 매개하는 기능을 했다. 서원은 단순한 교육기능을 넘어 정치적 담론과 여론을 형성하는 교육적 공공영역의 역할을 했다(Haboush, 1994: 381). 지방 유학자들은 이런 조직을 통해서 지역 공동체를 이끌어 나갔으며, 유학자들의 전국적인 소통 네트워크까지 형성했다. 사립학교인 서원에서 학자와 학생들은 다른 학교의 학자 및 학생들과 의사소통을 할 수 있는 방법을 고안했고 사회·정치적 일에 관한 견해를 동원하기 위한 포괄적인 학문적 공동체를 형성했다(Haboush, 1994: 382).

둘째, 재야 유학자 집단(사림 또는 유림)은 여론을 자유롭게 형성하고 표현하며 소통할 수 있는 수단과 장소를 확보하고 있었다. 관직이 없는 유학자도 왕에게 직접 탄원할 권리인 상소의 권리가 있었다. 상소의 소재는 매우 포괄적이어서 경제·정치·외교·교육·사회·인재 등용 등 모든 문제가 상소의 대상이 되었다. 중요한 국사에 대해서는 전국적인 유학자 네트워크가 상소에 가담했다. 재야 유학자들의 집단적 소통권인 상소는 조선조 시대에 전국적인 공론을 형성하는 데 주요한 역할을 했다. 이율곡은 공론의 주체를 사림士林으로 보았다. 이율곡에 의하면, "사림이 조정에 있어 공론을 사업에 베풀면 국가가 다스려지고, 사림이 조정에 없어서 공론을 공언空言에 부치면 국가가 혼란해진다(李珥, 栗谷全書 권24, 聖學輯要 6, 박현모, 2004: 47)." 조선의 공론정치는 초기에는 국왕과 학자관료 중심이었으나 후기에는 외부 의견(外議)을 포함시켰다. 말하자면, 언관들과 3정승 간 소통을 통한 공론정치가 점차 사림공론, 성균관 유생의 의견, 유향소의 향론 등을 포함하는 방향으로 확장되었다. 성종 시기에는 중앙의 삼사가 지방의 사림파 중심의 재지사족들의 공론을 중심으로 충원·작동되었다(김용직, 1998: 71).

셋째, 재야 유학자 집단들은 하버마스의 공공영역(public sphere)과 같은 요소들을 갖고 있었다. 하버마스에 따르면, 공공영역은 여론이 형성되는 사회적 생활영역이다. 공공영역은 강압에 굴복하지 않고 공적 토론장에 접근할 수 있는 시민을 필요로 한다. 즉 시민들이 자유롭게 모여서 행동을 함께하고 자유롭게 공적으로 의견을 개진할 수 있어야 한다. 조선 왕조에서는 국가 밖에서 행해지는 재야 유학자 집단의 합리적인 공적 토론이 존재했다. 지방 유학자들의 활동은 국가에 의해 강요된 것이 아니라 자발적인 것이었다. 유학자들은 관료제 권한 밖의 문제이지만 공적 문제를 토론하고 처리했다.

이와 같이 조선 왕조의 유교적 시민사회는 왕과 왕이 임명한 관료들이 권력을 자의적으로 사용하는 것을 자제하도록 함으로써 제한정부(limited government)를 조성하는 데 기여했다. 그러므로 17세기의 당쟁은 공론을 앞세운 붕당 간 상호비판과 견제 그리고 공존의 원리를 특징으로 하는 붕당정치로 이해되어야 하며, 또한 지방 사림들의 의견이 중앙으로 수렴돼 당론으로 표출된 후 정치적 논쟁과 토론을 진행했던 심의정치(deliberative politics)로 보아야 한다(김용직, 1998: 73).

민중적 공동체(두레)와 공론

조선조 사회는 전형적인 유교적 양반사회였으나 국왕과 관료, 그리고 재야사림 간에 소통과 공론형성이 제도화되어 있던 사회였다. 그러나 평민들은 합리적인 공적 토론과 심의, 소통에서 배제되었다. 이점에서 조선조의 유교적 시민사회는 서구의 근대 민주적 시민사회보다 낮은 수준의 시민사회였다. 사실, 유교적 시민사회는 학자관료들과 재야학자들의 공공영역이었을 뿐이다. 조선조 말에 민중반란(동학)을 통해 평민들이 공공영역에 출현하기는 했으나 이는 유교적인 공공영역은 아니었다.

그럼에도 불구하고 조선조 사회뿐만 아니라 그 이전부터 한국 농촌사회는 자발적인 농촌 공동체를 형성하고 있었고 공동체 내에 소통을 활성화하는 제도와 수단을 갖고 있었다. 한국 민중들은 노동을 통해서 경제적 안전을 도모했을 뿐만 아니라, 자아를 실현하고, 생활문화 공동체를 형성하였으며, 공동체적 상호부조를 통해 모두가 낙오하지 않고 자립하면서 공생하는 사회적 연대의 삶을 살아갔다. 노동은 고통이 아니라 축제였다.

조선시대 향약은 조선조 민중들의 공동체적 생활모습을 잘 보여 준다. 향약 공동체 구성원들은 병으로 농사를 짓지 못하는 집의 김을 대신 매 주고, 가난한 병자들을 치료해 주고, 빈궁한 처녀에게 혼사를 주선해 주고, 공동으로 도로와 교량 등 마을에 필요한 기본시설들을 건설하고, 휼빈고를 세워 춘궁기와 흉년에 농민을 구제하는 등의 활동을 했다(한국민족문화대백과사전, 제3권: 663-671).

조선민중들은 또한 소통을 통한 협력적 공동노동의 전통을 갖고 있었다. 조선조의 노동현장은 노사 간 이익을 둘러싼 대결의 장이 아니라 공동노동, 공동행사, 공동의례를 통하여 상호연대를 다지는 장이었다. 두 마리의 소를 중심으로 묶여지는 노동협동조직인 '소겨리', 농번기에 농사일을 원활히 처리해 나가기 위해 노동을 서로 교환하는 '품앗이(품: 노동력, 앗이: 지고 갚는다)', 평안도와 황해도 지방에서 김매기를 제철에 끝내기 위해서 서로 도와주는 공동노동조직인 '황두', 모든 청·장년들이 먼저 자신의 일을 하고 난 다음, 여가시간에 다른 성원의 일에 참여하는 공동노동 상호부조 조직인 '울력', 자연부락을 단위로 공동노동과 생산을 하는 공동노동 협동조직인 '두레(두르다, 모인다, 뭉친다)' 등 다양한 노동공동체가 형성되어 있었으며, 공동으로 생산하고, 축제를 열고, 의식을 거행하며, 공정한 분배를 실시하여 왔다(김익두, 1998).

특히 두레(동사, 농청, 공청, 농계 등으로 불림) 공동체는 규모가 크고 조직·의식·규칙 등을 갖춘 대표적인 공동노동 협동조직이었다. 두레를 시작할 때는 농청에 모여 큰기, 농기, 농악기(풍물)를 수리하고, 두레 가입자들의 호미를 모아서 농청에 보관하는 '호미모둠'이라는 의례를 거행했다. 이 의례 때 두레 책임자와 역원들을 선출했다. 두레에 처음 참여하는 일꾼들은 입사의식으로 '주먹다짐/주먹다드미'를 했고 이 의식을 통과하면 '탁내기(진세, 공배, 팔레)'로 술과 음식을 돌렸다. 호미모둠에서는 좌상이라는 책임자와 대방이라는 지휘자와 함께 그 밑에 도감, 수총각, 조사총각/유사총각, 방목감, 비방(경리책임자)과 같은 보조자를 선출했다. 좌상/행수는 이들을 거느리면서 작업을 지휘·통제하고 성원 간 화목을 도모하는 역할을 맡았다. 두레에는 조직적으로 편성된 풍물 굿 조직은 노동을 축제로 만들어 구성원들의 노동 효율성과 참여의식을 높였다.

2월경에 열리는 농사준비를 위한 회의와 가을에 농사가 끝난 후에 한 해를 결산하는 회의 등 두 번의 회의가 두레 공동체에서 열렸으며 이를 '대동회의'라고 한다. 농사를 시작하기 전에 열리는 놀이가 호미모둠이었고, 모내기와 김매기가 끝낸 기쁨을 온 동네사람들이 같이 나누는 풍물놀이가 '호미씻이'였다. 대동회의는 민주적이고 합의주의적인 방식으로 진행되었고, 의례적인 양반사족들의 부조와 달리, 과부와 노인 그리고 환자가 있는 집의 농사를 거들어 주거나 마을 전체의 이해가 걸린 노역에 우선적으로 인력을 제공하는 등의 실질적으로 상부상조가 이뤄질 수 있는 현실적인 결정들이 대동회의에서 내려졌다(이해준, 1996: 70-83).

공공성 정치의 쇠퇴와 붕괴, 가산주의의 부활

조선조 말—공공성 정치의 붕괴

조선조는 공론정치, 유교적 시민사회를 통한 풍요로운 공공성의 정치 전통을 물려주었다. 그러나 이러한 공론정치는 조선조 말, 노론이 국정을 지배하면서 사라졌고 사론이 정치를 지배하게 되었다. 조선조 말에 권력은 가문과 문중의 것이었고, 가문들의 집단이 붕당을 이루었다. 가산제적 붕당인 노론이 조선을 200년간 지배했고, 그 결과는 나라의 멸망이었다.

조선조 말 인조반정 이래 '환국換局'이라는 피비린내 나는 정권교체를 통해 몇 차례 소론과 남인 정권이 탄생했다. 그러나 소론과 남인 정권들은 단명하였고 노론의 일당독재가 장기간 계속되면서 공공성의 정치 또는 공론정치는 쇠퇴·퇴화하였고 궁극적으로 왕조 멸망으로 이어졌다.

조선조 말 농경정치의 기본적인 특징은 주어진 땅에서 산출되는 고정적인 수확량을 둘러싼 영합적인(zero-sum) 분배정치였다. 따라서 정치권력이 경제적 산출의 분배를 결정하는 '비경제적 강압(extra-economic coercion)'에 의한 분배방식이 지배하였다. 따라서 정치권력을 장악한 자가 모든 것을 장악하는 정치 우위의 사회였고, 이 사회에서는 권력을 둘러싼 생사를 건 투쟁이 벌어졌고, 자연히 '평화적 정권교체'는 예외적이 될 수밖에 없었다. 조선시대의 정권교체를 지칭하는 환국은 보통 수백 명의 죽음을 수반하면서 이루어졌다.

환국의 시대가 지나고 세도정치라는 일당독재 정치가 제도화되면서 공론정치, 즉 공공성의 정치는 쇠퇴하고 사론정치, 사익의 정치, 연고주의 정치, 폐쇄적인 네트워크 정치가 번성하였다. 노론이 주도하는 폐쇄적인 네트워크 정치는 포용성이 낮았다. 혈연·지연·학연을 중심으로 '안(ins)'과 '밖(outs)'을 구별하고 안과 유대를 강화하는 만큼 밖을 배제하고 배타시했기 때문이다. 그리고 폐쇄적 네트워크인 연고주의 정치는 전반적으로 사회적 신뢰를 저하시켰다. 사회적 신뢰는 모르는 시민들 간에 형성되는데 연고주의 정치에서는 신뢰 반경(radius of trust)이 극히 짧고, 안 집단 내부의 강한 신뢰는 밖 집단에 대한 강한 불신과 배제를 기반으로 하기 때문이다. 또한 연고주의 정치와 제로섬적인(영합 게임) 분배정치는 타협이 어려운 정치환경을 낳았다. 타협은 정합 게임(positive-sum game)을 요구하나 농경사회는 그러한 정합 게임을 위한 물질적 기초를 마련할 수 없기 때문이다.

노론이 지배한 조선시대의 정치는 중앙집권과 지역할거가 동시에 공존하는 특징을 가지고 있었다. 조선시대에 중앙과 지방은 봉건적인 상호 호혜적인 의무와 충성이 교환되는 관계가 아니라 위계적인 지배·종속의 관계였다. 더욱이 조선시대 붕당구조는 지역을 기반으로 형성되었다. 조선 후기 대부분 기간을 지배한 노론은 기호지방을 기반으로 했고, 야당이었던 남인은 영남지방을 근거지로 하고 있었다. 한국 지역주의의 특징인 중앙을 차지하기 위한 지역할거 세력 간의 피나는 싸움은 이미 조선시대에 형성되었다고 할 수 있다.

후기 조선시대 정치는 강한 가산주의(家産主義, patrimonialism)와 가부장주의(patriarchism)를 특징으로 한다. 가족단위의 생산방식은 가족을 움직이는 원리가 지역과 국가로 동심원적으로 확장되는 정치구조를 낳았다. 자연히 가산주의적이고 가부장주의적인 인치정치人治政治와 정실정치情實政治가 만연하게 되었고, 정치의 사유화 또는 공공영역의 사유화 현상이 정치사회에 만연하게 되었다.

마지막으로, 조선조 말 유교적 시민사회가 퇴화하면서 공적 토론장은 가족, 가문, 씨족, 학파 등이 사적 이익을 추구하는 사적 영역이 되었다. 유학자 단체는 가족, 가문과 학파의 사적 이익을 추구하는 데 힘썼다. 유학자 집단의 강한 가족주의는 좋은 사회적 자본보다는 나쁜 사회적 자본을 육성했다. 지역 공동체 조직은 지배적인 유학자 가문의 특권을 유지하는 요새가 되었다. 유향소는 소령보조 관청인 향청으로 전락하게 되었고, 더 이상 재지사족在地士族들의 자치영역으로 남아 있지 않았다. 서원 또한 파벌적이고 문중적인 성격이 강해지면서 사족士族들의 공론활동을 위축시켰다(김용직, 1998: 76).

민주화 이후 — 가산주의의 부활과 공공성 정치의 저발전

그런데 조선조 말 공공성의 정치를 좌초시킨 강한 유교적 가산주의가 권위주의 독재하에서 민주화 투쟁을 하고 있던 야당 내부에서 부활하였다(임혁백, 2008). 1961년 군사쿠데타 이후 약 30년간 지속된 권위주의 독재는 민주화 이후 한국 정치에 강한 경로의존성(path dependence)을 낳았다. 권위주의 독재의 억압과 감시하에 한국 민주화를 위해 투쟁했던 야당지도자들은 조직의 보전과 추종자들의 충성을 확보하기 위해 권위주의 독재자가 추종자를 다루는 방식을 모방하지 않을 수 없었다. 권위주의 독재정권과 싸우기 위해 독재정권을 닮아 가는 거울효과(mirror effects)가 발생한 것이다. 그들은 사회의 민주주의를 회복하기 위해 조직 내부는 비민주적인 방식으로 운영했다. 일인지배구조 정당을 만들고 측근과 가신들에게 권력을 집중시키는 권력 비밀주의를 채택하였다.

한국 야당이 민주화 투쟁을 하는 과정에서 발생한 가산주의는 민주화 이후에도 역사적 경로의존을 낳았다. 민주화 이후 정치의 중심에 서게 된 3김 정치도자들은 근대적 민주정당을 발전시키기보다는 사당을 발전시켰다. 정당 보스가 추종자의 충성에 대한 대가로 추종자의 복지를 책임지는 가산주의는 정당이 공공이익을 추구하기보다 사적 집단의 사익을 추구하는 조직으로 만들었다. 1987년 민주화 이후 민주적 제도와 절차, 과정을 도입한 뒤에도 유교적인 가산주의 전통은 계속 존속했고 따라서 독재가 끝난 이후에도 공공성은 실현될 수 없었다.

민주화 이후 민주화 투쟁세력이 권력을 장악한 뒤에도 가산주의는 지속되었다. 제왕적 대통령, 제왕적 총재, 위임주의, 보스주의, 지역주의, 가신주의, 인치주의, 부패, 권력의 사유화가 국민에 의해서 공정하게 선출된 민주적 지도자들 사이에 만연하였다. 특히 지역주의는 민주화 이후 한국 공화주의와 공공선 실현을 막아온 장애물이었다. 가산주의 원리에서 보면, 가족(가문)의 동심원적 확장이 지역이었고 정당은 지역의 사적 이익을 도모하는 집단이 되었다. 지역이익이 국가이익이 되는 나라에서 공공성은 설 자리가 없다. 한국 지역주의는 바로 가산주의의 다른 표현이다. 한국 지역주의에서 공동체 이익은 염두에 없다. 오직, 대한민국이라는 공동체 이익을 희생하는 바탕 위에서 특정 지역의 이익을 배타적으로 추구하는 지역패권주의만이 있을 뿐이다.

시민사회도 마찬가지였다. 원래 시민은 공적인 존재였고, 시민사회도 공적인 존재였다. 왜냐하면 공적 시민이 모여 있는 사회이기 때문이다. 고대 그리스는 물론이고 로마에서 근대에 이르기까지 시민사회와 정치사회는 구별되지 않는 동의어로 쓰였다. 시민사회와 정치사회를 구별한 뒤에도 시민사회는 여전히 공공영역에서 활동하는 행위자로 간주되었다. 시민사회가 정치사회와 구별되는 것은 시민사회가 정치사회와 마찬가지로 공적 이익 또는 공공선을 추구하나, 정치사회와 달리 권력장악(usurpation)을 목표로 하지 않기 때문이다(Schmitter, 1997: 240).

시민사회는 공익을 추구하나 자발적 결사체라는 점에서 국가(또는 정부)가 아니며, 민간사회이지만 기업과 같이 이윤을 추구하지 않기 때문에 사적 이익조직 또한 아니다(임혁백, 2007b: 42).

민주화 이후 시민사회가 부활하면서 자율적인 시민사회 조직이 우후죽순처럼 솟아났다. 부활한 시민사회는 한국 민주주의 공고화에 많은 공헌을 했다. 시민사회는 정부에 대한 감시를 통해 한국 정치의 투명성과 책임성을 높였다. 2000년에 결성된 총선시민연대는 부패한 정치인을 응징하는 낙천낙선운동을 벌였고 2002년에도 시민들의 참여를 이끌어 내 대선 판도를 바꾸었다. 한국 시민사회는 "정치에 참여하지 않고 자기의 사적인 일에만 몰두하는 사람은 아무것도 아닌" 존재로 보는, 페리클레스 이래로 이어져 온 '시민적 공화주의(civic republicanism)'를 실천하는 수준으로 올라섰다.

그러나 가산주의 유산은 시민사회를 비켜가지 않았다. 지역적·집단적으로 보편적 이익을 희생하면서 개인들의 사적 이익을 배타적으로 추구하는 지역이기주의와 집단이기주의가 시민사회 내에도 무성하게 자라났다. 한국의 많은 시민결사체들이 정부에 대한 견제를 넘어 정부에 침투하고, 정부를 식민화하며, 정부에 저항하여 결사체의 사적 집단이익을 추구하고 파당집단화하였다. 화물노조, 방태산, 천성산, 부안방패장, 미군기지 이전 등 수많은 시민사회운동에서 폭력을 동반한 집단행동이 일어났고 이 과정에서 원래 시민사회가 갖고 있던 공공성이 실종되어 버렸다. 여기에 더하여 과거 민주화 운동에서 중요한 역할을 하였던 대기업 노조들은 기득권화되어 버렸고 이제는 공공성 실현에 장애가 되고 있다. 세계화와 IT혁명으로 발생한 대규모 비정규직 노동자들과 영세 자영업자들을 포용하는 사회정책을 수립하는 데 있어 정규직 대기업 노조들이 방관자적 태도를 보이고 있다.

세계화 시대에 국가는 국가에 걸린 과부하를 줄이기 위해 시민사회에 국가업무를 분담시키려 한다. 그런데 많은 시민단체들은 관官에서 민民으로의 전환을 공公에서 사私로의 전환으로 잘못 이해하고 이를 통해 자신들의 사적 이익을 추구하려 하고 있다. 시민사회가 공공재 생산과 공급에 있어 관의 독점을 깨고 공유체제로 바꾸기 위해서는 시민사회가 스스로를 공적 영역이라고 인식하는 것이 필요하다. 시민사회단체가 사적 이익을 추구할 때 공화주의는 실현되지 않고 시민사회의 공공성도 담보되지 않는다.

신자유주의 시대 — 세계화와 공공성의 정치의 실종

가산주의에 의해 발전이 억제되어 왔던 한국 정치의 공공성 또는 공화주의는 신자유주의와 세계화 물결에 의해 또 다시 철퇴를 맞았다(임혁백, 2007c; 43-44). 공공성을 실현해야 할 국가가 약화되고 반정치적인 시장 이데올로기가 급속도로 확산되었다. 신자유주의 시대에 국가는 비효율성의 상징으로 낙인찍혔다. 이러한 이데올로기하에서 민영화 논리가 판을 쳤다. 더욱이 사적 이윤극대화를 목표로 하는 기업들이 국가영역을 침식하기 시작했다. 이렇게 기업이 국가영역을 침식하게 되면 민주주의가 지배하는 영역이 축소되고 그만큼 공공성이 실현될 수 있는 가능성도 줄어들게 된다.

무엇보다도 정치는 공적인 것이다. 그런데 한국 정치의 공공성은 민주화 이전에는 가산주의에 의해 침탈당했고 민주화 이후에는 신자유주의적 시장논리에 의해 억제되고 있다. 정부운영 원리가 공공성에 바탕을 두지 않고 시장효율성에 바탕을 둔 상태에서 이뤄지고 있다. 공공기관의 목적은 국민의 행복을 효과적으로 증진시키는 것이다. 그런데 신자유주적 시장논리가 공적 영역에 침투하면서 공공기관에 대한 평가가 국민의 행복을 얼마나 증진시켰냐는 기준이 아니라 수익을 얼마나 내었느냐에 따라 이뤄지고 있다. 한국토지주택공사와 같은 공기업이 얼마나 수익을 내었는지에 따라 평가된다면 집 없는 시민들에게 싼 값의 주택이 공급되어질 수 없다.

정치개혁에서 신자유주의 논리가 들어온 것은 김영삼 정권 때부터이다. 신자유주의적 정치개혁(government by market)에 시동을 걸어 준 것은 자본가 단체들이었다. 그들이 내건 '고비용·저효율 정치'를 '저비용·고효율 정치'로 바꾸자는 담론은 시장주의적 정치개혁 담론이고 정치의 공공성 증진이라는 민주공화국의 지향에 역행하는 것이다. 이러한 기업경영주의적 국가경영론은 진보정권이라는 김대중과 노무현 정권에서도 지속되었고 이명박 현 정권에서는 더욱 극성을 부리고 있다.

이러한 시장주의 물결은 급기야 CEO(Chief Executive Officer)대통령을 탄생시켰다. 그런데 CEO대통령은 기업경영주의, 시장에 의한 정부, 국민생활과 직결된 공공부문 민영화, 신자유주의적 교육자유화 및 자율화, 한미 FTA와 광우병 우려 가능성이 높은 미국산 쇠고기 수입 시도, 시장근본주의적인 무역자유화 등 정치의 탈공공성을 가속화하는 정책을 밀어붙이고 있다. 이명박 정부 이후 한국 정치에서는 공공성의 척도(피플 프렌들리)가 사라지고, 오직 시장적 효율성과 기업의 이윤극대화(비즈니스 프렌들리), 정치의 민영화라는 반공공적이고 반공화주의적인 정책들만이 판을 치고 있다.

공공성 정치의 부활을 위한 대안

한국에서 공공성 정치의 실현은 이미 물 건너 간 것일까? 노무현 전 대통령이 '권력이 시장으로 넘어간 것 같다'고 고백하였지만 시장은 이미 시민사회 내에 견고한 거점을 확보하였고 국가를 장악하였다. 그런데 세계화와 정보화 시대에 국가쇠퇴가 돌이킬 수 없는 메가트렌드라는 것을 인정한다 하더라도 과연 시장이 국가를 대체할 수 있는가에 대해서는 의문이 제기된다(임혁백, 2004b: 103). 왜냐하면 시장은 그 자체로 공공성을 창출하지 못하며 따라서 지속 가능한 체제가 아니기 때문이다. 그리고 폴라니가 갈파한 바와 같이 시장이 공공성을 파괴할 때 시장에 대한 반대운동이 일어나기 마련이다(Polanyi, 1957). 그것은 한국에서 일어난 촛불시위로 증명된다. 촛불시위는 단순히 광우병 우려가 있는 미국산 쇠고기를 수입하는 것에 대한 반대운동이 아니다. 시장개방, 자유화, 이윤극대화로 피해를 보고 있는 농민, 여중생, 주부, 노동자, 환경주의자, 남북화해주의자들이 광우병 쇠고기 수입반대라는 열정적 구호가 외쳐지고 있는 창을 통해 시장근본주의적인 신자유주의적 사회정책, 복지정책, 교육정책, 노동정책, 기업정책, 대북정책에 대해 반대와 항의를 표시하고 있는 것이다. 그렇다면 신자유주의 세계화 시대에 정치의 공공성을 회복하기 위한 대안은 무엇인가?

시장의 공공성 회복 — 시장은 더 이상 사적 영역이 아니다

첫째, 시장의 공공성을 회복해야 한다. 시장체제는 승자독식의 사회(winner-takes-all)를 낳는다. 승자독식의 사회는 시장경쟁의 승자와 패자 간의 간극을 확대함으로써 사회적 분열을 강화하고 사회적 분열이 위험수위에 도달할 경우 시장열패자는 폭력적으로 저항할지 모른다.

현재 전 세계적으로 균형 축이 시장으로 이동하고 있는 것은 사실이다. 전 세계 100대 경제 주체 중 52개가 다국적 기업이다. 국가는 48개에 지나지 않는다. 이 통계야말로 권력의 중심이 국가에서 대기업으로 옮아갔다는 것을 단적으로 보여 준다. 그러나 이 통계는 대기업이 더 이상 사적인 존재로 머물기엔 너무나 공적인 존재라는 것을 또한 보여 준다. 국가보다 더 큰 부를 창출하는 대기업은 그들의 투자행위가 국가를 포함한 수많은 사람들의 물적 조건을 결정하는 공적 행위라는 것을 알아야 한다(Przeworski and Wallerstein, 1988). 그래서 린드블럼(Charles E. Lindblom)은 기업가들을 공적인 기능을 수행하는 관리(functionaries)라고 불렀고(Lindblom, 1977), 미국에서는 주식시장에 상장된 기업을 공적 기업

(public company)이라 부르는 것이다.

한국의 공화주의와 공공성이 거듭 나기 위해서는 한국 경제를 이끌고 있는 대기업과 재벌들이 스스로를 공적 존재라고 인식하는 것이 필요하다. 그들은 더 이상 맑스가 자본론에서 상정했던 분산적으로 경쟁하는 19세기의 수많은 자본가들 중 하나가 아니다. 그들은 이윤을 창출하여 종업원의 일자리와 복지를 책임지고, 현지화(localization)를 통해 지역사회에 책임을 지고, 경제를 성장시켜 전 사회의 복지를 책임지는 공적인 존재이다. 만약 대기업들이 이기적인 이윤만을 추구하여 사회적 안전망 구축에 소홀하고 약자를 보호하는 사회적 투자(social investment)에 인색할 경우 사회는 가진 자와 가지지 못한 자로 양극화되고, 가진 자들은 가난, 마약, 범죄로 피폐해진 못 가진 자들의 공격에 직면할 것이고 공동체는 분열될 것이다. 이제 대기업은 공적 존재로서 강한 공동체 지향성을 보여 주어야 한다(임혁백, 2007b: 45-47).

첫째, 현지화 전략을 통해 지역 친화적인 기업, 지역환경을 고려해 지속적 발전을 추구하는 기업이 되어야 한다. 지역의 정부, 대학, 연구소 등과 협력해 지역주민의 소득을 향상시키고 지역의 복지수준을 제고하는 주역이 되어야 한다.

둘째, 공적 존재로서 기업은 사회적 책임(social responsibility)을 다해야 한다. 세계화로 거대정부·거대기업 관계에서 작은 정부·거대기업 관계로 변화하면서 기업의 지배영역이 확대되는 반면 정부의 지배범위와 능력이 줄어들고 있다. 기업은 사회구성원으로서 좋은 사회를 만들기 위해 책임 있는 역할을 수행하는 '건전한 기업시민(good corporate citizen)'이 되어야 할 뿐만 아니라, 시장 열패자와 낙오자에게 투자하는 '사회적 투자(social investment)'를 장기적 이윤을 보장하는 투자로 인식하여야 한다.

셋째, 공적 존재로서 기업은 투명경영과 윤리경영을 하여야 한다. 국가와 마찬가지로 부패한 조직은 공공성을 실현할 수 없을 뿐 아니라 사회적 신뢰수준을 떨어뜨린다. 한국의 대기업은 정치권 다음으로 국민들에게 가장 큰 불신을 받는 집단이며 국제적으로도 신뢰를 받지 못하고 있다. 기업회계의 불투명성(분식회계), 불법정치자금 제공, 재산 해외은닉, 탈법적 재산증여, 불공정 거래행위 등 불투명 경영은 한국 기업에 대한 불신을 계속 증가시키고 있다. 또한 한국 기업에서는 윤리경영이 이뤄지지 않고 있다. 윤리경영이란 경영기준을 윤리규범에 두고 투명하고 공정하며 합리적인 업무수행을 하며 기업의 이해관계자인 고객, 종업원, 주주, 협력업체, 지역사회 등과 성장과 가치를 나누는 경영이다. 투명경영과 윤리경영은 초일류 기업이 되기 위한 선택이 아니라 필수조건이다. 왜냐하면 세계무역기구(WTO: World Trade Organization)의 정부조달 투명성 협정, 부패방지라운드, 경제협력개발기구(OECD: Organization for Economic Cooperation and Development)의 국제상거래뇌물방지협약 등으로 윤리경영과 투명경영을 하지 않고서는 살아남을 수 없는 국제적 기업환경이 조성되고 있기 때문이다.

요약하자면, 시장영역과 기업영역도 더 이상 사적 영역에 머물 수 없는 것이 공화주의적 관점이다. "권력이 이미 시장으로 넘어갔다"는 말은 역설적으로 시장이 더 이상 사적 영역이 아니라는 것을 증명해 주는 것이다. 사회를 책임지는 권력이 시장에 속해 있음에도 불구하고 시장과 기업이 공공성을 띠지 않고 사적 경쟁만을 추구한다면 한국 사회는 질서가 부재한 무정부 상태가 될 것이다. 무정부 상태는 독재보다 더 인간성과 공동체를 파괴한다.

정치의 공공성 회복

정치에서의 공공성은 어떻게 회복할 것인가? 가산주의적인 부패, 인치주의, 위임주의, 가신주의, 지역주의, 보스주의의 유산은 3김 퇴장과 함께 크게 퇴조하고 있다. 노무현 참여정부는 이러한 한국 민주화 1세대의 부정적 유산을 척결하는 공을 세웠다. 대통령이 검찰, 국정원, 경찰, 국세청과 같은 권력기관을 정치적으로 이용하지 않음으로써 권력기관의 정치적 사인화를 방지하였고 정치적 중립을 수립하는 전기를 마련하였다. 말하자면, 권력의 사인화와 정치적 부패·부정비리를 척결함으로 한국형 가산주의 제도와 문화를 청산하는 계기를 마련한 것이다(임혁백, 2007a: 47).

그럼에도 불구하고 한국의 공화주의와 공공성 정치는 아직도 갈 길이 멀다. 고소영 에스라인, 강부자 내각으로 풍자되는 내각과 청와대 수석인사 파동은 학연·지연·종교에 기반한 연고주의와 가산주의가 아직 청산되지 않았다는 것을 보여주었다. '비즈니스 프렌들리 정부', '1% 특권층 부자정부'라는 비판은 아직도 국민의 민의·민심·민성을 경청하고 국민의 부단한 참여 속에 정책을 결정하는 공화주의적 정치가 태동조차하지 못하고 있다는 보여 준다. 결국, 한국에서 정치적 공공성이 회복되기 위해서는 무엇보다도 마키아벨리가 이야기한 공화주의적 비르투(리더십)가 발휘되어야 한다.

첫째, 정치지도자는 대소통자(great communicator)가 되어야 한다. 공화주의의 핵심은 덕성 있는 시민의 적극적인 정치적 참여이고, 시민의 정치적 참여는 지도자와의 소통에서 출발한다. 대통령을 비롯한 정치지도자들은 국민과 소통의 시대를 여는 대소통자가 되어야 한다. 대통령은 말하려 하기 보다 들으려 해야 하고, 토론에서 국민을 이기려 하기보다 민심을 경청해야 한다. 그렇지 않으면 국민과의 쌍방향 소통은 없다.

이명박 대통령이 집권 초기부터 통치위기를 맞이하게 된 것은 소통에 실패했기 때문이다. 이명박 대통령은 노무현 대통령의 소통 실패에 대한 반사이익으로 대통령이 된 측면이 있다. 이명박 대통령은 노무현 대통령의 실패에서 교훈을 얻어야 했다. 그러나 그는 교훈을 얻지 못하고 노무현 대통령의 실패를 반복함으로써 국민의 기재와 지지를 집권 100일도 되지 않아 다 까먹어 버렸다. 이명박 대통령은 우선 집권당 내에서 경쟁자이자 최대의 지분을 보유하고 있는 박근혜 세력과의 소통에 실패하였다. 총선을 치르기도 전에 박근혜 계파를 공천에서 배제함으로써 '친박연대'라는 희한한 이름의 정치조직을 탄생하게 했고, 총선에서 안정적 다수 대신 불안한 다수를 차지하는 데 만족해야 했다. 박근혜 세력과의 소통 실패는 박근혜를 지지하는 국민들의 이탈을 가져옴으로써 이명박 대통령과 정부에 대한 대중 지지도를 떨어뜨렸다. 대선 전에 이회창으로 대변되는 충청도의 보수 유권자가 이탈하였고, 총선 전후로는 박근혜 지지자들이 이탈함으로써 한국 보수세력은 삼분되었고 이는 이명박 대통령의 지지도 추락의 발원지가 되었다. 80%대로 출발한 이명박 대통령 지지도가 20%대로 떨어진 구조적 원인은 이명박 대통령이 자신의 지지세력과 소통하는 데 실패했기 때문이다.

더욱이 이명박 대통령은 노무현 대통령과 마찬가지로 듣기보다는 말하는 대통령이었다. 말하는 대통령은 소통을 잘 할 수 없다. 레이건 대통령이 대소통자라는 명성을 얻고 역사상 가장 인기 있는 대통령 중의 한 사람으로 꼽히는 이유는 그가 여당의원들뿐만 아니라 노동자와 서민들과도 대화하고 그들의 목소리를 경청했기 때문이다. 그가 서민들에게 인기가 있었던 것은 쉬운 몇 가지 언어로 자신의 정책을 설명하고 그들과 소통하면서 그들을 설득했기 때문이다.

이명박 대통령이 지금까지 국민과의 소통에 실패한 이유는 실용정부를 내세운 그의 약속과 달리, 소수의 특권층을 위한 인사와 친기업적인 정책만을 계속 내어놓았기 때문이다. 특정 학교, 종교, 지역, 직장 인맥으로 이뤄진 연고주의 인사정책, 부패하고 기회주의적인 특권층 인사들을 중용함으로써 국민들이 이명박 정부에 등을 돌리게 했다. 비즈니스 프렌들리하고 아메리카 프렌들리하나 '피플 프렌들리', '노동자 프렌들리'하지 않는 정부에서 서민들은 소통할 수 있는 대상을 찾을 수 없었다. 이제부터라도 이명박 대통령은 국민과 소통해야 하고, 정당과 의회와 소통해야 하고, 기업과 소통해야 하고, 노동자와도 소통해야 한다. 그리고 기업가, 노동자, 시민단체, 정치인들이 서로 소통하도록 중재자 역할을 수행해야 한다. 대외적으로도 미국뿐만 아니라 북한과 동아시아와도 소통해야 한다.

둘째, 시장주의 정치에서 탈피해야 한다. 한국에서 최초로 탄생한 CEO대통령은 기업경영방식으로 국가를 경영하겠다고 나섬으로써 국민들의 저항을 불러일으켰다. 국가경영은 기업경영이 아니다. 국가는 공공영역의 대표이고 기업은 사적영역의 대표이다. 기업은 이윤을 극대화하는 것이 목적이지만 국가는 모든 공민들의 복지를 고르게 극대화하는 것이 목적이다. 기업은 효율성을 최고의 가치로 삼지만 국가는 형평성을 가치로 삼아야 하고 고르지 않는 것을 항상 걱정해야 한다. 그러므로 국가를 사기업 운영하듯이 관리하겠다는 이명박 대통령의 'CEO대통령론'은 그 자체로 형용모순(oxymoron)이다. 이윤극대화와 공익극대화는 전혀 다른 원리에서 출발한다. 사기업과 국가는 추구하는 목표, 작동하는 원리, 평가받는 실적기준이 다르다. 민주공화국의 대통령은 국가가 공적 존재이며 바로 이러한 공적 존재를 효율적이고 공정하게 관리해야 하는 헌법적 책무를 지고 있다는 것을 명심해야 한다. 시장이 갈채를 받는 세계화 시대일수록 대통령은 더욱 더 세계화에 뒤떨어진 국민을 보호하고 배려하기 위한 노력을 경주해야 한다(임혁백, 2008).

권력이 이미 시장으로 넘어가고 있는 상황에서 국가까지 시장주의에 합세해 국가의 공공성과 공적 의무, 공익을 망각한다면, 그로 인해 초래될 불평등과 불의, 불공성을 누가 시정할 것인가? 시장주의가 극성을 부릴수록 국가는 더 공공성에 충실해야 하고 시장경쟁에서 낙오한 약자들의 눈물을 닦아 주어야 한다. 그러기 위해 지도자는 부단히 시장에서 퇴출된 약자와 소통을 계속해야 한다(임혁백, 2008).

대통령의 국가경영능력은 기업인의 경영능력과 동일한 잣대에 의해 평가되어서는 안 된다. 기업인의 경영능력은 이윤추구 노력에 의해 평가된다. 시장경쟁에서 살아남기 위해서는 이윤을 극대화해야 하고 이윤을 극대화하기 위해서는 형평성보다는 효율성을 우선적으로 고려해야 하며, 정치적 가치보다는 경제적 고려를 우선시해야 한다. 그러나 민주적 대통령의 국가경영능력은 국민 지지의 극대화와 국민복지의 극대화라는 기준에 의해 평가되어야 한다. 민주주의는 효율적인 정부를 요구하고 있으나 동시에 부의 분배에 있어서 형평성을 보장할 수 있는 정부를 요구한다. 경제의 국제경쟁력을 강화하기 위해 기업의 자유로운 이윤추구 활동을 저해하는 규제완화가 요구되지만 이것이 반드시 정치의 경쟁력 강화를 의미하지 않는다. 정치의 경쟁력은 경제적 약자의 복지를 보장할 수 있을 때 강화된다. 환경과 보건에 대한 규제완화가 기업가들의 이윤극대화를 위해 바라는 정책일지 모르나 국민들의 복지와 건강을 우선시해야 하는 대통령으로서는 선택해서는 안 되는 정책이다. 기업인들은 환경을 파괴하고 자원을 낭비하는 규제완화를 요구할 수 있다. 그러나 대통령은 기업인들의 이기적인 이윤추구 결과로 발생하는 환경파괴에 대한 규제를 강화해야 한다.

셋째, 대통령을 비롯한 정치지도자들이 공적 존재가 되어야 한다. 대통령과 국회의원들은 당선된 순간부터 사적 개인이 아니라 국가를 운영하고 책임지는 공적 존재로 변한다. 공인인 대통령에게는 사적 소유물이 없다. 공화주의하에서 공인의 몸은 내 몸이 아니라 국가에 속한 국유재산이다. 맑스가 간파한 바와 같이, 사유재산은 공적 정신을 부패시키는 원천이다. 따라서 한국에서 정치의 공공성을 회복하기 위해서는 공직자의 사유재산 형성 과정을 투명하게 공개하고 공직자 재임 시에는 사유재산 행사에 있어 제한을 가해야 한다.

대통령과 국회의원들은 공인이다. 그들이 사인일 때는 자본주의 원리에 따라 정당하게 돈을 벌고 부동산도 사고 팔 수 있다. 그러나 공인으로서는 그렇게 해서는 안 된다. 공인으로서 대통령은 남들처럼 사법적 권리를 주장하며 송사를 벌리는 것을 자제해야 한다. 왜냐하면 권력을 가지고 있는 현직 대통령이 소송을 하게 되면 재판의 형평성과 공평성에 의문이 제기될 수 있기 때문이다. 따라서 대통령과 국회의원들이 공직에 있을 때는 소송을 자제해야 한다. 공직에서 해방되었을 때에야 정정당당하게 다른 시민들과 똑같이 공인이 아닌 사인의 지위로 법의 평등한 적용을 받고, 공평하게 법이 판단해 줄 것을 호소할 수 있다.

공인들이 쟁송의 정치에서 벗어나야 하는 또 하나의 이유는 그러한 행위들이 검찰정치와 사법부정치 등 '다른 수단에 의한 정치(politics by other means)'를 강화하기 때문이다. 대표들이 자신의 문제를 사법부로 가져가는 것은 자신의 권위를 훼손하는 것이자 국민으로부터 위임받은 권위를 배신하는 것이다. 국민들로부터 권력과 권위를 위임받은 대표들은 가능한 문제를 스스로 해결해야지 자신들의 문제를 검찰과 법원으로 가져가서는 안 된다.

대통령이나 국회의원에게 요구되는 자질이 공화주의적인 공적 정신, 공익, 공공선, 공공성을 우선시하는 공적 인간이라는 것은 민주주의 체제의 지도자이기 때문에 더욱 그러하다. '짐이 곧 국가'라는 절대주의 군주, '나라의 재산은 모두 나의 재산'이라는 가산제적 군주도 자신을 공적인 존재로 규제하고 최대한으로 공익과 공공선을 위해 행동하기를 즐거워했다는 이야기들이 동·서양의 역사서에서 많이 발견되는데, 하물며 국민이 주인인 민주공화국에서 공인인 정치지도자가 공공성과 공공이익에 따라 행동해야 하는 것은 말할 것도 없다.

II

3김 시대의 한국 민주주의

3. 3김 정치시대의 한국 민주주의 —성과와 실패, 이월과제*

2002년 12월 대통령 선거에서 한국 국민들은 노무현 후보를 16대 대통령으로 선출함으로써 민주주의 공고화에 커다란 진전을 이룩하였다. 16대 대통령 선거에서 한국인이 마주친 선택지는 노무현 후보의 '낡은 정치의 청산' 대 이회창 후보의 '부패정권 심판'이었다. 16대 대통령 선거에서 노무현 후보가 승리했다는 것은 한국인들이 '3김 정치'로 상징되는 낡은 정치를 청산하고 질 높은 민주주의로 도약하기 위한 정치개혁을 단행하라는 과제를 노무현 후보에게 명령했다는 것을 의미한다.

노무현 정부의 탄생은 한국에 3김 시대가 막을 내렸다는 것을 의미한다. 3김(김영삼, 김대중, 김종필)은 지난 30여 년간 한국 정치를 주도해 왔다. 양김(김영삼, 김대중)은 1970년대와 1980년대의 민주화 투쟁을 이끈 지도자였으며, 김종필은 군부 독재시대에는 정권 내부의 온건한 목소리를 대변하였고 1987년 민주화 이후에는 보수 분파를 대표해 왔다. 3김은 민주화 투쟁기뿐 아니라 민주화 이후 재개된 정치적 경쟁의 주역들이었다.

---

* 이 글은 다음 논문을 수정·보완한 것임. 임혁백, 2005, 〈3김 시대 한국 민주주의의 공고화—성과, 실패, 이월 과제〉, 임혁백 외, 《한국과 일본의 정치와 거버넌스—변화와 지속》, 서울: 아연출판부.

3김 정치가 역사적 시간을 마감하는 시점에서 3김 정치가 한국 민주주의 발전에 기여한 공적과 부정적 유산을 평가하는 것이 필요하다. 제3의 지구촌 민주화 물결에 한국은 뒤늦게 동참했지만, 1987년 민주화의 돌파구를 연 이래 매우 빠른 속도로 민주주의를 정착시켜 왔다. 1987년 이후 한국 민주주의 지도자들은 선거경쟁을 제도화하고, 권위주의 유산을 청산하고, 잠재적인 민주주의 전복세력을 제거함으로써 소극적 차원에서 민주주의 공고화를 달성한 것으로 평가된다. 한국의 민주주의는 더 이상 급작스런 붕괴나, 장기적인 민주주의 사망의 위협에 직면해 있지 않다. 그러나 적극적 차원에서 볼 때, 한국 민주주의 공고화는 여전히 실망스러운 상태에 머물러 있다.

신생민주주의 공고화 수준 — 소극적 공고화와 적극적 공고화

민주화 연구자인 쉐들러는 민주주의 공고화에 관한 문헌을 개관하면서 "사람들은 '민주주의 공고화'라는 동일한 언어를 사용하면서도 사실은 매우 광범위하게 다른 현상을 이야기하고 있다"고 한탄하였다(Schedler, 1997: 28). 민주주의 공고화에 관한 개념적 혼란이 일어난 것은 공고화 연구자(consolidologists)들이 민주주의 공고화의 다양한 단계에 대한 고려 없이 단일한 민주주의 공고화 개념을 고안하려고 했기 때문이라는 것이다. 그러나 민주주의 공고화로 가는 다양한 길이 있을 뿐만 아니라 민주주의 공고화에도 단계가 있다는 사실을 인정한다면, 그러한 단일 개념화는 다양한 민주주의 공고화의 길, 유형, 단계를 차별적으로 포착하는 것을 막을 뿐이다.

헌팅턴이 이야기한 제3의 지구촌 민주화 물결이 종장을 향해 가고 있음에도 불구하고 많은 민주화 연구자들은 여전히 민주주의로의 전환에 관한 연구에 몰두하고 있다. 전환연구(transitology)의 패러다임은 민주주의로의 전환물결이 한창일 때에는 유용하였으나 전환 이후 신생민주주의의 현실을 분석하는 데 있어서는 낡은 모델이 되었다. 전환 연구자들이 민주주의로의 전환기에 있다고 주장하는 많은 나라들이 실제로는 전환기에 있지 않다. 많은 신생민주주의 국가들이 "급격한 변화, 높은 위험도, 이해관계의 이동, 불확실한 전략적 반응(Schmitter, 1995: 13)"으로 특징지어지는 전환단계를 지나 공고화 단계로 진입하고 있다.

많은 나라들이 독재통치로부터 벗어나 자유민주주의로 진입했으나 여전히 회색지대에 머물러 있다. 1974년 '카네이션 혁명'으로 불리는 포르투갈의 민주화를 시발로 제3의 민주화 물결이 시작된 이래 4반세기 동안 65개국의 신생민주주의 국가들이 탄생하였다. 다이아몬드(L. Diamond)에 의하면, 세계 104개 민주주의 국가들 중 73개 국가들이 자유민주주의로 분류되고 있으나[18] 31개국은 선거민주주의이긴 하나 자유민주주의는 아닌 국가로 분류되고 있고, 17개국은 선거민주주의와 경쟁적 권위주의 사이의 모호한 경계선상에 있다. 또한 21개국은 경쟁적 권위주의이고 25개국은 패권적 선거 권위주의이며, 25개국은 정치적으로 폐쇄적인 권위주의로 분류되고 있다(Diamond, 2002b: 26).

따라서 민주주의 공고화와 관련해 볼 때, 헌팅턴의 '물결(wave)' 개념은 현실과 잘 맞지 않는다. 우리는 민주주의로의 전환 이후 신생민주주의 국가들이 다양한 길을 걸어간 것을 목격하고 있다. 신생민주주의 국가들은 자유민주주의로 진전을 이룩하거나 아니면 결함이 많은 선거민주주의에서 머뭇거리고 있고, 심지어는 경쟁적 권위주의로 회귀하는 경우도 있다. 신생민주주의 국가들이 상이한 공고화 단계에 위치해 있는 것이다. 따라서 우리는 민주주의 공고화 개념을 소극적 공고화와 적극적 공고화로 나누어서 다양한 공고화의 길을 가고 있는 신생민주주

18 자유민주주의 국가는 정치적 권리와 시민적 자유에 관한 프리덤하우스 점수(1-7점)를 2.0 또는 그 이하 점수를 받은 나라이다.

의 국가들의 현실을 포착해야 한다.

첫째, 민주주의 공고화 초기단계에서 대부분의 공고화연구자들은 신생민주주의의 공고화를 소극적인 기준으로 평가한다. 신생민주주의 국가들이 민주적 전환을 이룩하고 최초로 민주적으로 선출된 정부를 구성하고 난 뒤, 공고화연구자들의 주된 관심은 신생민주주의 국가들이 민주주의의 붕괴, 침식(erosion), 또는 준민주주의(semi-democracy)로의 회귀를 성공적으로 막아낼 수 있는가에 집중되었다(Schedler, 1997: 21). 그들은 신생민주주의의 지속성과 내구성을 신생민주주의를 전복시키려는 반민주 세력의 척결, 반민주적 행태와 민주정부의 권위에 대한 침해 부재로 측정하고 평가하려 하였다(Schedler, 1997 and 2001).

후안 린츠는 소극적 공고화의 기준을 다음과 같이 제시하였다. 그에 의하면, "어떤 중요한 정치적 행위자, 정당, 조직화된 이익집단, 세력, 기구들에게 민주적 과정 외에는 권력을 장악할 수 있는 다른 대안이 없으며, 어떤 정치기구나 집단도 민주적으로 선출된 정책결정자의 행동을 비토(veto)할 수 있다고 주장하지 않을 때" 민주주의는 공고화되었다고 볼 수 있다는 것이다(Linz, 1990: 158). 이후 린츠와 스테판은 좀더 포괄적으로 공고화된 민주주의가 충족시켜야 할 소극적 조건을 제시하였다.

> 행태적으로 어떤 의미 있는 정치집단도 민주정권의 전복을 심하게 시도하지 않으며, 태도적으로 국민의 압도적인 대다수가 향후의 어떤 정치적 변화도 민주적 과정의 파라미터 내에서 이루어져야 한다고 믿고 있고, 헌정적으로 모든 행위자들이 정치적 갈등을 확립된 규범에 따라 해결해야 하며, 이러한 규범을 위반하는 것이 비효과적일 뿐만 아니라 비싼 비용을 치러야 한다는 사실을 습관화해야 한다(Linz and Stephan, 1996: 15-16).

군터, 폴, 디아만두로스 역시 민주주의 공고화의 핵심적 지표를 "정치적으로 중요한 반체제적 정당 또는 사회운동의 부재"로 규정함으로써 린츠의 소극적 공고화 개념에 동의하고 있다(Gunther, Diamandouros & Phule, 1995: 12-13).

소극적 공고화론자들은 붕괴와 침식에 의해 신생민주주의가 비민주적 또는 준민주적 체제로 회귀할 수 있다고 경고하면서 신생민주주의의 '급작스러운 사망(sudden death)'뿐만 아니라 '완만한 사망(slow death)'을 피하기 위한 처방을 제시하였다(O'Donnell, 1992).

민주주의 공고화에 관한 소극적 접근은 민주주의로의 전환 이후 신생민주주의에 대한 위협이 실제로 일어났다는 사실에 의해 정당화되었다. 스페인, 아르헨티나, 필리핀에서 민주주의를 전복하려는 군부 쿠데타 시도가 있었고, 칠레에서는 구舊 독재자 피노체트와 그의 군 지휘관들이 민주적으로 선출된 대표의 통제를 받지 않는 '유보된 영역(reserved domain)'을 확보하고 있었다. 상당수의 동구 신생민주주의 국가에서 국민의 상당 부분이 시민권을 배제당하고 있었다(Merkel, 1999). 자유롭고 공정하게 선출된 정부들이 기본적 인권과 시민권, 정치적 자유를 침해하고, 의회를 우회하고, 사법부에 불법적인 영향을 미치려 하였다. 이와 같이 자유민주주의라고 부르기 매우 어려운 결함을 가지고 있는 신생민주주의가 발견됨에 따라 공고화론자들은 자유민주주의와 권위주의 사이에 위치하고 있는 잡종체제(hybrid regimes) 분석에 초점을 맞추었고, 그들은 결손민주주의(defective democracy), 비자유민주주의(illiberal democracy), 위임민주주의(delegative democracy), 강성민주주의(democradura), 선거민주주의(electoral democracy), 경쟁적 권위주의(competitive authoritarianism), 영역민주주의(domain democracy), 후견민주주의(tutelary democracy), 배제적 민주주의(exclusive democracy) 등으로 다양하게 이름을 붙였다.

소극적 공고화 개념에 의존하는 공고화 연구자들은 민주주의 공고화의 정도를 다음과 같이 측정한다. 첫째, 신생민주주의가 정치적인 동기에 의한 폭력 사용을 사전적으로 방지하고 있는 정도에 따라 공고화 수준을 측정하는 것이다. 말하자면, 신생 민주정부가 "정치적 경쟁자 암살, 정치적 반대자의 자유 및 신체적 안전과 재산에 대한 공격, 유권자와 후보자에 대한 협박, 선출된 공직자의 폭력적 전복기도, 종족적·사회적 인간청소, 폭동, 공공재산 파괴" 등을 막고 있는 정도에 따라 공고화 수준을 측정하는 것이다(Schedler, 2001: 71).

둘째, 그들은 신생민주주의가 자유롭고 공정한 선거를 보장하고 있는 정도에 따라 공고화 수준을 측정한다. 소극적 공고화론자들에 의하면, 어떤 의미 있는 정치세력도 "①민주적 선거 참가를 거부하거나 ②다른 사람들의 참여권리를 적극적으로 부정하거나 ③민주적 선거의 결과를 통제하려거나 장외 항의를 동원하거나 선출된 의회를 보이콧하거나 선출된 공직자를 무력으로 전복하려 하지 않을 때" 그 신생민주주의는 소극적으로 공고화되었다고 말한다(Schedler, 2001: 71).

셋째, 그들은 정치적 행위자들이 "법, 헌법, 상호 인정한 정치적 행위에 관한 규범을 준수하고 있는" 정도에 따라 신생민주주의 공고화를 측정한다(Diamond, 1999: 69). 말하자면, 정부관리들이 규칙의 제정, 집행, 해석을 위반하거나 침해하지 않을 때 민주주의는 공고화되었다고 이야기할 수 있다는 것이다(Schedler, 2001: 72).

그러나 소극적 공고화 개념은 이미 자유민주주의로 진입한 신생민주주의의 현실을 포착할 수 없는 것으로 드러났다. 민주화 이후 신생민주주의 국가들이 다양한 길을 걸어갔음에도 불구하고 2001년 말에 신생민주주의 국가들 중에 절반을 넘는 나라들(65개국 중 34개국)이 영예로운 자유민주주의 국가그룹에 진입했다는 것은 놀라운 일이다. 이러한 신생 자유민주주의 국가들에서 국민과 정치인은 일반적으로 더 이상 권위주의로의 회귀 또는 민주주의 붕괴나 침식을 걱정하지 않고 있다. 그러므로 이러한 신생 자유민주주의 국가에서 소극적 민주주의 공고화 개념은 민주주의 공고화 정도를 측정하는 데 적합하지 않은 것으로 드러났다. 그렇다고 해서 이들 국가들이 공고화된 민주주의에 도달했다고 이야기할 수도 없다. 왜냐하면 이들 나라들에서는 민주적 제도가 작동은 하고 있으나 아직 견고하게 뿌리내리고 있지는 못하기 때문이다(Diamond, 2002a).

그러므로 이러한 신생 자유민주주의 국가들의 민주주의 공고화를 측정하기 위해서 적극적인 민주주의 공고화 개념이 필요하다. 적극적 민주주의 공고화는 신생 자유민주주의 국가들이 민주적 지배를 어느 정도 달성했는지를 기준으로 측정된다. 오도넬의 말을 빌리면, 신생민주주의 국가가 얼마나, 어느 정도로 '민주적 정부'에서 '민주적 체제'로 '제2차 전환(second transition)'을 이룩했는가를 측정하는 것이다(O'Donnell, 1992: 18). 적극적 민주주의 공고화 개념은 신생민주주의가 어느 정도로 민주적 제도를 심화시키고 민주적 거버넌스 정착을 통해 '질 높은 민주주의'를 달성했는가에 초점을 맞춘다. 적극적 개념은 민주주의의 생존보다는 민주주의의 질적 문제에 더 많은 관심을 기울인다.[19]

민주주의 공고화를 적극적 개념으로 측정할 때, 공고화된 민주주의로 불리기 위해서는 신생민주주의가 도달해야 하는 여로의 종착역이 있다. 첫째, 제도적 측면에서 높은 수준의 책임성, 투명성, 법의 지배, 참여, 대표성, 정부의 수행능력을 제고하는 민주적 거버넌스가 헌법과 대표체계 내에 제도화되어야 하고, 엘리트와 대중 속에 뿌리내려야 하며, 행정부·정당·의회·사법부·시민사회의 공적 거버넌스로 기능해야 한다(Diamond, 2002a).[20]

---

19 프리담(G. Pridham)에 의하면, 반체제 세력이 중립화되거나, 정치적으로 의미 없어지거나, 억제되고 소수화되어 정치적 게임에서 밀려났을 때, 또는 반체제 세력이 민주주의자로 전향했을 때 소극적 공고화가 달성되었다고 이야기할 수 있으며, 민주체제(democratic system)의 작동이 정착되고, 민주체제가 신뢰를 획득하고, 엘리트와 대중으로부터 광범위하게 지지를 받을 때, 적극적 공고화가 달성되었다고 이야기할 수 있다고 한다(Pridham, 1995: 168-169).

20 다이아몬드는 제도적 적자에 시달리고 있는 신생민주주의에 대해 민주적 거버넌스 개선을 위한 처방으로 수평적 책임성 강화, 시민사회에 힘 실어 주기, 갈등의 조정과 전국적 협상 틀 정립, 사회경제개혁, 정당의 착근과 강화 등을 제시한다(Diamond, 2002a).

둘째, 행태적·규범적 측면에서 신생민주주의가 광범위하고 심화된 정당성을 이룩했을 때 신생민주주의는 적극적으로 공고화되었다고 이야기할 수 있다. "엘리트와 대중 수준에서 모든 의미 있는 정치적 행위자들이 민주주의 체제가 자신의 사회에 가장 적합한 최적의 정치체제이며 자신들이 상상할 수 있는 어떤 현실적인 대안보다 나은 대안이라고 믿고 있을 때" 민주주의 정당성이 심화되고 확산된다는 것이다(Diamond, 1999: 65). 또한 민주정부의 수행실적이 나쁜 상황임에도 불구하고 대중들이 헌정체제 정당성에 대해 광범위한 규범적·행태적 합의를 마련하고 있어야 한다. 민주적 정당성이 규범 수준을 넘어 행동으로 옮겨져야 하는 것이다. 정당이나 기업단체와 같은 중간매개집단의 수준에서는 정당이나 기업단체가 민주적 정치체제가 복종하고 지켜야 할 가치가 있다고 믿으며, 민주적 규칙과 관행에 대해 규범적이고 행태적인 헌신을 보일 때, 민주주의는 적극적으로 공고화되었다고 이야기할 수 있다. 엘리트 수준에서 공고화는 정부, 정당, 여론주도집단, 사회단체의 모든 주요지도자들이 민주주의가 최상의 정부형태이며 헌정체제의 규칙과 기구들이 지지를 받아야 할 가치가 있다고 믿고 있을 때 공고화되었다고 이야기할 수 있다(Diamond, 1999: 66-69).

한국은 민주화가 소극적 공고화를 넘어서 적극적 공고화 단계에 진입한 신생자유민주주의 국가군에 속한다. 그럼에도 불구하고 한국은 여전히 민주적 게임규칙을 제도화하고, 책임 있고 효율적이며 투명한 민주적 거버넌스를 정착시키고, 민주적 규범과 가치를 습관화하기 위한 투쟁 중에 있다. 그러므로 한국의 민주적 공고화의 수준을 측정하고 평가하기 위해서는 적극적인 민주주의 공고화에 대한 개념과 사고가 요구된다.

민주화 제1세대의 업적—자유민주주의로의 성공적 전환

한국 민주주의의 시간은 3김이 주도해 온 민주화 제1세대를 마감하고 탈3김 시대, 즉 민주화 제2세대에 들어가고 있다. 돌이켜 보면, 3김은 민주주의로의 전환을 주도한 정치지도자들이다. 그런데 소위 3김 정치는 민주화 제1세대가 형성한 한국 정치의 어두운 면을 상징하는 나쁜 함의도 갖고 있다. 이는 2002년 대선 때 모든 대선후보들이 3김 정치를 종식시키겠다고 약속한 데서도 드러난다. 그러나 우리는 3김 정치를 평가하는 데 좀더 객관적일 필요가 있다. 한국 민주화에 대한 3김의 기여를 부정적인 면뿐만 아니라 긍정적인 면도 같이 살펴볼 필요가 있다.

김영삼 정부의 소극적 공고화

1987년 민주화가 일어난 이래 15년 동안 한국은 소극적 기준에서 민주주의 공고화를 완료하였다. 한국은 정치화된 군 장교집단을 숙청하고 군부에 대한 엄격한 문민통제를 재확립하고, '국가 안보집단(national security community)'을 국민이 선출한 대표의 통제하에 두었으며, 군부 출신인 두 전직 대통령을 재판에 회부함으로써 급작스러운 민주주의 붕괴를 방지하는 데 성공하였다.

한국 민주화 인사들에게 민주화는 군부통치를 종식시키는 것("군정 종식")이었다. 그런데 1987년 민주화 이후 정초선거에서 양김은 민주화 연합세력의 표를 갈라놓음으로써 국민들의 오랜 염원을 충족시키는 데 실패하였다. 양김이 분열함으로써 군부대표라고 할 수 있는 노태우가 36.6%의 지지율로 대통령에 당선되는 길이 열렸다.

전두환 정권하에서 저질러진 군부의 잘못에 깊숙이 관여했던 전직 장군 출신인 노태우의 당선은 잠재적인 반민주적 전복세력의 제거를 지연시킬 수 있었다. 그러나 뒤이어 치러진 총선에서 한국 국민들은 집권여당을 소수당으로 전락시키고 3김이 이끄는 3당연합에게 의회 다수를 안겨줌으로써 권위주의로 회귀할 수 있는 가능성을 막았다. 총선 후 3당연합은 노태우 대통령에게 전두환의 5공정권 잔재세력을 청산할 것을 압박하였다. 이에 노태우 대통령은 전두환 정권하에서 저질러졌던 비리에 관한 청문회 개최를 수용하였고 마침내 그의 전임자인 전두환 전 대통령을 백담사로 유배시켰다. 잠재적 반체제세력의 숙청이 과거 권위주의 억압에 핵심적 역할을 수행했던 전직 장군 출신 대통령에 의해 이루어졌다는 것은 역설적이다. 이 점에서 노태우 대통령은 민주화 과도기의 대통령으로 나름의 역할을 수행했다고 볼 수 있다. 자신이 1979년 군사반란의 주동자 가운데 한 사람이었던 노태우 대통령은 민주정부에 대한 군의 반란을 제어하는 완충자 역할을 수행했다고 볼 수 있다.

그러나 반체제 세력들을 포괄적으로 숙청한 것은 김영삼 대통령이었다. 김영삼 대통령은 30년 만에 처음 취임한 민간 출신 대통령이었다. 그런데 김영삼 문민 대통령은 과거 권위주의 세력의 지지를 받아 선출되었다. 그는 1991년에 노태우가 이끄는 민정당, 김종필이 이끄는 신민주공화당, 그리고 김영삼이 이끄는 통일민주당이 합당해 태어난 민주자유당의 후보로 나와 대통령에 당선되었다. 따라서 많은 사람들은 김영삼이 5공 권위주의 세력이 만든 정당인 민정당의 도움으로 대통령에 당선되었기 때문에 많은 사람들은 김영삼 대통령이 정치군부와 국가안보기구 숙청에 소극적일 것이라고 예상하였다.

그러나 모든 사람의 예상과 달리 그는 과거 군부권위주의의 지주였고 전두환 정권과 노태우 정권하에서 군과 안보기구 내 요직을 독차지했던 정치화된 군부 집단인 하나회를 전광석화와 같이 해체하였다. 하나회를 해체하고 난 뒤, 김영삼 대통령은 하나회 출신 군 장교들을 군과 국가안보기구로부터 축출하였다.

군부 내의 잠재적 체제전복 세력을 숙청한 뒤, 김영삼은 1994년 1월 국회로 하여금 주요 정보기관 관련법을 개정할 것을 요구하였다. 개정된 정보관련 법은 핵심 국가정보기관인 국가안전기획부(안기부)와 국군보안사령부의 정치 개입을 금지하고 그들로 하여금 본연의 업무인 정부수집만 충실하도록 하였다. 또한 개정법은 두 정보기관의 예산지출, 인사, 정보수집을 국회의 감독하에 두었으며, 두 정보기관의 정부 공직자, 정치인, 그리고 일반시민에 대한 감시를 금지하였다(Diamond and Shin, 2000: 10).

김영삼 대통령은 두 군부 출신 전직 대통령인 전두환과 노태우를 부패, 군 내부반란(1979년 12월 12일), 광주사태(1980년 5월) 시 민간인 학살 혐의 등으로 재판에 회부함으로써 군부정권이 저지른 불법과 비리를 철저하게 처벌하였다(Roehrig, 1998: 4-6). 김영삼 정부의 군부개혁과 권위주의 비리청산은 세계에서 가장 군사화된 국가의 첫 문민 대통령이 실시한 위대한 업적으로 기록될 것이다.

전격적으로 단행된 포괄적인 군부와 국가안보기구 개혁으로 김영삼 대통령은 군부에 대한 문민지배를 재확립하였고, 한국 정치에서 '유보된 영역'을 제거하였다. 과거에 의회의 통제를 벗어나 무소불위의 권력을 행사했던 군부와 국가안보기구는 특권을 상실하였다. 김영삼 정부의 탈군부화 개혁은 민간 정치인의 정치적 공간을 확대하였다. 특히 오랫동안 군부 내 비토집단의 주요 표적이었던 김대중의 정치적 공간이 넓어졌다. 1997년 대통령 선거과정에서 이전과는 달리 어떤 군 장성도 공개적으로 김대중이 당선되면 쿠데타를 일으키겠다고 공언하지 않았다(Yoon, 2001).

선거경쟁의 제도화

슘페터의 최소주의적 정의에 의하면, 민주주의는 국민의 표를 얻기 위한 경쟁적 투쟁을 통해 권력의 장소가 결정되는 정치체제이다. 한국 민주주의는 슘페터적 민주주의 요건을 충족시키고 있다. 1987년 민주화 이후 정초선거를 치른 이래 한국인들은 5명의 대통령을 5년마다 연속적으로 동일한 헌법 규칙에 의거하여 선출하였고, 6차례에 걸쳐 4년마다 국회의원을 뽑았다. 선거영역은 지방정부로 확산되었다. 1991년 박정희가 지방선거를 폐지한 이래 30년 만에 처음으로 지방의회 의원을 선출하였고, 1995년에는 지방자치 단체장이 지방선거 투표지에 추가되었으며 그 이후 4번의 지방선거가 치러졌다.

선거는 정기적으로 그리고 자유롭고 공정한 조건에서 치러졌다. 쉐보르스키가 주장한 바와 같이, 선거경쟁의 결과에 자발적이고 자기강제적인(self-enforcing) 승복이 일어날 때 민주주의는 공고화되었다고 이야기할 수 있다(Przeworski, 1991). 그런데 한국에서 선거결과에 대한 자발적 승복은 민주화 이후에도 문제가 되었다. 1987년 대통령 선거에서 패배하고 난 뒤, 3김은 패배를 인정하려 하지 않고 노태우 후보와 전두환 정부가 개표를 조작했다는 의혹을 제기하였다. 그러나 몇 주 내에 3김은 암묵적으로 자신들의 패배를 인정하였다. 이후부터 각종 선거에서 패배한 후보들은 선거의 공정성에 관해 의문을 제기하지 않았다. 1992년 대통령 선거에서 패배한 김대중은 승자인 김영삼에게 축하를 하는 패배 시인 연설을 하였다. 선거 횟수가 늘고 선거대상 범위가 확대되었을 뿐만 아니라 선거 캠페인의 공정성이 향상되었다. 대규모 동원집회는 줄어든 대신 TV와 라디오와 같은 언론매체를 통한 선거운동 비중이 커졌으며, 선거공영제가 도입되고 계속 확대되었다. 이제 한국에서 선거는 권력을 장악하기 위한 '우리 동네의 유일한 게임'이 되고 있다.

평화적 정권교체

1997년 대통령 선거에서 김대중은 네 차례에 걸친 시도 끝에 마침내 대통령으로 선출되었다. 이는 50년 만에 처음으로 야당 후보가 평화적으로 선거를 통해 정권교체를 이룩한 사건이다. 김대중 후보의 당선은 한국 민주주의 공고화 여정에서 또 하나의 전기를 이룩한 것으로 기록될 것이다. 김대중의 선거승리는 경쟁자 간 권력의 역전 가능성(convertibility of power)을 증명해 주었다. 권력의 역전 가능성은 정치적 경쟁자로 하여금 민주적 경쟁의 결과가 불확실하다는 것을 보장해 주는 것이기 때문에 민주주의 공고화를 가늠하는 핵심적 요건이다.

김대중의 대통령 당선으로 한국은 동아시아 신생민주주의 국가들 중에서 최초로 여당에서 야당으로 평화적 정권교체를 달성한 나라가 되었다. 1997년 선거에서 한국인들은 수십 년간 나라를 지배해 온 보수기득권 세력의 정당후보를 거부했다. 이는 "지배적이고 조합주의적 정당이 제한적 반대를 관용하면서도 권력은 내놓은 적이 없었던" 아시아 민주주의의 오래된 오점을 깬 역사적 사건이다(Carothers, 1997: 16).

1997년의 정권교체는 심각한 경제위기 상황에서 일어났다는 점에서 민주주의 공고화에 또 하나의 역사적 의미를 추가한다. 1997년 말 태국과 인도네시아에서 발발한 아시아 금융위기가 한국에 상륙하자 한국의 금융체계는 녹아 버렸고 한국 경제는 국가부도 위기에 몰렸다. 한국은 550억 달러에 달하는 국제통화기금(IMF)의 조건부 긴급구제금융의 도움으로 최악의 상황을 모면하였다. 그러나 국난에 버금가는 경제위기 상황에서 한국인들은 투표장으로 나가 야당지도자를 대통령으로 선출하여 그에게 과거 권위주의 정권하에서 지배적이었던 '정실자본주의'를 근본적으로 개혁하라는 선거적 위임을 부여하였다. 경제위기에서도 신생민주주의는 살아남았을 뿐만 아니라 민주주의 내구성을 강화하였고 책임성을 개선하였다. 1997년 선거는 금융위기와 같은 외부충격에도 불구하고 민주주의하에서 살겠다는 의지를 과시한 것으로 보아야 한다. 또한 집권당 후보의 선거패배는 국민들이 심각한 경제위기를 불러일으킨 정부와 집권당에 책임을 물은 것으로 선거를 통한 수직적 책임성이 작동한 것이다. 한국 민주주의는 권력교체를 위한 제도화된 장치를 마련함으로써 위기상황에서도 정치적 불안을 야기하지 않으면서 정권교체를 통해 전면적인 경제개혁을 추진할 수 있는 길을 열어 준 것이다(Haggard, 2000; Byung Kook Kim, 2001).

민주적 책임성의 개선

민주화 이후 정부의 책임성(accountability)이 개선된 것으로 나타났다. 세계은행이 발표한 연구보고서에 따르면, 2000/2001년도 한국 민주주의의 책임성 수준은 그 전보다 개선되었고, 일본·이탈리아와 비슷한 세계평균 이상 수준으로 향상되었음을 보여 주었다. 2000/2001년도 한국 정부의 책임성 수준은 0.98로 이는 1997/1998년도의 0.91보다 향상된 것이다(Kaufmann, Kraay and Zoido-Lobaton, 2002).

주지하는 바와 같이 민주적 책임성에는 수직적 책임성과 수평적 책임성이라는 두 유형의 책임성이 있는데 민주화 이후 한국에서는 두 유형의 책임성 수준이 모두 향상되었다. 수직적 책임성은 유권자가 투표를 통한 처벌과 보상을 통해 선출된 공직자의 행위에 대해 책임을 묻는 것이며, 수평적 책임성은 선출된 대표와 기구 간에 유권자의 이익을 극대화하기 위해 상호 감시와 통제를 하는 것이다(Morlino, 2002).

수직적 책임성의 개선은 시민사회로부터 나왔다. 1987년의 민주화 이후 수많은 시민단체가 우후죽순처럼 출현하였다. 1997년에서 2000년 사이에 시민단체의 수는 3,500개에서 6,000개로 증가하였으며, 지방의 지부를 포함할 경우 그 숫자는 10,000개에서 20,000개로 두 배 이상 늘어났다. 이러한 시민결사체들은 지속적으로 정부관리와 정치인의 불법, 비리, 부패행위를 감시하였다. 부활한 시민사회는 시민에 대한 정치인의 책임성을 강제했다. 2000년 4월총선 과정에서 시민사회가 조직한 낙천·낙선운동은 한국의 시민사회가 정치인에게 책임을 물은 조직적 행동의 대표적 사례이다.

민주화 이후 한국의 시민사회와 정당은 불균형적인 성장을 해 왔다. 시민사회가 부활하여 자신들의 행동을 확대하고 요구를 증가시켜 온 데 반해, 정치사회는 무능, 도덕적 부패, 정책경쟁이 아닌 정쟁을 일상화하여 국민의 요구에 대해 효과적이고 효율적으로 대응하지 못해 왔다. 이에 많은 공익적 시민단체들은 정치사회의 개혁 없이는 질 높은 민주주의를 달성하기 어렵다는 결론을 내렸다. 그들은 총선이 부여한 정치공간을 활용하여 정치·사회개혁에 들어갔다. 500개가 넘는 시민결사체들이 '2000년 총선시민연대'를 결성하고 무능, 부패, 비리 정치인뿐만 아니라 지역감정을 조장하고, 매카시즘적인 색깔론을 유포하는 정치인에 대한 낙천·낙선운동을 전개하였다.

4·13총선에서 낙선운동은 엄청난 위력을 발휘하였다. 총선에서 낙선 대상자로 지명된 86명 후보 중 59명이 낙선하였고(68.6%), 집중 낙선 대상자 22명 중 16명이 낙선하였다(72.7%). 이는 총선연대가 목표로 잡았던 50%(집중)와 40%(전체)를 훨씬 뛰어넘는 대성공이었다. 총선시민연대는 낙천·낙선운동을 통하여 직접 선거과정에 개입하고 자신들의 대표에 대한 감시와 감독을 통해 대의제 민주주의의 질을 높이려 했다(임혁백, 2000a: 345-346).

낙천·낙선운동을 통하여 시민사회는 국민의 의사를 충실히 대표하는 데 실패한 자신들의 대표에게 책임을 물었다. 한국의 민주화가 정치협약으로 이루어졌기 때문에 민주화를 위해 투쟁한 야당 출신 정치인들뿐만 아니라 권위주의 집권여당 출신 정치인 대부분도 신생민주주의하에서 살아남았다. 정치인들은 엘리트 카르텔을 형성하여 신진 정치인들의 진입장벽을 높이고, 해묵은 지역주의를 부채질하며 시대착오적인 색깔론으로 유권자를 자극하여 표를 달라고 우격다짐을 해왔다. 공천권을 장악하고 있는 정당 보스들은 유권자의 의사와 상관없이 후보를 공천하였다. 이에 총선시민연대는 무능하고, 무책임하며, 부도덕한 정치인들을 정치권에서 축출함으로써 누가 진정한 보스인가를 보여 주려 했다. 이 점에서 총선시민연대는 시민사회에 의한 수직적 책임성 개선에 획기적인 전기를 마련한 것으로 평가된다.

대통령에 대한 국회의 견제권력이 높아짐으로써 수평적 책임성도 향상되었다. 과거 권위주의 시대의 국회는 행정부의 시녀, 또는 고무도장이라는 '통법부'의 오명을 쓰고 있었다. 그러나 1987년 민주화 이후 한국 국민들은 선거 때마다 여당에 다수를 안겨 주지 않음으로써 야당에게 국회를 맡겼다(여소야대). 야당이 주도하는 국회는 행정부에 대한 견제, 감시, 감독, 균형을 통해 수평적 책임성 수준을 높였다. 여기에 더하여 1987년 신헌법에 의해 설립된 헌법재판소는 행정부의 초법적 권력행사를 견제하는 기능을 수행하였고, 정당들이 담합을 통해 시민들의 평등한 정치적 권리를 보장하는 헌법적 규범을 침해하지 못하게 하였다. 예를 들면, 2000년 8월 헌법재판소는 현행 전국구 배정방식과 선거구 획정이 위헌이라 결정하고 정당들에게 이러한 불不비례성과 잘못된 선거구 획정을 시정하라는 명령을 내렸다.

3김 정치의 부정적 유산과 지연되고 있는 적극적 공고화

이와 같이 3김 시대에 선거경쟁이 제도화되었고, 정치적 권리와 시민적 자유가 대체적으로 보장되었으며, 이전보다 국민의 요구에 응답하고 책임지는 정부가 들어서는 등 민주화에 커다란 진전이 있었다. 그러나 이러한 3김 시대의 민주주의의 성취에도 불구하고 3김으로 상징되는 한국 민주화 제1세대는 한국 민주화 제2세대에게 분열적 지역주의, 후진적인 정당체제, 부정부패 그리고 제왕적이나 허약한 대통령제라는 나쁜 유산 또한 물려주었다.

분열적 지역주의

1987년 민주화 이후 모든 선거결과는 지역적 균열에 의해 결정되었다. 한국 정치는 지역 간 경쟁으로 축소되었다. 유권자들은 주관적인 지역일체감에 기반해 표를 던졌다. 유권자들이 정책적 입장과 이데올로기를 보고 정당과 후보를 선택하지 않고 지역정당이 공천한 후보에 맹목적으로 투표함으로써 지역주의는 민주주의 발전에 주요한 장애물이 되었다(Browne and Kim, 2001). 김대중은 1987년 대선에서 자신의 고향인 전라도에서 89%, 1997년 대선에서는 93%의 표를 얻었으나 경상도에서는 1987년 3%, 1992년에 9%, 1997년 12%를 얻는 데 그쳤다. 대조적으로 김영삼은 전라도에서는 1987년에 3%, 1992년에 5%를 얻은 반면, 1992년 대선에서는 경상도에서 69%를 획득하였다. 2000년 4월총선에서 여당인 새천년민주당은 전라도 의석 29석 중 25석을 석권했고, 야당인 한나라당은 경상도 의석 65석 중 64석을 휩쓸었다.

지역주의는 권위주의 시대인 박정희 정권과 전두환 정권 때에도 강하게 나타났다. 박정희는 경제자원의 배분과 인사에서 전라도 지역을 차별하였고, 전두환은 군부 쿠데타에 저항하는 광주시민을 학살하였다. 전라도 사람들은 권위주의 집권세력에 대한 소외와 저항을 내면화하였고, 선거라는 공간이 주어졌을 때 전라도 차별정책에 대한 항의표시로 야당에 압도적으로 표를 몰아주었다.

그러나 1987년 이전 지역주의적 투표는 선거결과를 결정할 정도로 압도적이지 않았다. 박정희와 전두환 정권하에서 지배적인 투표유형은 여촌야도與村野都로 표현되는 도시와 농촌의 균열구조였다. 이는 도시지역 중산층의 권위주의 체제에 대한 강력한 반감을 반영하고 있었다. 권위주의 체제에서 경상도와 전라도라는 서로 다른 지역 출신 야당지도자인 김영삼과 김대중이 권위주의 체제에 대한 투쟁을 위해 협력하였기 때문에 권위주의를 반대하는 표가 한 지역에 집중되지 않았다. 권위주의 체제에서 투표는 도시 대 농촌 또는 민주 대 반민주의 균열선을 따라 이루어졌다.

그러나 1987년 민주화 이후 민주 대 반민주는 두드러진 선거쟁점이 되지 못했고 따라서 유권자들은 주요한 투표쟁점을 상실하였다. 이러한 상황에서 대통령에 출마한 권력 경쟁자들은 지역이익과 지역일체감을 표의 주요 원천으로 보고 지역주의를 동원하였다. 여기에 더하여 권위주의 집권세력 후보인 노태우는 지역주의를 양김을 분열시켜 선거승리로 이끌 수 있는 전략으로 보았다. 김대중과 전라도 시민의 이미지를 급진적, 혁명적, 좌익, 반체제세력으로 고착시켜 경상도와 전라도를 분열시켰다(최장집, 1991).

양김이 민주세력을 위한 단일후보를 만드는 데 실패함에 따라 지역주의는 더욱 악화되었다. 양김은 민주화 운동 지도자라는 공통의 명망이 있고 이데올로기적으로 두드러진 차이가 없었기 때문에 그들은 자신의 출신 지역에 표를 호소할 수밖에 없었다. 여기에 더하여 권위주의하에서 계급균열과 종교적 균열의 표출이 오랫동안 억압되어 왔기 때문에 양김은 계급투표나 종교투표에 호소할 길도 봉쇄되어 있었다. 민주연합세력의 표가 김대중과 김영삼 지지세력으로 분열됨에 따라 1987년 대선에서 노태우가 대통령에 당선되었다.

뒤이은 1988년 4월총선은 명백한 지역분할 구도로 나타났다. 3김과 1노는 자신의 출신 지역인 전라도, 경삼남도, 충청도, 경상북도를 독점하였다. 전국 유권자의 45%를 차지하는 서울 수도권 사람들도 주거지의 정당보다는 출신 지역의 정당에 표를 던졌다(Moon, 2002). 1988년 총선에서 출신 지역에 따라 명확하게 표가 갈라지면서 한국 국회의원 선거사상 처음으로 집권여당이 과반수를 차지하지 못하는 이변이 일어났다.

지역주의는 1990년 초 3당합당으로 더욱 심화되었다. 노태우 대통령과 집권 민정당은 의회에서 다수를 확보하기 위해 김영삼의 통일민주당과 김종필의 신민주공화당과 합당을 추진해 과반수가 넘는 거대 여당인 민주자유당을 창당하였다. 합당은 김영삼에게 차기 대통령 후보를 보장하는 정치협약에 의해 이루어졌다. 3당합당은 경상북도, 경상남도, 충청도를 아우르는 거대 지역연합에 의해 소수 지역인 전라도를 고립시키고 배제하는 패권적 지역주의에 바탕을 두고 있었다. 3당합당 후 지역 간 적대감이 악화되었고 이는 국민적 통합과 통일을 위협할 정도로 나라를 분열시켰다.

지역주의가 3김 정치의 핵심특징인 것은 김영삼과 김대중 간의 경쟁이 지역주의를 더 악화시켰기 때문이다. 1987년에는 양김이 모두 패자가 되었고, 1992년에는 김영삼이 김대중을 누르고 대통령에 당선되었으며, 1997년 대통령 선거에서는 김대중이 충청지역의 보스인 김종필과 연합하여 이회창을 누르고 대통령에 당선되었다. 물론 이회창은 경상도 출신은 아니나 경상도의 반反김대중과 반反전라도 정서를 이용하여 경상도의 양자를 자처하면서 경상도 지역 표를 동원했다. 1997년 선거 이후 지역주의는 더욱 기승을 부렸다. 특히 경상도 지역주민들은 2000년 4월총선에서 경상도 전 지역에서 1석만 제외하고 모두 한나라당 후보를 국회의원으로 선출함으로써 강고한 지역주의를 과시했다. 경상도 지역주의는 1997년의 대통령 선거패배에도 불구하고 이회창이 한나라당의 당권을 유지할 수 있게 하였으며 2002년 한나라당 대통령 후보로 다시 선출되도록 한 배경이 되었다.

이러한 지역주의는 민주주의 공고화를 가로막는 장애물이었다. 지역주의는 국회의원 선거에서 정당 간 경쟁을 약화시켰다. 지역을 독점하고 있는 정당의 공천이 사실상의 당선으로 이어지는 지역구 선거에서 정당의 정책이나 이념을 통해 표를 얻는 경쟁은 거의 이루어지지 않았다. 지역주의는 계급, 종교, 직업, 성, 세대와 같은 다양한 균열이 정치권 안에서 대표되는 것을 가로막았다. 또한 지역주의는 정치지도자들로 하여금 광범위한 국민적 지지기반을 구축하는 것을 가로막아 국민적 통합을 저해하였다.

3김은 이러한 분열적이고 파괴적인 지역주의를 지속시킨 데 책임이 있다. 양김이 대통령이 되었을 때 그들은 지역주의를 해결하기 위해 모든 노력을 기울여야만 했다. 그러나 그들은 지역주의를 기준으로 하는 인사와 자원배분을 지속하였을 뿐만 아니라 지역에 기반을 둔 정당 또는 정당연합에 의존하여 권력기반을 유지하려고 했다.

후진적인 정당

3김 정치가 남긴 또 하나의 중요한 나쁜 유산은 정당의 사당화이다. 1987년 이후 3김은 정당을 열 번이나 창당했다. 김영삼이 세 번, 김대중이 네 번, 그리고 김종필이 세 번 정당을 창당했다. 그들은 자신들의 정치적 필요에 따라 창당, 해산, 재창당을 반복했다. 또한 이들은 봉건영주처럼 정당을 운영했고 제왕적 당 총재로 자신이 만든 정당 위에 군림했다. 후보공천뿐만 아니라 정당의 당직자와 국회의 주요요직에 대한 임명권을 독점했고, 충성에 대한 대가로 추종자들에게 정치자금을 배분하였다.

3김의 독재적 정당지배는 권위주의 하에서는 정당화될 수 있는 측면이 있었다. 자신의 정당원들을 독재정권의 위협, 협박, 경찰감시에서 보호하고 조직적 단결을 유지하기 위해서 정당 보스인 3김이 권위주의 정권의 집권당처럼 일사불란하게 당을 이끌어갈 필요가 있었다는 것이 인정될 수 있었다. 그러나 민주화 이후에도 3김은 여전히 권위주의 시대의 정당운영 관행과 정당지배구조를 유지하였다. 정당이 지역적 분할구도로 조직되고 3김이 자신의 출신 지역으로부터 맹목적이고 배타적인 충성을 받고 있는 상황에서 3김의 독재적 정당지배에 도전할 정치인은 거의 없었다. 정당 정치인들에게 3김에 대한 도전은 정치적 자살행위였기 때문이다.

3김에 의해 만들어진 지역정당은 정책담론 형성에 건설적으로 참여할 수 있는 이념적·조직적 능력을 가진 정치 엘리트들을 충원할 수 있는 새로운 정당과 선거제도를 고안하는 것을 가로막았다. 그리고 지역을 할거하고 있는 어떤 지역정당도 단순다수 소선거구제를 통해 국회에서 안정적 다수를 만들어 내지 못했다. 모든 정당이 특정 지역에 기반을 두고 있었기 때문에 대통령 선거에서 승리하기 위해서는 다른 지역정당과 느슨한 동맹과 연합을 형성해야 했다. 그러나 대통령 선거 후 1년 또는 2년이 지나지 않아 동맹은 깨지고 말았다(Kim and Im, 2001: 31-32).

3김이 이끄는 불안정하고 단명短命한 사당적 정당은 정당 내부의 민주화와 책임 있는 정당체제 발전에 장애요인이었다. 정당체제는 한국 민주주의의 가장 후진적인 분야이고 민주주의 공고화를 지연시키고 있는 가장 큰 요인이다.

제왕적이나 허약한 단임 대통령제

신생민주주의 헌법구조는 권력을 대통령에 집중시켰다. 정치권력 지망자는 대통령 선거를 최고권력(대권)을 획득하기 위한 선거로 등치시키고 대통령 선거를 '대권경쟁'으로 불렀다. 양김 스스로도 자신이 만든 정당을 독재적으로 지배하면서 정당의 역할을 주변화하고 정당을 주요한 정책결정에서 배제시켰다.

새로운 헌정구조는 '위임주의적 대통령(delegative president)'을 조장하였다. 민주적으로 선출된 대통령인 김영삼과 김대중은 자신이 선거를 통해 모든 권력을 위임받은 것으로 가정하면서 국가를 통치하였다(Im, 2000a: 34). 위임주의적 대통령은 국회와 같은 다른 선출된 대표의 권력과 권위를 인정하지 않으려 한다. 그들은 견제와 균형을 통해 수평적 책임성을 강제할 수 있는 다른 대표기구의 권리를 인정하지 않는다. 위임주의적 대통령은 합당이나 야당과 무소속 의원 '빼내오기' 등을 통해 국회 내에 안정적인 다수의석을 확보하여 국회의 견제능력을 약화시키려 했다.

1988년 총선 이래 여당이 국회에서 다수를 획득하지 못하게 되자, 모든 대통령은 예외 없이 정계개편을 시도했다. 노태우 대통령은 3당합당을 통하여, 김영삼과 김대중은 정당연합, 야당 또는 무소속 국회의원 영입을 통하여 의회 내 다수의석을 확보하였다. 인위적 정계개편은 선거에서 표출된 민의를 부정하는 행위였을 뿐만 아니라 대통령과 야당 간에 정치교착을 야기하였다. 여야 간 타협과 상호 신뢰는 실종되었고, 제로섬적인 정치게임을 유발하여 민주주의의 원활한 작동을 방해하였다(Croissant, 2002: 14).

그럼에도 불구하고 신헌법에 담긴 대통령제의 다른 요소인 5년 단임제는 제왕적 대통령의 경향을 상쇄하는 것으로 나타났다. 헌법구조는 두 개의 모순적인 요소를 갖고 있었다. 한편으로는 권력을 대통령에 집중시켜 제왕적 대통령을 낳는 구조를 갖고 있으나 다른 한편으로는 5년 단임제로 임기를 제한해 약한 대통령제를 초래하는 구조를 동시에 갖고 있다. 5년 단임제는 1987년 헌법제정 과정에 참가한 주요 정치지도자들의 헌정적 타협의 결과물이다. 노태우, 김영삼, 김대중은 5년 단임제 대통령제의 주요 지지자들이었고 그들은 차례로 대통령에 당선되었다. 결과론적으로 보면 5년 단임제는 1노와 2김에 의한, 1노와 2김을 위한 헌정구조가 되어 버렸던 것이다.

5년 단임제 대통령은 비효율적일 뿐만 아니라 책임성을 확보하지 못하는 중대한 결함이 있다. 첫째, 5년 단임제는 조기 레임덕 현상을 초래한다. 민주화 이후 집권한 세 명의 대통령은 예외 없이 집권 말기에 급격한 지지율 추락에 시달렸다. 대통령의 추종자들과 관료들이 집권 초기와 달리 집권 후반기에는 퇴임이 가까운 대통령에게 충성하기보다는 차기 대통령 후보자들에게 줄을 섰기 때문에 대통령의 국정수행 능력은 떨어질 수밖에 없었다. 또한 단임제 대통령은 야당의 공격에 취약하였다. 야당은 집권 말기인 단임 대통령에 대해 미래의 보복을 두려워하지 않으면서 자유롭게 공격할 수 있었다.

5년 단임제 대통령제는 선거 일정표를 혼란스럽게 하고 주기적 선거를 통한 민주적 책임성을 확보를 사실상 불가능하게 했다. 1987년 이후 한국은 5년 임기의 단임 대통령, 4년 임기의 국회의원과 지방자치정부의 단체장과 지방의회의원을 선출하기 위해 거의 매년 투표장으로 가야 했다. 선거와 다음 선거 사이의 간격은 불규칙하였다. 잦으면서 불규칙적인 선거는 주기적으로 치러지는 선거에 의한 민주적 책임성 확보를 저해했을 뿐만 아니라 정부로 하여금 장기적이고 집단적인 국가이익보다 유권자의 근시안적인 이익을 추수하는 정책을 강조하는 경향을 낳았다. 5년 단임제는 3김 정치의 산물이고 3김은 바로 5년 단임제의 수혜자였다. 그러나 이제 3김이 퇴장하고 3김 이후 시대가 도래한 상황에서 현재의 5년 단임제를 고수할 정치인들은 거의 없을 것이다.

부정부패의 온존

민주화 투쟁지도자로서 대통령이 되었던 양김은 집권 말기에 친인척과 측근의 부패 스캔들이 연속적으로 터져 나옴으로써 대통령직을 수행할 수 없을 정도로 무력화되었다. 이는 민주화 이후 부정·부패문제가 해결되지 않고 투명하고 깨끗한 정치가 실현되지 않았음을 보여 주는 것이다.

부패가 광범위하게 조직적으로 체계화되고 일상화되었던 권위주의 정권과 비교하면 민주정부하에서 부패의 양과 범위는 상대적으로 낮은 수준이었던 것이 사실이다. 김영삼 정부가 전두환과 노태우 두 전 대통령을 기소하였을 때, 재임 중에 전두환 전 대통령은 6,930억 원, 노태우 전 대통령은 4,500억 원의 정치자금을 불법적으로 수수하였고, 퇴임 후에도 각각 1,600억 원과 2,300억 원을 집으로 가져간 것으로 밝혀졌다(Mo, 2002a). 전두환·노태우와 비교하면 김영삼과 김대중 아들들이 불법적으로 수수한 정치자금 액수는 수십 억이나 수백 억 원대 수준으로 훨씬 낮았다. 상대적으로 작은 액수의 부패 스캔들로 정권이 마비됐다는 사실은 투명성을 확보하려는 시스템이 작동하고 있다는 것을 역설적으로 보여 주는 것이기도 하다. 그러나 부패 스캔들은 민주정부에 치명적인 상처를 입혔고 민주화 지도자였던 양김의 권위와 지도력을 손상시켰다.

한국 신생민주주의의 중대한 결함 중 하나는 투명성의 부족이다. 국제투명성기구(Transparency International)는 한국을 경제협력개발기구(OECD) 국가들 중 가장 부패한 나라로 올려놓았다. 그러나 한 가지 희망적인 것은 투명성이 낮은 상태이긴 하지만 개선되고 있다는 사실이다. 국제투명성기구 발표에 의하면, 1999년 한국의 부패자유지수(corruption free)는 50위였으나 2000년에는 48위, 2001년 42위, 2002년에는 40위로 조금씩 개선되고 있음을 보여 주고 있다. 부패는 3김 시대의 선거민주주의와 구조적으로 연결되어 있다. 선거민주주의가 만발하면서 잦은 선거는 정치자금의 수요를 증가시켰다(Kang, 2002: 194). 제왕적 당 총재인 3김은 추종자들의 충성을 계속 확보하기 위해 그들에게 정치자금을 제공해야 했고, 비공식적인 정경유착 고리를 통해 자금을 확보했다. 그러므로 부패는 3김 정치의 어두운 얼굴이고, 부패를 척결하고 투명성을 확보하기 위한 정치개혁은 곧 3김 정치의 나쁜 유산을 청산하는 것이다.

민주주의에 대한 신뢰 하락

대다수 한국인들이 규범적으로 민주주의를 최상의 정치체제로 믿고 있으나 3김 정치에 대한 대중의 실망은 한국 민주주의에 대한 신뢰를 떨어뜨리고 있다. 신도철의 조사에 의하면, 응답자 중 46%가 민주주의를 강력하게 지지하고 있으며, 45%는 대체로 지지하고 있는 것으로 나타났다. 두 층을 합치면 91%가 민주주의를 원칙적으로 지지하고 있는 것으로 나타난다. 그러나 "민주주의를 다른 어떠한 정부형태보다 항상 선호하는가?"에 대한 질문에 대해서는 45%만이 민주주의를 무조건적으로 지지하고 있는 것으로 나타났다. 이러한 민주주의에 대한 경험적 지지는 1996년의 70%, 1997년의 69%에서 1998년의 54%, 1999년의 55%로 급격히 하락하였다. 대조적으로 1/3이 넘는 한국인들이 어떤 경우에는 민주주의보다 권위주의 체제를 더 선호할 가능성이 있다는 응답을 하였다(Shin, 2002: 303-312). 절반에 못 미치는 한국인들만이 민주주의가 작동하고 있는 방식에 대해 긍정적으로 응답하였고, 민주주의에 대한 만족도는 1997년의 49%에서 1999년의 45%로 하락하고 있다(Chu, Diamond and Shin, 2001: 129).

3김 시대의 한국은 1997년의 심각한 경제위기를 정치적으로 극복했고, 여야 간에 평화적 정권교체를 이룩하였고, 군부에 대한 문민통제를 성공적으로 재확립하였고, 북으로부터의 외부 위협이 상존하는 가운데서도 안보를 지켰다. 그럼에도 불구하고, 조사결과는 한국인들이 점차적으로 민주주의가 최상의 정치체제라는 데 대한 신뢰를 갖고 있지 않으며, 민주정부의 실적을 긍정적으로 평가하지 않고 오히려 3김 시대의 민주주의 작동방식에 실망하고 있다는 것을 보여 주고 있다.

한국인의 민주주의에 대한 흔들리지 않는 믿음 수준은 45%이며 이는 제3의 민주화 물결에서 태어난 신생민주주의 국가들 중 브라질과 레소토(39%)를 제외하고는 가장 낮은 수준이다(Shin, 2002: 302). 왜 가장 성공적으로 민주화를 이룬 나라에서 초기 민주주의에 대한 열광과 열정이 민주주의에 대한 실망으로 반전했는가?

먼저 1997년 말 경제위기가 민주주의의 경제적 수행능력에 대한 신뢰하락에 기여했을지 모른다는 가설을 세울 수 있다. 그러나 신도철의 조사는 "한국 경제위기 그 자체는 민주주의에 대한 한국인의 지지도에 직접적으로 영향을 미치지 않았다"는 것을 보여 준다(Shin, 2002: 318). 민주주의에 대한 한국인들의 지지 감소는 김대중 정부가 외환금융위기를 성공적으로 극복하고 경제를 완전히 회복시킨 후에 나타났다. 이는 민주주의에 대한 지지는 경제적 수행능력보다 정치적 수행능력과 더 상관관계가 있다는 것을 보여 준다. 김영삼 정부 말년인 1997년에 민주주의에 대한 지지가 급락한 시점은 경제위기가 발생하기 5개월 전이다. 이는 대통령의 가족과 측근의 부패 스캔들이 터져 나온 시점과 일치한다. 이는 실패한 경제정책보다도 정치부패가 민주정부에 대한 부정적 평가에 더 크게 영향을 미쳤다는 것을 보여 주는 것이다(Chu, Diamond and Shin, 2001: 134).

3김 정치의 나쁜 모습이 한국인의 민주주의 체제에 대한 실망, 냉소, 소외를 키워왔다. 3김 시대에 정치사회는 대화와 타협을 통해 사회적 갈등을 해결하고 합의에 도달하는 방식에 의해 작동하는 민주주의를 만들어 내지 못했다. 정당은 사회갈등의 해결사 역할을 하지 않고 오히려 사회갈등을 부추기는 갈등의 원천이었다. 한국의 정당은 한국병을 치유하는 제도적 추진동력이라기보다는 개혁의 대상이었다(Kim Byung Kook, 2000: 58). 정당은 지역주의를 동원하여 세계에서 가장 종족적으로 동질적인 나라를 분열시키는 역할을 했다.

2002년 대선 — 탈脫3김 정치대안의 출현

2002년 대통령 선거는 민주화 이후 네 번째로 치러지는 대통령 선거였다. 2002년 대선은 민주화 이후 한국 정치를 주도해 온 3김이 출마하지 않은 가운데 치러지는 3김 이후 시대의 첫 선거였다. 그러므로 민주주의 공고화 시각에서 볼 때, 2002년 대선은 3김 퇴장이 소극적 민주주의 공고화를 넘어서 적극적 민주주의 공고화를 위한 전기를 마련할 것인가 아니면 '3김 없는 3김 정치'가 지속되어 한국 민주주의 공고화를 계속 지연시킬 것인가를 선택하는 선거라는 역사적 의미를 갖고 있었다.

2002년 대선 과정이 한국의 정치인과 국민들이 3김 정치의 나쁜 유산인 분열적 지역주의, 사당적 정당, 제왕적 대통령, 정치부패, 만연한 정치적 냉소주의를 제거하기 위한 대안이 제시되고 실천되는 모습을 보여 주었다면 한국 민주주의는 공고화를 위한 커다란 진전을 이룬 것으로 보아야 할 것이다. 그러나 대선 과정이 3김 퇴장에도 불구하고 여전히 3김 정치의 행태를 보여 주었다면 3김 이후에도 한국 민주주의 공고화는 계속 머뭇거릴 것이라는 전망을 할 수 있을 것이다.

결론적으로 이야기한다면, 2002년 대선 과정과 결과는 한국 민주주의 공고화를 위한 큰 전기를 마련했다. 정치개혁 바람의 출현과 반전, 재반전의 우여곡절 끝에 민주주의 공고화를 위한 전기가 마련되었다.

국민경선제의 등장

3김 정치를 청산하기 위한 정치개혁은 대선 1년 전, 집권당 내부에서 일어났다. 2001년 재보궐선거에서 참패한 이후 여당인 새천년민주당 내에서는 정당개혁이 이루어지지 않고서는 2002년에 치러질 각종 선거(6월 지방선거, 8월 재보궐선거, 12월 대선)에서 승리를 기약할 수 없다는 절박한 위기의식이 일어났다. 이에 민주당 내 개혁파들은 대통령 주변의 부패 스캔들이 여당의 신뢰를 추락시키고 있기 때문에 공개적으로 김대중 대통령에게 민주당에서 손을 뗄 것과 당 지도부에게 정당을 개혁할 것을 요구하였다.

개혁파들의 거센 개혁요구에 부응하여 김대중 대통령은 민주당 총재직을 사퇴하고 집권 민주당이 대통령의 후견에서 벗어나 자신의 힘으로 정당개혁을 할 수 있는 길을 열어 주었다. 민주당은 2001년 11월 '당 개혁과 발전을 위한 특별위원회'를 설치하고 정당지배구조와 대통령후보공천제도 개혁에 관한 토론에 들어갔다. 장기간의 격렬한 토론과 심의를 거쳐 민주당 개혁특위는 12월 말 정당개혁안을 내놓았다. 주요 내용은 정당 총재직 폐지, 현직 대통령의 정당 총재직 겸임 금지, 집단지도체제 도입, 정당대표와 대통령 후보 분리, 국회의원·지방단체장·지방의원 상향식 공천제, 그리고 '국민경선제'를 통한 대통령 후보 선출이었다.

정당개혁안은 사당적, 봉건적, 독재적인 3김식 정당리더십을 제거하고 당의 대중적 지지기반 확대를 꾀하는 종합적인 개혁 패키지였다. 그중에서도 특히 국민경선제라는 새로운 대통령 후보공천제도는 가장 충격적이고 혁신적인 정당개혁안이었다. 국민경선제는 개방형 예선과 폐쇄형 예선을 혼합한 예비선거를 통해 대통령 후보를 선출하는 방식이었다. 국민경선제는 70,000명의 선거인단의 시·도별 순회투표를 거쳐 대통령 후보를 결정하는 방식인데 선거인단의 1/2인 35,000명은 선거인을 신청한 국민 중에서 무작위로 추첨하고 나머지 1/2은 정당대의원 중에서 추첨하여 결정하였다. 그리고 국민선거인단의 10%는 인터넷을 통해 신청한 사람들을 추첨하는 방식을 채택하여 전자 민주주의 시대에 출현한 네티즌들에게도 공천권의 일부를 할당하였다. 국민경선제를 채택한 후 민주당은 3월 7일 제주도 경선을 시작으로 매 주말마다 시·도를 순회하며 경선을 실시하였고, 4월 27일 서울 지역 경선을 마지막으로 대통령 후보를 확정지었으며 동시에 정당지도부를 구성하는 전당대회를 치렀다. 국민경선제는 한국 정당이 엘리트 정당에서 대중정당으로 가는 전환점이었다. 국민경선제는 대선후보 공천과정을 정당 엘리트가 밀실에서 결정하는 하향식에서 일반당원과 국민이 참여하는 상향식으로 바꿔 공천권을 유권자인 국민에게 개방한 획기적인 공천제도 개혁이었다.

국민경선제 효과는 대단하였다. 국민경선제와 정당개혁으로 국민들이 민주당에 대해 갖고 있던 이미지가 개선되었을 뿐만 아니라 민주당 대선후보 경선에 대한 언론과 국민의 관심이 집중되었다. 이제 국민들은 정당 엘리트들이 결정한 후보를 수동적으로 받아들이지 않고, 자발적 참여에 의해 그들이 원하는 후보를 만들어 내었다. 국민경선제를 통하여 국민들은 민주당의 기득세력이 선호하는 후보인 이인제를 밀어내고 그들이 선호하는 노무현을 선두주자로 올려놓았다. 노무현은 3김 이후의 새정치를 대표하는 정치인이었다. 정당 내 세력기반이 약한 노무현은 개혁과 변화를 통해 낡은 정치를 청산하고 새로운 정치를 갈구하는 국민들의 자발적이고 능동적인 지지를 바탕으로 경선 초반부터 선두주자로 부상하였다. '노무현 바람'이 분 것이다. 경선이 중반에 접어들면서 노무현은 사실상 민주당의 대선후보로 확정되었고 여론조사를 통한 지지도에서 그동안 부동의 선두주자였던 한나라당의 이회창을 앞질렀으며, 절정기에는 지지도가 60%를 상회하여 이회창을 20% 이상 앞지르는 이변을 일으켰다. 노무현 인기에 힘입어 민주당 지지도도 한나라당 지지도를 앞지르는 정당지지도 역전현상이 일어났고 노무현과 민주당은 2002년 대선을 통한 정권 재창출에 희망을 갖게 되었다.

예기치 못했던 노무현 바람에 놀란 이회창과 한나라당은 민주당의 정당개혁과 비슷한 정당지도체제 개혁과 대선후보 국민경선제를 채택하였고, 이회창은 정당 총재직을 사퇴하고 경선을 통해 후보에 선출되는 길을 선택하였다. 국민경선제의 성공과 노무현 바람이 여당인 민주당의 개혁을 야당인 한나라당의 개혁으로 확산시켜 한국 정당개혁의 전환점이 마련되었다.

노무현의 추락과 대세의 반전

한동안 계속되었던 노무현의 인기는 김대중 대통령 아들의 비리·부패 스캔들과 주변 인사들이 개입된 각종 게이트들이 연속적으로 터져 나오면서 급격히 하강하기 시작했다. 김대중 정권에 대한 실망이 국민들 사이에 정권교체 의사를 불러일으켰고 이는 여당후보인 노무현에 대한 지지도의 감소로 연결되었다. 특히 지방선거와 재보궐선거 시기가 겹침으로 인해 김대중 정권의 추락은 민주당과 노무현의 추락으로 이어지는 상승효과를 나타내었다. 김대중 대통령이 민주당을 탈당하여 김대중 정권의 추락과 노무현·민주당 지지하락 사이의 연결고리를 끊으려 했지만 김대중 정권에 등을 돌린 민심은 돌아오지 않았다. 노무현이 다시 지지율을 회복할 수 있는 가능성은 거의 없어 보였다.

김대중 정권의 추락이 노무현 후보에 대한 지지도 하락으로 이어진 배경에는 이회창과 한나라당의 지역주의 동원도 있었다. 2002년 대선에서도 후보들이 유권자들에게 표를 호소하는 근거와 유권자들이 가장 효과적으로 반응하는 선거이슈는 지역주의였다. 경상도의 유권자들은 1997년 자신들의 표를 이회창과 이인제로 나눔으로써 전라도의 김대중에게 권력을 넘겨준 실수를 반복하지 않겠다는 결의에 차 있었다. 경상도의 유권자들은 '이인제 효과'를 반복하지 않겠다고 다짐하고 단결하여 이회창을 지지했다. 이러한 지역주의가 맹위를 떨치는 가운데 이회창과 한나라당의 '김대중 때리기'는 노무현 후보 지지도를 추락시키는 효과를 발휘했다.

이회창과 한나라당의 선거전략은 김대중을 개인적으로 공격한 뒤, 노무현을 김대중의 양자 또는 김대중의 후계자로 등치시켜 노무현 후보 지지도 추락을 유도하는 것이었다. 김대중 대통령이 민주당을 탈당함으로써 민주당과 노무현 후보와의 공식적 연결이 끊어졌고, 노무현 후보가 경상도 출신이고 이회창 후보도 충청도 출신임에도 불구하고, 노무현 후보는 경상도 유권자들에게 김대중과 노무현을 일치시키려는 한라당의 네거티브 캠페인에 말려들지 말라고 설득하기 어려웠다. 경상도 유권자들은 경상도 아들이 전라도에 기반을 둔 정당의 대통령 후보가 되어 지역주의를 극복하고 지역화합을 이루자는 노무현 후보의 호소보다는 김대중과 전라도에 대한 증오를 동원하려는 한나라당과 이회창의 분열주의적 캠페인에 더 귀를 기울였다. 그리고 한나라당과 이회창의 지역주의 동원 네거티브 캠페인이 6월 지방선거에서 매우 성공적으로 나타나자, 이회창과 한나라당은 8월 재보궐선거와 대선과정에서도 김대중 때리기를 계속하였다. 선거에 출마하지도 않은 김대중에 대한 네거티브 캠페인이 효과적이라는 것은 한국 지역주의가 얼마나 강고한가를 보여 준다.

한나라당의 지역주의 동원이 효과를 발휘하면서 노무현 후보 지지도는 10%대로 추락하였고 이회창 후보의 당선은 되돌릴 수 없는 대세가 되었다. 한나라당과 이회창은 패권적 지역주의와 더불어 기득권을 유지하려는 상층계층과 분단주의적 냉전세대의 표를 동원하여 대세를 유지하려 했다. 경상도, 50대가 넘는 세대, 상층기득권과 보수언론으로 구성된 보수적이고 과거지향적인 선거다수연합이 2002년 대선을 지배할 것처럼 보였다. 그들은 인구학적으로 다수를 구성하고 있지는 않았으나 높은 투표율을 보여 주어 실제 크기 이상으로 선거결과를 좌우하였다. 반면에 탈냉전과 친개혁적 지역통합세력은 노무현 후보의 추락으로 선거대안을 상실하고 있었다. 보수적 선거다수연합은 이미 2000년 총선에서 그 힘을 발휘하였고 그 후 실시된 재보궐선거와 지방선거에서 연전연승을 거둠으로써 무적의 힘을 과시했다. 2002년 말의 대선도 예외가 아닐 것임을 예고하고 있었다.

재반전과 '국민후보'의 승리

노무현 후보의 지지도가 계속 추락하고 있는 가운데 2002년 한·일 월드컵 조직위원장인 정몽준이 유력한 후보로 부상하고 있었다. 정몽준은 2002년 월드컵에서 한국팀이 4강에 오르는 열풍 속에서 대중적 스타로 떠올랐고 이를 계기로 대안후보로 부상하였다. 기성 정치권을 불신하고 있는 젊은 유권자들 사이에서 정몽준의 인기가 가파르게 상승하였다. 월드컵 세대라고도 불리는 젊은 유권자들은 노무현의 당선 가능성이 낮은 상태에서 과거지향적인 이회창 후보 당선을 저지하기 위한 대안으로 정몽준을 생각하고 있었다. 7월 정몽준은 지지율에서 노무현을 앞서기 시작하였고 3자 대결구도가 형성되었다. 정몽준 후보의 급부상은 민주당을 뒤흔들어 놓았다. 민주당 내 이인제 지지자들은 대선후보 교체론을 제기하였고, 일부 의원들은 노무현과 정몽준의 후보단일화를 주장하였으며, 후보단일화론자(후단협)의 일부는 정몽준의 국민통합21로 당적을 옮겼다.

여당인 민주당의 분열과 기회주의자들의 정몽준의 국민통합21과 이회창의 한나라당으로의 이탈은 한국 정당의 후진성을 여실히 보여 주는 것이었다. 민주당을 이탈한 기회주의자들은 자신을 지지한 유권자의 의사와 상관없이 권력이동에 따라 움직이는 무책임한 철새 정치인의 전형이었다. 이탈자들은 민주주의 경쟁규칙을 위반하고, 경선결과에 불복함으로써 정당정치 발전에 역행한 자들이었다.

노무현 후보는 최악의 상황을 맞이하고 있었다. 지지율이 10%대로 추락한 가운데 그를 후보로 선출한 정당의 엘리트들도 그를 흔들고 있었다. 그러나 위기의 순간에 국민이 그를 구출해 주었다. 노무현 지지자들 가운데 2002년 대선과정에서 정치개혁의 상징인 국민경선제를 통해 후보로 선출된 노무현 캠페인의 실패는 바로 한국 정치개혁의 좌절로 이어질 것이라는 위기의식이 확산되었다. 노무현이 대선에서 실패할 경우 국민경선을 비롯한 정치개혁은 일회성 개혁으로 끝날 것이고 한국 민주주의는 다시 3김식 민주주의로 퇴행하게 될 것이라는 우려가 팽배하였다. 이러한 위기의식을 느낀 국민들은 노무현 구하기에 나섰다. 그들은 노사모(노무현을 사랑하는 모임)라는 노무현 후원자 단체에 가입하여 자발적으로 선거운동을 하였고 '돼지저금통 모으기' 운동에 동참하여 선거자금을 후원하였다.

노무현 지지자들의 노무현 구출하기가 끝없이 추락하는 지지율을 다시 되돌려 놓았으나 여전히 이회창을 이기기에는 역부족이었다. 이회창에게 승리하기 위해서는 정몽준으로 옮겨간 노무현 지지자들을 다시 불러와야 했다. 정몽준 역시 3자 대결구도에서는 필패라는 것을 알고 있었기 때문에 후보단일화를 요구하고 있었다. 노무현 후보는 국민경선을 통해 선출된 후보를 여론조사에서 지지도가 낮다는 이유로 교체할 수 없다며 후보단일화에 반대했으나 11월 10일 단일화를 받아들이는 단안을 내렸다. 한국 역사상 초유의 여론조사를 통한 후보단일화가 시도되었고 그 결과 노무현 후보가 단일후보로 결정되었다. 후보단일화가 성공하면서 노무현과 이회창의 양자 대결구도가 복원되었고 정몽준으로 옮겨갔던 노무현 지지자들이 되돌아오면서 노무현은 단숨에 이회창을 앞서게 되었다. 이 상황은 선거일까지 계속되었다. 마침내 2002년 12월 19일 대통령 선거에서 노무현은 한국의 16대 대통령으로 선출되었다.

노무현의 대통령 당선은 다음과 같은 점에서 한국 민주주의 공고화의 진전을 의미한다. 첫째, 대선기간 중 여러 쟁점을 둘러싸고 노무현과 이회창 간에 대치전선이 형성되었지만 2002년 대선에서 일관되게 형성된 핵심 대치전선은 노무현의

'낡은 정치 청산'과 이회창의 '부패정권 심판'이었고, 국민은 노무현을 선택함으로써 3김식의 낡은 정치를 청산하라는 선거명령을 내렸다. 노무현의 낡은 정치 청산 구호에는 분열적 지역주의, 사당적 정당, 부패정치와 같은 낡은 정치를 청산하고 참여, 책임성, 투명성을 확보할 수 있는 개혁을 통해 새정치를 하라는 국민적 염원을 담고 있었다. 반면, 이회창의 부패정권 청산론은 김대중 정권에 대한 실망과 김대중에 대한 증오를 부추겨서 정권교체를 이루어야 한다는 과거지향적이고 네거티브한 선거구호로서, 김대중을 반대하기 때문에 이회창이 대통령이 되어야 한다는 반反김대중 성향의 유권자를 넘어서서 지지를 확산시킬 수 없다는 한계를 안고 있었다(이내영·이근·정원철, 2003: 99).

실제로 노무현과 이회창의 대결구도는 '탈3김 한국 민주주의' 대 '3김 없는 3김 정치'의 대결구도였다. 노무현은 국민경선제 도입이라는 정치개혁의 결과로 부상하였고, 분열적 지역주의를 극복하고 남북화해와 평화를 정착시키고, 행정수도 이전 등을 포함한 뿌리 깊은 중앙집권을 해소하기 위한 미래지향적 대안을 제시한 데 반해, 이회창 후보는 시대착오적인 색깔론을 제기하고, 지역감정을 부추기는 등 한국 정치의 시계를 거꾸로 돌려놓는 과거회귀적 캠페인에 몰두하였다.

둘째, 선거결과에서 노무현 후보는 전라도 유권자의 95%에 가까운 득표율을 기록하고 이회창은 경상도에서 70%를 상회하는 득표를 하여 지역주의가 여전히 위력을 발휘했지만, 경상도 출신 정치인인 노무현이 전라도 지역에 기반을 둔 정당후보로 출마하여 당선되었다는 사실만으로 분열적 지역주의 해결에 실마리를 찾은 선거라고 볼 수 있다. 또한 노무현은 경상도와 강원도를 제외한 전 지역에서 이회창을 누르고 승리함으로써 국민통합 대통령의 가능성을 열었다.

셋째, 2002년 대선은 정당 내 지지보다 국민의 지지와 여론의 지지가 더 중요하게 작용한 선거였다. 그 결과, 기득권 세력이 지배하는 정당 내에서 취약한 지지기반을 갖고 있었음에도 불구하고 노무현 후보는 국민의 지지와 참여를 등에 업고 민주당의 후보가 되었고 선거과정에서 정당 내 기득권 세력의 흔들기에도 불구하고 대선에서 승리하는 드라마를 만들어 내었다. 대선과정에서 정당정치가 실종된 현상이 한국 민주주의 공고화에 부정적으로 작용할 것이라는 우려도 있으나(이내영·이근·정원철, 2003: 105), 기득권 세력이 지배하는 정당이 선거에서 힘을 발휘할지 못했다는 사실은 노무현 정부하에서 정당개혁의 가능성을 높여 주었다. 또한 민주당은 대선에서 주도적인 역할을 하지 못했을 뿐만 아니라, 일부 정당 엘리트들은 경선결과에 불복하고 탈당하여 상황에 따라 정당을 옮기는 철새정치인의 행태를 보여 주었기 때문에 선거 이후 폐쇄적이고 독과점적인 당을 개혁하라는 국민적 압력을 피할 수 없게 되었다.

넷째, 16대 대선은 이전 선거에 비해 돈과 조직의 위력이 약화되었고 한국 선거사상 처음으로 선거관리위원회가 규정한 선거자금 한도 내에서 치러진 깨끗한 선거였다. 또한 각 당이 선거자금을 시민단체에 공개하여 검증을 받는 등 투명성이 크게 개선되었다. 이 점에서 16대 대선은 한국 민주주의 투명성 제고에 전기를 마련하였다고 볼 수 있다.

다섯째, 16대 대선은 대규모 군중을 동원하는 장외집회 유세보다는 미디어를 통한 토론과 광고에 의존하였고, 인터넷이 위력을 발휘한 선거였다. 국민경선에서 노무현 돌풍에는 인터넷을 효과적으로 활용한 노사모의 열성적인 지지가 있었기에 가능하였으며, 이후 네티즌들은 사이버상의 토론을 통하여 노무현을 위한 선거운동을 하였고 선거자금을 모으기도 하였다. 인터넷 선거와 미디어 선거에 의존하는 부분이 커져 돈이 적게 드는 선거가 가능하게 되었고 선진국형의 정책대결 선거를 실현할 수 있었다.

마지막으로 아래로부터 국민참여 열기가 어느 때보다도 드높았던 선거였다. 한국인들은 3김 시대의 수동적이고 냉소적인 자세에서 벗어나 2002년 봄 국민경선에 자발적으로 참여하여 집권당의 후보를 결정지었고, 2002년 겨울에는 돼지

저금통과 같은 자발적 모금운동을 통해 후보를 지원하였으며, 소속정당이 후보를 흔들자 자발적 선거운동을 통해 후보를 다시 일으켜 세웠다.

요약하자면, 한국인들은 20002년 대선에서 변화와 개혁을 약속한 후보를 대통령으로 선출하여 3김 시대 이후 민주주의 공고화를 위한 정치개혁의 발판을 마련했으며, 선거과정에 능동적으로 참여하여 한국 민주주의의 물줄기를 바꾸어 놓았다. 또한 선거과정의 공정성·투명성을 확보하는 데 전기를 마련하였고 오프라인은 물론 온라인상의 정책대결선거를 실현하여 선거경쟁의 선진화를 커다란 진전을 이룩하였다.

3김 시대로부터 이월된 정치개혁 과제

노무현 정부의 출범으로 진정한 의미에서 탈3김 정치시대가 개막되었다. 2002년 대선과 노무현의 당선이 한국 민주주의의 진전을 의미하지만 공고화의 완성을 의미하는 것은 아니다. 노무현 정부의 출범은 민주주의 공고화 완성을 위한 정치개혁이 시작되었다는 것을 의미할 뿐이었다. 노무현 정부는 3김 시대의 부정적 유산을 청산하고 제도와 관행의 개혁을 통하여 질 높은 민주주의로의 도약을 실현해야 하는 과제를 안고 출발하였다. 노무현 정부의 출범 후 요구되었던 주요한 정치개혁 과제로는 국민참여형 정책정당 실현, 분열적 지역주의 완화를 위한 선거구제 개혁, 깨끗하고 투명한 정치실현과 정치시장 개방 등이었다.

정당개혁 — 국민참여형 정책정당 건설

탈3김 정치개혁은 정당개혁으로부터 출발한다. 3김이 퇴장한 가운데서 치러진 2002년 대선에서 정당은 먼저 자기개혁에 나섰고 국민경선제라는 대통령 후보

공천제도 혁신과 정당 총재직 폐지와 같은 정당지배구조 민주화 조치가 있었다. 당 내 기득권 세력의 지지기반이 약했던 노무현이 부상하고 집권 민주당 후보로 선출된 것은 민주당의 정당개혁에 힘입은 바가 컸다.

그러나 후보지지율이 하락하자 정당지도자들이 경선결과에 불복하고 재경선을 요구하는가 하면, 일부 기회주의자들은 탈당하여 경쟁정당인 한나라당과 국민통합21로 당적을 옮김으로써 정당정치의 근본을 흔들었다. 한나라당의 경우, 민주당을 따라 비슷한 정당개혁을 하였지만 정당운영 행태는 과거와 크게 다르지 않았다. 2002년 대선에서 대통령 만들기 주역은 정당이 아니라 국민이었다. 한국 정당은 개혁의 주체가 아니라 개혁의 대상이라는 것을 2002년 대선은 여실히 보여 주었다. 따라서 3김 이후 한국 정당정치 개혁의 핵심은 사당화된 지역정당구조를 해체하고 민주적이고 개방적인 정당구조를 만드는 데 있다.

첫째, 소수의 정당 엘리트들이 권력을 독과점하는 정당에서 지지자인 당원과 국민이 후보공천과 당의 주요 정책결정에 참여하는 국민참여정당으로 바뀌어야 한다. 2002년에 국민은 대통령 후보공천에 참여하여 후보를 결정지었으나 지방자치단체장이나 지방의회의원 후보공천에서는 유효한 참여를 하지 못했다. 민주당의 경우, 지방선거나 국회의원 재보궐선거에 대의원 투표에 의한 상향식 공천제를 도입했지만 지구당 위원장이 지구당 대의원을 독점적으로 장악하고 있는 상황에서 상향식 공천제는 형식에 그치고 말았다. 그러므로 국민참여정당으로 개혁하기 위해서는 대의원제를 폐지하고 국민이 당원, 지지자, 후원자로 후보공천에 직접 참가할 수 있는 길을 열어야 한다. 참여정당에서 당원은 당의 선출직 공직후보 공천에만 참여하는 것이 아니라 직접투표로 정당대표와 지구당, 시·도지부당, 중앙당 운영위원회위원을 선출하고, 수시로 정당의 정강과 주요정책, 총선 및 대선 공약 작성에 참여해야 한다.

둘째, 당의 지배구조를 권위주의적 하향식 정당에서 민주적인 상향식 정당으로 개혁해야 한다. 그러기 위해서 중앙당이 지구당 위에 군림하고 통제하는 중앙집권적 정당구조를 지방분권적 정당구조로 바꾸어야 한다. 시·도지부당을 중앙당의 통제로부터 해방시키고 시·도지부당의 연합체인 중앙당을 건설해야 한다. 지구당을 정당의 기초조직으로 활성화하여 국민이 당원으로 참여하여 정치참여의 효능감과 만족감을 느끼는 교류의 장, 각급 선거에 공직후보로 나설 새로운 인물들이 적극 참여하도록 유도하는 신진 정치인 충원의 장, 지역사회 정책여론을 수렴하는 생활정치의 장, 경선과 선거를 담당하는 선거의 장으로 만들어야 한다. 시·도지부당은 중앙당 운영위원회의 구성주체가 되며, 지역 차원에서 여론을 수렴하고 홍보하는 생활정치의 주체이며, 각종 선거의 시·도별 실무 주체가 되어야 한다. 중앙당은 시·도지부에서 선출된 운영위원들로 구성되는 전국운영위원회를 최고 의사결정 집행기구로 만들어 정당지도부를 수평적으로 분권화해야 한다. 중앙당을 전국운영위원회와 원내대표부로 이원화하여 원내대표부의 자율성을 보장하는 정책정당을 지향해야 한다.

셋째, 무책임하게 정쟁을 일삼는 정당에서 국민의사를 실현하기 위해 경쟁하는 책임 있는 정책정당을 실현해야 한다. 과거 중앙당은 공천권과 재정권뿐만 아니라 당의 정책결정권을 장악하고 있었다. 따라서 국회의원들은 국회직보다는 당직을 더 선호했다. 당직을 보유해야 공천이 보장되고 주요한 당의 정책결정에 참여할 수 있는 기회를 갖기 때문이다. 또한 중앙당이 정당정책을 결정하게 됨으로써 국회에서 의원들이 자율적으로 정책을 개발하고 토론하는 영역이 줄어들 수밖에 없었다(김용호, 2001: 307-308). 자연히 주요 정책은 중앙당에서 결정되고 국회의원들은 결정된 정책을 충실히 수행하는 거수기에 지나지 않게 되었다.

따라서 정책정당을 실현하기 위해서는 중앙당의 기능과 조직을 대폭 축소하고 중앙당의 사무총장·정책위원장·대변인제를 폐지해야 한다. 그리고 정당조직 관리를 지역적으로 분권화하고 그 방식을 상향식화해야 하며, 중앙당의 정책기능을 원내대표부로 이관해야 한다. 원내대표부는 중앙당과 독립적으로 구성되어야 하며 원내 당의 일상적 정책과 입법안을 심의·의결하는 권한을 가져야 한다. 원내대표부의 최고의사결정기구인 의원총회에서 자유경선을 통하여 원내대표를 선출하고, 상임위원장 또는 간사는 해당 상임위원들이 선출해야 한다. 정당의 정책개발, 조정, 지원을 담당하는 정책실의 정책기능이 자율성이 강화된 원내대표부로 이관되어야 국회의원들은 원외에서 이루어지는 정쟁에 좌우되지 않고 자유롭게 정책활동을 펴 나갈 수 있을 것이다.

선거구제도 개혁

분열적 지역주의는 3김 정치가 남긴 가장 심각한 부정적 유산이다. 지역주의는 3김이 퇴장한 가운데 치러진 2002년 대선에서도 여전히 위력을 발휘했다. 분열적 지역주의를 해결하고 국민통합을 이루기 위해서 노무현 정부는 지방분권과 인사대탕평을 통한 지역 간에 고른 인재 등용, 그리고 지역 간 균형발전을 도모해야 할 것이다. 그러나 무엇보다도 선거구제도 개혁을 통해 정당 간의 파행적인 지역주의 경쟁구도를 해소 또는 완화해야 할 것이다.

3김 시대의 정당정치는 정책대결이 부재한 가운데 지역정당들 간의 패권경쟁으로 좁혀졌고 이는 지역 간 불화와 반목을 확대·재생산함으로써 국민통합을 저해하였다. 지역정당들 간의 극한적인 패권적 경쟁구도를 완화하기 위해서 선거구제도 개혁이 이루어져야 한다.

선거구제도 개혁의 기본방향은 분열적 지역주의를 완화하면서 동시에 한국 민주주의 공고화를 위한 대표성, 공정성, 투명성을 증진시킬 수 있는 방향으로 제도를 디자인하는 것이다. 말하자면, 분열적 지역주의 선거를 국민통합을 지향하는 선거로 전환시키고, 승자독식의 다수지배주의를 지양하고 사회 내 다양한 목소리를 포용하는 참여민주주의를 실현하며, 고비용·저효율의 구舊 정치를 저비용·

고효율의 새정치로 전환시키고, 정쟁위주의 정치를 정책경쟁 위주의 생산적 정치로 바꾸며, 무책임한 철새정치를 청산하고 책임 있는 정당정치를 유도하는 방향으로 선거구제도 개혁이 이루어져야 한다.

이전에 1인1표를 원칙으로 하는 단순다수 소선거구와 전국구 비례대표를 결합한 선거구제도는 지역주의 정당을 조장하고 정당들 간 지역적 분할구도를 심화시켰을 뿐만 아니라 표의 비등가성 문제와 신진 정치인과 소수파 정당의 원내 진입을 어렵게 하는 등 많은 문제를 노정하였다.

선거구제도를 개혁함에 있어 우선 고려해야 할 원칙은 ①특정 정당이 특정 지역에서 의석을 독점하는 것을 방지해야 하며, ②소선거구 단순다수 대표제에서 발생하는 득표율과 의석률 괴리에 따른 표의 등가성 문제를 완화할 수 있어야 하며, ③정당명부에 의한 비례대표 의석 확대를 통해 정책정당으로 발전할 수 있는 제도적 인센티브가 마련되어야 하며, ④신진 정치인 및 여성과 같은 과소대표층과 신진정당의 원내진입 장벽을 완화할 수 있어야 하고, ⑤현행 대통령제와 조응하는 정당구도를 유인할 수 있는 선거제도여야 한다.

이러한 목적과 원칙을 충족시킬 수 있는 다양한 선거구제 대안이 논의되었는데 그중에 개혁목적에 충실한 대안은 소선구제와 권역별 일률배분 비례대표제를 결합한 1인2표 혼합선거구제이다. 이 선거구제는 1인2표를 근간으로 소선거구제와 비례대표제를 병합하여 총 300의석을 선출하는 것으로, 전국 198개 지역구 및 제주도의 3개 지역구와 7개 권역(서울, 경기·인천, 충청, 호남, 대구·경북, 부산·경남, 강원)으로 비례대표 선거구를 분할하여 제1투표는 소선거구 지역구 후보에 투표하고 제2투표는 비례대표제 정당명부에 투표하는 방식이다. 297석 중 198개 지역구 의석을 제외한 99개 비례대표 의석은 인구비례에 의해 권역별로 배분하며, 비례대표 의석의 결정은 제2투표의 정당별 전국 득표율을 산정한 후 그 득표율을 일률적으로 각 권역에 적용하여 정당별 의석수를 확정하는 것이다.

물론 전국구의 문제점인 중앙당 지도부에 의한 하향식 명부 작성을 방지하기 위해 권역별 정당 명부 작성에 국민과 당원의 참여를 보장하는 명부 작성의 민주화 요건을 설정해야 한다. 그리고 권역단위가 되기에 미흡한 제주도는 예외적으로 권역배분 없이 3개의 소선거구로만 구성한다.

1인2표제 및 선거구제 개혁안은 지역주의 구도를 해소하면서 민주주의 공고화 과제인 민주적 대표성, 정책정당 유도, 소수파 진입장벽 완화를 통한 정치시장 개방을 동시에 충족시키는 장점이 있다. 먼저, 이 선거구제도는 권역별 비례대표 의석을 각 정당의 전국 득표율에 따라 일률적으로 배분함으로써 한 지역 내에 특정 정당의 의석 독점을 방지할 수 있는 명시적 효과가 있을 뿐 아니라 장기적으로 지역주의 구도를 완화시킬 수 있는 효과가 예상된다. 즉 특정 권역에서 지지기반이 취약한 정당이 전국 득표율에 의거한 일률적 의석 배분을 통해 취약 권역의 의석을 확보하고 이러한 의석활용을 통해 취약 권역을 대표할 수 있는 인물을 영입함으로써 취약 권역에서 정치적 영향력을 확대해 지역정당의 한계를 극복하고 전국 정당으로 발전할 수 있다.

둘째, 소선거구 단순다수 대표제에서 발생하는 소수정당의 과소대표 현상을 정당명부식 비례대표제 확대를 통해 개선하고, 정당투표 도입으로 동일 이념과 정책성향을 가진 정치인들 간의 결집동기를 강화하여 이념정당과 정책정당을 유도하는 효과가 있다. 셋째, 비례대표제 확대를 통해 신진 정치세력의 원내 진입 가능성을 높일 수 있다. 정당명부 작성 시 여성 후보, 직능별 후보, 신진 정치인에 대한 파격적 할당을 통해 사회 각 부문의 균형적 정치참여 기회를 보장할 수 있다. 넷째, 봉쇄조항을 설정하여 지나친 다당제화를 억제함으로써 대통령제와 상호 조응이 가능한 현실적인 선거제도의 장점이 있다.

정치자금 개혁

3김 정치가 남긴 또 하나의 부정적 유산은 정치부패의 온존이다. 김영삼 대통령과 김대중 대통령은 민주화를 위한 공헌과 많은 개혁 업적에도 불구하고 집권 말기에 터져 나온 정치부패 스캔들로 그들의 정치경력에 씻을 수 없는 오점을 남겼고 민주정부의 부패는 정치에 대한 불신과 민주주의에 대한 신뢰를 떨어뜨렸다. 2002년 대통령 선거가 역사상 가장 깨끗하게 치러졌고 각 정당이 법정 선거비용 한도 내에서 선거를 치름으로써 깨끗한 정치 실현의 전기를 마련했다. 그러나 여전히 깨끗하고 투명한 정치 실현을 위해서 정치자금 제도에 관한 개혁이 이루어져야 한다.

정치자금 개혁은 3가지 차원에서 이루어져야 한다(이내영, 2001: 35-51). 첫째, 정치자금의 투명성을 확보해야 하고, 둘째, 고비용 정치 과정을 개선하는 수요 측면의 개혁이 이루어져야 하며, 셋째, 정치자금 투명성이 확보되었을 경우, 정치자금 조달과 사용에 관한 규제를 완화해 정치자금을 원활히 공급하는 공급 측면의 개혁이 있어야 한다.

첫째, 정치자금의 투명성을 확보하기 위해서는 먼저 정치자금실명제를 실시해야 한다. 모든 정치자금은 선관위에 신고된 단일 지정계좌를 통해 입·출금을 일원화하고 일정액 이상의 수입과 지출내역에 대해서는 공개를 의무화해야 한다. 그리고 일정액 이상의 정치자금 기부와 지출은 반드시 수표와 신용카드를 사용할 것을 의무화해야 한다. 이러한 정치자금실명제는 이를 위반한 자에 대한 피선거권, 공무담임권 및 당직취임 제한 등 처벌기준을 강화함으로써 실효를 거둘 수 있다.

정치자금실명제와 함께 음성적 정치자금 수수를 예방하고 척결하는 제도적 장치도 강화해야 한다. 고위 공직자의 재산등록 시 자산 은닉수단으로 악용되어온 직계존비속의 고지거부 조항을 철폐하고 선출직 공직후보 등록 시 후보자의 과거 재산형성과정을 선관위에 소명하는 재산형성과정 소명제를 실시해야 한다.

그리고 공직자 재임 시 재산형성과정에 대한 논란을 아예 없애기 위해 재임기간 중 소유자산을 법이 인정하는 투자신탁기관에 맡기는 백지신탁제도(blind trust) 도입도 검토해야 한다. 또한 친족을 통한 정치자금 공여에 관한 규제를 강화하고 자금세탁 혐의가 있는 금융거래 보고기준을 하향 조정하고, 불법정치자금 거래와 은닉에 관한 중앙선거관리위원회(이하 '선관위')와 금융정보분석원의 계좌추적권을 인정하는 등 돈세탁을 방지하는 방법을 강화해야 한다. 정경유착을 통한 음성적 정치자금 거래를 예방하기 위해 법인의 정치자금 기부에 대한 이사회의 승인과 주주총회 보고를 의무화하고 기업의 경영진, 임원, 그 가족의 정치자금 기부를 금지해야 한다.

둘째, 정치자금 수요측면에서 고비용 정치과정을 개혁해야 한다. 투명하고 깨끗한 정치실현은 돈이 많이 드는 정치구조를 개선하지 않고서는 사실상 불가능하다. 정치자금 수요를 줄이기 위해서는 먼저 정당조직을 슬림화해야 하고 유급 선거운동 축소와 합동연설회 및 정당연설회 폐지 등 돈과 조직, 그리고 대중동원 선거에 대한 규제와 처벌을 강화하여 선거비용 축소를 유도해야 한다. 정치자금 수요를 줄일 수 있는 가장 획기적인 방법은 선거공영제 확대이다. 현행법상 선거공보의 인쇄, 배부, 연설회 개최 등으로 제한된 국가부담을 TV토론, 정강, 신문광고 및 방송연설, 개인연설회, 미디어(인터넷미디어 포함) 광고까지로 확대해 정당과 정치인이 부담해야 할 정치비용을 대폭 줄여 주어야 한다. 그리고 선거공영제가 확대되는 정도에 따라 정당에 대한 선거보조금을 단계적으로 축소하여 총 선거비용을 줄여 나가야 한다. 여기에 더하여 정당이 개방형 국민경선제를 실시할 경우 정당의 요청에 따라 정당경선의 관리 및 비용을 국가가 부담하는 정당경선공영제를 실시하여 정당의 정치자금 수요를 줄여 나가야 한다.

셋째, 정치자금 공급 측면에서 투명한 정치자금 공급을 원활하게 하기 위해 소액다수 헌금제를 정착시켜야 하고, 신진 정치인에게도 정치자금을 공급할 수 있는 제도적 장치를 마련하여 신진 정치인의 정치권 진입장벽을 낮추는 정치시장을 개방해야 한다. 소액다수 헌금제를 유도하기 위해 정치인별로 소액다수 모금 비율에 따라 국고보조금을 차등 지원하는 방안을 고려해야 한다. 특히 디지털 시대에 맞게 인터넷을 활용한 소액다수 헌금제를 활성화는 방안을 강구해야 한다. 인터넷 헌금제는 사이버상에 인터넷 헌금구역을 설치하여 선관위가 모든 국회의원들과 등록입후보자들의 인터넷 헌금구역 가입을 의무화하고 사이트의 유지와 관리를 담당하는 제도이다. 인터넷 헌금구역에서는 헌금의 상한선을 초과하는 금액은 자동적으로 클릭이 되지 않게 할 수 있기 때문에 소액다수 헌금제를 강제할 수 있으며, 반드시 실명으로 헌금할 수 있게 함으로써 헌금의 투명성을 꾀할 수 있다. 선관위는 기부자의 성명, 기부자 수, 액수, 정치인별 헌금실적을 공개해야 한다. 이 경우 소액의 헌금을 많이 받을수록 국민 대중의 지지를 많이 받는 것으로 간주되기 때문에 정치인들은 소액다수 헌금을 통한 정치자금 조달에 유인을 갖게 될 것이다. 여기에 더하여 인터넷을 통한 정치자금 모금비율에 상응하여 국가가 매칭펀드 방식으로 정치자금을 지원함으로써 인터넷을 통한 소액다수 헌금제를 활성화시켜야 한다.

정치자금 개혁은 투명한 정치의 실현을 넘어서 신진 정치인의 정치진입 장벽을 낮춰 정치시장을 개방하는 방향으로 이뤄져야 한다. 이를 위해서 먼저 포괄적 사전선거운동 제한을 완화하여 신진 정치인으로 하여금 선관위에 '정치자금 관리인'을 신고한 시점부터 후원회를 결성하고 정치자금을 모금할 수 있게 하는 '정치자금 관리인제'를 도입해야 한다. 이 경우 신진 정치인은 정치자금 관리인을 통한 정치자금 수입과 지출을 일원화하여 정치자금 투명성을 확보해야 할 의무를 진다. 또한 지방정치인도 후원회 결성을 통한 정치자금 모금을 허용해야 한다. 단, 대민 접촉이 많은 지방정치인과 헌금자 간의 부패를 방지하기 위해 모금 한도를 규제하고 지출을 철저히 관리해야 하며, 공무원으로부터의 모금은 금지해야 한다. 또한 지방정치인이 후원회를 통한 정치자금 모금을 포기하는 경우, 일정한 자격요건을 갖춘 정치인에게는 국가가 선거비용을 제공하는 청정선거제(Clean Election System) 도입도 검토해 볼 필요가 있다.

4. 민주화 이후 권위주의 과거청산*

권위주의 과거청산(historical rectification)이 제대로 이뤄지지 않고 구舊 권위주의 정권이 저지른 인권침해와 억압행위에 대한 처벌이 이뤄지지 않을 경우, 구 권위주의 세력들로 하여금 신생민주주의를 전복하고 구 권위주의를 복원하려는 유인을 줄 수 있다. 따라서 권위주의 과거청산은 민주주의로의 전환과정을 완료하고 민주주의 공고화 과정에 진입한다는 것을 알려주는 지표라 할 수 있다. 왜냐하면 민주주의 체제를 전복하려는 반反체제세력의 부재 또는 한계세력화(marginalization)야말로 모든 정치행위자들로 하여금 민주주의를 '우리 동네의 유일한 게임'으로 인식하게 하는 핵심적 정치개혁이기 때문이다(Przeworski, 1991: 26).[21]

제3의 민주화 물결의 기본적인 특징을 살펴보면, 많은 경우 민주화가 권위주의 집권세력과 민주화 세력 간 타협에 의해 이뤄졌다. 즉, '협약에 의한 민주화(transition by pact)'(Karl and Schmitter, 1991), 구 권위주의 세력에 대한 '보장이 있는 민주화(democracy with guarantees)'(Przeworski, 1992), '거래를 통한 민주화(transition through transaction)'(Share, 1987) 등이 민주주의 전환의 지배적 양식이었다. 협약에

---

* 이 글은 다음 논문을 수정·보완한 것임. 임혁백, 2005, 〈한국 민주화와 권위주의 과거청산〉, 양승함 편, 《한국 사회의 주요쟁점과 국가관리》, 서울: 연세대학교 국가관리연구원.

21 군터, 폴, 디아만두로스는 정치적으로 중요한 반체제적 정당 또는 사회운동이 부재할 때 민주주의가 공고화되었다고 본다(Gunther, Puhle, Diamandouros, 1995: 121-123).

의한 민주화는 권력으로부터 퇴장하지 않으려는 권위주의 집권세력에게 사전 보장을 해 줌으로써 이들을 민주화 과정에 끌어들이고 평화적인 민주주의로 전환할 것을 약속하는 긍정적 측면이 있다. 그러나 협약에 의해 보장된 구 권위주의 세력의 특권이 해제되지 않을 경우 민주화 이후 정치개혁은 실종 또는 실패를 맞이하게 되고 어느 사이에 옛날 권위주의로 돌아갈 가능성이 높아진다. 즉, 민주주의의 '완만한 사망(slow death)'의 가능성이 높아질 수 있는 것이다(O'Donnell, 1992: 58).

실제로 구 권위주의 독재정권이 저지른 폭력과 인권침해에 대한 처벌이 이뤄지지 않고, 그들이 누리고 있던 특권이 협약에 의해 민주화 이후에도 계속 보장될 경우, 민주적으로 선출된 대표의 통제로부터 벗어나 '유보된 영역(reserved domains)'을 허용하는 '유보된 영역 민주주의(reserved domain democracy)'(Merkel, 1999)라는 결손 민주주의(defective democracy)를 초래할 수 있다. 더 나아가 이는 권위주의로의 역류(reversal)로 이어질 수 있다.[22]

구 권위주의 세력에게 유보된 영역을 명시적으로 또는 묵시적으로 보장해 주는 것은 민주주의에 대한 조직적인 비토세력을 인정하는 것이고, 병영으로 돌아간 군부에게 계속적으로 무대 뒤에서 정치적 영향력을 행사할 수 있는 공간을 마련해 주는 것이다. 또한 신생 민주정부가 부패, 무능, 경제적 정체로 통치문제를 야기할 때마다 군부가 국가이익을 수호한다는 명분하에 민주주의를 전복하

22 유보된 영역 민주주의의 대표적인 사례는 칠레이다. 칠레의 피노체트와 군부는 민주주의 회복에 동의하는 대신 이에 대한 대가로 군사와 안보에 관한 정책결정, 예산, 인사권 등에 있어 선출된 공직자의 통제를 받지 않는 유보된 영역을 확보한 바 있다. 좀더 구체적으로 살펴보면 다음과 같다. ①피노체트의 군과 경찰의 현직 총사령관직의 영구적인 유지, ②군대와 경찰의 특권보호, ③테러리즘에 대한 강력한 투쟁, ④네 명의 군부 대표와 네 명의 민간인들로 구성된 국가안보위원회의 의견 존중, ⑤1973년과 1978년 사이에 자행된 정치적 범죄에 대한 사면 유지, ⑥군사법원의 권한, 군대의 명령지휘체계, 군 예산의 수정, 장군 승진 등을 포함한 국방정책에 대한 정부의 개입 자제, ⑦9명의 상원의원 지명권, ⑧중앙은행의 자율성과 군부에 의한 중앙은행총재 임명, ⑨구리판매 수입의 20%를 군 예산에 배정 등이었다(Przeworski, 1991: 78). 협약에 의해 이루어진 신생민주주의에서 이러한 유보된 영역을 확보하고 있는 피노체트를 처벌하는 것은 불가능했다. 따라서 피노체트는 칠레가 아닌 스페인이라는 국외세력에 의해 처벌받을 수밖에 없었다.

고 정치권력에 복귀할 수 있는 기회를 제공할 수 있다. 따라서 민주주의로 전환을 이룬 신생민주주의 국가가 민주주의 공고화를 이룰 수 있기 위해서는 인민주권(popular sovereignty)이 실제로 작동하지 않는 유보된 영역을 철폐하는 것이 반드시 필요하다(임혁백, 2000a: 235).

구 권위주의 독재자에 의한 국가폭력과 인권탄압에 대한 조사와 처벌이 이루어지지 않는다는 것은 신생민주주의가 민주주의의 본질적 구성요소인 인권을 확립하고 있지 못하다는 것을 증명하는 것으로 이는 신생민주주의의 정통성을 약화시킬 뿐만 아니라 민주적 책임성(democratic accountability)의 부재를 노정하게 된다. 더 나아가 이는 민주정부에 대한 국민들의 불신, 냉소주의, 실망(disenchantment)을 고조시켜 민주정부를 통치위기에 빠뜨릴 수 있다(이내영·박은홍, 2004: 20-21).

따라서 민주주의로의 전환이 끝난 후 민주적 공고화(consolidation) 과정이 시작되었을 때 민주화 세력이 해야 할 첫 번째 과제는 협약에 의해 보장된 구 권위주의 세력의 특권을 해제하고, 이들이 저질렀던 인권침해와 국가폭력에 대해 책임을 묻고 사법적 처리를 하는 동시에 희생자에 대해 보상을 해야 한다. 협약에 의해 민주화가 이뤄진 경우, 민주주의 공고화 과정은 '협약 민주주의의 민주화'이며, 권위주의 과거청산은 협약 민주주의의 민주화의 핵심 과제 중 하나이다(임혁백, 1994: 296-297).

과거청산의 대상 — 제도를 통한 청산

광의의 차원에서 권위주의 과거청산 대상은 구 권위주의 체제의 유산을 청산하는 것이다. 권위주의 체제 유산은 6가지로 요약할 수 있다(양동훈, 1996: 141-143). ①행태적 유산: 권위주의 정권의 획득과 유지를 위해 저질렀던 비합법적 또는 범죄적·비윤리적 행위와 역할, 그리고 그에 따른 '희생자들'[23]과 관련된 문제, ②제도적 유산: 비민주적 법과 제도, 통치조직과 기구들, ③정책적 유산: 권위주의 정권을 유지하고 강화하려는 동기에서 의도적으로 취해진 정책들, ④관행적 유산: 권위주의 정권에 의해 법과 제도로 공식화되지 않았지만 권위주의 정권이 직접적으로 관련되고 반복적으로 행했던 통치행위들, 통치집단의 우상화와 특권화, 사적 권력체제 유지를 위해 정치자금을 조달·배분하는 행위, 정권과 관료의 뇌물수수, 유권자의 매수 및 동원, 계층적·인종적·지역적 편견을 부추기는 행위, ⑤이념적 유산: 권위주의 정권이 그들의 통치행위를 정당화하기 위해 의도적으로 조작하고 이용한 이념적·규범적·정향적 개념체계, ⑥구조적 유산: 권위주의 정권이 권력 획득과 유지를 목적으로 행한 통치행위의 결과로 새롭게 야기하거나 심화시킨 사회구조적 문제들.[24]

그런데 구 권위주의의 관행, 이념, 정치문화, 구조 등은 정치개혁을 통해 단기간에 청산할 수 있는 대상이 아니다. 따라서 구 권위주의의 청산 범위를 줄일 필요가 있다. 협의 차원으로 한정할 경우 권위주의의 청산 대상은 권위주의 정권에 의해 조직적으로 행해진 인권침해(human rights violation), 국가폭력(state terror)에 대한 진상규명과 보상작업, 책임자와 국가기구에 대한 사법적 처벌이라는 인적 청산, 군대·보안사·안기부·경찰 등 권위주의 억압기구의 해체 또는 민주화, 권력의 자의적 행사를 억제할 수 있는 법적·제도적 장치를 마련하는 등 제도적 청산이라 할 수 있다(이내영·박은홍, 2004: 26-29).[25]

23 조희연은 권위주의 정권이 행한 폭력의 피해자를 '피해자(victim)'보다는 '역사적 희생자(historical sacrifice)'로 파악하고 있다(조희연, 2002a). 이는 가해자에 의해 입은 상처나 손해 등 객체적인 측면을 넘어서 민주주의를 위해 희생했다는 적극적 측면을 포함하려는 노력이라고 할 수 있다.

24 칠레의 인권변호사인 가레톤(M. Garreton)은 권위주의 과거청산의 대상을 ①제도적 유산(민주적 실천을 제한하는 헌법적·법적 조항), ②군부와 군부에 연루된 정치인, 정치조직, 사회조직, ③반민주적이고 권위주의적인 가치, 심성(mentality), 태도 등으로 세분했다(Garreton, 1996: 40).

25 법학적으로 '과거청산'은 '정치적 전환기에 과거의 불법행위를 법적으로 정리하는 행위'로 정의된다

과거청산의 전략—민주정부가 직면하는 딜레마

군부 권위주의 과거청산은 쉽지 않은 일이다. 무엇보다도 민주주의로의 전환 직후에도 군부는 여전히 물리적 폭력을 독점하고 있고 군부 지도자들은 민주주의를 전복할 수 있는 쿠데타의 수단을 보유하고 있기 때문이다. 따라서 민주정부가 군부의 인권침해에 대해 처벌하려 할 경우, 즉각적인 쿠데타가 일어날 가능성이 높다. 그러나 과거청산이 성공하고 민주주의가 공고화되면 장기적으로 쿠데타 가능성은 극히 낮아지게 된다. 반면, 민주정부가 군부에게 유보한 영역을 인정하고 군부의 후견적 역할을 계속 허용할 경우, 당장에는 군부 쿠데타가 일어날 가능성은 낮으나 장기적으로는 군부에 의한 민주주의 전복 가능성이 높아질 수 있다(Przeworski, 1991: 75-77).[26] 결국, 민주정부는 과거청산에 있어 딜레마 상황에 빠지게 된다.

이러한 딜레마 상황에 처한 민주정부가 선택할 수 있는 전략에는 세 가지 정도가 있다. 첫째, '윤리적 상징 전략(ethical-symbolic logic)'으로 구 권위주의 정권의 인권침해에 대한 원칙적인 해결을 통해 민주적 정의를 실현할 것을 주장하는 전략이다. 이는 구 권위주의 정권에 의해 자행된 대규모 인권침해 및 국가폭력에 대한 철저한 진상규명과 책임자 처벌, 그리고 피해자에 대한 적극적 보상이라는 급진적 해결을 추구한다. 이는 인권운동 시민단체와 국가폭력의 피해자와 유족들의 지지를 받는 전략으로 신생민주주의의 안정보다는 민주적 정의 실현에 무게를 두는 전략이다(Garrenton, 1996: 41). 이 전략은 기본적으로 권위주의 체제에 대항

(조병선, 2001: 185). 그러나 이 개념은 좁은 법적 개념에 과거청산을 가두어놓는 한계가 있다. 따라서 과거청산은 법적인 정리를 넘어서 정치적 청산과 개혁을 포함해야 한다.

26 오도넬과 슈미터는 군부가 '민주화 체스게임'의 여왕이기 때문에 잡아먹는 것이 금지되어 있다고 주장한다. 만약 잡아먹으면 '그녀는 반대편을 판에서 쓸어 버린 뒤 나 홀로 게임'을 시작하려 할 것이기 때문이다(O'Donnell and Schmitter, 1986: 69).

해 투쟁해 온 민주화 세력의 윤리적 원칙에 충실한 전략으로 민주주의를 인권과 동일시하거나 인권의 하위개념으로 종속시키는 문제점이 있다. 그러나 그렇다고 해서 이를 단순히 도덕적·비전략적 전략으로 간주해서는 안 된다. 윤리적 상징 전략을 주장하는 정의론자들에 의하면 인권침해와 국가폭력을 행사한 구 권위주의 세력에 대한 가혹한 처벌은 권위주의 세력으로 하여금 민주주의를 전복하고 권위주의를 복원하려는 기도를 그만두게 하는 위협효과가 있다는 전략적 계산에서 나온 것이기 때문이다(Przeworski, 1991: 75-76).

둘째, '유화전략(appeasement strategy)'으로 민주정부가 구 권위주의 세력이 쿠데타나 국가전복 행위를 도발하지 않도록 하기 위해 구 권위주의 세력의 특권을 계속 허용하고 그들의 후견적 역할을 인정하면서 과거청산을 뒤로 미루는 것이다. 이 전략은 군부가 오랜 시간 국가에 개입한 역사를 갖고 있고 군부에 대한 문민통제 모델이 부재한 나라, 그리고 군부의 후견보다 급진적 민중 동원을 더 두려워하는 보수적인 정당과 정치세력이 집권하고 있는 민선정부가 선호한다.[27]

셋째, '정치적 국가주의 전략(political-statist logic)'으로 과거청산을 신생민주주의 공고화 프로젝트의 일환으로 추진하는 것이다. 이 전략은 과거청산을 구 권위주의로부터 물려받은 인권문제를 해결하는 데 있어 필수조건일 뿐만 아니라 미래에 일어날 인권침해 재발을 방지할 수 있는 보장책으로 보는 것이다. 말하자면, 인권문제와 민주주의 공고화 과제를 동시에 해결하려는 전략이다. 그러나 민주주의 공고화 과제를 인권문제 과제보다 상위에 두고 있다. 이는 사회운동 세력보다는 국가를 구성하고 있는 정치행위자들이 선호하는 전략이다(Garreton, 1996: 41). 이 전략은 과거청산 문제를 도덕적으로 접근하기보다는 민주주의로의 전환과 공고화를 위해 바람직한 방향을 선택해야 한다는 입장에서 접근하고 있는 전

27 이러한 전략의 대표적인 사례가 1981년 아르헨티나의 보수정당이 과거청산에 대해 취한 태도이다(Przeworski, 1991).

략이다. 그래서 정치적 국가주의 전략을 주장하는 사람들은 민주주의로의 전환과 공고화를 위해 과거청산의 시기와 범위, 내용을 전략적으로 조정할 필요가 있다고 주장한다. 좀더 구체적으로, 먼저 인적 청산을 통해 구 권위주의 세력으로 하여금 민주주의를 전복하려는 시도가 엄청난 대가를 치르게 한다는 것을 학습하게 한다. 그 다음에는 법적·제도적 개혁을 통해 구 권위주의 세력을 포함한 모든 정치세력이 민주적 제도 밖에서 행동하는 것이 상상할 수 없는 일이라고 생각하도록 이들의 태도·행태·의식을 내면화·습관화하도록 한다. 마지막으로 구 권위주의 세력에 대한 '처벌론자'와 '화해론자' 간의 적절한 균형을 유지하여 민주적 통합을 추구하고 신생민주주의를 안정적 궤도에 정착시킨다.

과거청산의 유형 — 구조적 요인과 행위자 요인의 결합

과거청산 전략의 선택은 정치적 진공상태에서 자유롭게 선택하는 것이 아니다. 구조적 요인과 행위자적 요인이 과거청산 전략의 선택을 제약한다. 과거청산 전략의 선택은 신생민주주의를 둘러싼 정치·경제·문화적 구조에 의해 제약되고, 민주화 세력과 구 권위주의 세력 간 힘의 균형관계 변화에 의해 제약된다.

과거청산 전략의 선택을 제약하는 구조적 요인으로는 경제상황, 정당과 시민사회와의 관계, 정치문화 등이 있다(이내영·박은홍, 2004: 46-47). 우선, 민주화 이후 경제적 상황이 악화되었을 경우에는 경제개혁과 회복에 대한 국민의 강한 압력이 있기 때문에 권위주의 청산이 우선순위에서 뒤로 밀리게 된다. 반면, 민주화 이후, 민주정부가 추진한 경제정책이 구 권위주의 정권이 이루었던 경제적 성공보다 못한, 또는 실패한 결과, 즉 경제위와 불황을 초래한다면 이는 개발독재에 대한 향수를 불러일으키고 권위주의 정권의 과거를 청산해야 한다는 국민의 열망을 약화시킬 수 있다.

그 다음, 민주화 이후 약한 정당과 강한 시민사회 구조가 형성될 경우, 아래로부터는 시민사회에 의한 윤리적 상징전략을 통한 권위주의 과거청산 요구가 커지고, 반면 보수정당은 민중주의적 시민사회의 분출에 대해 두려움을 느껴 과거청산에 오히려 소극적이게 되어 버리며 극단적으로는 군부를 다시 정치사회로 끌어들이려는 강한 유혹을 받는다.

마지막으로 정치문화가 개인에 대한 집단의 우월성을 강조하거나 권위에 대한 복종을 미덕으로 여기는 특성을 갖는 경우, 과거청산은 공동체의 가치를 해치는 것으로 간주되어 과거청산에 대해 소극적이거나 부정적인 태도가 형성될 수 있다.

한편, 과거청산 전략의 선택을 제약하는 행위자적 요인으로는 구 권위주의 세력과 민주화 세력 간 힘의 균형관계 변화로, 두 세력 간의 관계가 어떻게 변하느냐에 따라 전략적 선택이 달라진다. 민주화 세력이 구 권위주의 세력보다 우세한 경우, 즉 민주정부 지도자들이 과거청산에 대해 강한 의지를 갖고 있을 뿐만 아니라 과거청산이 그들의 정치적 이익에도 부합되고 시민사회 또한 과거청산에 대해 일치된 지지와 압력을 보낸다. 반면, 구 권위주의 세력은 국민들로부터 신뢰를 상실하고 도덕적 파산선고를 받아 정치적으로 한계세력이 된 경우에는 지속적인 과거청산이 일어나게 된다. 이와 반대로, 민주정부가 구 권위주의 세력의 반발과 이들의 국가전복 위협에 노출되고, 시민사회가 저발전되어 허약하거나 분열되어 있어 응집력을 발휘할 수 없는 데 비해 군부를 비롯한 구 권위주의 세력은 여전히 민간정부에 대해 후견적 역할을 수행하고 있고, 국가에 대한 테러단체나 외부로부터의 위협이 강하게 존재하고 있을 경우, 과거청산은 지연 또는 유보되거나 소극적으로 이뤄질 가능성이 크다.

구조적 요인과 행위자 요인을 결합할 경우, 권위주의 과거청산 유형은 크게 네 가지로 구분할 수 있다. 첫째는 '적극적 과거청산(positive historical rectification)'으로 민주정부의 지도자가 과거청산에 대해 확고한 의지를 갖고 있고 시민사회 역시 과거청산에 대해 응집력 있는 압력을 행사하는 반면, 구 권위주의 세력은 소수파로 전락한 데 더하여 경제적 호황이 지속되고 민주정부의 통치력(governability)이 구 권위주의 정권에 비해 우위에 있다는 것이 확인되고, 권위주의적 문화와 가치가 개인주의적이고 민주적인 가치로 대체되는 상황인 경우, 권위주의 과거청산은 적극적으로, 지속적으로 추진되게 된다. 즉, 권위주의 세력에 대한 인적 청산과 과거청산이 제도개혁을 통해 이뤄진다. 이러한 유형의 대표적 사례가 한국의 김영삼 정부와 김대중 정부, 남아프리카의 만델라 정부, 전후 독일에서 일어난 나치청산, 구동독 공산당 지도자들의 처리, 전후 프랑스의 나치 부역자 처리, 체코와 폴란드 등을 들 수 있다.

둘째는 '소극적 과거청산(negative historical rectification)' 유형으로, 민주화 세력이 구 권위주의 세력보다 힘에 있어 우위를 점유하고 있으나 구조적 요인이 과거청산에 우호적이지 않을 때 이러한 유형의 과거청산이 일어난다. 이 경우에는 과거 인권침해와 국가폭력에 대해서는 적극적인 진상규명과 책임자 처벌이 이뤄진다. 그러나 미래에 일어날 수 있는 인권침해를 원칙적으로 차단하기 위한 제도개혁은 이뤄지지 않는다. 이러한 경우에 속하는 예로 필리핀의 아키노 정부 초기, 라모스, 에스트라다 정부, 3당합당 이전의 노태우 정부 초기, 아르헨티나의 알폰신 정부 등이 있다.

셋째는 '결빙된 과거청산(frozen historical rectification)'이다. 이는 경제적 호황, 시민사회의 분출, 권위주의 정치문화의 퇴조 등 구조적으로 과거청산에 우호적인 조건이 형성되어 있으나 구 권위주의 세력의 정치적 영향력 지속과 민주세력의 분열이라는 비우호적인 행위자 조건이 결합되었을 때 나타난다. 즉, 아래로부터의 과거청산 노력이 위로부터 지속적인 반대 또는 위의 소극적 태도로 인해 과거청산 작업이 교착상태에 빠지는 경우이다. 3당합당 이후 노태우 정부, 필리핀의 아키노 정부 말기, 아르헨티나의 메넴 정부, 우루과이, 볼리비아 등이 이러한 유형에 속한다.

마지막은 '지체된 과거청산(delayed historical rectification)'이다. 구 권위주의 세력의 힘의 우위가 보장되는 가운데 과거청산에 비우호적인 구조적 조건이 존재할 경우, 최소한의 민주화 조치만 이루어지고 과거청산은 광범위하게 진행되지 못한다. 즉, 군부와 구 권위주의 세력의 유보된 영역이 계속적으로 인정되고 선출된 정부에 대한 군부·권위주의 세력의 후견적 권력이 계속 존속하게 된다. 한국의 전두환 정권에서 취해졌던 유화국면이나 피노체트의 유보된 영역을 인정했던 민주화 초기의 칠레 아옌데 정부 등이 이 유형에 속한다.

〈표 II-1〉 권위주의 과거청산 유형

		구조	
		과거청산에 우호적인 정치·경제·문화	과거청산에 비우호적인 정치·경제·문화
행위자	민주화 세력 〉 구 권위주의 세력	적극적 과거청산	소극적 과거청산
	민주화 세력 〈 구 권위주의 세력	결빙된 과거청산	지체된 과거청산

민주화 이전의 권위주의 청산 —권위주의 정부가 권위주의를 청산하는 역설

1960년 4·19학생혁명은 한국 역사상 제1차 민주화 운동으로 기록된다. 4·19혁명 이후 장면 민주당 정부가 수립되었고 이 정권에 의해 적극적인 과거청산이 시도되었다. 이승만 정권에 의해 자행된 인권유린과 반민주적 행태에 대한 처단, 부정선거와 시위대 발포 책임자에 대한 처벌 등이 추진되었다. 이 중 부정선거 주모자와 시위대에 총격을 명령한 사람들 중 일부가 처형되거나 중형을 선고받았다.

1960년 3·15부정선거 주모자 중 핵심인사 상당수는 1차로 허정 과도정부와 장면 민주당 정권 초반에 일반재판을 받았고, 이후 2차로 민주당 정권하에서 특별재판을 받았다. 민주당 정권 시절, 권위주의 과거청산을 요구하는 아래로부터의 압력이 높았고 이에 따라 의회에서는 민주반역자를 처벌하기 위해 헌법 23조의 형사불소급 원칙에 예외규정을 두는 헌법개정안을 1960년 11월 28일에 통과시켰다. 그리고 이에 근거해 민주반역자에 대한 형사사건 임시처리법, 특별재판소 및 특별검찰부조직법, 부정선거관련자처벌법, 부정축재특별처벌법, 반민주행위자공소권제한법 등이 통과되었다. 이후 특별재판소와 특별검찰이 발족해 부정선거 관련자에 대한 기소와 재판이 시작되었으나 5·16군사쿠데타로 재판은 중단되었다. 또한 부정축재에 관한 부정축재처리위원회가 구성되어 부정축재자들에게 5월 16일까지 자신 신고를 하도록 했으나 이 또한 5·16쿠데타로 무산되었다(조병선, 2001).

민주당 정권하에서 과거청산은 좌절되었으나 적극적인 과거청산으로 평가된다. 헌법을 개정해 소급입법을 하더라도 반민주행위자를 처벌해야 한다는 아래로부터의 강한 압력이 있었고, 4·19혁명의 수혜자인 장면 정권도 이에 적극적으로 호응했다. 그러나 과거청산 노력을 뒷받침해 줄 수 있는 우호적인 구조적 조건이 존재하지 않았다. 경제상황은 호전되지 않았고 과거청산을 주도해야 할 민주당 정권이 구파와 신파로 분열돼 스스로 힘을 소진하고 있었다. 반면, 구 자유당 출신 정치인들의 정치참여가 계속 허용되어 인적 청산이 이뤄지지 못했다. 일반대중의 정치문화 역시 정실주의, 연고주의, 전통적인 유교 전통에서 벗어나지 못해 과거청산이 대중의 정치의식 속에 뿌리내리지 못하고 있었다.

이러한 비우호적인 구조적 조건 속에서 추진된 급진적 과거청산은 과거청산에 대한 국민적 지지를 떨어뜨리는 결과를 초래했고, 이를 틈 탄 구 권위주의 세력과 군부가 암묵적으로 잠재적 쿠데타 동맹을 형성, 급기야 군부에 의해 민주주의적 전복되는 사건이 일어났다. 이로써 과거청산의 노력은 물거품으로 돌아갈 수밖에 없었다.

김재규에 의해 박정희의 18년 장기독재가 종말을 고한 후 찾아온 '서울의 봄'은 짧았고 다시 전두환이 이끄는 신부에 의해 쿠데타가 일어나고 군부 권위주의가 복원되었다. 그런데 전두환 정권은 스스로 박정희의 구 권위주의 과거를 청산하는 희극을 연출했다. 쿠데타로 정권을 찬탈한 전두환 정권은 과거청산의 주체가 아닌, 과거청산의 대상이었음에도 불구하고 박정희 정권과 자신을 차별화하기 위해 기존 정치인들의 정치활동을 금지시키고 그들의 부정축재 재산을 압수하는 등의 과거청산을 시도했다.

이후 전두환 정권은 3저호황에 따른 경제성장을 바탕으로 중산층의 지지를 획득하기 위해 유화조치라는 '헤게모니 프로젝트'를 단행했다. 이 조치로 인해 정치인 사면복권, 해직교수 복직, 학원에서 경찰 철수 등이 이뤄졌고 과거 권위주의 제도에 이완이 발생하면서 민주화와 과거청산을 위한 유리한 조건을 만들어 주었다. 더욱이 1985년 2·12총선에서 신한민주당(신민당)이라는 민주화 세력이 부상하면서 권위주의 정권과 민주화를 위한 협상을 하게 되었다. 권위주의 정권과 민주화 세력 간에 '밀고 당기기 전쟁(tug of war)'이 장기간 지속되는 속에서 1987년 박종철 고문치사사건을 계기로 6월 민주화 항쟁이 촉발되었다. 전국적인 국민적 압력이 권위주의 정권을 압박했으며, 결국 권위주의 정권은 민주화 요구를 수용하는 6·29선언을 단행했다. 이로써 제2차 한국 민주화가 시작되었고 본격적인 권위주의 과거청산을 위한 계기가 마련되었다.

민주화 이후의 과거청산

노태우 정권 — 소극적 과거청산에 뒤이은 결빙된 과거청산

민주화 세력을 이끌었던 양김(김영삼과 김대중)의 분열로 1987년 민주화 이후 마련된 대통령 직선제에서 구 권위주의 세력의 후보인 노태우가 대통령으로 당선되는 역사의 아이러니가 일어났다. 구 권위주의 지배세력의 지지 위에 권력을 장악했고, 구 지배세력과 동일한 권력 기반을 갖고 있던 노태우 정권이 자기 존재를 부정하는 과거청산에 나서기는 어려웠다. 노태우 대통령 자신이 12·12쿠데타와 5·18쿠데타의 주역이었기 때문에 자신의 세력 기반인 군부를 완전히 병영으로 복귀시키지 못했다.

그러나 1987년 말에 치러진 대통령 선거에 뒤이은 총선에서 여소야대의 의회 권력구조가 출현하여 구 권위주의 세력과 민주화 세력 간에 세력균형이 형성되었고, 시민사회의 민주화 요구가 분출되었다. 이로 인해 노태우 정권은 과거청산에 나서지 않을 수 없는 상황에 직면했다. 더욱이 구조적 조건 또한 과거청산에 우호적이었다. 즉, 경제는 호황을 지속하고 있었고, 강한 시민사회와 약한 정당구조가 출현했으며, 민주화 열기의 여파로 민주주의와 인권을 선호하는 정치문화 혁명이 일어나고 있었다. 또한 과거청산은 구 권위주의 세력 내에서 노태우 대통령이 헤게모니를 장악하고 전두환 전 대통령과 측근들을 정치적 희생양으로 만들어 제6공화국 정권과 차별성을 부각시켜 정권의 정통성을 높일 수 있다는 점에서 노태우 정권의 정치적 이익에도 부합되었다.

노태우 정권의 과거청산은 소극적 과거청산 유형에 속한다. 노태우 정권 출범 이후 아래로부터는 광주학살 진상규명과 처리, 5공비리 청산 요구가 거세게 일어났다. 이에 대응해 노태우 정권은 예방적(preemptive) 차원에서 과거청산 의제를 선점하고 과거청산의 수위와 속도를 통제하려 했다. 즉, 노태우 정권은 과거청산 기구로 '민주화합추진위원회'(이하 민화위)를 구성하고, 민화위의 건의안을 받아들이는 형태로 과거청산을 실시했다. 광주학살에 대한 민화위의 건의안은 광주사태 명칭을 '민주화운동의 일환'으로 변경, 조속한 진상규명 종결, 책임자 불처벌, 위령탑 건립 및 망월동 묘지 공원화, 사상자 신고 및 보상 등으로 구성되어 있었다. 이는 시민단체들이 요구한 '선 진상규명 및 책임자 처벌, 후 보상 및 기념사업' 원칙과 배치되는 것이었다. 그럼에도 불구하고 민화위는 군부독재 시절에 저질러졌던 살해, 고문, 납치 등 인권침해와 국가폭력을 휘두른 책임자에 대한 처벌은 정치보복이며, 국민적 화해와 화합을 위해 처벌하지 않는다는 '불처벌(impunity)' 논리를 광주학살 과거청산에 적용시켰다.[28]

노태우 정권의 예방적 과거청산 프로그램의 실효성은 4·26총선 결과로 여소야대 권력구조가 형성되면서 급격히 상실되었다. 여소야대 국회는 광주학살 조사를 위한 '광주특위', 전두환 정권의 범죄와 비리를 조사하기 위한 '5공특위'를 국회 내에 설치했다.[29] 강력한 시민사회 세력을 중심으로 광주학살 진상규명, 전두환·이순자 부정축재 처벌, 삼청교육대 사건 책임자 처벌 등의 요구가 지속적으로 전개되면서 이에 힘을 받은 여소야대 의회는 청문회 등의 방법을 통해 과거청산 시도를 활발하게 전개했다. 그러나 노태우 정권은 1990년 3당합당을 통해 거대여당을 만들어 적극적인 과거청산을 주장해 온 김대중과 평민당을 고립시켰고, 이후 공안정국을 조성해 과거청산을 위한 시민운동과 정치권과의 연계고리를 약화시켜 과거청산 이슈를 봉쇄하여 버렸다. 3당합당 이후 과거청산은 결빙되었고 이 문제는 수면 아래로 잠복해 버렸다.

28 불처벌에는 사실의 조사와 수사과정, 기소와 재판과정, 판결과 집행과정에서 처벌하지 않는 '사실상 불처벌(de facto impunity)'과 사면법과 같은 법률적 수단을 사용하여 불처벌 결과에 이르게 하는 '법적 불처벌(de jure impunity)'이 있다(박원순, 1994: 51-54).

29 5공특위는 전두환 정권에서 일어난 44개 비리에 대해 조사했고 이를 통해 전두환 형제를 포함한 47명을 구속하고 전두환 전 대통령이 백담사로 유배를 가는 것을 끝으로 조사를 사실상 중단했다(박원순, 2000: 195-196). 잠재적 반체제 세력의 숙청이 과거 권위주의 정권에서 군인으로 복무했던 대통령에 의해 이뤄졌다는 것은 역설적이다. 이 점에서 노태우 대통령은 민주화 과도기에 대통령으로서의 역할을 어느 정도 수행했다고 볼 수 있다. 1979년 군사반란 주동자 중 한 사람이었던 대통령 자신이 과거청산을 실시함으로써 과거청산에 대한 반발로 일어날 수 있는 군의 반란을 제어하는 완충자 역할을 수행했다고 볼 수 있다(임혁백, 2005a).

김영삼 정권 — 적극적 과거청산과 선별적 과거청산의 공존

김영삼 정부 초기의 과거청산은 적극적 과거청산의 전형을 보여 준다. 김영삼 정권은 지도자의 과거청산 의지, 거대여당이라는 권력기반, 광범위하고 강력한 시민사회의 지지 등 행위자적 조건과 경제호황이라는 구조적 조건에 힘입어 강력하게 과거청산을 추진할 수 있었다. 또한 인적 청산에 그치지 않고 법적·제도적 개혁을 통해 과거청산을 지속화·제도화시켰다. 1995년에 1979년의 12·12사태, 1980년의 5·18군사쿠데타에 의해 야기된 범죄행위에 대해 공소시효 논란이 야기되자 김영삼 정부는 '헌정질서파괴범죄의공소시효에관한특례법(법률 제5028호, 1995년 12월 21일 제정)'과 '5·18민주화운동등에관한특별법(법률 제5029호, 1995년 12월 21일 제정)'을 제정해 과거청산에 있어 '법적 불처벌' 문제를 해소했다.[30] 이러한 김영삼 정부의 과거청산 사례는 세계에서 가장 군사화된 국가에서 군부 권위주의 과거를 청산했다는 점에서 첫 문민 대통령의 위대한 업적으로 기록되었다.

그러나 역사에 남을 업적을 세웠음에도 불구하고 선별적 과거청산을 했다는 비판에서 자유로울 수 없다. 초기에 김영삼 정부는 적극적 과거청산에서 광주학살문제를 제외했다. 즉, 광주문제는 김영삼 정부의 과거청산 프로그램에서 선택받지 못했다. 김영삼 대통령은 1993년 5월 13일, 광주문제를 '5·18광주민주화운동'이라고 명확하게 성격 규정을 하고, 광주시 기념일 제정, 망월동 묘역 성역화, 광주민주화운동 기념공원 조성 및 기념탑 설치, 사상자 추가 신고, 사면, 복권, 부상자 치료, 수배해제 및 복권 등 광주의 아픔을 치유하고 이들의 명예를 회복하기 위한 조치를 취했다. 그러나 진상규명과 책임자 처벌에 대해서는 '훗날 역사에 맡기고 책임자에 대한 과감한 용서를 통해 대화합을 이루자'는 '진실 없는 화해'를

30 형사소추를 규정한 이 두 법은 위헌 시비에 말려들었으나 5·18민주화운동등에관한특별법에 대해서는 헌법재판소의 합헌결정이 내려졌다. 따라서 1997년 4월, 대법원 확정판결로 과거청산 관련 피고인들은 대부분 유죄판결을 받았다(조병선, 2001: 197).

추구하는 입장을 표명했다. 김영삼 정부는 광주문제를 진상규명과 책임자 처벌보다는 피해자 보상과 명예회복을 통해 처리하려 했다(이내영·박은홍, 2004: 78-82). 다시 말해, 광주문제에 대해서만 '성공한 쿠데타는 처벌할 수 없으며 역사의 평가에 맡길 수밖에 없다'는 불처벌 원칙을 적용했다.

이러한 김영삼 정부의 미온적인 광주문제 처리를 시민사회의 불만을 야기했고, 시민사회는 1994년 4월, '5·18진상규명과 광주항쟁 정신계승을 위한 국민위원회'를 결성해 김영삼 정부를 압박했다. 얼마 후에 위원회 주도하에 정동년 등 616명이 전두환과 노태우, 두 전직 대통령을 포함해 12·12군사쿠데타와 광주학살 책임자 등 35명을 법원에 고발했다. 그리고는 곧바로 1980년 5월, 김대중 내란음모사건 관련자에 대한 장기욱 의원의 고소고발이 이어졌다. 그럼에도 불구하고 김영삼 정권이 기존에 발표한 원칙을 고수하자 김영삼 정권에 대한 지지율은 급락했다. 이렇듯 시민사회의 요구가 계속되자 김영삼 정부는 지지율 회복과 집권세력 내 헤게모니 강화라는 고도의 정치적 계산 아래 '역사 바로 세우기 운동(historical rectification)'을 벌이고 전두환과 노태우를 포함한 광주사태 책임자에 대한 사법처리에 나섰다. 이러한 과정을 통해 선택되지 못했던 광주문제는 시민사회의 대중적 압력을 통해 이슈화되는 데 성공했고, 광주학살의 과거청산이 이루어졌다(이내영·박은홍, 2004: 87).

김대중 정권 — 적극적 과거청산

김영삼 정부하에서 인적 청산이 대체로 마무리되었으나 권위주의의 제도적 유산은 청산되지 못했다. 따라서 과거청산 과제는 김대중 정부에게도 중요한 과제가 되었다. 김대중 정부는 50년만의 수평적 정권교체를 통해 탄생한 정부이기 때문에 과거청산의 대상인 집권세력이 과거청산의 과제를 맡아야 하는 역사의 아이러니가 해소되었다. 그리고 국가보안법에 의해 사형선고까지 받았던 지도자가 대통령이 됨으로써 김대중 정부는 과거청산 주체로서의 정당성을 보유하게 되었다. 더욱이 김대중 대통령 스스로 '인권 대통령'이 되겠다고 공약했기 때문에 적극적인 과거청산을 위한 행위자와 구조적 조건이 마련되었다.

우선, 김대중 정부는 김영삼 정부에서 미완으로 끝난 광주문제에 대해 5·18희생자들을 민주화 유공자로 예우하고 5·18묘지를 국립묘지로 승격시켜 광주문제에 대한 과거청산을 마무리 지었다(박원순, 2000: 200).

1999년 12월 28일, '민주화운동관련자명예회복및보상등에관한법률안'과 '의문사진상규명에관한특별법안'이 국회를 통과해 광주민주화운동보상에 이어 구권위주의 정권에서 희생당한 사람들 모두에 대한 명예회복과 보상이 이뤄졌다. 그리고 헌법에는 사실상 명문 규정이 없는 '저항권'을 법률적 차원에서 공식적으로 인정함으로써 민주주의의 제도적 공고화로 진일보할 수 있게 되었다(강경선, 2003: 46-47).

이 두 법안의 통과를 계기로 김대중 대통령은 2000년 10월, 대통령 직속으로 의문사진상규명위원회를 설치하고 과거 민주화 운동 과정에서 권위주의 정권에 의해 의문의 죽음을 당한 사람들에 대한 진상을 조사하기 시작했고, 이를 통해 최종길 교수의 의문사 인정, 장준하의 타살 가능성 등이 밝혀졌다. 또한 민주화운동보상법에 따라 민주화운동보상심의위원회가 구성되었고, 구체적 보상이 이루어졌다(이내영·박은홍, 2004: 89-90).

2001년 11월 26일, 인권단체와 운동가들이 오랫동안 요구해 왔던 독립적 국가인권기구인 '국가인권위원회'가 설립되었고, 위원회는 다양한 인권문제들을 구제·조사하고 시정할 수 있는 권한을 부여받았다. 국가인원위원회의 출범은 국가의 과거범죄를 청산하는 차원에서 한 발 더 나아가 미래 국가권력에 의한 인권침해를 방지할 수 있는 예방적 제도화의 성공사례라 할 수 있다(조희연, 2002).

김대중 정부에서 과거청산은 해방 이후 시기로까지 거슬러 올라가 확대되었다.

1999년 12월 16일, '제주4·3사건진상규명및희생자명예회복에관한특별법안'이 국회를 통과했고, 2000년 1월 12일에 법률로 제정되었다. 이로 인해 1947년 제주도민의 1/3 정도가 목숨을 잃은 4·3사건의 진상을 규명하고, 이 사건과 관련된 희생자와 유족의 명예를 회복시키고, 이들에게 의료지원금 및 생활지원금을 지급함으로써 대한민국의 인권신장, 민주발전, 국민화합을 도모했다(박원순, 2000: 201).

김대중 정부가 인권침해를 방지 및 촉진하는 법적·제도적 장치를 마련하여 과거청산을 제도화했고, 이로써 한국의 과거청산은 획기적인 진전을 이룩하게 되었다. 그러나 김대중 정부는 인권침해 소지가 다분한 국가보안법이 국제적 비판과 시민사회의 지속적인 비판에 직면하였음에도 불구하고, 자민련과의 공조에 의해 탄생한 정부라는 구조적 한계로 인해 적극적인 해결을 하지 못하고 이 문제는 차기 정부로 이월되었다. 국가 건설과정에서 형성된 '반공규율사회'의 잔재가 탈냉전과 민주주의 공고화 시대에까지 살아남아 과거청산을 가로막았다(이내영·박은홍, 2004: 99).

노무현 정부 — 적극적 과거청산

노무현 대통령은 전후세대 출신으로 당선된 최초의 탈냉전기 대통령이다. 그는 권위주의 독재와 투쟁하면서 정치적으로 성장했던 양김 대통령과 달리, 구 권위주의 세력을 의식하지 않고, 적극적으로 권위주의 과거청산에 나설 것으로 기대되었다. 그러나 지도자의 과거청산 의지는 굳건했으나 청산을 주도할 의회와 지지기반이 취약했다. 그러나 참여정부는 2004년 총선을 통해 과거청산에 유리한 의회권력구조를 갖게 되었다.

대통령 탄핵 이후 실시된 17대 총선에서 여당인 열린우리당이 과반수 의석을 확보하자 열린우리당과 참여정부는 이를 발판으로 과거청산을 위한 핵심적인 개혁입법을 추진했다. 참여정부 이전에는 과거청산 논의가 주로 권위주의 정권하에서 발생한 인권침해 문제에 집중되었으나 열린우리당은 과거청산의 대상을 일제 치하에서 행해진 민족반역행위까지 확대했다. 2004년 3월 2일, '일제강점하친일반민족행위진상규명에관한특별법안(2004년 3월 22일 법률 제7203호로 제정)'이 국회를 통과했다. 그리고 노무현 대통령은 2004년 8·15경축사에서 과거사규명특위를 제안함으로써 과거청산을 위한 본격적인 시동을 걸었다. 또한 이후 2005년 12월 8일에는 '친일반민족행위자 재산의 환수에 관한 특별법안(2005년 12월 29일, 법률 제7769호로 제정)'이 국회를 통과했다.

참여정부와 열린우리당이 추진하였던 과거청산 대상은 권위주의 정권에서 자행된 인권침해와 국가폭력을 넘어서 "1945년 8월 15일 이후부터 한국전쟁 전후 시기에 불법적으로 이루어진 민간인 집단희생사건 또는 권위주의적 통치로 인하여 왜곡되거나 밝혀지지 않은 항일독립운동과 관련된 사항, 1948년 8월 15일 이후부터 권위주의 통치하에서 이뤄진 헌정질서 파괴행위 등 위법 또는 현저히 부당한 공권력 행사로 인해 발생한 의문사 및 그 밖의 중대한 인권침해사건과 조작의혹사건"으로 확대하였다(원혜영, 2004). 여기에 더해 참여정부와 열린우리당은 국가보안법 희생자인 김대중 대통령도 추진하지 못했던 국가보안법 폐지를 논함으로써 과거 정권과 비교해 볼 때 가장 진일보한 과거청산, 인권보호, 그리고 국가폭력 예방조치를 추구했다.

처벌에서 화해로[31]

비교시각에서 볼 때 한국은 민주화 과정에서 과거청산을 성공적으로 수행한 사

31 세계적인 인권NGO인 프리덤하우스(Freedon House)는 '2005년 세계의 자유 연례보고서'에서 한국의 정치적 등급(political right)을 1등급으로 상향 조정한 반면, 시민적 자유(civil liberty)는 기존과 마찬가지로 2등급으로 유지했다. 프리덤하우스가 시민적 자유를 2등급으로 매긴 이유는 시민적 자유를 침해할 소지가 있는 국가보안법이 그대로 존속되고 있었기 때문이다. 이 사실은 권위주의의 제도적 잔재의 청산이 한국 민주주의를 업그레이드하는 데 있어 얼마나 중요한지를 일깨워 준다(Freedom House, 2004; Im, 2004).

례라 할 수 있다. 또한 한국의 과거청산 과정은 과거청산의 유형이 구 권위주의 체제의 성격이나 민주화 양식(mode of transition)에 의해 결정된다는 경로의존(path dependency)적 설명에 타격을 가했다.

한국의 민주화는 집권 권위주의 세력과 이에 도전하는 민주화 세력 간에 장기간에 걸친 줄다리기 전쟁 끝에 6·29선언이라는 정치적 협약에 의해 이루어진 '협약에 의한 민주화' 또는 '보장에 의한 민주화'였다. 이러한 유형의 민주화는 이후 전개될 권위주의 과거청산을 어렵게 할 것이라는 경로의존적 설명과 달리, 한국에서 탄생한 민선정부는 과거청산을 적극적으로 시도했다. 첫 민선정부인 김영삼 정부는 군부의 핵심적 이익을 보장하고 군부가 계속 의미 있는 정치세력으로 존속할 수 있다는 암묵적인 정치협약을 깨고, 두 군부 출신 대통령을 구속하고 사법처리하여 군부의 후견권력과 군부에 용인되었던 '유보된 영역'을 제거하고 군에 대한 문민통제를 확고히 했다(Im, 2004: 26).

한국이 경로의존에 빠지지 않고 과거청산을 달성할 수 있었던 것은 민주정부 지도자의 과거청산 의지와 통치술(state craftsmanship), 시민사회와 야당의 정치적 연대에 의한 부단한 과거청산 압력 등 행위자적 측면과 경제호황의 지속이라는 구조적 조건이 결합했기 때문이라 할 수 있다. 이렇듯 급진적인 과거청산에도 불구하고 신생민주주의가 '급작스럽게 사망(quick death)'하지 않고, 오히려 과거청산을 통해 공고화의 문턱을 넘었다는 점에서 한국의 과거청산은 전 세계적으로 의미 있는 사례라 할 수 있다.

앞으로 한국의 과거청산 과제는 부정적 유산의 철폐, 권위주의 정권이 저지른 범죄에 대한 단죄와 처벌, 보복이라는 부정적(negative) 과거유산 청산에서 진실규명을 통한 국민화해와 통합을 도모하는 긍정적(positive) 과거청산으로 방향을 전환하는 것이다.

5. 한국 민주화와 의회정치*

1987년 민주주의로 이행하기 전에 한국은 경제적으로는 발전되었으나 정치적으로는 여전히 비민주적인 국가의 대표적 사례로 언급되었다. 그러나 민주화 이후 한국은 빠른 속도로 민주주의 공고화(consolidation of democracy) 과정을 진행시켜 왔다. 투표를 통한 정부구성이 중앙정부에서부터 지방정부로까지 확산되었고 절차적 민주주의가 회복된 지 10년 만에 대한민국 헌정사상 처음으로 평화적인 투표를 통해 기존의 집권세력(김영삼 정부)에서 반대세력(김대중 정부)으로 정권교체가 이루어짐으로써 한국 민주주의는 공고화를 향한 거보巨步를 내디뎠다.

그러나 한국 의회정치가 이러한 공고화 속도에 걸맞은 진전을 이룩했는가라는 질문에 대해서는 부정적이다. 한국 의회정치는 사회의 전반적인 민주화 속도를 따라가지 못하고 시간적 지체현상을 보였다. 여전히 '여의도 정치'가 한국 정치의 핵을 구성하고 있지 못하고 한국 민주주의의 주변적 행위자에 머물러 있다. 1997년 외환금융위기는 한국전쟁 이후 최대의 국가적 위기를 초래했으나 의회는 이 위기를 해결하기 위한 논의의 중심에 서지 못했다. 한국 의회는 여전히 방관자적 위치에서 행정부가 제시하는 위기해결책을 추인해 주는 역할에 머물렀다.

* 이 글은 다음의 글을 수정·보완한 것임. 임혁백, 1998,《민주화와 의회의 위상》, 서울: 한울. 한국의회발전연구회 편,《의정연구》제4권 제1호(통권 제6호).

민주화 이전, 파행과 굴절로 점철된 의회정치

한국 의회주의는 출발(건국)에서부터 좌절을 겪을 수밖에 없었다. 1948년 5월 10일, 제헌의회 선거를 거쳐 헌법제정과정에 들어갔을 당시 단정수립의 주도세력이었던 한민당은 영국식 의원내각제를 선호했다. 그러나 단정 지도자인 이승만은 건국과정이 요구하는 강력한 리더십을 이유로 미국식 대통령제를 주장했다. 결국, 제헌헌법은 영국식 내각제를 가미한 미국식 대통령제로 타협되었다(우병규, 1996: 92).

한국 의회주의는 분단국가 수립이라는 냉전정치에 의해 왜곡되었다. 이러한 타협적 헌법제정과정은 의회주의와 대권주의 간 대립을 낳았고 이는 결국 개헌파동이라는 한국 정치의 파행으로 이어졌다. 한국전쟁 와중에서 한민당을 중심으로 하는 의회주의자들은 의원내각제를 골자로 하는 개헌안을 제출했고 이승만을 중심으로 하는 대권주의자들은 대통령 직선제를 중심으로 하는 개헌안을 제출했다. 헌정위기는 협상과 타협으로 해결되지 못하고 장외대결과 뒤이은 계엄령하에서 대통제 직선제로 개헌이 이루어졌다. 이로써 '발췌개헌안 파동'은 한국 의회주의의 패배로 종결되었다.

결국, 제1공화국하에서 한국 의회정치는 사회경제적 문제에 대한 근본적인 정책차이가 없는 정치세력들 간에 권력을 두고 격렬하게 투쟁하는 양상으로 전개되었다. 미국의 후원을 받는 분단국가를 수립하고 한국전쟁을 치르는 과정에서 한국 정치의 이데올로기적 지형은 극단적으로 협소화되는 동시에 동질화되었다. 따라서 자본주의 시장경제, 반공주의, 친미주의라는 이데올로기적으로 실질적 합의를 이룬 정치세력만이 의회를 구성할 수 있게 되었다(백영철, 1995: 268). 자연히 계급적 균열을 대표하는 정치세력은 의회정치 내에 진입하는 것이 원천적으로 봉쇄되었다. 근본적 문제에 관해 합의하고 있는 정치세력들 간에 이뤄지는 의회

정치는 권력 소유층과 권력을 소유하기 위해 싸우는 반대세력 간의 투쟁이 될 수 밖에 없었다(한배호, 1994: 91).

민주주의는 '불확실성의 제도화'이다(Przeworski, 1991). 그런데 한국 의회의 집권세력은 민주적 경쟁규칙을 조작해서 권력의 확실성을 추구하려 했다. 그러나 집권세력이 절차적 민주주의를 침해하면 할수록 이는 집권세력의 몰락을 재촉할 뿐이었다. 집권세력인 자유당 정권은 자유민주주의 이데올로기를 내걸었으나 자유민주주의의 본질적 내용, 즉 자유, 평등, 인권, 법의 지배 등의 내용은 사상된 채 선거주의라는 외피만 남게 되었다. 이렇듯 이승만 정권이 자유민주주의의 보편적 규범을 침해하면 할수록 반대세력은 정권의 공식 이데올로기인 자유민주주의를 정권타도를 정당화하는 무기로 이용했다. 4·19혁명으로 이승만 정권이 붕괴되었을 때, 혁명을 주도한 사람들이 이승만 정권의 공식 이데올로기인 자유민주주의가 승리한 것이라고 자축한 것은 아이러니가 아닐 수 없다(임혁백, 1995).

4·19혁명으로 권력을 이양 받은 민주당 정권은 약속한 대로 의원내각제로 개헌을 단행했고 의회가 중심이 되는 정치가 한국에서 처음으로 등장했다. 그러나 한국 의회중심 민주주의는 단명하고 말았다. 4·19 이후 정권을 장악한 민주당은 이승만의 자유당 정권을 반대하는 모든 세력이 이념과 지지기반의 차이를 넘어 결성된 우산정당(umbrella party)이었다. 그런데 자유당이라는 공동의 적이 사라지자 민주당을 구성했던 정파들이 적대적인 경쟁관계로 돌아서면서 의회 중심 민주주의를 내걸었던 장면 정권은 소수파 정권의 허약성을 피할 수가 없었다.

지지기반의 취약성으로 인해 장면 정권은 좌와 우, 어느 세력도 만족시킬 수가 없었다. 급진개혁주의자들은 부정선거, 권력남용, 부정축재 처벌 등의 문제에 대해 정부가 너무나 미온적이라고 비난했고, 경찰과 군부는 정부의 인원과 예산 감축에 강하게 저항했다. 그리고 군부 내 불만세력이 쿠데타를 일으켰을 때, 어떠한 세력도 신생민주주의를 수호하겠다고 들고 일어나지 않았다.

제2공화국이 단명했다고 해서 이 시기에 실시된 의회주의를 실패라고 단정할 수는 없다. 실패라고 하기에는 의회주의를 실험할 수 있는 시간이 너무 짧았다. 제2공화국의 단명은 민주주의가 실패했기 때문이 아니라 군부에 의해 권력을 찬탈당했기 때문이다. 따라서 1961년에 일어난 군부 쿠데타는 사회세력의 유인이라는 정당성의 근거를 확보하지 못한 군부 내 불만·소외세력에 의한 쿠데타이다. 이러한 태생적인 정통성 결함은 박정희와 쿠데타 주도세력으로 하여금 2년 동안 군부의 직접통치를 거친 뒤 형식적인 자유민주주의로 복귀하게 하는 압력으로 작용했다.

쿠데타로 정권을 잡은 한국 군부는 직접통치의 지속, 민간인으로의 완전한 권력 이양, 군인이 사복으로 갈아입고 정치에 참여하는 재민간화의 길 중에서 재민간화를 선택할 수밖에 없었고 이에 따라 형식적 민주주의가 복구되었다. 쿠데타 지도자들이 사복으로 갈아입고 선거와 정당을 통해 지배하는 의사(擬似, pseudo) 민간화된 군부정치가 시작되었다.

민간복으로 갈아입은 군인들이 선거정치의 틀 내에서 권력을 유지한다는 것은 어려운 일이었다. 그들은 태생적인 정통성의 결합을 '실적에 의한 정통성'을 확보함으로써 메우려했다. 이에 따라 근대화 구호가 등장하고 산업화 정치가 시작되었다. 그러나 군부에 의한 산업화 정치는 필연적으로 의회주의와 화합할 수 없는 요소를 내포하고 있었다. 박정희 정권은 형식적 민주주의 틀로는 복귀했지만 표에 의해 선출된 인민의 대표기구에 의존하기보다는 근대화 프로젝트를 일사불란하게 밀어부칠 수 있는 중앙정보부와 보안사 등과 같은 안보기구와 기술합리성을 맹신하는 경제관료에 의존했다. 이로 인해 정당과 이익집단, 결사체 등이 이끌어가는 의회정치 영역은 갈수록 줄어들었고 행정영역만 비대해져 갔다. 정당이 복구되고 국민의 대표가 다시 의회에 들어오게 되었지만 국민생활을 설계하는 사람들은 국민에 의해 선출되지 않은, 따라서 인민주권의 통제 밖에 있는 임명된 관료들이었다.

1971년에 치러진 양대 선거(대통령 선거와 국회의원 선거)는 형식적 민주주의가 박정희 정권의 권위주의적 속성을 은폐하기보다는 민주화 세력의 무기가 될 수 있다는 것을 보여주었다. 이에 따라 박정희 정권은 거추장스러운 민주주의의 탈을 벗어버리고 친위쿠데타를 통해 유신체제라는 극도로 억압적인 권위주의 체제를 수립했다. 유신체제하에서 정치는 완전히 사라졌고 행정만 남게 되었다. 강한 여당은 강한 야당을 필요로 한다. 그러나 이 시기에 여당과 야당 간 권력경쟁 자체가 소멸되었기 때문에 집권여당이 할 수 있는 일은 없었고 이들이 갖고 있는 힘은 종이호랑이와 같은 것이었다. 여당과 야당도 아닌, 박정희의 친위보안부대가 국민여론을 청취하고 감시하고 통제하는 역할을 수행하게 되자 의회는 장식품에 지나지 않게 되었다.

의회주의적 타협을 통한 민주화

1979년 박정희가 비극적인 암살로 죽음을 맞이하자 유신체제는 붕괴되었다. 그러나 권위주의 체제의 몰락이 민주화로 이어지지는 않았다. '서울의 봄'은 권력의 진공상태에서 가장 강력한 조직이었던 군부에 의해 유혈적으로 마감되었고, 군부 권위주의가 복구되었다. 이로 인해 한국 의회정치는 다시 동면상태에 들어갔다. 제5공화국하에서 정치적 공간이 열리기 시작한 것은 1983년 말에 유화조치가 실시되면서부터이다. 전두환 정권의 유화조치는 억압의 이완을 가져왔고 이때부터 한국적인 자유화가 시작되었다.

한국 권위주의는 정당과 의회라는 민주주의의 외양을 유지하면서 권력의 정당성을 확보했다. 다시 말해, 제도적 조작을 통해 의회 다수를 사전적으로 확보함으로써 선거를 통한 권력의 정당성을 확보하고, 정당을 여당과 충성스런 야당으로 인위적으로 재편성해 정권의 정당성을 인정하지 않는 정치인들은 정치적 공간에서 배제시켰다. 쿠데타를 통해 권력을 잡은 전두환 정권은 경제안정화 정책이 성공을 거두고 정치적 경쟁자·언론인·노동자·학생들을 묶어 놓을 수 있는 제도적 안정장치에 자신감을 얻자 유화조치를 실시했다. 이를 통해 그는 정권의 폭력적 이미지를 완화하고, 온건 반대세력과 급진적 학생 및 노동운동 세력 간에 반목을 심화시키고, 정치인 해금조치로 또 하나의 충성스런 야당을 출현시켜 패권적 지배정당과 다수의 무력한 소수정당으로 구성된 다당제 구조를 공고히 함으로써 권위주의 지배체제의 제도화를 기도했다.

그러나 정치적 공간의 개방은 정권이 의도한 방향으로 전개되지 않았다. 그것은 권위주의의 제도화를 가져오지 않고 의회라는 제도적 정치공간에 민주화 세력이 진입할 수 있는 교두보를 확보해 주는 결과를 낳았다. 그런데 당시 민주화 세력 중에는 전두환 정권의 의도에 말려들 것을 우려하는 목소리가 높았다. 그래서 이들은 1985년 2월 12일 선거를 거부하자는 전략을 제시했다. 이들 선거거부론자들은 권위주의하에서 선거는 정치적 대안에 대한 진정한 선택권을 부여하지 않고, 따라서 선거는 권위주의 권력구조에 의미 있는 변화를 가져올 수 없는 의사민주주의적 겉치레에 지나지 않았다고 보았다. 그리고 선거참여는 권위주의 정권의 지배를 정당화하는 데 기여하고 군부독재를 영구화하는 것에 지나지 않기 때문에 선거를 저지해야 한다고 주장했다. 이에 대해 선거참여론자들은 권위주의하에서 치러지는 선거의 조작성에 초점을 맞추기보다는, 폐쇄적 권위주의하이긴 하나 선거를 통해 정치적 공간을 개방할 수 있는 가능성에 주목해야 한다고 주장했다. 이들은 비록 권위주의하에서의 선거가 권력의 소재지 변경을 초래하지 않는다고 하더라도 권위주의에 반대하는 다양한 이질적인 사회운동 집단들을 연결시키고 묶어 줄 수 있는 귀중한 제도적 공간을 제공할 수 있다며 선거거부론자들에 맞섰다. 선거에서 민주화 세력이 예상치 못한 성공을 거둘 경우, 이는 정권이 허약하다는 신호로 받아들여져 권력블록 내 분열이 초래되는 반면, 민주화 연합세력 내에서는 결집이 이뤄져 제도적 정치공간 내 교두보를 조직하게 되는 계기를 마련해 줄 수 있다는 것이었다(임혁백, 1994: 271-273).

1984년 말까지도 선거거부론이 우세했으나 1984년 12월 이후, 해금정치인을 중심으로 자율적인 야당을 조직하려는 움직임이 본격화되면서 선거참여론이 대세를 이루게 되었다. 해금 정치인을 중심으로 민주화추진협의회(민추협)가 결성되었고 민추협을 중심으로 신한민주당을 창당해 2·12총선에 참여했다. 1985년 2월 12일 총선은 선거참여론자들의 선택이 옳았음을 증명했다. 물론, 2·12총선에서 선거거부론자들이 예견한 바와 같이 권력 소재지의 변경은 일어나지 않았다. 집권당에 유리한 게임의 규칙과 행정조직의 지원에 힘입어 집권 민정당은 의회에서 안정적 다수를 유지할 수 있었다. 그러나 2·12총선에서 나타난 '신당의 바람'은 민의가 어디에 있는지를 분명히 밝혀 주었고 이는 권위주의 정권의 정통성에 타격을 주었다. 2·12총선 결과, 신한민주당(신민당)은 의회 내 제1야당으로 부상했고, 기존의 충성스러운 야당들을 흡수해 제도정치권 내에서 민주화 연합세력의 단일 교두보를 구축했다.

한국 민주화 과정에서 2·12총선이 갖는 의미는 크다. 2·12총선은 제도권 내 야당이 한국 민주화의 의제를 설정하고 전략을 수립하는 데 있어 주도권을 잡게 된 역사적 사건이다. 즉, 의회주의 테두리 내에서 민주화를 추진한다는 국민적 선택이었다고 할 수 있다. 2·12총선 당시 신민당은 대통령 직선제 개헌안을 공약으로 내걸었다. 이는 민주화 전략을 사회경제적인 구조적 개혁으로 확대하지 않고 정치권력구조로 한정시키는 것을 의미한다. 민주화 의제를 사회경제적 개혁보다 절차적 수준의 제도개혁으로 하향조정하며 이를 의회 내에서 비폭력적인 타협을 통해 달성한다는 전략이었다.

이렇게 신민당이라는 강력한 조직적 반대세력이 제도정치권 내에 등장하자 정권이 일방적으로 문제를 해결하는 것이 불가능하게 되었고 정치는 정권과 반대세력 간 상호작용 결과에 의해 결정될 수밖에 없게 되었다. 그리고 2·12총선 이후 신민당은 의회 내에서 협상을 통한 민주화를 추구했다. 그러나 거리에서의 대중동원을 통한 압력 없이 정권을 협상테이블로 끌어내는 것은 쉬운 일이 아니었다. 결국, 제도권 정치세력인 신민당은 거리에서의 대중동원이라는 위협을 가한 끝에 정권을 개헌을 위한 협상테이블로 끌어내는 데 성공했다. 이 협상에서 집권당은 내각책임제를 주장했고, 신민당은 일관되게 대통령 직선제를 주장했다. 대통령으로 권력이 집중된 체제하에서 집권당이 내각책임제를 야당이 대통령제를 주장하는 아이러니가 벌어졌다. 그런데 헌법개정 협상은 내각책임제와 대통령제 중 어느 것이 더 민주적이냐를 중심으로 전개되지 않고, 어느 것이 자신들의 집권을 확실하게 보장해 주는 경기규칙인가를 둘러싸고 전개되었고 따라서 해결점을 찾지 못하고 오랜 시간 평행선을 달렸다. 그리고 1986년 7월 30일에 발족한 헌법개정특별위원회는 단 한 차례의 공식회의도 열지 못한 채 사실상 종말을 고했다.

의회주의적 방식에 의한 민주화 협상이 무산되자 전두환 정권은 제도권 야당과 사회운동 세력을 분리하기 위해 한편으로는 급진세력에 대한 대대적인 탄압에 착수했고 다른 한편으로는 제도권 야당에 대한 공작에 나섰다. 전두환 정권은 이민우 신민당 총재를 회유해 내각책임제로 개헌하려는 협상을 시도했다. 그러나 신민당의 실질적 지도자인 김대중과 김영삼은 '이민우 구상'을 반대하고, 급진세력과 다시 연대를 형성해 대통령 직선제 개헌을 관철시키려 했다. 이에 협상을 통한 내각제 개헌이 불가능하다고 판단한 전두환 정권은 1987년 4월 13일, 협상을 마감하고 현행 방식에 의해 대통령직을 후임자에게 승계하겠다는 호헌護憲선언을 했다. 그리고 '4·13호헌선언'은 제도권 야당과 사회운동세력 간에 이견을 해소하고 최대한으로 확장된 민주화연합을 형성하는 계기를 만들어 주었다. 그리고 두 달 뒤인 동년 6월, 민주화항쟁이라는 국민적 저항에 직면한 전두환 정권은 '6·29선언'이라는 형태로 민주화연합의 핵심적 요구인 대통령 직선제로의 개헌을 수용하는 정치적 양보를 했다. 그리고 신민당의 두 지도자는 정권의 즉각 퇴진을 수반하지 않는다는 조건을 받아들임으로써 민주화 '대타협'이 이루어졌다.

요약하면, 한국 민주화 과정은 비의회주의적인 대중동원을 통한 압력에 의해 의회주의적인 타협을 이루었다는 특징을 갖는다. 제5공화국하에서 이념적으로 급진화된 사회운동 세력들은 제도권 내 보수야당에게 주도권을 넘겨줄 수밖에 없는 직선제 개헌투쟁에 동참하여 민주화 문턱을 넘는 데 결정적으로 기여했다. 직선제 개헌투쟁은 권위주의를 반대하는 모든 세력들을 단결하게 만들 수 있는 최소한의 공통분모였다. 직선제 개헌투쟁이라는 의회주의 틀 내에서 민주화 투쟁이 이뤄짐으로써 발전주의적 경제성장의 수혜자인 중산층을 민주화연합으로 끌어들일 수 있었고 이 때문에 권위주의 지배세력은 민주주의 회복 요구에 양보하지 않을 수 없었다.

민주화 이후, 대통령에 의한 권위주의 청산 — 개혁대상이 된 국회

한국인들은 직접투표로 대통령을 선출하는 것이 민주화의 핵심과제라고 생각했다. 그러나 민주화 대타협 이후 민주화연합이 분열되면서 구舊 권위주의 집권세력의 대표가 대통령 자리에 오르는 결과가 빚어졌다. 민주적 경쟁은 회복되었으나 민주화연합의 승리로 이어지지는 않았다.

민주화 대타협이 이뤄지고 난 뒤 한국 정치는 빠른 속도로 선거정치로 진입했다. 선거정치에서 행위자들의 전략을 결정하는 최대 요소는 당선 가능성이다. 그러나 사회운동세력들은 당선 가능한 전국적 지도자를 갖고 있지 않았다. 그래서 이들 세력은 선거정치에서 주변화될 수밖에 없었다. 따라서 민주주의로의 전환을 위한 선거정치는 제도권 정치인들이 주도하게 되었다.

계급균열 구조 위에서 표를 조직할 수 있는 움직임이 차단된 한국의 정치지형에서 표를 극대화하기 위해 제도권 정치인들이 발견한 방법은 지역주의에 호소하는 것이었다. 이 당시 정치인들이 이용한 지역주의는 독재에 반대하는 모든 계급, 직업, 종교, 성, 세대가 수평적으로 연대를 형성했던 민주화연합을 해체시키고 지역단위로 표를 분할시켰다. 이는 '민주 대 반민주' 경쟁구도를 희석시켰고 결국 민주화를 위한 정초선거(founding election)는 지역에 기초하여 권력을 추구하는 개인들 간의 경쟁으로 격하되었다. 따라서 민주화 지도자였던 양김(김영삼과 김대중)은 민주화 이후 전국적 지도자가 아니라 지역적 지도자로 왜소화되었다. 민주화연합 세력의 분열은 권위주의 집권세력의 후보였던 노태우를 당선시키는 데 기여했다.

그러나 구 권위주의 세력의 승리를 선언하기는 일렀다. 1988년 4·26총선에서 지역에 기초한 다당제라는 결과가 나옴으로써 집권여당이 다수를 점유하는 것을 저지했다. 즉, 4·26총선에서는 자유당 정권 이래 최초로 여당이 원내 과반수 획득에 실패하는 결과가 나온 것이다. 이렇게 형성된 여소야대 구도하에서 세 야당들은 공조체제를 형성하였고, 민주화연합세력이 의회 주도권을 장악하게 되었다. 그리고 이에 따라 구 권위주의 세력은 민주화 의제가 의회 내에서 논의되는 것을 일방적으로 통제할 수 없게 되었다. 결론적으로 한국의 민주화를 지체시킨 1987년 대선은 1988년 총선에 의해 상쇄되었다.

이 점에서 제13대 국회는 한국 의회주의 신장에 있어 결정적 계기를 만들 수 있는 기회를 갖게 되었다. 의회가 주도하는 민주화의 기회를 갖게 된 것이다. 제13대 국회는 권위주의 청산을 위한 청문회를 주도함으로써 의회가 한국 정치의 본산本山임을 알려주었다. 세 야당은 광주청문회, 5공비리청문회 등을 통해 권위주의 과거를 청산하라는 압력을 정부에 가했고, 이러한 압력이 전두환 전 대통령을 중심으로 하는 구 집권세력으로부터의 자율성을 획득하려는 노태우 정권의 전략적 계산과 맞아떨어져 5공 핵심세력의 숙청이 이루어졌다.

한국 민주화 과정에서 구 권위주의 청산을 의회가 주도했다는 것은 의미 있는 일이다. 통상적으로 권위주의 청산은 민주화를 위한 정초선거에서 권력을 장악한 세력에 의해 추진되는 것이 상례이다. 그러나 한국의 정초선거에서는 구 권위주의 세력이 집권을 함으로써 집권세력이 이를 추진할 수 없는 상황이 되었다. 그럼에도 불구하고 이것이 가능했던 것은 정초선거 이후 1년 뒤에 치러진 총선에서 민주화연합세력이 의회를 장악했기 때문에 가능했다.

그런데 의회 주도의 민주화는 단명하고 말았다. 그것은 의회 내 세력판도 변화가 전반적인 권력구조의 변화를 반영한 것이 아니었기 때문이다. 구 권위주의 집권세력은 지역주의 분할구도를 이용해 1990년 초, '3당합당'을 전격적으로 이루어냈고 이로써 의회가 주도하는 민주화는 역류되었다. 3당합당은 절차적으로도 비민주적이었을 뿐만 아니라 결과적으로도 의회 민주주의를 약화시켰다.

신생민주주의가 정착되기 위해서는 관용, 협상, 타협의 제도화가 이루어져야 한다. 여소야대의 권력구조는 경쟁, 타협, 협상, 제휴, 연합이라는 의회 민주주의가 요구하는 기본적인 기술을 연마할 수 있는 호기를 제공했다. 여소야대 구조는 한국 정치 사상 최초로 제왕과 같은 대통령이 의회와 대화, 협조, 토론, 타협을 통해 국정을 운영하도록 강요했다. 권위주의 정치에 길들여져 온 정치인들이 정치적 지지를 조직하고 국민을 설득하며 국민복지를 극대화하는 민주정치를 자연스럽게 익힐 수 있는 기회를 제공했다. 노태우 정권이 구 권위주의 세력의 지지로 권력을 장악했음에도 불구하고 권위주의 정치를 청산하기 위한 개혁을 시도했던 것은 국민의 압력이 여소야대 의회를 통해 노태우 정권에게 가해졌기 때문이다. 그러나 권위주의하에서 자라온 집권세력은 끊임없이 협상과 타협을 요구하는 여소야대 권력구조에 적응하려 하지 않았다. 결국, 민주주의의 기본 특징인 경쟁의 불확실성에 익숙하지 않았던 구 권위주의 세력은 민주주의 제도화에 역행하는 3당 합당을 기도했다.

1990년 1월, 구 체제의 집권여당인 민정당은 민주당과 공화당과 합당해 민자당이라는 거대여당을 만들었고 이는 의회를 일거에 여소야대에서 여대야소로 전환시켜 버렸다. 3당통합으로 한국 헌정사상 가장 개혁적이었던 의회는 수구보수적인 의회로 돌변했다. 이로 인해 금융실명제가 유보되고 개혁적인 노동관계법 등이 폐기되었다. 한편, 민주화 지도자 중 한 명이었던 김영삼은 3당합당에 동참함으로써 1992년 대선에서 집권 민자당의 대통령 후보가 될 수 있는 기반을 마련했다.

결과적으로 3당통합은 한국 민주화 경로를 구체제의 여당에서 민주화 세력인 야당으로 권력을 이전하는 것이 아니라 민주화 세력의 한 분파를 흡수한 집권여당 내 사건으로 변질시키는 한국적 '변형주의(transformation)'를 가능케 했다(최장집, 1996: 227). 구 권위주의 세력은 '현상의 변화를 통한 본질의 불변성 유지'를 목표로 하는 변형주의를 통해 민주주의의 제도적 틀 내에서 권위주의적 정치를 실현하려 했다.

그러나 변형주의적 3당통합에 힘입어 집권한 김영삼 정부는 예상과 달리 권위주의를 청산하는 개혁을 전광석화처럼 밀어붙였다. 이 과정에서 3당합당으로 탄생한 거대여당은 개혁의 방관자, 더 나아가 개혁의 대상이 되었다. 집권 민자당 내에서 소수파인 민주계를 이끌었던 김영삼 대통령은 군부 엘리트와 TK로 대표되는 권력과 두 집단의 후견을 거부하고 집권하자마자 정치화된 군부집단과 기득권 엘리트들을 대상으로 하는 사정개혁에 나섰다.

의회가 개혁에 저항하는 집단에 의해 장악되어 있는 상황에서 김영삼 대통령은 위임주의적 개혁을 시도했다. 위임주의는 민주적으로 선출된 대통령이 선거승리를 국민으로부터 모든 권력을 위임받은 것으로 간주하고, 정당, 의회, 조직화된 사회집단에 대한 수평적 책임성을 부인하며, 그들의 제약을 받지 않고 통치하려는 것을 말한다(O'Donnell, 1994). 물론, 구 권위주의 엘리트가 교체되지 않은 상황에서 그들의 지원하에 권력을 장악한 김 대통령이 구 권위주의를 청산하려는 개혁을 추진하기 위해서는 선거를 통해 획득한 국민적 위임을 무기로 구 지배 엘리트와 의회를 압박하고 공격하는 위임주의적 방식을 채택하지 않을 수 없었는지 모른다. 구 권위주의 지배 엘리트 해체를 위해 그는 개인적 결단에 의해 위로부터의 개혁에 나섰고, 수구세력의 저항에도 불구하고 강력한 대통령제에 의지하며 최고집권자 개인의 의지와 결단으로 개혁을 수행해 나갈 수 있었다.

이것은 일종의 '비민주적 방식에 의한 민주화'라고 할 수 있다. 집권정당 내에 구 권위주의 엘리트가 다수를 점하고 있는 구조에도 불구하고 청와대는 의회를 포위해 개혁을 진행시켜 나갔다. 청와대가 개혁의 진원지이자 중심축이 되었다. 김영삼 대통령은 의회에서 선출된 국민의 대표들과 협의하고 조정하는 과정을 생략한 채, 대통령 포고령에 의해 개혁을 추진했다. 그리고 개혁의 정당성을 주장하기 위해 언론을 매개로 국민들에게 직접 호소하는 민중주의적 방식을 취했다(최장집, 1996: 253-258). 이러한 민중주의적 개혁은 시민사회 내 다양한 이익을 국가에 대표하고 중재할 수 있는 다원적인 중간매개집단의 역할을 약화시키는 반면, 대통령과 국민을 직접 연결하는 '국민투표제적 민주주의(plebiscitary democracy)'를 강화시켰다. 그 결과, 의회가 중심이 되는 대의제 민주주의는 약화되었다(최장집, 1996: 252).

시민의 동의와 협력을 얻는 과정을 생략한 채 국가권력에만 의존해 진행된 김영삼 정부의 위임주의적 개혁은 개혁연합을 확대시키지 못하고 개혁에 대한 저항세력만 키웠다. 국민의 대표와 충분한 협의 없이, 깜짝쇼 형태로 개혁조치를 발표하는 김영삼 대통령의 독단적인 개혁방식은 민주주의의 대표성과 수평적 책임성을 침해한다는 비판을 받았고, 개혁주체세력을 개혁대상에서 제외해 개혁에 대한 공정성 시비가 일어났다. 또한 개혁정치에서 소외되었던 김종필을 중심으로 하는 구공화당 계열이 3당통합에서 이탈하여 지배연합의 축소를 가져왔고, 그 결과 1996년 4·11총선에서 집권여당이 다수를 차지하는 데 실패하고 말았다. 이에 4·11총선 이후 김영삼 정권은 인위적인 영입을 통해 의회에서 절대다수를 확보하려 했다. 그러나 이러한 인위적인 영입은 의회주의를 더욱 더 약화시키는 결과를 가져왔다. 민주주의하에서 유권자들은 인물뿐만 아니라 정당에 대한 선택에 기초해 표를 던진다. 따라서 인위적 영입은 유권자의 정당선택권을 침해하는 행위이며, 더욱이 인위적 영입을 통해 다수를 확보하려는 것은 '제왕적 대통령, 고무도장 의회'를 추구하는 행위로 대통령과 의회 간 수평적 책임성을 부인하는 행위라 할 수 있다.

김영삼 정부의 개혁실패와 미증유의 경제위기로 역설적으로 한국에서 건국 후 최초로 평화적 정권교체가 이루어졌다. 그러나 김대중 대통령이 이끄는 '국민의 정부'하에서 의회주의는 기대만큼 발전하지 못했다. 행정부의 교체와 의회의 교체시간이 다를 수밖에 없는 헌정시간표 문제로 인해 김대중 정부는 문민정부 시 구성된 의회와 국정을 논의하게 되었고 대통령과 야당이 다수를 차지하는 의회 간에 정치적 교착상태가 지속되었다.

행정부와 의회 간에 교착상태의 지속이 의회의 위상을 높여 주지는 않았다. 국민회의와 자민련의 여당연합은 국회에서 다수를 장악하고 있지 못했기 때문에 의회 운영에서 주도권을 잡지 못하였으며, 다수당인 한나라당은 조직으로서 당을 유지하는 데 급급해 책임 있는 정당으로서의 모습을 보여 주고 있지 못하였다. 한나라당의 연원은 3당합당으로 탄생한 거대여당인 민자당이었다. 김영삼 정권하에서 신한국당으로 이름을 바꾸었고 1997년 대선승리를 목적으로 '꼬마 민주당'을 끌어들여 이질성이 더욱 높아졌다. 이질적인 정치집단 간에 불편한 동거가 계속될 수 있었던 것은 권력에 남아 누리는 이득이 동거의 불편함보다 컸기 때문이다. 그러나 대선패배로 야당으로 위치가 바뀌게 되자 이질적인 이들을 묶어 줄 수 있는 권력이 없어졌다. 더욱이 지역적으로나 이데올로기적으로나 다양한 당내 세력들을 결집시킬 수 있는 구심점도 없었다. 이와 같이 내부적으로 조직을 유지하기 어려운 상황에서 한나라당이 채택한 전략은 외부적 공세를 통한 내부 결속이었다. 총리인준 거부를 통해 한나라당은 다수당으로서의 힘을 과시했다. 그러나 이러한 한나라당의 힘 과시는 여권으로 하여금 인위적인 정계개편을 시도하도록 유혹하였다. 인위적으로라도 다수를 만들지 않고서는 국정을 효과적으로 수행할 수 없다는 이유를 들어 인위적 정개개편을 하지 않겠다는 공약을 파기했다. 인위적 정계개편은 김대중 정권하에서 의회의 위상을 떨어뜨릴 것이다. 한국 정치의 고질병인 이합집산의 정치가 재현되었고 행정부에 대한 의회의 예속이 지속되었다.

인위적 정계개편이 실패하였다 하더라도 의회정치가 활성화되지 않았을 것이다. 의회를 장악하고 있는 거대야당이 정부에 대한 '방해꾼(obstructionist)' 전략을 고집했을 경우, 정부와 여당은 '외환위기'를 벗어나기 위해 시급히 요구되는 경제구조조정 관련 법안 통과가 지연되는 사태에 직면할 가능성이 높아졌을 것이고, 이 경우 행정부와 의회의 교착상태를 타개하기 위해 행정부는 의회를 우회해 개혁을 추진하는 의회기피 전략을 채택했을 것이기 때문이다. 이 경우 의회를 거치지 않고 대통령 포고령에 의존하는 정치가 재현되었을 것이며, 대통령은 국민적 여론에 호소하여 의회를 압박하는 국민투표제적 민주주의 전략을 채택했을 것이다. 인위적인 정계개편과 교착상태의 지속, 모두 한국 의회주의의 발전에 부정적 영향을 끼쳤을 것이다. 따라서 여소야대하에서 한국 의회주의가 발전하기 위해서는 소수여당과 다수야당이 공존할 수 있는 차선적 타협에 도달할 수 있는 정당정치의 심화가 필요하다.

제도개혁을 통한 의회 위상 강화

민주화 이후에도 한국 의회는 개혁의 중심이자 진원지가 아니라 개혁의 대상, 개혁의 걸림돌이 되었다. 민주화 이후에도 한국 의회는 대통령에 비해 주변적 행위자로서의 한계를 벗어나지 못하였다. 민주화 이후 개혁을 주도한 것은 행정부였지 의회가 아니었다. 문민정부의 정치개혁, 고위공직자 재산공개, 금융실명제 등은 의회가 주도한 것이 아니었다. 의회는 개혁을 추인하는 수동적 역할에 머물거나 심지어 개혁의 대상이 되었다. 이제는 한국 의회가 한국 정치의 중심이 되어야 한다. 이를 위해 필요한 의회정치개혁의 내용은 다음과 같다.

선거제도 개혁—소선거구제에서 중선거구제와 비례대표제도

의회와 정당 간 관계는 물과 고기의 관계이다. 정당정치가 작동할 수 있는 제도적 공간이 의회이다(윤영오, 1996: 124). 민주주의는 제도 내 정치이다. 즉, 사회세력들 간 갈등을 제도 내에서, 장내에서 해결하는 것이 민주주의이고, 의회는 정당이 활동하는 제도적 장소가 된다. 만약 의회가 정치의 중심이 되지 못하고 정당이 문제를 장외에서 해결하려고 한다면, 이는 민주주의가 위협받고 있는 것으로 봐야 한다.

한국 정치의 의회주의가 발전하지 못한 가장 큰 이유는 정당체계가 안정화되지 못했기 때문이라 할 수 있다. 한국 정당은 민주화 투쟁 시기에 민주 대 반민주 구조를 형성함으로써 모든 정치세력들이 계급, 종교, 지역 간 차이에도 불구하고 민주화연합을 형성할 수 있었고 이를 통해 신민당이라는 우산정당 조직에 참여할 수 있었다. 그러나 민주화 이후 민주 대 반민주 구도가 해체되면서 우산정당은 분열의 길을 걷게 되었다(김수진, 1996: 18). 더욱이 우산정당은 지역을 기반으로 하는 정당으로 분열되었다. 1987년 이래 주요 정당들은 흔들리지 않는 지역기반을 갖고 있는 카리스마적인 지도자의 야망에 따라 명멸했다. 현재 1987년 당시에 갖고 있던 정당명을 지금까지 유지하는 정당은 하나도 없다. 또한 극소수의 정당만이 한 정부를 넘겨 이름을 유지했다. 대부분의 정치인들은 자기 자신의 이데올로기나 정책입장에 관계없이 카리스마적인 지도자들의 움직임에 따라 지속적으로 이합집산을 해 왔으며, 지도자들은 자신의 정치적 필요에 따라 정당을 창당, 분당, 합당, 해산, 재창당 하는 등 의회주의를 불안정하게 하는 행위를 반복해 왔다. 더욱이 중앙당의 독재적 통제는 당내 민주주의 발전도 가로막았다. 당 지도자들은 당내 공천권을 독점적으로 행사함으로써 선출된 대표들을 자신의 로봇으로 만들었다. 이러한 보스주의의 만연은 민주적 책임성과 응답성의 발전을 가로막고 있다. 선거로 선출된 대표가 유권자에게 한 약속을 지키지 않고 보스 뒤에 서서 줄서기를 계속한다면 유권자의 집단적인 합리적 선택은 불가능해지고 의회주의의 실현 또한 불가능해진다.

더 나아가 지역주의에 기초한 한국 정당의 보스주의는 민주화 이후 선거에서 예외 없이 지역적 균열구조를 반영한 결과를 가져왔고 지역주의를 고착화시켰다. 민주화 이후 지역주의는 3김(김영삼, 김대중, 김종필)으로 불리는 카리스마적 지도자들에게 해당 지역에 대한 독점적 대표권을 부여할 정도로 극단화되었다. 지역주의의 선거결정력은 너무나 압도적이어서 선거가 더 이상 다른 균열이 표출되고 경쟁되고 대표되고 실현되는 장치가 못 되고 있다. 그 결과, 의원들은 계급, 종교, 직업, 성, 세대 등의 이익은 물론, 국민 전체의 보편적 이익을 대변하기보다는 특정 지역을 독점적으로 장악하고 있는 보스의 명령만을 충실히 따르게 되었다.

한국에서 의회주의의 성공은 지역주의 해소와 직결되어 있다. 물론, 지역주의가 수십 년간 지속되어 온 지역감정에 뿌리박고 있기 때문에 근본적인 해결책을 찾기는 쉽지 않다. 그러나 그렇다고 방법이 없는 것은 아니다. 우선, 지역할거주의적 정당이 의회를 계속 좌지우지하는 것을 막기 위해 선거제도를 개혁할 필요가 있다. 민주화 이후 한국 정당체계가 민주 대 반민주 구도에서 지역할거구도로 재편된 것은 이념적·지역적 정당체계로 전환하기에는 제도적 문턱이 높았기 때문이다. 시민사회 내 새로운 정치세력이 정치사회에 진입할 수 있는 정치적 문턱이 높게 설정되었기 때문에 이념적·정책적 전선에 의한 정치지형의 재편이 저해된 것이다(김수진, 1996: 33). 더욱이 현재 시행되고 있는 단순다수 소선거구제는 정치적 안정을 보장해 준다는 장점이 부각되기보다는 지역할거구도로 인해 새로운 정치세력의 진입을 막는 단점만이 노출되고 있다. 따라서 우선적으로, 소선거구제를 중선거구제로 바꾸는 것을 고려해 볼 필요가 있다.

소선거구제는 승자독식의 원리가 지배하기 때문에 다수당의 과잉대표 현상과 지역이기주의 현상 등을 낳는 폐단이 있다. 또한 지역적·계급적으로 소수파가 대표되기에는 그 문턱이 너무 높다. 따라서 선거구를 광역화하면서 동시에 행정구역을 개편해 도를 폐지하고 기존의 시·도 경계를 넘는 광역선거구로 바꿔 지역할거주의를 타파할 필요가 있다. 1선거구당 3-5인을 선출하는 중선거구제가 바람직하다. 50만 명을 기준으로 3명을 선출하고 20만 명을 초과할 때마다 의원수를 1명씩 늘리고 100만 명을 초과할 때는 분구를 하는 것이다.

이와 함께 독일식 1인 2표 정당명부식 권역별 비례대표제 도입을 검토할 필요가 있다. 정당명부식 비례대표제를 실시할 경우, 특정 정당의 지역독점을 방지할 수 있다. 물론, 비례대표제가 극단적인 다당제를 출현시킬 위험을 갖고 있기 때문에 비례대표가 될 수 있는 정당의 문턱(독일의 경우, 5%)을 설정해 온건한 다당제를 유도할 필요가 있다.

입법기능의 강화 — 365일 열린 국회

의회 본연의 임무는 무엇보다 법안 제정에 있다. 그러나 민주화 이후 입법기능의 대부분이 행정부에 의해 이루어졌다. 한국 국회는 '주변적 정책참여자'에 지나지 않고 있다(박찬욱, 1995). 민주화 이후 의원발의 법률안 비율이 13대 국회에서는 행정부 제출 법률안의 1.6배에 달할 정도로 활성화되었으나 14대 국회에 들어와서는 행정부 발의안 수보다 55% 낮은 것으로 나타났다(임성호, 1998).[32]

의회의 입법기능을 강화하기 위해서는 우선적으로 의회를 상설화하는 것이 필요하다. 한국의 의회는 항상 열려 있지 않다. 현행 헌법은 정기회기를 9월에 개회해 100일 이내에 일정을 마치도록 규정하고 있고, 임시회기는 30일을 초과할 수 없도록 규정하고 있다. 정기회기를 100일로 제한함으로써 정기국회는 예산심의를 담당하는 회기로 전락되었다. 예산심의를 해야 할 정기국회가 100일 이내에 제출된 예산과 함께 다른 법안들을 충분한 토론을 통해 정리하는 것은 어려운 일이다. 자연히 야당은 예산안 심의를 볼모로 다른 법안의 통과를 지체시키고 여당으로부터 정치적 양보를 얻어내려 한다(서진영·유우익·이원영, 1998: 54). 따라서 이러한 폐단을 막고 법안에 대한 심의와 입법화가 언제든지 진행될 수 있도록 의회를 상설화해야 한다.

둘째로 상임위원회 활동을 강화해야 한다. 한국 의회는 기본적으로 상임위원회 중심으로 운영되고 있으며 이러한 방법이 바람직하다. 왜냐하면 시간이 지날수록 의회가 다루어야 할 법안이나 의제의 내용이 고도의 전문성을 요구하기 때문에 모든 의원들이 모인 본회의에서 모든 법안을 논의하는 것은 불가능할 뿐만 아니라 효율적이지 못하다. 따라서 본회의에 회부되기 이전에 상임위원회 논의를 거치는 것이 효율적이고 바람직하다. 핵심은 의회가 본연의 임무를 제대로 수행할 수 있도록 상임위원회 활동을 강화하는 것이며 이를 위해 무엇보다도 상임위원회를 정례화해야 한다. 국회가 폐회 중이라도 상임위원회가 법안심사나 현안문제

32 15대 국회 이후 국회의원의 법률안 발의건수가 기하급수적으로 증가해 이제는 행정부보다 더 많은 수의 법률안을 제출하고 있다. 그러나 법안의 수(quantity)가 법안의 질(quality)까지 담보하는 것이 아니며, 또한 제출된 법률안이 모두 통과되는 것 또한 아니기 때문에 법률안 발의건수만으로 국회의원이 본연의 임무에 충실했다고 평가하기에는 무리가 있다.

와 관련한 토의를 진행할 수 있도록 해야 하는 것이다.

셋째는 예산결산위원회를 상설화하는 것이다. 의회주의의 시작은 "대표 없이 납세 없다(no taxation without representative)"는 말에서 보는 바와 같이 국가의 지갑에 대한 국민의 통제 요구로부터 나왔다. 그러므로 예산과 결산 기능은 국회의 가장 핵심적 기능이다. 5·16쿠데타로 박정희가 정권을 잡기 이전에는 국회에 예산결산위원회가 상임위원회로 존재했다. 그러나 제6대 국회부터 정기국회 기간 중에 구성되는 특별위원회로 바뀌었다. 현재 예산과 결산 심사는 소관상임위원회의 예비심사를 거쳐 정기국회 때 한시적으로 구성되는 예결산특별위원회(이하 '예결위')가 종합적으로 심사하도록 되어 있다. 이는 예산과 결산 심의를 졸속으로 이뤄지게 할 뿐만 아니라 정기국회에서 다뤄지는 다른 정치적 이슈와 맞물려 예산안이 다른 법안과 함께 일괄 통과되거나 날치기 통과되는 사태를 발생시켰다. 따라서 예결위를 상설화하여 수시로 정부로부터 예산 관련 보고를 받고 국민세금이 제대로 쓰이고 있는지 감독해야 한다. 예결위 기능을 강화하고, 예산·결산 문제에 대한 국회의 전문성을 높일 수 있도록 국회 내에 예·결산 전문분석기구인 국회예산국, 국회회계감사국 등을 신설할 필요가 있다. 국회가 독자적으로 세입과 세출에 관한 정보를 입수하고 대안을 마련할 수 있도록 해야 한다.

마지막으로 유권자에 대한 국회의원의 책임성을 강화하기 위해 입법과정을 실명화할 필요가 있다. 무기명 투표를 지양하고 법안이나 정책의 제안자, 법안 발의 과정에서의 참여자, 법안에 대한 찬성자와 반대자를 명기하고 이를 일반에 공개해야 한다.[33]

33 1999년 3월 '약사법개정안' 의결 때 전자투표가 처음 실시되었고, 2000년 2월부터 인사 등에 관한 표결을 제외한 모든 법안에 대해 전자투표가 실시되었다. 그리고 2010년 4월 21일, '주식백지신탁심사위원회 위원 추천안' 3건을 헌정사상 처음으로 무기명 전자투표를 실시했다.

행정부 감독·감시 기능 강화 — 국정조사권의 실질적 보장

대통령제하에서 의회의 주된 기능 중 하나는 행정부를 감독·감시하는 것이다. 근대 의회주의는 군주의 자의적인 권력행사를 막기 위해 출현했으며 현대 의회주의의 핵심 중 하나가 바로 국민의 대표가 선거를 통해 선출되지 않은 관료를 통제함으로써 인민주권을 효과적으로 실현하는 것이다.

민주화 이후 의회의 역할 중에 가장 괄목할 만한 진전을 이룬 분야가 국회의 행정부 감독·감시 기능이다. 이는 민주화 이후 한국 의회에 상당한 권력이 부여되었기 때문이다. 먼저, 대통령의 의회해산권이 폐지되면서 의회가 대통령에 종속되는 권력구조가 시정되었다. 다음으로 대통령의 권력을 견제하는 의회권력이 확장되었다. 즉, 권위주의하에서 폐지되었던 국정감사권을 되돌려 받음으로써 행정부가 자의적으로 권력을 행사하는 것을 견제하고 감독하는 권력을 부여받게 되었다. 이로 인해 청문회와 공청회가 활성화되었고, 유권자들에게 정보를 제공할 수 있게 되었고, 여론을 통해 행정부를 압박할 수 있게 되었다.[34]

한국 의회의 국정감사제도는 대통령제를 채택하고 있는 다른 나라에서는 찾아볼 수 없는 독특한 제도이며 국정감사제도와 비슷한 국정조사권을 또한 갖고 있다. 그리고 행정부에 대한 감사를 담당하는 헌법기관, 감사원도 있기 때문에 국정감사제도를 폐지해야 한다는 여론이 있기도 하다. 그러나 국정감사제도는 단순히 감사기능 측면에서만 폐기를 논할 수 없는 중요한 기능을 갖고 있다(박종흡·임종훈, 1996). 우선, 국정감사는 의원들이 법안심의에 필요한 정보를 획득할 수 있는 기회를 제공한다. 둘째, 국정감사를 통해 의회가 국민들에게 행정부가 무엇을 하고 있는지를 알게 해 줌으로써 국민들이 정부정책에 대해 비판과 요구를 할

---

34 국정감사제도는 제헌헌법 때부터 채택되어 국회의 대표적인 행정부 견제장치 수단이 되어 왔으나 유신헌법 때 폐지되었다. 그러다 민주화 이후 헌법개정과정에서 부활되었고 이는 민주화의 대표적인 수확 중 하나라 할 수 있다(박종흡·임종훈, 1996). 그리고 이렇게 부활한 국정감사는 구 권위주의 정권의 비리와 부정을 폭로할 수 있는 장소를 제공해 주었다.

수 있게 해 준다. 셋째, 국정감사는 정부의 국정운영을 통제할 수 있게 해 준다. 마지막으로 국정감사는 우리 사회가 안고 있는 문제가 무엇이며, 정부가 대처해야 할 문제가 무엇인지 등 우리 사회에 대한 문제제기 기능을 담당해 준다.

국정감사권은 국정조사권과 중복된다는 점에서 폐지대상이 될 수 있다. 그러나 현재 국정조사권은 실질적으로 운영되고 있지 않다. 이런 상황에서 국정감사권을 폐지한다는 것은 의회가 행정부를 감시·감독하는 기능을 약화시킬 뿐이다. 국정조사권은 헌법상 명문규정이 없는 가운데 제헌국회 때부터 실시되어 왔다. 그러다 1980년 개정헌법에서 그 근거가 명시되었고 1987년 민주화 헌법에서도 명시적 규정을 계속 유지했다. 그러나 국정조사활동은 실질적으로 이뤄지고 있지 않다. 국정조사권을 효율적으로 사용하고 있는 미국의 경우는 각 상임위원회가 소관사항에 대해서는 언제든지 조사를 할 수 있다. 그러나 우리의 경우는 본회의 승인을 요하고 있다. 또한 미국의 경우는 회계감사처, 의회조사처, 의회예산처 등 국정조사를 보좌할 수 있는 상설기구가 의회 내 설치되어 있고, 국정조사를 위해 임시적으로 변호사를 고용하고 행정부 직원을 차용할 수 있다. 그리고 국정조사와 관련된 정보는 정보공개를 제한하는 법의 적용을 받지 않으며, 수사 중이거나 재판 중인 사건에 대해서도 기록에 접근할 수 있고, 소환권·면책특권부여권·증언채취권 등이 보장되어 있다. 그러나 우리의 경우는 의회의 국정조사를 지원할 수 있는 상설 전문기구가 없으며, 소환권·면책특권부여권·증언채취권 등이 인정되지 않으며, 수사 중인 사건에 대한 기록에 접근하는 것 등이 인정되지 않고 있다(김민전, 1998). 그러므로 만약 국정감사권을 폐지해야 한다면 그 이전에 국정조사권이 실질적으로 행사될 수 있는 제도적 보완을 이뤄야 한다. 그렇지 않고 국정감사권 폐지를 논하는 것은 시기상조이다.

국정감사권 및 국정조사권과 함께 공청회와 청문회 개최요건을 완화해 입법과정과 감독과정에서 국민의 의사와 압력이 지속적으로 투입될 수 있도록 해야 한다.

정책경쟁으로 의회주의 꽃 피워야

민주화의 결과로 의회의 위상은 올라갔으나 한국 의회는 여전히 한국 정치의 중심이 되지 못하고 있다. '여의도 정치'의 자율성, 대표성, 정통성이 확고히 자리 잡고 있지 못하고 있다. 의회주의의 저발전은 민주화 이후 헌법제정과정에서 대통령제를 채택한 데서 주원인을 찾을 수도 있으나 대통령제가 반드시 의회주의를 저해한다고 단언할 수 없다. 미국에서 보듯이 대통령제하에서도 의회주의는 꽃을 피울 수 있다.

한국의 헌정체제는 기본적으로 대통령제이나 헌법상 한국 의회는 미국 의회보다 더 많은 권력을 부여받고 있다. 그러나 실상 의회는 헌법에 보장된 권력을 제대로 행사하지 못하고 있을 뿐만 아니라 행정부를 견제하는 기능도 제대로 수행하지 못하고 있다. 더 나아가 국민의 대표로서 국가의 살림살이를 제대로 챙기지도 못하고 있다.

한국 의회가 제 기능을 하지 못하는 것은 정당정치가 파행을 면치 못하고 있기 때문이다. 민주화 이래로 한국 시민들은 지역적 소속감에 따라 투표하는 관행을 버리지 못하고 있고, 그 결과 정당은 지역적 균열에 따른 조직을 계속 유지하고 있고 지역별로 일당독재 현상이 만연하게 되었다. 강한 지역주의로 인해 한국 정치사회는 시민사회의 이익을 대표하는 채널 역할을 담당해야 할 유인을 느끼지 못하고 있다. 지역주의의 온존이 한국 정치인들이 정치수요자인 국민들의 요구를 충족시키지 못하고 있음에도 불구하고 정치공급자로 계속 살아남는 것을 보장해주고 있다. 따라서 민주화 이후에도 정치공급자들은 정치수요자들의 요구에 대응하는 정책대안을 제시하기 위한 경쟁을 벌이기보다는 자신들만의 권력게임에 몰두하고 있는 것이다.

의회 내의 정파 간에 이데올로기적·정책적 차이가 거의 없음에도 불구하고 권력투쟁 중심으로만 정치가 전개되면 승자독식의 정치가 되어 버린다. 다시 말해, 정치가 정치인들 간에 권력을 독점하느냐 빼앗기느냐 하는 '전부 아니면, 전무가 되는 게임'이 되어 버리고 타협은 자기 권력의 침식으로 인식된다(서진영·김병국·함재봉, 1998: 39). 권력분배를 둘러싼 여야 간 갈등은 마주 달리는 기차처럼 타협을 모르고 충돌한다.

한국 의회와 의회주의의 위상은 선거로 선출된 대표들이 정치수요자인 국민들이 원하는 것을 정확히 파악해서 이를 정책으로 실현하기 위한 경쟁을 벌일 때 제고될 수 있다. 그리고 이를 위해 의회, 정당, 선거제도의 개혁이 추진되어야 한다. 의회가 정책대안들이 경쟁하고 협상과 타협이 이뤄지는 장소가 되고, 정당이 지역감정에 호소하지 않고 정책노선을 중심으로 유권자들의 표를 획득하기 위해 경쟁하게 하는 정당제도의 개혁이 이뤄질 때 한국 의회의 위상은 높아질 것이고, 한국의 의회정치와 의회주의는 심화, 발전될 것이다.

III

3김 시대의 한국 자본주의

6. 권위주의 개발연대의 자본주의 모델 —시장, 국가, 제도?*

지금은 빛이 바래긴 하였지만 1997년까지만 하더라도 많은 사람들이 동아시아의 기적을 칭송하였고 동아시아의 성공을 설명하는 데 열중하였다. 동아시아의 성공사례 가운데서도 한국과 대만은 동아시아 발전국가모델의 전형이었다.[35] 한국의 경우, 1960년대 이전까지만 하더라도 세계 최빈국의 하나였으나, 짧은 시간에 압축적인 산업화를 이룩하였고, 분배구조의 악화를 동반하지 않은 채 산업화의 목표를 달성하여 민주화의 물질적 기초를 쌓았던 것이다.

그렇다면 한국에서 압축적인 산업화가 성공적으로 일어날 수 있었던 주 요인은 무엇인가? 한국이 세계에서 가장 빠른 성장을 구가하고 있을 때 많은 경제이론가들은 자신이 정립하고 옹호했던 경제발전 모델이 한국에서 실현되었다고 아전인수격으로 주장하였다. 한국의 경제적 성공이 자신의 발전이론의 타당성을

---

* 이 장은 다음 글을 참고하였다. Im, Hyug Baeg, 1996. "Determinants of East Asian Miracle: Market, the State, or Institutions?" Paper presented at Korea Current Affairs Forum, Korea Institute, Harvard University, May 9.

35 싱가포르와 홍콩은 손쉽게 경영 가능한 도시국가이고, 국민국가로 보기에는 너무 결함이 많은 결손국가이기 때문에 그들의 경험은 다른 나라의 국민들이 모범으로 삼을 수 있는 국민국가의 경제발전 모델이 되기에는 충분치 않기 때문이다.

증명해 주는 사례로 제시되었던 것이다.

신고전주의적 견해—시장친화적 경제질서의 구축

신고전주의자들은 한국의 성공은 시장경제의 효율성이 마침내 증명된 것이라고 주장하였다. 한국이 세계에서 가장 빈곤한 나라에서 10,000불이 넘는 부국으로 성장한 것은 한국이 세계자본주의 시장의 신호에 가장 잘 적응했기 때문이라는 것이다(Riedel, 1989).

첫째, 한국의 성공 비결은 정부가 시장이 작동할 수 있는 경제제도를 만들었다는 데 있다는 것이다. 정부가 수입장벽을 철폐함으로써 "가격을 바르게 하였고(getting the price right)" 가격을 바르게 함으로써 수출업자들에게 적절한 시장 신호를 보낼 수 있었다는 것이다(Balassa, 1981). 결국 한국의 성공은 국가의 통제로부터 시장을 해방시킨 데 있다는 것이다. 물론 신고전주의자들은 한국의 국가가 자유방임적 최소국가가 아니라는 것을 인정한다. 국가가 개입하였으나 시장친화적인 환경을 만드는 데 개입하였다는 것이다. 한국의 경우 박정희 정부가 한 일은 이승만 정부에 의해서 부과되었던 반수출, 친수입에 대체적인 제도적 편향을 시정하였다는 것이다. 박정희 정부가 평가절하, 수출지원제도, 수입자유화와 같은 경제개혁을 통해 국내가격이 상대적으로 왜곡되지 않게 하였기 때문에 수출유인이 수입유인과 동일해지고 "중립적 무역체제"가 성립되었다는 것이다. 수출에 부과되었던 편견과 왜곡을 철폐함으로써 해외시장에 판매를 목적으로하는 생산체제를 유도하였다는 것이다.

둘째로, 국가는 시장실패를 교정하는 최소한의 기능을 수행하는 것으로 자신의 행동반경을 제한했다는 것이다. 국가는 교육과 인적 자본에의 투자를 통한 공공재의 공급과 하부구조의 건설, '거래비용'을 낮추는 것 이상의 월권행위를 하지 않았다는 것이다. 한국의 국가부문은 규모와 범위에 있어서 남미의 발전국가나 서구의 사회민주주의 국가보다 작았을 뿐 아니라 공기업들은 사기업과 직접적인 경쟁관계에 있지 않았다는 것이다. 공기업들은 시장에 의해서 충분히 공급되지 않는 부문(전기, 가스, 대중교통, 통신 등)을 담당함으로써 사적 부문과 협력적 분업관계를 형성하였다는 것이다.

이러한 신고전주의적 해석은 한국을 시장경제 진열장의 모범상품으로 선전하려는 세계은행이나 국제금융기구로부터 나왔다(World Bank, 1993). 그러나 한국이 위기를 맞게 되자 바로 이 그룹들이 한국의 국가가 시장의 작동을 막아 온 주범이라고 비판하는 데 앞장섰다는 것은 아이러니하지 않을 수 없다. 그들은 자신들이 주장했던 한국경제발전모델을 스스로 부정하는 자가당착에 빠진 것이다.[36]

국가주의적 견해—발전국가 이론

신고전주의적 설명과 다른 극단에 서 있는 설명은 신국가주의적 또는 발전국가론적 설명이다. 발전국가론자들은 신고전주의적 해석이 한국의 국가가 중립적인 시장형성자를 넘어서 개입해서는 안 되는 시장의 금지구역까지 발을 들여놓았다는 사실 자체를 간과하고 있다고 주장한다. 개발연대의 한국의 국가는 시장중립적인 국가가 아니었다. 박정희의 국가는 반소비주의적, 생산주의적, 수출지상주의적 편견을 시장에 심어 놓은 편파적인 시장개입국가였다는 것이다.

36 세계은행의 경우 1994년 보고서에서 시장중심론에서 시장증대론(market augumentation)으로 입장을 수정하고 있다. 국가가 적극적인 역할을 수행했으나 시장억압적인 방향이 아니라 시장증대적인 방향으로 개입하였다는 것이다. 성낙선은 세계은행의 시각을 "시장친화론"이라고 부른다(성낙선, 1998; 조희연, 1998:35).

이 견해에 의하면 개발연대의 한국의 국가는 단순한 개입국가를 넘어서 "발전국가(developmental state)"였다고 주장한다. 발전국가론에 의하면 발전국가는 개입적일 뿐 아니라, 소비주의적 목표에 대해 생산주의적 목표를 우선시하며, 핵심 기업집단의 협력을 이끌어 내고, 관료들을 특수 이익집단으로부터 격리시키고, 기업들로 하여금 장기적 위험부담을 감수하게 할 수 있는 안정적이고 예측가능한 경제환경을 제공할 수 있는 지도력을 갖춘 국가이다.[37] 발전국가가 유럽의 케인즈주의적 개입국가와 다른 점은 국가가 유효수요의 창출에 전념하는 것이 아니라, 생산적 활동에 투자자원을 집중시키는 데 권력을 행사한다는 것이다. 발전국가는 시장추종적(market following), 시장순응적(market conforming), 시장중립적(market neutral) 국가는 아니다. 발전국가는 시장실패를 교정하고, 시장왜곡을 상쇄하는 데에 그치지 않고, 적극적으로 시장을 이끌고(guide), 시장을 규율하며(discipline), 시장을 지배(govern)하려 하였다는 것이다(Wade, 1990). 발전국가는 자신이 설정한 산업화의 우선순위에 의거하여 시장적 합리성을 제약하기도 하는 국가라는 것이다.[38]

암스덴에 의하면 한국은 산업화 과정에서 후발자의 불리를 국가의 "지원(subsidy)"에 의해 극복한 대표적 사례이다. 국가는 국내시장의 보호, 수출유인책, 수입원자재에 대한 보조, 연구개발투자, 하부구조의 건설, 위험부담의 대행 등의 "지원"을 통하여 "의도적으로 상대가격을 왜곡시킴으로써" 국제시장에서의 한국 기업의 경쟁력을 높혀 주었다는 것이다(Amsden, 1990). 산업화의 초기에 한국

37 카스텔스의 정의에 의하면, 발전국가는 "국내적으로 그리고 국제경제와의 관계에 있어서 지속적인 고도성장과 생산체제의 구조적 변화의 결합이라는 의미로 이해되는 발전을 촉진하고 지속시킬 수 있는 능력을 자신의 정통성의 원리로 확립하는" 국가이다(Castells, 1992: 56).

38 그러나 발전국가는 사회주의국가처럼 반시장적 국가는 아니다. 발전국가는 사기업들로 하여금 끊임없이 세계시장에서의 경쟁에 노출되도록 강제했으며, 발전국가는 시장기제를 대체하기보다는 자본가들의 기업가적 능력을 지원함으로써 시장을 증대시키려 했다는 것이다. 발전국가가 시장을 규율하고 지배하기도 하지만 발전국가의 궁극적 목적은 국가에 의한 시장의 대체가 아니라 시장질서를 창출하고 완성하는 것이다(Weiss and Hobson, 1995).

의 기업은 노동집약적 산업에서의 저임이라는 비교우위만으로 국제시장에서의 경쟁력을 갖출 수 없었고 국가의 인위적인 개입에 의한 지원이 필요하였다는 것이다. 그러나 시장에 대한 의도적인 왜곡을 통한 인위적인 국가의 지원이 반드시 높은 성장을 보증해 주지는 않는다. 한국의 성공을 설명하기 위해서는 왜 한국에서 국가의 지원이 다른 후발산업화 국가들보다 효과적으로 일어났는가를 설명해야 한다. 발전국가론은 한국의 국가가 호혜성의 원칙에 의거하여 기업의 실적에 연계하여 기업에 지원과 벌을 가함으로써 효율적인 지원을 할 수 있었다고 주장한다. 국가는 엄격한 실적기준과 연계하여 기업을 지원함으로써 국가의 지원이 낭비되지 않도록 했다는 것이다. 이 점에서 한국의 국가지원은 실적에 관계 없이 무조건적인 긴급구제(bailout, handout, giveaway)의 성격을 갖는 유럽과 미국의 국가보조와는 성격이 다르다는 것이다(Weiss and Hobson, 1995).

한국의 발전국가의 또 다른 특징은 생산주의적 국가(productionist state)라는 것이다. 소비에 의해 추동되는 성장을 추구하는 서구의 자본주의 국가와는 달리 한국을 비롯한 동아시아 발전국가는 생산에 의해 추동되는 성장을 추구하는 생산주의적 국가였다. 생산주의적 발전국가는 특별한 투자부문을 목표로 설정하고, 성장영역을 지정하며, 사양산업을 퇴출시키고, 신흥성장영역에 투자자원을 집중하도록 개입하였다. 서구의 기업들이 이윤극대화를 우선시했다면, 한국의 기업들은 시장점율율을 높히려는 "제국건설자(empire-builder)"였다(Thurow, 1991). 국가의 지원을 받는 한국의 기업들은 현재의 비교우위에 기초하여 이윤을 극대화하려 하는 단기적 이익추구보다는 시장점유율을 확대함으로써 장기적인 이익추구를 우선시하였다는 것이다. 이 점에서 한국의 자본주의는 영미의 자유시장 자본주의라기보다는 "전략적 자본주의"라고 볼 수 있으며, 한국의 발전국가는, 맑시스트의 용어를 빌린다면, 기업들로 하여금 자본주의 재생산을 위한 장기적 이익에 따라 행동하게 하는 "집단적 자본가"로서의 역할을 수행했다고 볼 수 있다는 것이다.

한국의 발전국가가 집단적 자본가로서의 역할을 수행하기 위해서는 국가가 지배계급에 대해 상대적인 자율성을 가져야 한다. 국가가 개별기업들로 하여금 국가의 발전목표에 순응하여 행동하도록 강제하기 위해서는 자율성을 획득해야 하고 이 자율성을 효과적으로 시장을 지배할 수 있는 능력으로 전환시켜야 한다. 한국 국가의 자율성은 토지개혁을 통한 전통적 지주계급의 해체와 한국전쟁을 통한 국가의 군사적, 경제적 능력의 향상으로 사회에 대한 국가능력을 증대시킴으로써 기초가 다져졌다고 볼 수 있다. 한국 국가의 자율성 강화에서 빼놓을 수 없는 것이 국가에 의한 금융자본의 장악이다. 박정희 정부가 산업화를 추진하면서 국내 대자본에 대한 자율성 확보의 기본 수단으로 마련한 것이 금융자본의 통제이고, 이를 통해 박정희 정부는 대자본을 국가의 의도에 따라 행동하도록 규율할 수 있었던 것이다.

제도주의적 설명—'내장된 자율성(embedded autonomy)'

발전국가론적 설명의 결함은 모든 자율적인 개입국가가 반드시 "발전국가"가 아니라 "약탈국가(predatory state)"가 될 수 있다는 사실을 간과하고 있다는 것이다.[39] 공공선택이론의 관점에서 볼 때, 국내적 또는 국제적 제약이 없다면 국가경영자들이나 정치인들은 국가의 경제발전이라는 보편적 목표를 추구하기보다는 자기 자신의 사익을 추구하는 것이 합리적이다.

제도주의적 설명은 개입국가들이 경제성장과 같은 사회전체를 위한 보편적 이익을 추구하는 발전국가가 되기 위해서는 국가경영자들로 하여금 지대추구적

39 "약탈국가"란 국가경영자들이 사회전체를 위한 집단적 재화를 공급하지 않고 사회적 잉여를 자신이 스스로 소비하는 것을 말한다.

인 약탈국가가 아닌 발전국가를 선택하게 하는 사회적 제약, 압력이 있어야 한다는 것이다. 그러나 국가가 시장을 지배할 수 있다는 것만으로 효과적인 발전국가가 될 수 없다. 국가의 지도력이 효과적이기 위해서는 효과적인 사회적 추종능력 (societal followership)이 뒷받침되어야 한다. 사회의 추종을 이끌어 내기 위해서 요구되는 것은 발전국가론이 주장하는 것과 같은 사회 이익집단의 압력으로부터의 국가경영자와 관료집단의 "격리(insulation)"가 아니라 사회세력과의 연계이다. 제도주의적 설명은 발전국가론의 결함을 보완하려는 데서 나온 것이다. 제도주의적 설명은 한국의 성공이 단순히 발전국가에 의한 일방적인 시장지도력에 있는 것이 아니라 국가와 민간부문 간의 효과적인 협력관계에 기인한다는 것을 강조한다.[40] 한국의 성공은 단순히 사회적 특수이익으로부터 격리된 국가경영자와 관료집단이 관료적 합리성에 의거하여 국가의 장기적 이익을 위한 정책을 결정하고 집행한 데서 나온 것만이 아니라 국가 엘리트들이 사적부문과의 정책망(policy networks)을 형성하여 국가-기업 간의 협력체제를 구축한 데 있다는 것이다(Moon and Prasad, 1994). 이러한 정책망의 형성을 통해 국가는 기업 엘리트들로부터 국가경제발전 프로젝트에 대한 자발적 순응을 이끌어 낼 수 있었다는 것이다. 결국 한국 경제의 성공은 사회로부터 격리된 자율적 국가가 아니라 사회에 "내장된 자율성(embedded autonomy)"을 갖고 있는 국가에 의한 것이라는 것이다(Evans, 1995). 한국의 국가는 정책망의 형성을 통해 경제행위자들을 생산지향적인 경제개발로 동원함으로써 자신이 설정한 목표를 효과적으로 수행할 수 있었다는 것이다. 정책망은 공식적으로 국가기관과 경제단체의 대표 간에 형성되기도 하였지만, 비공식적으로도 학연, 지연, 혈연적 연고에 기초하여 국가 엘리트와 경제 엘리트들 간에 형성되었다. 정책망의 형성은 국가 엘리트와 경제 엘리트들 간에 밀도 높은 사

---

40 이 설명을 제도주의적이라고 부르는 이유는 "제도"가 국가와 사회 간의 연결구조의 유형이라는 의미를 갖고 있기 때문이다.

회적 신뢰를 형성하게 하였다. 정책망의 형성은 거래비용을 줄여 주며, 정보의 흐름을 증가시키고 조직의 효율성과 전반적인 수행능력을 높혔고, 감시비용을 줄여 줌으로써 국가경영자들과 경제행위자들 간에 "주인과 대리인의 문제(principal-agent problem)"를 해결하는 데 기여하였다.

지정학적 설명—"자비로운 헤게모니"

한국의 경제발전에 있어서 경제외적인 요소를 강조하는 대표적인 주장이 "자비로운 헤게모니(benevolent hegemony)" 이론이다(Hersh, 1993, Shin, 1998). 이 이론에 의하면 냉전구조하에서 한국은 제2차 세계대전 후 국제공산주의의 확장을 저지하는 전초대 국가로 미국에 의해 건설된 것이다. 미국은 한국의 보호국가로서 안보를 보장해 주었을 뿐만 아니라 경제성장의 기초를 세워 준 자비로운 헤게모니였다는 것이다. 50년대의 미국은 토지개혁의 후원자의 역할을 수행함으로써 60년대 이후의 한국의 도시 중심적 산업화를 위한 계급적 기초를 쌓아 주었다. 뿐만 아니라 미국은 거대한 군사원조와 경제원조를 통해 초기단계의 자본형성을 지원하였다.

한국이 미국이 주도하는 동아시아 안보네트워크의 핵심적 역할을 담당하는 국가로 편입됨으로써 한국은 냉전이 제공하는 이득을 챙길 수 있었던 것이다. 미국의 자비로운 헤게모니는 직접적으로는 군사·경제원조를 한국에 제공하는 것으로, 간접적으로는 한국 상품의 미국시장에 대한 진입장벽을 낮추어 주고 미국이 주도하는 국제금융기구의 차관 대여에 있어서 특혜를 제공하는 것으로 나타났다.

한국이 대외지향적인 경제발전 전략을 채택했을 때, 이 전략의 성공은 해외시장을 발견할 수 있는가에 달려 있었다. 그런데 원거리에 있는 미국이 그 시장을 제공해 주었다. 한국의 경우 수출에서 동아시아 역내국가들이 차지하는 비중은 매우 낮았고 미국과 EC 등 선진국 시장에 주로 의존하였다.[41] 한국의 생산품과 미국의 소비시장과의 결합이 수출지향적 산업화 성공의 핵심요인이었다. 한국이 저임금, 빌린 기술, 규모의 경제에 의존하여 생산한 저가상품을 판매할 수 있는 미국 시장에 접근이 허용되었던 것은 냉전체제하에서 미국이 한국에 제공하였던 경제적 혜택이었다(신광영, 1998b: 79). 미국은 광범위한 하층계급이 존재하고 있었기 때문에 가격만 낮으면 경쟁력을 가질 수 있는 가격경쟁시장이 잘 발달되어 있었고, 가격경쟁시장에서의 경쟁력을 확보한 한국의 저가상품은 소비처를 발견할 수 있었던 것이다. 냉전체제하에서 미국이 한국에 제공한 "시혜"는 원조와 소비시장의 제공에 그치지 않고 한국이 미국과 다른 독자적인 한국적 또는 동아시아적 발전 모델을 추구하는 것을 허용하는 데까지 이어졌다.

한국의 기적의 결정요인?—경쟁적 설명의 평가

위에서 살펴본 한국의 성공에 대한 설명들은 부분 설명의 한계를 지니고 있다. 신고전주의적 설명은 발전국가이론이 흔히 경시하기 쉬운 시장의 역할을 재조명해주는 장점이 있다. 국가주의적 발전의 전성기에도 국가는 기업가들을 국제경쟁의 바다에 내몰았다. 한국의 기업가들이 세계시장에서 어떻게 경쟁하는가를 학습한 과정이 한국 경제성장의 동력이었다. 그것은 동태적인 효율성의 증가를 획득하는 하이에크적인 "발견의 과정(discovery process)"이었다. 대외지향적인 산업화

41 미주지역과 EC지역과의 교역이 전체 무역에서 차지하는 비율은 1960년 24.2%, 1970년 58.5%, 1980년 46.1%, 1985년 53.8%, 1990년 49.1%로 평균적으로 전체 수출의 50%를 점유하고 있다. 동아시아 역내무역에 있어서도 일본으로의 수출이 압도적이었다(신광영, 1998a: 5).

는 좋은 외부효과를 많이 창출하였다. "할 수 있다는 정신(can do spirit)"을 확산시켰고, 새로운 생산방식에 관한 지식을 전파하였으며, 새로운 생산품, 새로운 기술, 국내시장의 확장, 국내 공급부문 쇼크에 대한 안전판, 더 넓어진 소비자 선택과 가격경쟁의 혜택, 그리고 기업가들을 항상 긴장상태에 묶어 두는 기업가 정신을 증진시키는 효과를 가져다주었던 것이다(Dorn, 1993: 603-606). 대외지향적 경제하에서 가격은 외부에서 결정되는 지표에 반응한다. 따라서 국가는 잘못된 정책의 결과를 은폐하기 위해 가격을 자의적으로 바꾸지 않고 시장에 순응하도록 제약을 받는다. 내수지향적 경제하에서보다 대외지향적 경제하에서 정책망은 더 유연하고 잘못된 정책을 빨리 바꿀 수 있다(Lee and Naya, 1988: 147). 한국의 성공은 시장과 양립하는 무역정책에 있었다.

그러나 기본적으로 한국의 자본주의는 국가주도형 자본주의였다. 국가는 시장행위자의 결정에 영향을 미치는 직접적인 개입을 했으며 국가의 개입은 시장의 왜곡을 시정하는 중립적인 행위자로서의 개입이 아니었다. 그러므로 한국 자본주의가 신국가주의적 자본주의라는 발전국가론의 설명은 대체로 타당하다. 한국의 경이적인 경제적 성공은 효율적이고, 능력이 있으며, 합리적인 국가가 있었기 때문에 가능했던 것이다. 최적의 발전전략을 선택하고 자원을 효과적으로 동원하며, 특수이익집단의 압력으로부터 경제정책 결정을 격리시키고, 기득이익세력의 반대에도 불구하고 정책을 밀어부친 국가의 공로로 돌려야 할 것이다.

그러나 국가주의적 설명은 많은 결함을 내포하고 있다. 첫째로 국가실패의 가능성을 의도적으로 경시하고 있다는 것이다. 국가가 발전적이라는 것이 개입국가의 성공을 보장해 주지 못한다. 한국의 발전국가는 기업가들보다 시장의 신호를 읽지 못했을 뿐만 아니라, 무모하게 시장의 힘에 대항하여 싸우며, 때로는 국가 경영자 자신의 이기적인 기득이익을 수호하기 위해 행동하였다.

바로 이러한 국가주의 설명의 결함을 보충해 줄 수 있는 것이 제도주의적 설명이다. 국가는 비록 경제발전이라는 집단재의 생산을 촉진하겠다는 좋은 의도를 가지고 있다 하더라도 사적 부문의 협조 없이는 실패할 수 있다. 발전국가의 지도력은 사적부문으로부터의 추종력이 없으면 제대로 발휘되기 힘들다. 한국의 경우, 국가와 사적 부문 간에 형성된 정책망을 통해 국가 엘리트들은 기업가들에게 투자를 날려버리지 않을 것이며 국민들에게 단기적 손실이 미래의 장기적 이득으로 보상받을 수 있을 것이라고 설득할 수 있었던 것이다.

한국의 경제적 성공은 시장경쟁원리를 충실히 수행했기 때문만도 아니고 국가의 지도력에 의한 것만도 아니다. 한국의 성공은 국가의 지도력과 사적 부문의 추종력(followership)이 적절히 결합했기 때문이며 여기에 경제 외적인 지정학적인 특혜에 기인하였다는 결론을 내릴 수 있다.

7. 민주화, 세계화와 한국 자본주의*

지난 세기에 한국은 산업화와 민주화를 압축적으로 달성하였다. 1960년대와 1970년대에 박정희 주도하에 산업화를 압축적으로, 그리고 돌진적으로 달성하였다. 그러나 오랫동안 민주화가 이루어지지 않은 대표적인 나라라는 오명 또한 쓰고 있었다. 그러다 1980년대 중반에 지중해와 남미의 후발 산업국가에서 번졌던 민주화의 물결에 뒤늦게 동참하였고 1987년 6월에 민주주의로 전환했다. 그 후 빠른 기간 내에 민주주의를 공고화하여 이제 민주주의만이 '우리 동네의 유일한 게임'이라는 인식이 정치인과 시민, 자본가와 노동자들 모두의 머릿속에 뿌리를 내리고 있다.

한국 민주화는 한국 자본주의 성격에 중대한 변화를 가져다주었다. 1980년대 중반까지 한국 자본주의는 전형적인 '권위주의적 자본주의(authoritarian capitalism)'였다. 한국은 권위주의 국가가 노동자의 즉각적인 소비욕구를 억압하는 동시에 관료를 지대추구 이익집단으로부터 격리시키고 모든 자원을 소수 재벌에 집중시켜 산업화를 달성한 대표적인 국가로 지목되었다. 소위 '박정희 모델'로 불리는 한국의 권위주의 산업화 모델은 후후발 산업국가와 사회주의 붕괴 이후

* 이 글은 다음의 글을 수정·보완한 것임. 임혁백, 2005, 〈한국 자본주의의 성격과 노사관계〉 임상훈 외, 《한국형 노사관계 모델 1》, 서울: 한국노동연구원.

의 동구국가들이 모방하려는 산업화 모형이 되었다. 한편, 1987년 이후 한국은 민주주의와 자본주의가 병행 발전할 수 있다는 것을 보여 준 대표적인 사례로 칭송받았다. '자본주의 발전은 민주화의 필수적 전제조건'이라는 립셋(S. M. Lipset)의 테제는 한국 민주화 과정에서 가장 강력한 경험적 증거를 확보했다.

민주화 이후 한국 자본주의가 순탄한 길만 걸은 것은 아니다. 1990년대에 불어 닥친 세계화의 충격에 한국 자본주의는 적절히 대응하지 못했고 결국 1997년에 소위 'IMF위기'로 불리는 외환·금융위기를 맞게 되었다. IMF위기 이후 사실상 한국 경제는 IMF관리체제하에 들어갔고 '워싱턴 콘센서스' 논리에 따라 IMF의 구제금융지원조건(IMF conditionalities)을 충족시키기 위해 신자유주의적 구조조정에 들어가게 되었다. 노사관계 구조조정은 유연적 노동시장 도입으로 나타났다. 이를 위해 김대중 정부는 노사정위원회라는 사회협의기구를 창설하고 노·사·정 3자 사회협약을 시도하였고 2·6사회협약을 이루어 내었다. 2·6사회협약 이후 한국 노사관계는 근본적으로 변했고 그 변화는 아직까지 현재 진행형이다.

1987년 이전 한국 자본주의 정치경제체제와 노사관계

시장체제와 민주주의

한국 자본주의와 노사관계 분석에 들어가기 전에 자본주의하에서 정치경제체제에 관한 일반적인 이론적 논의가 필요하다. 세계화가 시작된 후 시장이 갈채를 받고 있지만 20세기는 시장보다 국가에 경도된 정치경제체제였다. 폴라니(K. Polanyi)가 집중적으로 분석한 19세기 시장사회는 제1차 세계대전으로 파산을 선고받았고, 이후 국가는 단순히 '시장실패'를 교정하는 역할을 넘어서 공격적으로 활동범위를 넓혔다. 제2차 세계대전 이후 국가는 산업화의 단계를 축소하려는 제3세계의 후발산업국가들 뿐 아니라 복지민주주의를 실현하려는 선진화된 제1세계에서도 문제해결의 원천으로 인식되었다. 국가주의 운동은 스탈린주의, 파시즘, 나치즘, 관료적 권위주의와 같은 다양한 권위주의의 등장을 가져왔을 뿐 아니라 사회민주주의자들도 시장의 자기파괴성을 경제와 사회에 대한 국가 개입으로 해결하려 하였다.

그러나 1980년대 이후 제3세계에서 민주화가 일어나고 동구에서 국가사회주의가 몰락하고 제1세계에서 신자유주의적 혁명이 공격적인 국가주의 운동을 종식시키면서 시장주의 시대가 열렸다. 국가는 문제해결의 원천이기보다 문제의 원천으로 인식되었다.[42] 시장실패보다는 국가실패의 해결책을 찾는 것으로 분위기가 바뀌었고, 시장주의자들은 민주주의와 경제발전이라는 신생민주주의의 이중 프로젝트의 해결책으로 시장을 찬미하였다. 20세기 말에 시장은 화려하게 부활하였다.

신자유주의자들에 의하면, 시장은 '민주주의에 가장 잘 맞는 정치적 외피(the best possible political shell for democracy)'이다. 프리드먼(Friedman)에 의하면 자유시장경제는 정치적 자유의 필요조건이다. 왜냐하면 시장경쟁 또는 익명의 개인들 간의 분산된 자원배분이 정치적 자유를 촉진하기 때문이다(Friedman, 1962). 또한 시장은 평등화의 결과를 가져다준다. 시장체제에 의한 차별적 보상은 불리한 위치에 있는 개인들로 하여금 자신의 삶을 개선하기 위해 더 많은 노력을 기울이게 함으로써 장기적으로 부를 평등화하는 결과를 초래한다는 것이다. 신자유주의자들은 일단 시장이 확고하게 자리를 잡으면 시장은 민주주의에 호의적인 환경을 조성한다고 보았다. 자본주의 초기단계에 민주주의가 번성하지 않은 것은 시장이 불완전했기 때문이다.

42 제3세계의 관료적 권위주의는 국가주도에 의한 발전모델, 즉 발전국가모델에 의거하여 산업화를 시도했고, 서구의 사회민주주의 국가들은 케인즈주의적 복지국가모델을 채택하여 생산과 분배의 선순환을 도모했다.

그러나 우리는 시장이 민주주의에 가장 잘 맞는 동반자가 아니라는 맑시스트들의 경고에 귀를 기울일 필요가 있다. 맑스는 "부르주아 민주주의는 부르주아 혁명기의 정치적 형태일 뿐이지 부르주아 생활양식을 유지하는 보수적 형태는 아니다"라고 지적하였다(Marx, 1963: 25). 자유주의자인 린드블럼(Lindblom)도 시장과 민주주의 간의 행복한 동거에 대해 깊은 불신을 표시하였다(Lindblom, 1982). 국가(사회)의 자본에 대한 구조적 종속이론은 시장의 자유는 자본가의 자유일 뿐 다른 모든 사회구성원들에게는 비자유(unfreedom)라고 주장한다(Przeworski and Wallerstein, 1988). 왜냐하면 시장사회에서 국가를 포함한 전 사회는 자본의 소유주에 의해 결정된 자원배분에 자신의 고용, 복지, 소비를 의존하고 있기 때문이다. 투자결정권에서 나오는 '자본가의 특권적 지위(PPB: privileged position of business: Lindblom, 1982)'는 다른 모든 사람들의 선택권을 제한한다. 그들은 자본가의 신임을 상실하지 않는 범위 내에서 선택을 할 수밖에 없는 제약에 빠지게 된다.

이상의 논의는 시장과 민주주의 관계가 고정되어 있는 것이 아니라는 것을 보여 준다. 시장은 정치체제를 특정한 방향으로 인도하지 않는다. 시장은 민주주의는 물론 권위주의와도 결합할 수 있다. 신자유주의자들이 주장하는 것처럼 시장경제는 반드시 더 많은 정치적 자유를 가져오지 않을 수 있다. 시장은 권위주의

〈표 III-1〉 정치경제체제

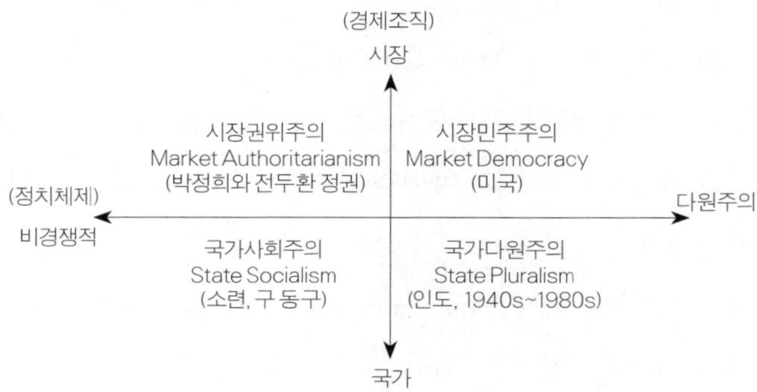

정치체제에서도 번성할 수 있다. 도식적으로 정치경제체제를 정치체제와 경제조직을 기준으로 분류하면 〈표 III-1〉과 같다.

시장민주주의(market democracy)는 자기조절적 시장과 사적 소유권에 의해 운영되는 자유시장경제와 경쟁적 다원주의 정치체제가 결합되었을 때 나타나는 정치경제체제이다. 반면, 경제적으로는 시장이 경제의 주된 조직자이나 정치적으로는 권위주의적 독재자에 의해 권력이 독점되어 있을 때 시장권위주의(market authoritarianism)가 출현한다. 국가사회주의(state socialism)는 경제에 대한 시장의 통제는 물론 공공결정에 대한 인민의 통제도 모두 부정한다. 국가다원주의(state pluralism)하에서는 중앙집권적-집중적 경제와 정치적 다원주의가 결합되어 있다(Soligen, 1993).

박정희 정권 — 시장형성적 권위주의

한국의 권위주의는 시장 권위주의적 특징을 갖고 있었다. 한국의 산업화를 본격적으로 시도한 박정희는 국가소유적이고 국가통제적인 산업화가 아니라 시장지향적 산업화 전략을 선택하였다.

그러나 시장사회는 권위주의적으로 만들어졌다. 박정희의 후발산업화 국가는 산업화를 위해 전前 자본주의적 제도와 문화를 파괴하고, 산업 부르주아지를 형성하고(inventing bourgeoisie), 노동시장을 만들어야 했다. 이 점에서 박정희의 시장권위주의는 시장형성적 권위주의(market shaping authoritarianism)라고 할 수 있다. 시장형성적 국가는 일반적으로 권위주의적이고 자율적인 경향이 있는데 시장을 만들기 위해 국가가 매우 큰 힘과 자원을 집중시켜야 하기 때문이다. 따라서 시장형성적 국가는 찰머스 존슨(Charlmers Johnson)의 말을 빌리면, '시장합리적(market rational)'이기보다는 '계획 합리적(plan rational)'인 국가이다(Johnson, 1982). 국가는 시장적 효율성보다는 국가의 효과(effectiveness)를 중시하고, 국가의 목표달성을 위해 시장을 형성·재형성한다. 국가적 차원의 생산규모 증대가 비교우위에 기초한 이윤극대화 논리를 압도한다(Onis, 1991: 110). 이 단계에서 민주주의가 설 자리는 없다. 시장형성과정에서 국가의 지배적인 역할이 민주주의가 들어설 공간을 폐쇄하기 때문이다.

박정희의 발전국가는 중립적인 시장형성자를 넘어서 개입해서는 안 되는 시장의 금지구역까지 발을 들여놓았다. 박정희의 발전국가는 반소비주의, 생산주의적, 수출지상주의적 편견을 시장에 심어 놓은 편파적인 시장개입국가였다. 박정희의 발전국가는 개입적일 뿐 아니라 소비주의적 목표에 대해 생산주의적 목표를 우선시하며, 핵심 기업집단의 협력을 이끌어 내고, 관료들을 특수 이익집단으로부터 격리시키고, 기업들로 하여금 장기적 위험부담을 감수할 수 있게 하는 안정적이고 예측 가능한 경제환경을 제공할 수 있는 지도력을 갖춘 국가였다.

전두환 정권 — 시장순응적 권위주의

산업화의 초기단계에서는 국가개입이 시장작동에 긍정적 효과를 가지지만, 시장이 형성된 후에는 시장을 왜곡하고 사적 창발성과 역동성을 파괴하는 부정적 효과를 산출한다. 시장형성적 권위주의의 대안으로 등장하는 체제들로 국가사회주의, 시장순응적 권위주의, 시장민주주의가 있는데, 한국의 전두환 정권은 시장순응적 권위주의를 택했다.

1980년 쿠데타로 집권한 전두환 정권은 시장형성적(market shaping) 국가에서 시장순응적(market conforming) 국가로 변모시켰다. 박정희 정권의 시장형성적 정책은 위기 시에 시장이 자율적 조정기능을 수행할 수 없게 되는 결과를 가져왔다. 1970년대 말 박정희 정권의 중화학공업화 실패로부터 교훈을 얻은 전두환 정권은 과도한 국가개입에 의한 자원배분의 왜곡을 시정하고 시장기능을 회복시켜 국제시장의 경기변동에 대한 기업의 적응력을 강화시키는 시장순응적 정책을 추구하였다.

먼저 수입자유화를 통해 국가보호로 얻을 수 있는 독점지대적인 수입을 제거해 기업가들로 하여금 국제시장에 적응하도록 하였다. 다음으로 금융자유화를 통하여 전략산업에 대한 인위적인 금융지원을 철회함으로써 중화학공업과 수출산업에 편중된 금융자원 배분이 시장에서의 비교우위에 따라 이루어지도록 수정하였다(임혁백, 1994: 323).

전두환 정권은 전통적인 신보수주의 경제정책을 따랐고 발전국가에서 규제국가로 역할전환을 꾀하였다. 전두환 정권은 직접적이고 임의적인 개입에서 간접적이고 비非임의적인 지원으로 산업정책을 바꾸었다. 국가는 자신의 역할을 시장실패를 극복하는 역할로 제한했고 모든 경제행위자를 시장규율에 맡겼다. 사적 행위자에 대한 보조금 철회, 통화주의정책, 긴축재정정책은 전두환 정권의 대표적인 신자유주의적 정책이다.

시장순응적 권위주의 국가는 시장기제와 경제자유화를 강조했으나 국가의 억압적 성격을 바꾸지는 않았다. 린드블럼이 지적한 바와 같이, 국가가 시장이라는 감옥으로부터 탈출하려는 시민들을 다시 강제로 집어넣으려 할 때 시장이라는 감옥을 지을 때보다 더 많은 억압적인 권력이 필요할지 모른다(Lindblom, 1982). 시장순응적인 권위주의 국가가 시장형성적인 권위주의 국가보다 더 억압적일 수 있는 것이다.

전두환 정권의 노동정책은 노동자들이 노동시장 안에서 경쟁하도록 강제하기 위해 가능한 모든 수단을 동원했다. 노동자들이 조직화를 통해 집단적으로 자본가들 또는 국가에 분배적 불평등의 시정을 요구할 수 있는 길을 원천적으로 봉쇄하고, 노동자들을 계속 원자화·고립화·개별화된 시장적 상황에 머무르게 했다. 노동자들은 노동시장에서 노동자들끼리 경쟁하도록 강요되었다. 이러한 시장기제에 의해 노동자들을 정치적·경제적으로 배제시키려는 '시장기제적 배제적 억압전략(exclusionary repression by market mechanism)'은 박정희의 유신정권하에서부터 시도되었고 전두환의 시장순응적 권위주의하에서 더욱 강화되었다(임혁백, 1994: 324-325; 송호근, 1991).

전두환 정권은 노조설립을 행정적으로 억제했을 뿐만 아니라 구사대에 의한 노조파괴 행위까지도 용인하였다. 기존 노조에 대해서는 기업별 노조주의를 강제함으로써 노동자들이 노동자 조직을 전국적 또는 산업별 수준으로 조직하여 자본가와 대등한 지위에서 단체교섭을 벌일 수 있는 길을 봉쇄하였다. 또한 복수노조를 허용하지 않음으로써 자율적인 민주노조가 어용노조를 대체할 수 없게 하였다. 조직노동자들의 정치참여를 금지시켰으며 노동자들이 학생, 반체제적 지식인, 야당과 연대를 형성하려는 노력을 저지하였다.

민주화 이후 정치경제체제 — 규제되지 않은 개방경제

시장민주주의

전두환 정권의 시장순응적 경제자유화·경제안정화 정책은 한국 자본주의가 1980년대 초의 침체를 벗고 재도약하는 발판을 마련했다. 그러나 안정화에 따르는 비용을 민중부문에 전가시킴으로써 노동자, 농민, 봉급생활자들의 반발을 불러일으켰다. 폴라니에 의하면, 시장의 횡포는 시장에 의해 고통 받는 자들의 저항운동(counter-movement)을 불러일으킨다. 1980년대 민주화 운동은 시장권위주의에 대한 시민사회의 반격이다. 시민사회는 권위주의가 허용하는 제한된 정치공간을 이용하여 정당을 조직하고 사회운동을 조직하였다. 그러나 '시민사회의 부활(resurrection of civil society)'은 국가와 시민사회 간에 '해결점 없이 장기화된 대치상태(inconclusive of civil protracted standoff)'만을 가져왔다. 이 상태에서 한국 민주화는 '6·29선언'이라는 차선의 해결책(second best solution)에 타협함으로써 시작됐다.

6·29선언 이후 구 권위주의 집권세력과 민주화 연합세력 간에 타협으로 마련된 사회질서 원리가 시장민주주의이다. 시장민주주의는 시장과 민주주의가 결합한 것으로 분산적 경쟁원리가 경제영역에서 뿐만 아니라 정치영역에도 적용된다. 6공화국 노동정책의 기본방향을 제시한 노동법(1987년 11월 개정)은 유신체제와 5공화국에서 유지되었던 노동정치의 기본골격을 유지하는 가운데 노동자들에게 최소한의 조직자유를 부여했다. 먼저 노동조합 조직이 자유로워졌다. 노조설립요건에 대한 규제가 삭제되었고, 노조 해산권과 임원개선 명령권을 삭제하였으며, 단체협약에 의한 유니언숍제도가 제한적으로 허용되었다. 둘째로 집단행동의 자유가 확대되었다. 쟁의행위가 제한되는 공익사업의 범위와 쟁의행위 금지대상이 축소되었으며, 쟁의행위 제한기간이 단축되었다(김준, 1989: 200-202). 그러나 노조의 정치활동, 복수노조, 제3자 개입에 대한 금지조항은 그대로 유지되었고 노동자 조직의 자유를 작업장 내로 한정시키고, 정치영역에서 계급적 조직을 봉쇄했다.

1987년 노동법 개정으로 한국 정치경제는 시장권위주의에서 시장민주주의로 전환했다. 시장권위주의 하의 노동자들에게는 노동시장을 떠날 자유와 노동시장을 떠남으로써 굶어 죽을 자유밖에 주어지지 않는다. 그러나 시장민주주의하에서 노동자들은 노조를 조직하여 자신을 보호할 수 있는 최소한의 절차적 권리를 획득하게 된다. 노동법 개정으로 시장기제적 배제적 억압이 완화되고 '집단교섭 시장(market of collective bargaining)'이 형성되었다. 1987년 이후 한국 노동자들은 파업 또는 작업중단과 같은 집단행동을 통해서 적어도 작업장 단위 또는 기업별 단위에서만은 노동의 독점적 공급자 지위를 획득할 수 있게 되었다. 사회운동세력들(빈민운동, 지역운동, 소비자운동, 환경운동, 여성운동)은 투옥의 위험을 무릅쓰면서까지 집단을 조직하고 집단행동을 벌이지 않아도 되게 되었다.

그러나 변화된 노사관계는 노동자들에게 불리하게 작용했다. 이전과 달리 노동자들은 조직결성의 자유를 획득했으나 정부는 노동자들의 계급적 성격과 힘을 약화시키기 위해 노동자조직을 기업별로 분산적으로 조직하고(기업별 노조주의), 노동과 산별노련의 단위노조지부에 대한 영향력을 제한하였다(제3자 금지조항). 여기에다가 노조의 정치활동을 금지시킴으로써 노동자들이 계급적으로 조직하여 자본가계급 또는 국가와의 정치적 교환(political exchange)을 통한 계급타협의 길을 봉쇄해 버렸다. 결과는 높은 파업률과 빈번한 직장폐쇄가 보여 주는 계급갈등의 첨예화였다.

발전국가의 쇠퇴와 국가규율의 악화

1987년 6·29선언은 민주적 경쟁을 복구시키는 정치적 협약이었다. 그러나 6·29선언에는 실질적인 사회·경제적 민주화에 대한 언급은 없었다. 한국의 민주화는 '성공의 위기'에 의한 민주화였다. 권위주의 정권은 경제발전을 성공적으로 완수했기 때문에 역설적이게도 역사적으로 용도 폐기되었다. 대신 대중에게 더 많은 자유와 복지를 부여해야 한다는 새로운 역사적 필요를 충족시키기 위해 민주주의로 대체되었던 것이다(임혁백, 1994: 160). 성공의 위기로 민주화가 일어난 나라의 경우, 민주정부의 경제정책은 과거 권위주의 체제와 강한 연속성을 갖고 있다. 따라서 민주화로 탄생한 정부는 신보수주의적이고 시장순응적인 전두환 정권의 경제정책을 계승하였다.

전두환 정권부터 시작된 경제자유화, 대외개방화, 탈규제화 정책은 민주화 이후에도 계속 이어져 노태우 정부와 김영삼 정부의 경제정책의 근간을 이루게 되었다. 1980년부터 시작된 발전국가 해체는 민주화 이후 더욱 힘을 받았으나 단기간에 해체되지 않았고, 오히려 시장주의로 전환하는 과정에서 발전국가의 모순과 한계가 드러나게 되었다(임혁백, 1998a: 162).

첫째, 자유화 정책으로 국가는 재벌을 규율할 수 있는 정책적 수단을 상실하게 되었다. 발전국가론에 의하면, 한국의 국가는 생산주의적 목표를 가지고 장기적인 시간적 지평 위에서 민간부문을 지원하였으며, 민간부문에 대한 지원은 엄격한 실적기준에 의해 상과 벌을 주는 방식으로 이루어졌다. 실적과 교환되는 지원체제를 유지하는 핵심적 수단은 국가에 의한 국내산업 보호와 금융자본 장악과 통제였다. 그런데 대외개방으로 국가는 국내시장 보호라는 당근을 통해 재벌을 규율할 수 있는 수단이 줄어들게 되었고, 국가소유의 은행주식 매각과 재벌의 제2금융권 소유·통제·허용 등으로 재벌을 규율해 왔던 가장 강력하고 효과적인 금융통제 수단을 상실하게 되었다. 재벌은 금융자율화에 편승하여 제2금융권을 장악하여 금융을 사금고화했을 뿐만 아니라 외부로부터 통제·견제받지 않는 기업지배구조를 확립하였던 것이다. 금융자율화로 건전한 금융시장이 형성되기보다는 재벌과 금융의 담합체가 형성되었다.

그 결과, 민간주도경제라는 이름하에 재벌의 자율성이 강화되었다. 시장주의로 전환을 이루기 위해서는 경제행위자들이 자기책임하에 투자와 소비를 결정하게 하고, 공정한 경쟁이 이루어지게 하는 제도적 틀이 마련되어 있어야 했으나 한국은 이러한 제도적 장치 없이 자유화가 추진됨으로써 시장강자인 재벌의 권력만을 키웠을 뿐이다. 물론 노태우 정부와 김영삼 정부는 공정거래법, 업종전문화 정책을 통해 경제력이 재벌에 집중되는 것을 방지하고, 재벌을 해체하여 국제경쟁력을 갖춘 전문대기업으로 전환시키려 시도하였으나 재벌은 사보타주를 통해 이를 저지하였고 업종 전문화 정책에 포함된 유인을 이용하여 오히려 경제력을 집중하는 데 성공하였던 것이다(임혁백, 1998a).

둘째, 발전국가가 시장주의로 전환하기 위해서는 시장규율이 확립되어야 한다. 정부와 기업 간 수직적 네트워크가 기업·금융·소비자 간 수평적 네트워크로 대체되어야 한다. 이제까지 정부가 담당해 왔던 기업의 투자결정에 대한 감시기능을 금융시장의 은행과 자본시장의 외부주주로 대체해야 한다. 그러나 은행과 외부주주들은 기업투자에 대한 감시자 역할을 수행하지 못했다(조영철, 1998: 165).

금융자유화는 진행되었으나 발전국가의 잔재인 관치금융이 사라지지 않았고, 정치인·관료·기업 간 담합구조가 존속했다. 따라서 은행은 자율적인 여신심사기능을 수행할 수 없었을 뿐만 아니라 은행 스스로도 파산으로부터 안전을 보장받을 수 있는 재벌기업에게 여신을 자발적으로 집중시켰다. 자본시장 역시 재벌을 규율할 수 없었다. 내부거래, 가격조작, 탈세, 비자금 등에 대한 정보에 주주들이 접근하기 어려웠고 신용평가체제 미비로 인한 정보의 비대칭성은 주주들로 하여금 기업 감시기능을 제대로 수행할 수 없게 하였다(조영철, 1998: 165).

셋째, 정부와 기업 간에 거래비용을 줄여 주고, 정보를 증대시키며, 감시비용을 줄이고 협력과 조정을 촉진하는 사회적 신뢰를 형성시켜 주었던 정책망(policy networks)이 금융을 매개로 지대를 추구하는 공생적 담합체로 변하였다. 재벌은 정치인과 관료들에게 정치헌금과 뇌물을 제공하여 특혜적 금융자원을 획득하는 정경유착구조를 형성했다. '정실자본주의(crony capitalism)'는 발전국가하에서 형성된 국가, 기업, 금융 간 정책네트워크가 타락했을 때 나타나는 현상이다. 정실자본주의 하에서 국가는 사회적 비용증대 위에 자신의 이익을 챙기려는 지대추구적인 '약탈국가(predatory state)'이다.

따라서 정실자본주의하에서 형성된 담합구조를 해체하는 데 있어 시민사회의 역할이 중요하다. 민주주의하에서 시민사회는 국가(금융감독기구)에 의한 금융기관의 건전성을 감독하고 은행에 의한 재벌규율이 이루어지도록 압력을 가하는 역할을 수행할 수 있다. 그러나 한국은 민주화 과정에서 시민사회가 저발전됨으로써 국가, 은행, 기업에 대한 감시가 충분히 일어나지 않았고 결국 정경유착과 담합구조가 해체되지 않았다. 그 결과, 발전국가는 담합국가 또는 약탈국가로 전환하게 되었다(Kim, Eun Mee, 1997).

재벌체제의 비효율성

발전국가는 와해되고 있었으나 발전국가를 대체한 것은 시장경쟁을 최우선으로 삼는 신자유주의 국가가 아니었다. 발전국가 주도의 한국자본주의는 재벌 중심의 민간주도 경제체제로 전환했다. 재벌체제는 발전국가에 의해 키워졌고 비효율성을 내포하고 있었다. 국가는 기업의 이해 당사자로서 노동을 배제시켰고 최대 채권자인 은행과 일반주주도 경영감시자 역할에서 배제시켜 재벌경영에 대한 사회적 감시체제가 취약한 총수 전제적인 족벌지배체제를 방치·조장하였다(이병천, 1998: 64). 사회적 감시가 취약한 재벌체제는 부실의 요인을 안고 있었다.

첫째, 비관련 다각화와 과잉투자 문제를 들 수 있다.

산업화 과정이 압축적으로 일어났기 때문에 재벌은 급속한 변화에 적응하기 위해 하나의 업종에 머무르지 않았다. 1960년대는 경공업제품 수출산업화, 1970년대는 중화학공업화, 1980년대는 첨단산업화로 업종을 다각화하였다. 이 과정에서 기술개발에 기반을 둔 전문 대기업이나 관련부문에 주력하는 전문기업집단이 형성되지 않았고 비관련 부문에까지 사업영역을 확장한 한국형 재벌이 나타났다.

한국 재벌이 비관련 다각화를 추구하게 된 배경은 먼저 후발산업화 과정에서 수익성보다는 성장을 추구하는 전략을 채택했기 때문이다. 산업화 초기단계에서 한국 기업은 특정 상품시장을 장악할 수 있는 기술이나 마케팅 능력을 갖추고 있지 않았다. 따라서 특정 상품시장에 전념하여 제품을 고급화하기보다는 여러 가지 저가·저급 상품시장으로 영역을 확장하면서 성장을 도모하였다(Amsden, 1990: 17). 다각화를 추진하는 기본수단은 상호출자와 상호지급보증, 내부거래이다. 상호출자는 별도의 자본증가 없이도 재벌 전체 규모를 부풀리는 효과가 있다. 상호지급보증은 신용도가 높은 주력기업의 보증을 통해 차입을 증가시키는 수단이며, 내부거래는 계열사를 통한 자금지원 및 적자를 보전하는 수단이었다.

이러한 다각화가 위험부담을 분산시키는 효과를 가져왔다는 주장도 있다. 재벌이 주력 업종에 전문화한다면 경기상황 변화에 따라 파산위험이 증가할 수 있는데 여러 업종에 진입하여 계열을 이루어 산업 포트폴리오를 구성하고 있다면 위험을 감소시킬 수 있다는 것이다. 그러나 다각화와 상호지급보증 관행은 계열 내 여러 기업들의 재무구조를 동시에 악화시키는 효과를 가져와 재벌 전체의 부실화를 초래하였다. 위험분산이 아니라 전 그룹으로 위험을 확산시키는 효과를 가져다준 것이다. 상호출자와 상호지급보증을 통한 사업다각화는 계열사 간 재무구조를 엮어 놓았기 때문에 비주력기업의 부실이 주력기업의 부실화를 초래하여 재벌 전체의 재무구조를 악화시켰던 것이다. 또한 다각화의 수단이었던 상호지급보증, 내부거래, 상호출자 등이 한계기업의 퇴출을 어렵게 하여 기업구조조정을 어렵게 했다.

재벌들은 과잉투자만 한 것이 아니고 중복투자를 감행하는 우를 범하였다. 재벌들은 창의적으로 신사업 분야에 진출하거나 기술혁신을 통한 설비확대를 추구하기보다 높은 수익률이 관찰된 분야에서 '선도기업 따라가기'식 투자를 하였다. LG와 현대의 반도체 투자, 삼성의 자동차산업 진출, 삼성과 현대의 석유화학 분야가 대표적이다. 중복투자는 재벌기업 간에 시장점유율을 둘러싼 경쟁을 자극하여 과잉투자를 더욱 부채질하였다.[43] 더욱이 과잉·중복투자는 한국 재벌들의 수익률 하락을 초래하였다. 한국 재벌들은 신규투자의 재원을 차입을 통해 조달하였다. 그 결과 엄청난 금융비용 지불부담을 안게 되었고, 매출액영업이익률(영업이익/매출액)이 미·일 등 선진국에 비해 낮지 않았음에도 불구하고 금융비용을 지불한 후의 매출액경상이익률(경상이익/매출액)은 급격히 하락하였다.[44]

---

43 삼성의 자동차산업의 진출에 맞서 현대, 대우, 기아가 설비확장으로 맞섬으로써 1997년이 1990년의 3배인 450만 대의 생산능력을 갖추게 되었다(서울대대학원 사회과학대 자치회, 1998: 24).

44 이 점에서 높은 노동비용이 위기를 초래한 주범이라는 재벌의 주장(고비용·저효율 구조론)은 근거가 없다. 왜냐하면 1990년대 기업의 매출액영업이익률은 선진국에 비해 낮지 않았기 때문이다. 노동비용 상

둘째, 차입경영의 문제점을 들 수 있다. 재벌에 의한 과다한 차입이 외환금융위기를 불러일으켰다고 해도 과언이 아니다. 한국 재벌은 자기자본비율이 20.6%에 지나지 않는 취약한 재무구조를 갖고 있기 때문에 외부자금에 의존하는 경영을 해왔다. 재벌의 재무구조가 취약한 원인은 증권시장 기반이 약하여 기업공개와 유상증자를 통한 직접금융이 어렵기 때문에 은행차입 등 간접금융에 의존할 수밖에 없었다는 데에도 있다. 실제로 한국에서는 금리가 규제됨으로써 제도금융권으로부터 차입에 의존하려는 유인이 많았다. 금리규제는 금리차 지대[45]를 형성시켰다. 금리차 지대를 차지하기 위해서 재벌들은 계열사 수를 늘려 나갔다. 더구나 지급이자에 대한 세금감면으로 차입은 비용면에서도 유리하였다(강철구, 1996: 74). 재벌들은 계열기업 간 상호채무보증을 통하여 자기 자본의 수백 %에 달하는 빚을 끌어다 썼다. 더구나 정부의 고도성장정책이 기업으로 하여금 경쟁적으로 사업을 확대하도록 유인했고, 은행대출에 대한 초과수요가 존재하는 상황에서 은행들은 신용도가 높은 재벌기업에 대한 대출을 선호하였으며, 다양한 정책금융 또한 재벌의 차입의존도를 높였다.

직접금융시장이 제약되고 차입경영이 유리한 상태에서 재벌들은 가족지분율과 계열사지분율을 높게 유지하면서 부채를 통하여 기업성장을 실현했다. 이러한 구조 하에서 재벌총수들은 스스로 원치 않는 소유분산을 위해 노력할 인센티브가 전혀 없었다(유승민, 1996a: 47). 자본시장 미발달과 특혜적 간접금융이 한국 재벌의 가족소유 자본주의를 유지시켜 왔던 것이다.

과도한 차입경영은 재벌의 수익성을 악화시켰다. 저축률이 세계적으로 높은 수준인 30% 이상임에도 불구하고 높은 이자율을 유지하게 하였고, 이는 재벌에 과도한 금융비용의 지불을 강요하였으며 수익성을 악화시켰다. 또한 자산구성

승이 투자수익성을 감소시켰다는 주장은 타당하지 않다(서울대대학원 사회과학대 자치회, 1998: 25).

45 금리차 지대란 사회적 평균금리와 재벌이 지불하는 금리 간 격차에 따라 발생하는 지대이다.

면에서 안정성을 약화시키고 불안정한 금융시장에 대한 노출도를 높임으로써 외생적 충격에 의한 파산위기를 자초하였다.

금융자율화 실패

발전국가의 최대 취약지구는 금융부문이었다. 한국의 발전국가모델에서 정부는 은행을 정부의 산업정책 기준에 따라 수동적으로 여신배분을 집행하는 실무창구로 만들어 버렸다. 정부가 개별기업의 사업 타당성을 심사하였기 때문에 은행은 정부승인을 받은 사업에 대해 별도로 여신심사를 할 필요가 없었다. 기업투자의 부실이 발생하더라도 은행은 부실투자를 사후적으로 조정해 주는 정부라는 든든한 보험자를 갖고 있었다(조영철, 1998: 153). 따라서 발전국가에서 은행은 독자적인 권한과 책임감을 갖고 기업경영을 감시하는 역할을 제대로 수행할 필요가 없었다. 발전국가의 관치금융적 개입방식이 은행과 금융산업의 저발전을 자초하였다.

금융통제와 노동통제를 핵심 정책수단으로 보유하고 있었던 한국 발전국가의 해체는 금융자유화로부터 시작되었다.[46] 금융자유화에 따라 은행이 재벌에 대한 여신심사기능을 제대로 수행할 수 있도록 하기 위해 정부는 주거래은행제도를 도입하였다. 그러나 주거래은행제도는 재벌에 대한 여신집중 억제, 업종 전문화, 부동산투기 억제 등 정부의 재벌정책 기능을 주거래은행에 대행시키는 것을 주목적으로 하고 있었기 때문에 채권자와 채무자 간에 주인과 대리인 문제를 해결하는 제도적 장치로 기능하기 어려웠다.[47] 금융자유화로 인한 금리경쟁 강화와 진입규제 완화는 금융기관들 간 경쟁을 치열하게 함으로써 금융기관들로 하여금

---

46 노동통제 해제는 김영삼 정부 말기까지 해결되지 않은 문제였다.

47 실제로 재벌관계 기업에 대한 주거래은행의 대출보다 타 은행의 대출이 큰 경우가 많이 나타났다(조영철, 1998).

위험자산을 중심으로 자산을 구성하도록 하는 유인을 증대시키고 이는 금융시스템 불안정성을 증대시킬 수 있다. 더욱이 한국에서 은행들은 자율적으로 기업, 특히 재벌기업들에 대해 사전적 감시기능을 수행한 적이 없고 경영실패에 대해 사후적으로도 제재를 가한 적이 없었다. 금융기관들 또한 재벌에 대한 감시자 역할을 수행하지 않았다. 따라서 금융자율화는 금융의 재벌종속을 가속화시켰고 재벌이 금융을 독점함으로써 재벌의 경제력을 집중시키는 결과만을 가져왔다.

금융산업에 대한 진입규제 완화로 재벌은 제2금융권에 진출하였고 은행의 대주주가 될 수 있었다. 재벌의 계열기업으로 편입됨으로써 파산위험에서 벗어나게 된 제2금융권은 자기책임하에 경영을 할 필요가 없게 되었고 재벌의 사금고가 되어 버렸다. 금융산업 내에서 영업규제가 완화되자 금융기관들 간 경쟁이 격화되었고 재벌의 사금고가 된 제2금융권과의 경쟁 때문에 은행도 재벌의 감시자가 되기보다는 재벌의 자금줄이 되어 버렸다(송민경, 1998: 285).

노사관계 — 다원주의적 온정주의

노태우 정권에서 국가가 병영적 통제를 통해 노동과 자본의 이익집단 간 문제를 대리 해결해 주었던 권위주의 시대의 관행은 사라졌다. 그러나 기업노조주의가 권위주의 시대 이후에도 계속 유지됨으로써 미국형의 다원주의적 산업관계의 나쁜 모습, 즉 낮은 노조조직률, 분열된 노동운동, 높은 파업률 등이 나타났다. 다원주의적 기업노조주의하에서는 노조와 기업, 그리고 노조 간의 시장적 경쟁관계가 지배한다. 분산화된 노조들은 경쟁적으로 임금을 인상하려 하며 기업들은 이에 대해 대결전략으로 대응한다. 극단적 다원주의하에서 기업과 노조들은 경제적 안정과 성장이라는 장기적 이익을 희생시켜 가면서까지 단기적 이익을 추구하려 한다. 춘투 후에 춘협이 이루어지는 것이 민주화 이후 한국에서 임금협상이 이루어지는 일반적 유형이었다. 높은 파업률, 공장폐쇄, 농성현장에 경찰 투입은 노태우·김영삼 정권이 극단적 다원주의를 채택함으로써 치러야 했던 비용이었다.

노태우 정권에서 노사관계의 또 다른 특징은 기업온정주의이다. 국가가 아니라 기업이 노동자들 복지에 대한 핵심적 역할을 수행해 왔다. 한국 기업들은 사원주택 제공, 주택구입자금 지원, 교육비 지원, 스포츠와 건강단련시설 등을 제공하였다. 이러한 회사복지를 제공하는 대가로 기업경영자들은 노동자들에게 회사에 대한 충성과 애사심, 기업문화, 생산주의적 이데올로기의 내면화, 품질관리, 무결점과 같은 생산성 향상운동에 동참할 것을 요구하였다.

그런데 한국의 기업온정주의는 일본 기업온정주의의 변형된 형태이다. 왜냐하면 일본 모델의 핵심인 연공서열과 종신고용을 통한 기업내부 노동시장 형성, 기업복지 제공을 통해 형성된 회사와 밀착된 '회사노조' 없이 대기업 중심의 온정주의가 하방적으로 시행되고 있기 때문이다. 오히려 직무평가에 의한 인사고과제와 성과급제 도입에서 보는 바와 같이 노동유연화와 노동강도 강화를 주요 특징으로 하고 있었다.

1987년 민주화 이후에 형성된 노동 거버넌스는 '다원주의적 기업노조주의'와 '온정주의적 기업복지주의'가 결합한 양태로 나타났다. 다원주의와 온정주의의 결합으로 특징지어지는 노태우·김영삼 정권의 노사관계는 조직노동자들을 노·사·정 3자 간 삼각동반자 네트워크 속에 통합시키지 못했다. 개별노조들은 단체협상에서 정당한 당사자로 인정을 받고 있지만 '동반자(associates)' 지위를 획득하지 못한 채 여전히 산업관계의 '제휴자(affiliates)'로 취급되고 있다.[48] 한국의 노조는 자신의 모든 복지를 회사 경영자에게 온정주의적으로 의존하고 있으며, 기업단위를 넘어선 노동조직과 어떤 연계도 맺고 있지 않다는 점에서 상대적 자율성

48 여기서 사용한 동반자(associates)는 "공동목적으로 결합한 집단"이며, 제휴자(affiliates)는 "양자로 결연·입적"을 의미한다. 그러나 여기서는 "성향과 기호에 의해 맺어진 관계" 라는 의미로 사용했다(Onions, 1964).

기반을 보유하고 있는 일본의 노조보다 더 엄밀한 의미에서 회사노조이다.[49] 그러나 한국의 노조는 단지 회사에 고용되었다는 것 외에 다른 관계를 맺고 있지 않다는 점에서 제휴자일 뿐이었다.

한국의 산업관계에서 노사 간 동반자 관계의 형성을 막아 온 제도적 장치는 복수노조금지, 3자 개입금지, 노조정치활동금지라는 3악 또는 3금이었다. 복수노조를 금지함으로써 민노총과 같은 장외노동세력이 노동정치의 제도권으로 진입하는 것을 차단하였다. 제도권 노동정치로 진입이 저지된 장외노동운동세력들은 제도권 노동운동세력의 정통성에 도전하였을 뿐만 아니라 대결적 노사관계를 주도하였다. 3자 개입금지는 전국적·지방적 수준에서 노동자들이 연대적인 결사체 조직을 결성하는 것을 사실상 불가능하게 하였다. 노조정치활동을 금지함으로써 산업현장에서 구조적으로 열등한 지위를 감수할 수밖에 없는 노동자들이 자신들의 계급적 이익을 실현하기 위해 노동자들을 정치적으로 조직하고 이를 통해 국가 또는 정치 엘리트들과 '정치적 교환(political exchange: Pizzorno, 1978)'을 시도, 산업현장에서 합의된 타협비용(예: 임금자제)을 복지제공과 같은 국가에 의한 간접적 소득이전(사회적 임금)으로 보상받을 수 있는 길을 차단하였다.

유산된 사회협약

김영삼 정부는 노태우 정부의 기업노조주의와 온정주의적 회사복지라는 노동 거버넌스를 물려받았다. 그러나 임금이 생산성 증가를 훨씬 넘어서 급격히 상승하자 정부와 기업은 임금부상(wage drift)을 수출 주도 성장모델에 중대한 위협으로 인식하게 되었다. 노태우 정부는 일방적으로 위로부터 '임금가이드라인'을 부과하

49 시미다(Shimida)는 기업노조와 회사노조를 구분하면서 일본의 노조는 기업노조에 가깝다고 주장한다. 그에 의하면, "기업노조는 블루칼라와 화이트칼라 노동자를 불문하고 모든 동일한 기업의 고용원들이 단일 노조로 조직되어 있는 반면, 회사노조는 노동자들 스스로의 발의와 노동자들의 자유선택에 의해 조직된다(Shimida, 1983: 8)."

였으나 김영삼 정부는 노동과 자본의 대표가 양자협약을 통해 임금률을 결정하라고 설득하였다. 그리하여 김영삼 정부하에서 한국노총과 경총 대표 간에 1993년에 '4·1 임금협약'과 1994년에 '3·30 임금협약'이라는 두 차례의 원초적 사회협약이 이루어졌다.[50] 그러나 임금인상을 억제하기 위해 마련된 두 차례의 거시적 사회협약은 작동하지 않았다. 왜냐하면 노조들은 자신들의 조직대표가 합의한 임금가이드라인을 지키지 않았고, 재벌기업들이 임금가이드라인으로 억제된 임금을 보너스와 추가수당으로 보조·보상해 주었기 때문이다.

그 후 김영삼 정부는 세계화 충격에 대응하고 OECD에 가입하기 위해 OECD와 ILO가 요구하는 노동 글로벌 스탠더드를 충족시키고자 노동 거버넌스 개혁을 추진하였다. 김영삼 정부는 시원적 형태의 3자 협의주의(tripartism) 방식으로 노동개혁을 추진하기 위해 노사관계개혁위원회(노개위)[51]를 설립하고 노동과 자본, 그리고 공익 대표들 간 협의로 노동개혁안을 마련하려 하였다. 그러나 김영삼 정부는 노사관계의 민주화와 노동시장의 유연화라는 이중적 도전에 대응하는 새로운 노동 거버넌스를 만들어 내는 데 실패하였다. 정부가 노개위에 직접적으로 참여하지 않았기 때문에 노동자와 기업들은 그들이 타협하여 합의한 개혁이 이행될 수 있다는 것을 신뢰하지 않았다.

1996년 5월 9일, 유연한 노동시장 요구와 노사관계 민주화 요구를 충족시키

50 노태우 정부에서도 1990년 4월에 국민경제사회협의회(경사협)라는 원초적 3자 협의기구가 발족했고 1991년 3월과 1992년 2월, 대통령 주제 하에 두 차례의 '사회적합의 대토론회'가 개최됨으로써 사회적 조합주의(social corporatism)에 대한 정책적 검토가 시작되었다. 그러나 정교화된 프로그램이나 제도적 장치가 마련되지 못하였고, 노·사·정 간 신뢰감이 결여된 상태에서 이러한 시도들은 성공할 수 없었다(최영기, 1999; 선한승, 2001).

51 세계화 시대에 걸맞은 새로운 노사관계 구축을 위해 발족된 노사관계개혁위원회는 기본적으로 노사대표 각 5명, 학계대표 10명, 공익대표 10명으로 총 30명으로 구성되었다. 이와 함께 정부와의 협력을 원활하게 하기 위해 관계부처 차관급 공무원 4명이 특별위원으로 위촉되었다. 또한 위원회 활동을 실질적으로 지원하고 정론 형성을 주도하기 위해 언론계, 학계, 노사단체, 시민단체 등 관계 전문가 30명을 자문위원으로 임명했다.

는 노동개혁안을 만들기 위해 비합법 노동단체인 민주노총과 합법 노동단체인 한국노총, 기업대표인 경총 그리고 공익대표로 구성된 노개위가 발족했다. 그러나 복수노조, 노조의 정치활동, 3자 개입, 유연적 노동시장 등 핵심사안에 대해 노조대표와 기업대표 간에 심각한 의견대립이 표출되었고, 10월 1일 민주노총은 노개위 불참을 선언하고 노개위를 빠져나와 버렸다.

그 후 노개위는 공익(public interest)에 기초한 안을 대통령에게 제출하였고, 이를 바탕으로 1996년 11월 13일 김영삼 정부는 '노사관계개혁추진위원회'를 구성하였으며 이 위원회를 통해 정부안을 마련, 국회에 제출하였다. 산고 끝에 나온 개정 노동법은 정리해고제, 변형근로제, 파업기간 중 임금지급금지(무노동 무임금) 등 자본이 요구하는 노동시장 유연성을 강화하는 조치를 모두 승인하였다. 그러나 노동에 대해서는 정치활동만 허용하고 복수노조나 3자 개입은 유예 또는 연기하는 등 자본에 일방적으로 편향적인 개악 노동법을 통과시켰다. 더욱이 이 개정법안마저도 1996년 12월 30일 국회에서 여당의 친기업적 의원들에 의해 기업구미에 맞게 바뀐 또 다른 개정 노동법안으로 바뀌어 날치기로 통과되었다.

이에 분노한 노동계는 격렬하게 저항하였다. 노동계는 1997년 들어 1987년 노동자대투쟁 이후 가장 격렬한 총파업에 돌입하였다. 1997년 총파업은 민주노총이 시작하고 한국노총과 사회운동조직들이 참가함으로써 6월 민주화항쟁 이후 가장 대규모의 전국적인 사회적 항의운동으로 발전하였다. 노동법 파동은 1987년 이래 처음으로 노동운동과 민주화 운동 사이에 대연합 형성을 가능하게 했고, 정부와 자본으로 하여금 노동자들의 요구를 수용하는 방향으로 노동법을 개정하도록 강요하였다. 결국 김영삼 정부는 아래로부터의 항의에 굴복하여 여야합의로 노동법 개혁을 약속하였고, 1997년 3월 10일 국회는 새 노동법을 통과시켰다. 1997년 노동법 개정으로 최초로 장외 노동운동조직들이 제도권 내로 진입하였으며, 세계화 시대에 노동시장 유연성을 확보하기 위한 제도적 장치를 마련하였다.

김영삼 정부는 세계화의 요구에 맞추어 노동시장을 유연화하면서, 자율적인 노동운동을 막아 왔던 노동법의 3악을 철폐하는 노사관계 민주화라는 '두 마리 토끼'를 동시에 잡으려 하였다. 그러나 노동법 개정협상이 진행되면서 정부 내에 세계화 시대를 대비한 국제경쟁력 강화 논리가 산업민주화 논리를 압도하게 되면서 결국 김영삼 정부는 민주화와 세계화라는 두 도전을 충족시킬 수 있는 새로운 노동지배를 만드는 데 실패하였다.

김대중 정부의 정치경제
— 신자유주의와 3자 협의주의의 공존

1997년 경제위기의 도래와 평화적 정권교체

1997년 말에 한국은 동아시아 신생민주주의 국가들 중에서 처음으로 여당에서 야당으로 평화적인 정권교체를 이루어 냈고 이로 인해 민주주의 공고화에 획기적인 진전을 이룩했다. 그러나 평화적 정권교체는 동아시아에서 시작된 금융위기로 타격을 받으면서 경제위기와 함께 이루어졌다.

한국은 위기에서 탈출하기 위해 IMF로부터 구제금융을 받아야 하는 사태를 맞게 되었고 위기극복 처방으로 신자유주의 개혁을 요구했다. 정부·기업·금융·노동 전 부문에 시장질서를 재확립하라는 구조조정 프로젝트를 제시했다.

한국의 경제위기가 1997년 말 외환위기로부터 온 것은 사실이나 단순히 외부의 경제충격에 대한 대응실패라는 차원으로만 설명할 수 없다. 한국의 경제위기 원인에 관해서는 다양한 설명이 있다. 첫째, '날벼락론' 또는 '전염효과론'이 있다. 이는 한국의 경제위기가 현상적으로 어느 날 갑자기 왔다는 것으로 시작한다. 제프리 삭스(Jeffrey Sachs) 교수는 한국은 30년 이상 지속되어 온 수출주도형 성장모델의 전형이었고 위기가 일어나기 전에 OECD라는 선진경제클럽 회원으로 초청을 받았다는 것을 지적하면서, 한국의 경제위기는 장기간 지속된 경제상황 악화에 기인한 것이 아니라 한국 경제가 장기간 성장을 계속할 것이라는 낙관적 전망에 기초해 유입된 외국투자자본이 급작스럽게 철수했기 때문에 발생했다고 주장하였다(Radelet and Sachs, 1998: 2).

1997년 동아시아 금융위기의 진원지인 태국과 달리 한국은 1997년 3/4분기까지만 하더라도 금융붕괴(financial meltdown)를 예견할 수 없을 정도로 모든 지표가 건실하였다. 높은 수준의 저축률이 유지되고 있었으며, 정부는 건전한 재정기조를 유지하고 있었고, 인플레이션 문제도 우려할 정도가 아니었다(Radelet and Sachs, 1998:13). 한국의 경상수지 적자비율은 1995년 GDP 대비 2.0%에서 1996년 4.7%로 증가하였다. 그러나 국제적으로 경상수지 적자비율이 8~10%일 때 외환위기가 발생한다는 점을 고려하면 한국의 경상수지 적자비율은 외환위기를 발생시킬 정도로 높은 수준이 아니었다. 그리고 1996년 GNP 대비 총외채 비율이 21.8%로 1985년의 51.4%에 비해 매우 낮은 수준이었다. 세계시장 조건도 위기를 예고할 정도로 악화되어 있지 않았다. 국제금리는 낮은 수준으로 유지되고 있었고, 주요상품과 원자재, 원유가격도 안정되어 있었다. IMF, 세계은행, 국제신용평가기관 중 어느 누구도 11월 이전에 한국에 외환위기가 일어날 것이라고 경고하지 않았다. 요약하자면 1997년 한국의 외환위기는 예견된 것이 아니었다는 것이다(Radelet and Sachs, 1998).

그런데 왜 한국에서 외환위기가 일어났는가? '날벼락론'에 의하면, 외환위기는 경제적 기초와 관계없이 국제투자자들의 공황심리에 의해 일어날 수 있다는 것이다. 경제적 기초가 튼튼하더라도 투자자들이 어떤 이유에서건 투자를 회수하기 시작하면 날벼락처럼 외환위기가 일어나는 반면에, 경제적 기초가 부실하더라도 투자자들이 투자를 회수하지 않으면 외환위기는 일어나지 않는다는 것이다(정진영, 1999). 한국은 동남아의 통화위기가 한국에 전염되어 외환위기가 발생했다는 것이다. 1997년 7월 태국과 인도네시아에서 통화위기가 발생하자 투자자들은 아시아지역의 대출위험을 축소하기 위해 이 지역에 대한 자금운용 비중을 낮추기 시작하였고, 한국에 대해서도 자금회수 압력을 가하기 시작했다(김동원, 1998: 237-238). 국제금융자본이 단기외채에 대한 상환연장을 거부하고 주식시장에서 투자자본을 철수하게 되면서 외환위기가 발생하였고, 가용외환보유고가 낮았음에도 불구하고 무모하게 외환시장에 개입하여 환율을 방어하려 했던 정부의 실책까지 겹쳐서 한국은 국가부도의 위기에까지 몰렸다는 것이다.

둘째, 한국의 책임을 강조하는 구조적 결함론이 있다. 즉, 경제적 기초가 튼튼했다면 외국투자자본이 투기적 공격을 감행할 가능성이 적었을 것이라는 것이다. 태국과 인도네시아에서 발생한 금융위기로부터 싱가포르나 대만이 벗어날 수 있었던 사실은 경제적 기초가 튼튼한 나라들은 국제투기자본의 공격대상이 될 확률이 적으며, 투기자본의 공격이 있더라도 방어할 수 있는 능력이 있다는 것을 보여 준다. 구조적 결함론을 주장하는 학자들은 한국의 금융위기는 금융패닉 때문이 아니라 경제적 기초(fundamentals)에 문제가 있었기 때문이라고 지적한다. 우선 통화가 과도하게 과대평가되었다는 것이다. 동아시아 경제에 대한 낙관적 전망은 많은 외국자본의 유입을 가져왔고, 그것은 한국 화폐의 평가절상효과를 가져왔고, 이는 다시 한국상품의 가격경쟁력을 떨어뜨렸다. 가격경쟁력 약화로 무역거래에서 적신호가 나타났고 적신호를 더욱 붉게 만든 데는 일본의 경제불황과 1994년에 실시된 중국의 평가절하가 한몫을 했다(Corsetti, Pesenti and Roubini, 1998).

셋째, 위험부담이 크면서도 이윤이 낮은 프로젝트에 대한 기업들의 과잉투자가 한국 경제를 부실하게 만들었다는 것이다. 문제는 대기업의 잘못된 과잉설비투자가 주범이었다.[52] 대기업의 과잉투자가 기업을 부실화시키고 자금을 대여해

52 자산 및 부동산과 같은 비교역부문(non-traded sectors)에 대한 과잉투자를 한 동남아시아의 기업들과

준 금융기관까지 부실화시켰던 것이다. 그런데 기업은 투자자금을 해외로부터 조달하려 하였다. 1992년 428억 달러, 1993년 439억 달러 수준을 유지하던 외채가 1996년 800억 달러로 급증한 것이 이를 반영해 준다. 금융자유화로 외국인 주식투자와 해외채권발행이 여신관리대상에 해당되지 않았기 때문에 외채가 재벌의 경쟁적 설비투자 확장을 위한 재원으로 활용되었던 것이다. 그런데 금융기관들은 단기외채를 선호하였다. 중·장기외채를 조달하는 데는 상당 기간의 준비와 비용이 드는 데 반해 단기외채에 대해서는 적절한 규제가 없었기 때문이다. 여기에 더하여 금융부문 내에 단기금융을 기본업무로 하는 종금사와 같은 제2금융권 비중이 높아진 것도 단기외채 비중을 높이는 데 기여하였다(유철규, 1998: 213).

한국의 외환위기는 불황기에 재벌이 설비투자자본을 해외에서 조달하려 했다는 데서 출발하였다. 한보사태와 기아사태를 계기로 한국 재벌의 부실이 노출되면서 금융기관들과 기업들의 해외차입 여건이 악화되었고, 아시아 국가들의 통화위기는 외국금융기관들의 한국 경제에 대한 불신을 더욱 증폭시키는 계기가 되었다고 볼 수 있다. 동남아시아의 통화위기가 한국에 도달하자 통화평가절하가 가속화되었고, 이는 기업과 금융기관의 외채상환 부담을 가중시켜 외환위기를 더욱 악화시켰다. 여기에 문제를 더욱 악화시킨 것은 한국의 외채가 단기차입 위주로 구성되어 있었기 때문에 위기와 함께 곧바로 해외채권자로부터 외채상환 압력을 받았다는 것이다.

결론적으로, 외환위기는 한국 경제가 안고 있었던 구조적인 문제와 외부로부터 밀어닥친 국제금융시장의 충격이 복합적으로 작용한 결과이다. 통화의 과대평가, 국제경쟁력의 약화, 국제수지적자의 축적, 과잉투자와 과잉해외차입, 단기외채 비중의 증가 등과 같은 한국 경제가 안고 있었던 구조적인 문제가 국가위험도

달리 한국 대기업들은 교역부문, 즉 생산설비에 대해 과잉투자를 하였다(Corsetti, Pesenti and Roubini, 1998).

를 증가시켜 국제금융시장에서 한국에 대한 신뢰를 떨어뜨리는 원인으로 작용하였고,[53] 국제금융시장의 충격은 한국 경제를 위기로 몰아붙이는 점화자의 역할을 하였다. 한국 경제가 안고 있었던 구조적 부실이 외환위기를 가져오는 데 필요조건의 역할을 하였다면, 국제금융시장의 충격은 충분조건의 역할을 한 것이다(김동원, 1998: 245).

경제위기는 과거 한국의 경제성장을 주도해 왔던 발전국가체제의 효율성이 소진되면서 새로운 체제로 전환을 이루지 못한 데서 그 구조적 원인을 찾아볼 수 있다. 다시 말해, 민주화 이후 기존의 성장을 이끌었던 발전국가체제가 쇠퇴하고 시장이 중심이 되는 경제체제로의 전환이 시도되었으나 시장적 규율이 작동하지 않는, 규제되지 않은 민간주도경제로 전환되었기 때문이다. 시장기능 강화가 오히려 재벌의 경제력 집중을 강화시켰고, 통제되지 않은 재벌의 부실한 과잉투자가 금융을 부실화시키고 마침내는 한국 경제 전체를 위기로 몰아넣었던 것이다.

경제구조조정 — 금융정상화와 기업 구조조정

김대중 정부의 경제개혁은 이중적으로 진행되었다. 한편으로는 경제위기 국면을 해소하면서 경제를 정상화하는 것이고, 다른 한편으로는 국내외적으로 변화된 환경에서 경쟁력을 확보하고 복지를 극대화할 수 있는 새로운 신자유주의적 자본주의 모델을 만드는 것이다.

김대중 정부는 먼저 금융기관의 회생·정리에 나섰다. 금융기관이 정상화되어야 한국 경제의 정상적인 혈액순환이 재개될 것이기 때문이었다. 금융구조조정의 당면과제는 부실채권과 부실 금융기관의 처리였다. 부실 금융기관을 정리하는

53 대만, 싱가포르, 홍콩, 중국 등이 동아시아 환란으로부터 덜 전염될 수 있었던 요인은 경상수지 흑자, 낮은 단기외채 비율, 유연한 환율조정체제 등과 같은 건실한 거시경제적 기초에 있었다(Corsetti, Pesenti and Roubini, 1998).

방식에는 세 가지가 있었다. ①청산, ②인수합병, ③자산부채인수 방식이다.

첫째, 청산에 의한 정리는 부실 금융기관에 대해 영업을 정지시킨 후 예금자에 대해서는 예금보험공사가 예금을 대지급하고, 예금보험공사는 채권을 만기일에 회수하고 관련 자산의 회수가 종료되면 청산절차를 거쳐서 정리하는 방식이다. 이 방식은 부실 금융기관을 신속하게 정리할 수 있게 하고 금융기관의 주주와 경영진에게 부실책임을 물음으로써 도덕적 해이를 방지하는 장점이 있다. 그러나 선先예금 인출 후後자산회수에 따른 예금대지급용으로 정부의 막대한 자금지원이 필요할 뿐만 아니라 부실 금융기관을 청산하는 과정에서 대출금 회수에 따른 기업부도 사태와 유가증권 매각에 따른 시중금리 상승 등 부작용이 발생하는 단점이 있다.

둘째, 인수·합병에 의한 정리는 부실 금융기관들 간 또는 부실 금융기관과 우량 금융기관 간 합병을 통해 인원을 감축하고 점포를 정리하며 시스템을 통합하는 방식이다. 이 경우 정부는 부실채권 매입, 증자 참여, 유동성 지원 등을 통하여 합병된 금융기관의 정상화를 도울 수 있다. 인수·합병방식은 부실 금융기관 정리에 따른 사회적 충격을 완화하고, 합병에 따른 시너지 효과가 있을 경우 정부지원을 축소할 수 있는 장점이 있다. 그러나 부실 금융기관 자산의 잠재적 부실 가능성 때문에 우량 금융기관까지 부실화될 수 있는 단점이 있다. 또한 합병 후 인력, 점포, 시스템 등의 통합이 어려워질 경우 경영상태가 오히려 악화될 수도 있으며, 합병과정이 장시간을 요구하기 때문에 이 과정에서 비용이 증가할 수 있다.

셋째, 자산부채이전(Purchases and Assumptions: P&A) 방식은 우량 금융기관이 부실 금융기관의 부실채권을 제외한 우량자산과 부채를 인수하고 인수되지 않은 부실채권은 부실채권 전담은행(bad bank)이 인수한 후 매각-회수하는 방식이다. 이 경우 부실 금융기관 자산과 부채 인수에 따른 BIS비율 하락을 방지하기 위해 우량 금융기관은 추가증자가 필요하며 증가 필요분을 정부가 지원해야 한다. 자산부채이전 방식은 비교적 신속하게 부실 금융기관을 정리하는 것이 가능하고, 부실 금융기관의 주주와 경영진에게 책임을 물음으로써 도덕적 해이를 방지할 수 있으며, 부실 금융기관 정리에 따른 사회적 충격을 완화할 수 있는 장점이 있다. 그러나 이 경우 정부지원 규모가 커지는 단점이 있다. 자산증가에 따른 인수은행의 BIS비율 하락을 방지하고 정리은행의 부실채권 매입을 위해 막대한 정부자원 지원이 필요해기지 때문이다. 그리고 우량자산 판정과 가격평가 절차가 복잡하다는 점도 단점으로 지적된다.

김대중 정부는 부실금융을 정리한 뒤, 금융부문 구조조정에 나섰다. 정부의 개입과 지원은 피할 수 없으며, 이미 와해된 시장에 맡겨서 해결될 수 있는 것이 아니었다. 실제로 미국, 멕시코, 스웨덴, 핀란드, 노르웨이 등은 부실 금융기관을 정리하기 위해 이 정리과정에서 발생한 비용을 정부가 부담하는 방식을 취했다. 따라서 김대중 정부는 정부지원을 전제로 금융기관 정리과정을 신속하고 투명하게 진행하였다. 금융기관 경영자에게 책임을 묻고 도덕적 해이가 발생할 수 있는 소지를 없애는 제도적 장치를 마련하는 데 노력을 기울였다.

신자유주의적 구조개혁의 또 다른 핵심은 재벌개혁이었다. 한국 재벌은 한국의 기적을 가져온 주역이었다. 그런데 이 신화의 주인공은 어느 날 갑자기 하늘에서 지옥으로 추락하였다. 외환금융위기 이후 한국 재벌들은 경제위기를 가져온 책임을 뒤집어쓰고 자기 개혁을 강요당하였다.

기업 구조조정의 기본원칙은 1998년 2월 6일, 당시 김대중 대통령 당선자와 5대 재벌총수 간에 이뤄진 '5대 합의사항'에서 마련되었다. 5대 합의사항의 첫 번째는 기업경영의 투명성을 제고하는 것이다. 이를 위해 국제기준에 부합되는 기업회계기준(특히, 결합재무제표)을 도입하고 독립적인 사외이사를 선임하고 소액주주의 권리를 강화함으로써 주주에게 책임지는 지배구조를 구현하는 것이다. 두 번째는 계열사들 간 내부보조행위를 시정하고 개별기업의 재무독립성을 제고하며 상호채무보증을 해소하는 것이다. 세 번째는 기업의 차입의존도를 낮추고 자기자본을 확충하여 재무구조를 개선하고 수익성 없는 사업과 자산을 매각해 수익성 위주의 경영으로 전환하는 것이다. 네 번째는 다각화된 사업구조를 핵심역량 중심의 사업구조로 전환하고 중소기업과의 협력관계를 강화하는 것이다. 다섯 번째는 기업을 지배하는 대주주나 경영자의 법적 책임을 강화하는 것이다.[54]

김대중 정부는 첫째, 기업지배구조(corporate governance)를 개혁했다.[55] 한국의 경제위기는 한국 경제의 주역인 재벌의 부실경영에 있고, 재벌들의 방만한 차입경영, 부분별한 다각화, 과잉중복투자가 가능했던 것은 잘못된 경영관행을 감시·통제할 수 없었던 기업지배구조 때문이다.[56] 말하자면, 재벌의 실패는 기본적으로 기업지배구조의 실패이다. 기업으로 하여금 최고 경영능력을 창출하도록 감시하고 견제하는 기업지배구조를 한국 재벌은 갖고 있지 않았다. 한국의 자본주의는 미국의 주주 자본주의(shareholder capitalism)도 아니고 일본과 독일의 이해관계자 자본주의(stakeholder capitalism)도 아니다. 한국의 자본주의는 '가족소유 자본주의'였다. 재벌체제하에서 전문성이 부족한 재벌총수가 독단적으로 의사결정을 하고 부문별하게 사업을 확장할 수 있었던 것은 이사회를 통한 내부 감시기제와 자본시장 및 금융시장에 의한 외부적 감시가 모두 부재했기 때문이다.

기업지배구조에서 견제와 감시기능을 수행하는 내부 감시기제로는 주주총회, 이사회, 감사 등을 들 수 있다. 사실상 대주주가 지배하는 한국 기업의 이사회는 최고경영자를 임면하는 실질적 권한을 갖고 있지 않았으며 오히려 이사회 이사가 오너 대주주에 의해 선임·해임되고 있었다. 한국 기업의 이사회는 경영자가 이

54 5대합의사항은 한국형 자본주의를 가족소유 자본주의에서 주주 자본주의로 전환한다는 국가와 자본가 간 협약이었다. 그러나 이 협약은 지켜지지 않고 있는 것이 현실이다.

55 기업지배구조 혁신이란 가장 유능한 경영권을 선출하고, 잘된 경영을 보상하며 잘못된 경영에 대한 책임을 물을 수 있도록 경영권에 대한 감시와 견제가 이루어지는 시스템 구축을 의미한다(유승민, 1998: 26).

56 기업지배구조에는 자본시장의 작동 등 외부적 감시기제에 의존하는 미국형과 금융기관 및 노동자의 경영감시 등 내부적 감시기제에 의존하는 일본형과 독일형이 있다(정구현, 1996).

사로 선임되는 내부이사가 절대 다수를 차지하여 경영정책의 결정과 집행을 동시에 수행하며, 대부분의 핵심전략은 오너 대주주의 결정에 의해 이뤄진다. 또한 경영실태를 감시해야 할 감사는 오너 대주주의 특수관계인으로 구성되어 독자적인 감사업무를 수행할 수 없는 경우가 대부분이다. 오히려 법적 근거도 없는 그룹 회장실, 기획실, 비서실과 같은 실세 지배기구가 중요한 사안을 결정하고 있었다.

내부 감시기제를 활성화하기 위해 김대중 정부는 우선, 사외이사제도를 도입하여 이사회의 독립성과 전문성을 높이는 조치를 취했다. 사외이사 선임과정에서 대주주의 영향력을 제한하고 기관투자가와 소액주주들에게 법적인 임면권을 부여했다. 또한 기업경영에 대해 이해관계가 있는 '이해관계자(stakeholder)', 즉 종업원 대표, 소액주주, 기관투자가, 은행 등을 위시한 채권자 대표를 사회이사와 감사로 참여시키도록 했다. 왜냐하면 기업 외부에서 선임된 사회이사가 정보 부족으로 실질적인 경영감시를 하기 힘든 반면, 이해관계자는 경영에 대한 감시능력이 있을 뿐만 아니라 좋은 경영의 결과로 이득 또한 얻을 수 있기 때문이다. 이는 주주 자본주의와 이해관계 자본주의의 장점을 결합하는 효과를 가져올 수 있다. 이와 함께 소액주주의 감시기능을 강화하였다. 대표소송에 필요한 소액주주 요건을 완화하고 집단소송제를 도입했다. 그리고 정부열람권, 경영진해임청구권, 주주제안권, 소수주주권 행사 등에 필요한 요건을 완화하고, 누적투표제와 의결권 신탁제 도입을 시도했다. 그러나 이는 충분히 이뤄지지 못했다. 다음으로는 기관투자자의 전문성을 활용하여 기업에 대한 경영감시기능을 수행할 수 있도록 하였다(대한민국 정부, 1998: 174-175). 마지막으로 선단경영의 지휘부 역할을 하면서도 경영에 대한 법적 책임을 지지 않았던 회장실, 비서실, 기획조정실 등을 해체하고, 사실상 지속적으로 경영권을 행사하는 회장과 기조실을 직접이사로 취임하게 하거나 '사실상 이사'로 규정함으로써 법적 책임추궁을 용이하게 하였다. 이는 한국 자본주의의 책임성을 확보하는 효과를 가져다줄 뿐만 아니라 문어발 재벌기업을 독립적인 기업진단으로 변화시키는 압력으로 작용하였다.

둘째, 방만한 차입경영과 과도한 다각화를 억제하기 위해 상호지급보증 철폐를 요구하였다. 상호지급보증은 재벌기업에 여신을 편중시키고 그룹집중식 경영구조를 고착화시켰다. 재벌들은 상호지급보증을 통해 새로운 계열사를 만들고 확장해 나가는 방식으로 영토를 확장해 나갔다. 그러나 상호지급보증은 재벌 전체를 비효율적으로 만들고 한 부실계열사의 도산이 전체 재벌 도산으로 이어지는 연쇄도산 위험성을 증대시켰다.[57] 상호지급보증 해소는 무리한 투자를 축소하고 계열사를 정리하는 구조조정노력을 기울이게 하는 압력으로 작용하였다. 상호지급보증 철폐와 함께 기업경영 투명성 제고를 위해 결합재무제표 작성을 의무화하였다. 이전에 재벌기업들은 계열사별로 재무제표를 작성해 그룹 전체의 재무구조 파악과 신용평가를 어렵게 하고 있었다. 또한 기업경영 투명성이 확보되지 않음으로써 외국자본 유치를 어렵게 했다. 결합재무제표가 작성되면 총수와 특수관계법인이 거느린 모든 기업의 경영성과와 현금흐름 내역이 드러나게 된다. 즉, 결합재무제표를 통해 재벌의 경영투명성을 제고하고, 재벌로 하여금 그룹 전체의 재무구조 개선을 위해 노력하게 하고, 보다 신중한 투자결정을 내리게 하며, 금융기관의 외부감시가 강화될 수 있도록 하였다.

셋째, 사업구조조정을 시도하였다. 재벌들의 부실경영과 과잉중복투자 문제를 해결하기 위해서는 수익성, 장래성, 경쟁력 있는 사업을 선택해 집중하고 경쟁력이 떨어지는 사업에 대해서는 과감히 철수·정리하는 사업구조조정(business portfolio)을 단행해야 했다. 사업구조조정과정에서 재벌 간 상호 업종교환, 이른바 빅딜을 추진하였다. 그러나 빅딜은 유일한 사업구조조정방안이 아니다. 재벌이 사업구조조정을 추진하는 방법에는 ①자산과 계열사의 매각, ②한계계열사의 청

57 기아그룹의 어려움은 기아자동차의 수익성 악화보다는 기아특수강 등 계열사에 누적된 적자가 상호채무보증을 통하여 확산된 결과이다(대한민국 정부, 1998: 169).

산 또는 계열사 간 통폐합, ③전략적 제휴, ④업종 또는 시장의 교환, ⑤신규투자, M&A 또는 민영화되는 공기업 인수 등을 통한 새로운 사업분야 진출, ⑥개별기업 내 분사화 등을 통한 사업구조조정 등 다양하다(유승민, 1998: 30). 빅딜을 통한 업종교환은 사업구조조정 중 하나일 뿐이었다.

마지막으로, 기업들의 차입경영을 개선하도록 기업 재무구조조정을 단행하게 하였다. 차입경영은 한국 경제를 위기로 몰아간 주범이자 동시에 위기를 극복하는 데 가장 큰 장애물로 작용하고 있었다. 차입경영을 해소하고 재무구조를 개선하기 위해서는 차입경영에 유리한 경제환경을 바꾸어야 한다. 이를 위해 장기적으로 기업소유구조 개혁, 직접금융시장 활성화, 정경유착 근절을 통한 기업총수의 도덕적 해이 방지 등이 추구되어야 했다. 그러나 단기적으로는 기업이 자각매각 등을 통해 부채를 축소하여 재무구조를 개선하여야 했다. 김대중 정부는 64개 재벌과 주거래은행이 재무구조개선 약정을 체결하도록 하였다. 특히 5대 재벌에 대해서는 1999년 말까지 평균부채비율을 200% 이내로 낮추도록 하고, 이를 이행하지 않을 경우 기존 여신을 회수하고 신규 여신을 중단하는 불이익을 준다고 위협하였다. 또한 기업이 부채상환을 위해 부동산을 매각할 경우 양도차익에 대한 세금을 면제하고, 자기자본의 5배가 넘는 과다차입금에 대해서는 2000년부터 이자를 손비로 인정하지 않는 불이익을 주는 동시에 자본시장을 통한 기업의 자금조달을 용이하게 하는 등 당근과 채찍을 함께 사용하는 정책을 통해 부채 줄이기를 유도하였다(대한민국 정부, 1998: 171).

노사관계 — 사회협의주의 시도

1997년 말에 발생한 경제위기 때 집권한 김대중 정부의 과제는 경제위기로부터 벗어나는 것이었다. 그러나 경제위기를 극복하기 위한 해법은 김대중 정부가 자율적으로 선택할 수 있는 것이 아니었다. 극복방법은 IMF 구제금융조건

(conditionalities)이라는 이름으로 외부로부터 부과되었다. 그 공식은 신자유주의적 구조조정이었고 그 속에는 노동시장 유연화가 포함되어 있었다. 김대중은 민주주의의 챔피언이고 노동자의 친구로 알려져 왔다. 선거유세 동안 그는 차가운 신자유주의적 개혁자보다는 온정주의적 포퓰리스트로 비쳐지기를 원했다. 소수 지역에 기반한 소수정당 출신인 그가 선거에 승리하기 위해서는 노동자들의 표가 필요했다. 그래서 그는 유연적 해고를 반대하며 당선되면 IMF와 재협상할 것이라고 공약했다.

그러나 당선 이후 김대중은 미국 재무부 차관인 립튼(David Lipton)으로부터 김대중의 선거공약을 받아들일 수 없으며, 한국이 과잉고용문제를 해소하지 않을 경우 심각한 국면을 맞을 것이라는 경고를 받았다. 결국 김대중은 선거공약을 철회하고 IMF가 제시한 구제금융조건을 충실히 이행할 것을 공식적으로 약속하였다. 그 후 김대중은 'IMF의 서울 지부장(IMF man in Seoul)'으로 변신하여(Cumings, 1999) IMF가 요구한 안정화 정책과 신자유주의적 구조조정을 공격적으로 밀고 나갔다.

그런데 IMF가 요구한 신자유주의적 구조조정 가운데 가장 정치적으로 힘든 분야는 유연적 노동시장 도입이었다. 그것은 자신의 지지세력인 노동자들의 거센 저항을 불러일으킬 수 있는 사안이었다. 이러한 상황에서 김대중은 1997년에 대파업을 통해 힘을 과시한 조직노동자들이 참여하지 않는 상황에서 유연적 노동시장제도를 도입하는 것이 불가능하다는 것을 인식했고, 노동자들을 참여시키기 위해 1997년 12월 26일 경제위기극복을 위한 노·사·정 3자 협의기구를 설립, 국난에 버금가는 경제위기 극복의 해법을 찾자고 제안하였다(KILF, 1998: 5). 그러나 조직노동자들은 유연적 노동시장제도 도입을 위한 노·사·정 3자 협의기구에 참여할 이유가 없었기 때문에 김대중의 제안을 거부했다. 그러자 김대중 당선자는 자신이 40년간 노동자의 친구임을 강조하면서 3자대화에서 기업에게 반드시 고통을 분담시키겠다고 약속했다. 한광옥 노사정위원회 준비위원장 또한 유연적 해고 도입시기와 방법을 3자협상 의제로 포함시키겠다고 공약했다. 마지막까지 노사정위원회에 들어가기를 거부하던 민노총이 참여를 약속하면서 1998년 1월 15일에 '경제위기 극복을 위한 노사정위원회'가 출범하게 되었다.

노사정위원회는 한광옥 노사정위원회 위원장, 한국노총과 민노총의 각 대표들, 경총과 전경련의 대표들, 정부를 대표하는 2인(재경부장관, 노동부장관), 4명의 정당대표들로 구성되었다. 김영삼 정부의 노사관계개혁추진위원회(노개위)와 비교해 보았을 때, 각 이익집단들의 실질적 대표자를 확보하였고, 위원회에서 도출된 협정을 유지하고 실제 정책으로 전환할 수 있는 능력을 지니고 있는 정부대표가 참가했고, 정당대표가 참여함으로써 합의사항을 법제화할 수 있는 높은 잠재력을 갖고 있었다. 말하자면, 노개위와 비교해 볼 때, 노사정위원회는 대표성, 집행력, 제도화 능력에 있어서 훨씬 진전된 3자 협의기구였다.

노사정위원회는 1998년 2월 6일, 유연적 노동시장 도입을 포함한 경제위기 극복을 위한 사회협약을 도출해 냈고, 국회는 재빨리 여야합의로 2월 13일 협약내용을 법률로 제정하였다. '2·6사회협약'은 기업과 금융이 구조조정을 손쉽게 할 수 있도록 해고와 대체인력 투입 등의 제도적 장치를 마련했다. 이는 국제자본으로 하여금 금융 및 기업 구조조정이 성공적으로 진행될 것이라는 전망을 갖게 했고, 월스트리트는 만기 단기채를 장기채로 전환하는 데 동의했다. 이로 인해 국제자본이 다시 한국에 투자를 하기 시작했고, 한국은 단기 신용경색에서 벗어나는 동시에 장기적인 구조조정에 착수할 수 있게 되었다.

김대중 정부가 추진한 노사정위원회는 몇 가지 특징들을 갖고 있었다(Im, 1999). 첫째, 한국 노사정위원회는 혁신적 코포라티즘(innovative corporatism) 성격을 갖고 있었다. 혁신적 코포라티즘은 코포라티즘을 가능하게 하는 제도적 통합 수준은 낮으나, 사회적 지지가 높은 경우(Hemerijik, 1995: 194), 제도 디자이너가 코포라티즘적 제도를 고안해 냄으로써 출현한다. 관련 행위자들이 코포라티즘적인 타협에 우호적으로 작동할 수 있게 하는 구조, 제도, 문화가 부재한 상황에도 불구하고 대통령이 위기를 극복하고 구조조정을 추진하기 위해 노·사·정 3자 협의주의를 고안해 내고 사회협약을 성사시켰다는 점에서 노사정위원회는 혁신적이라 할 수 있다. 노사정위원회는 전통적인 성장 코포라티즘(growth corporatism)이 아닌, 위기 코포라티즘(crisis corporatism) 공식을 개발하여 경제위기 극복에 성공하였다는 점에서 혁신 코포라티즘이다.

둘째, 노사정위원회는 위기극복이라는 목적을 가진 위기 코포라티즘의 성격을 띠고 있었다. 유럽 황금기의 케인즈주의적 성장 코포라티즘은 산업 행위자들 간에 정합 게임적(plus-sum game) 타협을 주요 내용으로 하고 있었다. 이 게임에서 노조는 임금인상을 자제하고 국가는 사회복지를 늘림으로써 간접적으로 노동자들에게 보상한다. 또한 기업은 투자를 늘려 더 많은 고용을 창출하여 전체 노동계급의 소득총액을 늘리며 국가세수를 증대시키고, 증대된 국가세수는 다시 노동자들에 대한 복지 증대를 통해 재분배되는 방식으로 모든 행위자들이 이득을 취하는 방식으로 타협이 이뤄진다.

이와 대조적으로, 경제위기 시에 산업 행위자들은 손실과 비용을 최소화하려 노력한다. 노조는 고용감소를 최소화하려 하고, 기업은 노동비용을 최소화하려 하며, 정부는 지출을 최소화하려 한다. 성장 코포라티즘에서 타협의 초점은 임금자제이나 위기 코포라티즘에서 초점은 고용이다. 위기 코포라티즘에서 계급타협 게임은 불안정하고, 비대칭적이어서 노조는 경영자에 비해 불리한 위치에 서게 된다. 노조는 임금인하 양보와 일자리 나누기를 통해 현재 고용을 유지할 것이냐 아니면 직장폐쇄에 의한 대규모 실직사태를 맞이할 것인가라는 선택에 직면한다. 그러므로 위기가 끝난 뒤에 노조는 협약으로부터 이탈하려는 유인을 갖게 된다. 한국의 경우, 노조는 일방적인 해고(unilateral layoffs)와 조정된 해고(coordinated layoffs) 중에서 후자를 선택할 수밖에 없었다.

셋째, 김대중 정부의 노사정위원회는 거시 코포라티즘(macro corporatism) 성격을 갖고 있었다. 노동과 자본의 전국 정상조직 대표와 정부가 경제위기를 극복하기 위한 국가적 의제, 즉 유연적 노동시장 제도도입, 기업지배구조 개선, 금융구조조정, 물가와 임금 안정화, 사회복지와 사회안전망 제공 그리고 정치개혁을 다루기 위해 3자 협의기구에 참여했다. 거시적 코포라티즘이 성공하기 위해서는 세 가지 조건, ①노조와 사용자 모두 하부 구성원을 충분히 규율할 수 있을 정도의 독점적 대표성을 지녀야 하고, ②친노동자 정부가 오랫동안 정권을 잡거나 혹은 친노동자 정당이 정치권 내에 강력한 영향력을 보유하고 있어야 하고, ③국가는 자본의 편협한 이해를 넘어서 보편적인 행위자로서 능력과 자율성을 보유하고 있어야 한다. 그러나 한국은 이러한 조건을 충족하지 못하고 있었다. 노조는 한국노동조합총연맹(한국노총)과 전국민주노동조합총연맹(민주노총)으로 나뉘어져 있었고, 산하 노조와 개별 노조원을 규율할 수 없는 다원주의적 노동운동구조를 갖고 있었다. 또한 친노동자 정부나 정당도 존재하지 않았다. 김대중 정부가 자신을 '40년간의 노동자의 친구', '국민의 정부'로 표현하였으나, 김대중 정부는 친노동자 정부가 아니었으며 IMF 서울지부장으로 신자유주의적 구조조정을 차갑게 실행하는 친외국자본 정부였다. 지역주의에 빠져 있는 한국의 주요 정치세력은 계급으로서 노동자 표를 조직하는 데 관심이 없었다. 그러므로 한국의 노조는 정부를 불신하였고, 사회협약 당사자 간에 신뢰가 형성되어 있지 않았다. 정치·사회적 조건을 갖추지 못한 거시적 사회협약은 외부충격에 취약할 수밖에 없었고, 이는 2·6사회협약 이후 노사정위원회가 제도화되지 못한 가장 큰 원인이었다.

마지막으로, 노사정위원회는 정부 주도의 코포라티즘(government-led corproatism) 성격을 갖고 있었다. 정부가 노사정위원회를 주도했고 심의모임을 이끌어나갔다. 2·6사회협약에서 합의된 90개 정책이슈 중 70개는 정부가 법제화하고 시행에 옮겨야 하는 의제였다. 노사정위원회에서 정부가 3자 합의사항을 시행하고 노사에게 합의된 조건을 강제하는 데 필요한 공권력과 권위를 부여했다는 점은 긍정적으로 평가된다. 그러나 노사정위원회가 정부에 지나치게 의존할 경우 노사정위원회의 자율성과 중립성이 훼손될 위험이 있다. 특히, 정부가 관리자이자 사용자인 공기업이 구조조정 대상이 되었을 때, 정부는 상충되는 이해 당사자 위치에 놓일 수 있다. 노조는 정부가 코포라티즘적 정책을 형성하는 데 있어 중립적 중재자가 아니라고 불신할 수 있다. 상호 신뢰가 형성되어 있지 않을 경우 사회적 동반자 관계는 구축되기 힘들게 된다.

김대중 정부는 노사관계 민주화와 노동 거버넌스의 글로벌 스탠더드 확립을 동시에 달성해야 하는 이중목적을 갖고 노·사·정 3자 협의기구를 출범시켰다. 그러나 세계화라는 명목으로 유연적 노동시장 도입이 노사관계 민주화를 압도하였다. '국민의 정부'의 노동정책이 신자유주의적 세계화 요구에 순응하는 방향으로 기울어짐으로써 정부는 노사관계 민주화에 관해 합의한 사항을 이행하는 데 적극적이지 않았다. 이에 따라 김대중 정부의 노사정위원회는 신자유주의적 입장에서 운용되어 왔다는 비판을 받게 되었다(선한승, 2001: 29).[58]

노무현 참여정부의 자본주의와 노사관계

IT혁명과 고용 없는 성장 및 비정규직 증가

한국 자본주의는 제조업 중심의 산업화시대 경제에서 지식기반의 정보화시대 경

58 이에 대해 노사정위원회는 신자유주의에 의한 노동시장 유연화에 따라 파생되는 노동시장 불안과 근로조건 저하에 관한 해법을 찾는 데 논의를 집중하고 있다는 반론을 제기했다. 비정규직보호대책 마련을 위해서 계약직, 단시간 근로자, 파견 근로자, 그리고 특수고용형태 근로자 보호대책을 마련하기 위해 노력했다는 것이다.

제로 전환하는 과정에 있다. 김대중 정부에서 시작된 지식정보강국 정책이 노무현 정부에도 이어짐으로써 한국은 IT혁명을 선도하는 국가가 되었다. 한국의 과학기술 수준은 세계 5위, GDP 대비 R&D지출은 세계 정상이고, 세계에서 가장 먼저 초고속 인터넷의 전국적 인프라를 구축하였다. 인터넷 이용자수는 세계 2위, 개인 컴퓨터 보유율은 세계 3위를 달리고 있다. 가히 IT부문에 있어 세계 정상급이라 할 수 있다.

한국 IT혁명은 외환위기 이후 한국 경제의 성장동력이 되었고, 정치·행정·사회부문에서 전자 민주주의, 전자정부, 네트워크 사회를 위한 개혁을 추동하였다. 그러나 노동집약적 산업이 쇠퇴하면서 제조업의 양극화가 일어나고, 이에 따라 경제성장에도 불구하고 일자리가 늘어나지 않는 '고용 없는 성장(jobless growth)' 또는 '고용 창출이 낮은 성장' 문제에 직면하고 있다.

〈표 Ⅲ-2〉IT강국 한국의 과학기술지표

	기술성과지표[1] (TAI)	R&D/GDP		인터넷 이용자수[4]	개인컴퓨터/인구 100[4]
순위(사례수)	5 (71)	8[2]	1[3]	2	3
연도	2001	2002	2001	2003	2003

* 자료: 1) UNDP, 2001, The Technology Achievement Index. 2) 한국무역협회 무역연구소, 2003, 《(203개 경제·무역·사회 지표로 본) 대한민국》. 3) OECD, 2003, Main Science and Technology Indicator. 4) ITU, 2004. World Telecommunication Indicators.

고용 없는 성장의 다른 구조적 요인으로 최근 2년간 평균 10%대의 높은 임금인상률[59]과 공공부문·대기업 노조의 집단이기주의 등으로 실업률이 늘어남에도 불구하고 임금이 빠르게 상승하는 노동시장의 경직성이 고용증가를 어렵게 하는 요인으로 지적되고 있다(대한민국 정부, 2003: 33-34). 여기에 더하여 경기순환적 요인에 따른 내수침체, 특히 일자리를 많이 만들어 내는 서비스부문이 크게

59 500인 이상 대기업의 경우 13.6%.

위축되어 고용창출 능력이 떨어졌다.

일자리 없는 성장과 더불어 또 하나의 큰 문제는 비정규직의 양산으로 인해 초래된 노동시장의 양극화 현상이다.[60] 외환위기 이후 비정규직 숫자는 지속적으로 증가하였다. 2001년 46.9%에서 2002년에는 47.5%, 2003년에는 50%로 증가하였고, 2004년 노동계는 전체 근로자의 56.3%, 노동부는 32.6%를 비정규직으로 분류하고 있다.[61] 비정규직 증가원인은 1998년 2·6사회협약으로 거슬러 올라가서 찾아야 한다. 2·6사회협약은 정리해고제와 파견근로제 등을 통해 유연적 노동시장을 도입했으나 대기업과 공공부문 노조의 반발로 시행되지 못했고, 한국 대기업은 비정규직 비율을 증가시키는 방식으로 노동유연성을 제고했다.

기업들이 비정규직을 선호하는 이유는 다양하다. 첫째, 비정규직 고용을 통해 기업들은 고용조정을 용이하게 하고 노무비용을 최대한 줄일 수 있다. 둘째, 기업들이 근로자를 고용함으로써 당연히 부담해야 하는 노동법과 사회보장법상의 여러 가지 의무를 직접 근로자에게 떠넘기거나 다른 사업자를 중간고리로 하여 간접적으로 떠넘길 수 있다.

기업은 임금 및 고용 유연성이 확보될 경우 비정규직 문제가 해소될 수 있다고 보고 있다. 노동관계법이 현행대로 유지되는 가운데 비정규직에 대한 보호가 강화될 경우, 일부 생산성 향상 효과가 기대되지만 기업들은 인건비 상승에 대응해 고용을 축소하거나 외주나 하청을 확대하는 등 비정규직 보호 조치가 오히려 비정규직의 일자리를 없애는 결과를 가져온다는 것이다.

그러나 비정규직 노동자의 문제점은 심각하다. 비정규직 노동자의 임금은 정규직 노동자에 비해 40-80%에 불과하며, 근로계약상의 노동시간을 초과한 장

60 여기서 정규직은 항구적인 고용계약을 맺고 전일제로 일하는 노동자로서 노동법상의 해고보호와 정기적인 승급이 보장되고 고용관계를 통한 사회보험 혜택이 부여되는 경우로 규정되며, 비정규직은 임시직, 계약직, 일용직, 파트타임, 파견, 용역, 개인도급, 자영노동자 등을 지칭한다.

61 이는 비정규직에 대한 공통 기준이나 정의가 없어서 일어난 통계상의 혼란이다.

시간 노동이 일반화되어 있을 뿐 아니라 비정규직 노동자들의 경우 상당수가 4대 보험 적용대상에서 배제되어 있다.

달라진 노사관계

노무현 정부가 출범한 이래 한국의 노동정치는 많은 변화를 겪었다. 먼저 2004년 4·15총선으로 친노동자 정당인 민주노동당(민노당)이 국회진입에 성공하였다. 민노총이 30%의 지분을 갖고 있는 민노당이 제3당으로 당당히 원내에 진출함으로써 계급갈등 문제를 제도권 내에서 해결할 수 있는 실마리가 열리게 되었다. 민노당의 원내 진입은 민노당의 대주주라 할 수 있는 민노총의 노사정위원회 복귀와 노사정위원회 정상화 가능성을 조심스럽게 점치게 하였다.

둘째, 외환금융위기 이후 노동시장 유연화가 진행되면서 적대적 노사관계가 심화되고 있다. 국제경영개발원(IMD: International Institute for Management Development)에 따르면, 한국의 노사관계 경쟁력은 2000년에 47개국 중 44위, 2001년에는 49개국 중 46위, 그리고 2002년에는 49개국 중 47위로 최하위에 머물러 있고, 노사분규일수는 49개국 중 38위를 기록함으로써 노사관계가 적대적(hostile)이라는 것을 여실히 보여 주었다. 노동시장 유연화가 적대적 노사관계를 심화시켰다. 현재 기업별 노조체제하에서 정규직과 비정규직, 대기업과 중소기업 간 임금격차가 확대되어 높은 임금 유연성을 보여 주고 있고, 고용 유연성은 영국 수준에 달할 정도로 높다. 더욱이 비정규직 확대에 대기업 노조의 집단이기주의가 한몫을 하고 있다. 협상력이 강한 대기업 노조가 고용보장과 임금인상을 동시에 추진하자 기업은 비정규직 고용확대나 공장의 해외이전 등의 방법으로 대응함으로써 노사갈등이 재연되고 있다. 또한 기업은 설비투자를 감소시키면서 경기 침체와 고용불안을 가속화시키고 있다.

바람직한 노·사 거버넌스 모색

세계화, 지식정보화, 민주화는 한국 자본주의와 노사관계 틀의 대전환을 요구하고 있다. 세계화와 지식정보화는 고용 없는 성장, 자본의 협상력 강화, 조직노동자의 입지 약화로 비대칭적 노사관계를 낳고 있다. 그러나 민주화의 진행으로 노사관계의 민주화 압력도 가중되고 있다. 따라서 세계화와 지식정보화 시대에 노사대결과 갈등을 줄이고 상생의 노사관계를 만들기 위해서는 노사대타협밖에 없다는 결론이 나온다. 유럽의 후진국이었던 아일랜드가 노사대타협으로 현재 영국을 능가하는 선진국(stellar state)으로 부상했다는 점에 주목할 필요가 있다. 그러나 3자 협의주의를 통한 노사대타협은 과거 케인즈주의적 복지국가시대의 수용 중심 코포라티즘으로 가서는 안 된다. 그것은 세계화와 정보혁명이 가하는 기회조건과 제약조건을 충족시킬 수 없기 때문이다.

공급 중심 코포라티즘

세계화와 지식정보화 시대의 3자 협의주의는 공급 중심 코포라티즘(supply side corporatism: 조합주의) 방향으로 가야 한다. 세계화와 정보화 혁명으로 자본이동성 증대와 노동력 절약(labor saving)이 보편화 되고 있는 가운데 노사관계의 핵심 쟁점은 좋은 일자리를 유지하고 창출할 수 있느냐 여부이기 때문이다.

1970년에 유행했던 수요 중심 코포라티즘(demand side corporatism)은 완전고용, 안정적 노사관계, 사회복지 확대와 같은 거시경제정책에 초점을 맞추었다. 반면 공급 중심 코포라티즘은 기업 경쟁력과 노동시장 유연성을 높이는 공급 측면을 중시하며 분권화나 중범위 수준의 협상체제에 초점을 맞춘다. 공급 중심 코포라티즘은 세계화로 인한 노사 간 힘의 역전을 반영한다. 힘의 역학관계에서 1970년대에는 노동조합이 강력할 경우, 완전고용과 실업문제를 해결하는 방식으로 노

〈표 Ⅲ-3〉 수요 중심 조합주의와 공급 중심 조합주의

	수요 중심 조합주의		공급 중심 조합주의	
노동시장조직	중앙집중화(centralization)		조직화된 분산화 (organized decentralization)	
협의수준	거시적(중앙수준)		중위적(산별/부문별 수준)	
협의내용	재정팽창, 공적고용 확대, 국유화, 사회보장 네트워크 확대		취업훈련 및 재교육, 고용증대, 소득보전	
교환의 근거	노동	정책결정과정 참여	노동	고용안정 및 소득보전
	자본	임금억제 및 안정적 노사관계	자본	노동시장 유연성 및 노사관계의 안정성
국가역할	강력한 개입		작으나 강력한 개입	

동자의 요구를 사용자가 수용할 수밖에 없었다. 그러나 1980년대 이후에는 노동시장 유연화와 단체교섭 분권화로 노조협상력이 취약해지면서 기업에 대한 생산요소 공급을 원활히 하는 방식으로 노사협상이 이루어지고 있다.[62]

첫째, 노동운동 조직에 있어서 공급 중심 코포라티즘은 조직화된 분산화를 추구하고, 노조와 노동자가 파편화되는 것이 아니라 단위별로 조직되어 노동 유연화와 이질화 및 분산화에 대응한다.

둘째, 공급 중심 코포라티즘의 협의수준은 전체 노동을 대표하는 중앙노조와 자본대표 간의 거시적 중앙수준에서 산업별 혹은 부문별 사업장의 중위(meso) 수준으로 이동한다. 조합주의가 가장 잘 발달된 것으로 평가되는 오스트리아에서는 1980년대를 지나면서 협의수준이 중위수준으로 이동하고 있고, 독일과 덴마크의 경우도 중앙수준의 조정과 협의가 산업별 혹은 부문별 수준의 협의와 협약으로 대체되고 있다(Schmitter and Grote, 1997: 8-10). 그러나 이러한 변이에도 불구하고 중위수준의 협약에 대해 정상조직의 조정 통제력(coordinating control)이 보존되는 방식으로 진행되고 있다. 다시 말해, 중앙의 의사결정단위가 거시경제 조정기능을 유지하되, 중간단위의 의사결정조직으로 교섭권한을 이양하는 것이다.

62 공급 중심 코포라티즘에서 '공급 중심(supply side)'이라는 의미는 생산요소의 공급 측면, 특히 그중에서도 노동력 공급을 어떻게 원활히 할 것인지라는 문제에 초점을 맞춘다는 것이다.

노동시장조직의 '탈조직화된 분산화(disorganized decentralization)'보다는 '조직화된 분산화(organized decentralization)'가 공급 중심 코포라티즘의 특징이다.

셋째, 전통적 조합주의에서 협약은 노동의 임금인상 요구 억제와 파업 자제를 통한 안정적 노사관계 유지와 자본의 완전고용 유지 및 사회복지 확대 간 교환을 통해 노사타협을 추구하였던 반면, 공급 중심 코포라티즘은 노동에게 고용안정과 소득보전을 약속하는 대가로 노동시장 유연화를 요구한다. 공급 중심 코포라티즘에서는 노동시장 유연성 확보, 생산성 증대, 그리고 사회복지지출 통제를 통한 국제경쟁력을 강조하는 한편, 노동시장의 취약계층에 대한 보호 및 재취업 기회 제공, 불공정 해고 제한, 경제성장 과실에 대한 공정한 분배 등의 이슈가 협상의 주요한 의제이다.

마지막으로, 수요 중심 코포라티즘에서는 국가의 강력한 개입이 필수조건으로 요구되었던 반면, 공급 중심 코포라티즘에서 국가는 제3자 입장에 위치한다. 그러나 국가는 여전히 부문별 타협과정에서 보장자 역할을 수행함으로써 다원주의 국가와는 차별성을 보인다.

이처럼 공급 중심 코포라티즘은 세계화 시대의 변화된 조건에 적응하여 새로운 형태의 조합주의적 산업관계 형성 가능성을 보여 주고 있다. 국제경제질서 변화와 경제위기에 성공적으로 대처한 나라들은 조합주의적 관리기제를 최소화하는 나라가 아니라, 오히려 이를 국제경제질서에 능동적으로 적용시켜 온 사회다. 그 대표적 사례가 오스트리아, 덴마크, 아일랜드, 네덜란드 등으로 4개국 모두가 노·사·정 간 사회적 협의체제를 공급 중심 조합주의로 변형하여 적응시켰다. 그 결과, 이들 나라는 신자유주의적 구조조정이 초래할 수 있는 대량실업, 빈부격차, 사회복지 축소 등의 문제를 완화시키면서 상당한 수준의 경제성장을 성취하고 있다.

'비정규직 문제해결을 위한 노·사·정 대타협'은 공급 중심 코포라티즘에 기초해 사회협의주의를 모색한 사례가 될 수 있다. 2·6노동시장에서 합의된 유연적 노동시장이 실행되지 않은 이유는 대기업노조의 반발로 대기업이 비정규직 비율을 증가시키는 방식으로 노동유연성을 제고하는 편법을 써서 해결했기 때문이다. 그 후 비정규직 숫자가 늘어났고 이제는 한국 노동시장 구조를 왜곡할 정도로 커졌다. 이 문제는 한국 자본주의가 반드시 해결해야 할 과제이다.

비정규직 노동자에 대한 객관적 이해관계는 산업행위자에 따라 다르다. 먼저, 대기업은 비정규직을 구조조정의 도구로 사용하면서 동시에 정규직 노동자의 임금인상 요구를 완화하기 위한 협상 지렛대로 활용하고 있다. 정규직 노조는 비정규직 노동자의 처우개선과 권리향상을 위해 노력하는 것이 정규직 노조에 대한 집단이기주의 비난을 피할 수 있고, 대규모의 저임금 비정규직 노동자군 형성으로 인한 임금인하 압력을 막을 수 있다고 보고 있다. 중소기업은 값싼 비정규직에 대한 의존도가 크기 때문에 비정규직이 반드시 필요한 존재가 되었다. 마지막으로 비정규직 노동자는 정규직 노동자로 지위를 상승시키는 것이 최고라는 확실한 목표를 갖고 있다.

그렇다면 비정규직 문제에 대한 윈-윈 해결책은 비정규직 노동자 합법화(대기업, 중소기업), 비정규직 노동자의 권리와 처우개선, 비정규직의 정규직화를 촉진하는 법과 제도의 제정 간에 교환과 타협을 하는 것이다. 이 점에서 네덜란드의 유연안전에 의거한 비정규직에 관한 대타협을 주목해 볼 필요가 있다. 유연안전은 노동시장과 노동관계에서 유연성을 높이는 한편, 노동시장 안팎의 취약그룹에 대한 고용 및 사회적 안정성 제고를 '동시적으로 그리고 의도적으로(synchronically and deliberate way)' 추구하는 전략을 의미한다(Wilthagen et al., 2003).

네덜란드는 1999년 유연보장법(Flexibility and Security Act)을 제정하여 기업에게는 노동자 파견에 필요한 허가와 파견회사 운영에 관한 각종 규제를 폐지하고, 기간제 노동자 해고요건 규정을 완화해 주며, 해고 예고기간 축소를 통해 비정규직 노동자를 고용할 수 있는 조건을 완화해 주었다. 한편, 비정규직 노동자에게는 파견노동자와 정규노동자 간 동일보상 원칙, 기간제 계약남용 방지, 파견노동자에 대한 보호내용을 명시하고 법정 최저임금, 유급휴가, 사회보험가입 등 고용계약과 사회보장에 관한 법적 지위와 권리를 향상시켜 주었다.

네덜란드 모델은 노동시장의 유연화와 유연노동자(비정규직 노동자)의 권리보장을 정치적으로 교환(political exchange)한 '유연보장모델(flexicurity: flexibility+security)'이다. 이러한 유연보장모델에 의해 네덜란드는 낮은 실업률과 높은 비정규직 비율이 동시에 공존하는 노동시장을 만들었다. 비정규직 활용을 통해 일자리를 창출하였고, 비정규직을 쉽게 고용함으로써 정규직 대량해고 사태를 방지하였으며, 비정규직에게 정규직과 동등한 권리를 보장함으로써 비정규직의 정규직화를 촉진하였다. 실제로 유연보장법 이후 비정규직 노동자 비율이 15%로 감소하였다.

책임 있는 코포라티즘

한국의 사회협의주의는 노·사·정 협의체제에 대한 사회적 지지와 제도적 통합수준이 모두 높은 '책임 있는 코포라티즘(responsive corporatism)'으로 가야 한다. 먼저 3자 협의주의를 제도화해야 한다. 이 점에서 정당투표에 의한 비례대표제를 통해 제3당으로 제도권에 진입한 민노당은 노동운동을 체제내화하고 장내로 이끌어야 할 의무가 있다. 대기업 부문을 장악하고 있는 민주노총은 전투적·비타협적·적대적 노동운동을 종결하고, 책임 있는 노동운동을 펼쳐 나가야 한다. 대기업 노동자와 중소기업 노동자, 정규직과 비정규직 노동자 간에 발생하는 격차에 대해 책임을 느끼고 이를 해소하기 위해 노력해야 하며 이를 위해 필요한 비용을 제3자에게 전가하려 해서는 안 된다. 대기업 노조는 적대적 노사관계모델에 기초한 전투적 노동운동을 지양하고 기업과 상생을 위한 '생산성 연합'에 적극 나서야 한다. 대기업 노조는 임금인상 완화와 경직적 해고조건 완화를 통해 비정규직과 일자리를 나누는 데 동참해야 하고, 특별성과급과 같은 복리후생제도를 비정규직도 누릴 수 있도록 양보해야 한다. 대기업 노조가 먼저 스스로 비용을 부담하고 고통을 분담하는 자세를 가져야 노동운동에서 헤게모니를 유지할 수 있다는 것을 명심할 필요가 있다.

대기업은 과거 임금협약 실패가 대기업의 임금가이드라인 파괴에 있었다는 사실을 명심하고 협약이 준수될 것이라는 신뢰를 심어 주어야 한다. 투명경영, 윤리경영, 기업지배구조의 민주화, 정보공유, 기업의 사회적 책임(good corporate citizen)을 통해 신뢰를 쌓아야 한다. 대기업은 노조를 사회적 협의 파트너로 인식해야 한다.

중층적·분권적 코포라티즘

한국의 노·사·정 사회협의주의는 중층적·분권적 코포라티즘을 지향해야 한다. 네덜란드의 사회협의주의는 3자 협의체인 사회경제협의회(SER)와 노사 양자 협의체인 노동재단(Labor Foundation)이 역할을 분담하여 사회적 합의를 만들어 나가는 코포라티즘이다. 1982년의 바세르나르협약(1982년)을 통해 임금완화와 노동시간단축을 통한 고용보장 교환에 합의하였고, '새로운 길(A New Course)'이라는 신노사협약을 통해 중앙집권적 교섭구조를 분권적 단체협약체제로 전환하였다. 그런데 네덜란드모델은 중앙집중적 거시적 협약이 아니라 분산적 협약이다. 중앙에서의 협약은 권고사항이자 가이드라인일 뿐이며 구체적인 것은 산별·부문별·기업별·사업장별 등 중위수준에서 이뤄진 협약과 협의에 의해 결정된다. 한국도 네덜란드모델을 본받아 중층적 사회적 협의기구를 구성해야 한다. 전국 수준에서 거시적 협의기구인 노사정위원회 조직을 유지하고, 중위 수준에서 지역별·업종별 협의기구를 구성하며, 기업 또는 작업장 단위에서 미시적 협의기구인 노사협의회를 활성화하여 작업장 수준에서 혁신적 파트너십을 구축해야 한다.

거시적 협의기구인 노사정위원회는 임금가이드라인, 근로시간 단축, 고용창출,

세제개혁, 사회보장, (직업)교육 등 원칙적인 문제에 관해 노사대타협을 이루어야 한다. 노사대타협의 기본공식은 임금인상 완화·유연성·임금안정과 근로시간 단축·고용창출·고용안정 간의 교환이 될 것이다.

중위적 협의기구인 지역노사정협의회는 지역단위에서 고용 및 근로조건을 마련하고, 중장기적 직업훈련을 실시하며, 근로자 평생학습체제를 구축하여 숙련격차를 해소하고, 전직훈련 및 직업알선을 주도해야 한다. 지역노사정협의회는 산별교섭체계가 구축되지 못하고 있는 상황에서 기업별 노사체계가 해결할 수 없는 문제를 지역 차원에서 해결을 모색하는 중위 코포라티즘(meso-corporatism) 기구이다. 그리고 지역노사정협의회가 구축되면 이를 업종별 협의체 구성으로 확대해야 한다.

미시적 협의기구인 노사협의회는 기업 또는 사업장(작업장) 단위에서 노사파트너십 구축을 목적으로 작업장 단위에서 노동시간 조정, 고용유지, 직업훈련에 나서야 한다. 유한킴벌리는 노사합의와 협력을 통해 3조 3교대를 4조 2교대로 전환해 전체 고용인원을 유지하는 동시에 생산성을 향상시켜 노동자와 사용자 간에 윈-윈을 만들어 내었다.

8. 민주화와 재벌 자본주의의 개혁*

지난 40년간 '한국의 기적'을 견인했던 재벌이 1997년 경제위기를 초래한 주범으로 전락하면서 재벌개혁에 대한 논의가 활발하다. 과거 재벌에 쏟아졌던 찬사는 사라지고 대신 '소화불량에 걸린 괴물 리바이어던'(월스트리트저널), '재벌은 하나의 사이비 종교, 총수는 황제'(누벨옵세르바퇴르), '빚으로 쌓아올린 피라미드'(뉴스위크) 등 국제적 조롱과 질책이 난무했다. 경제위기 속에서 대마불사의 신화가 깨져 버린 것이다. 1997년에 30대 재벌 중 8개 재벌이 부도를 내었다. 이제 재벌은 외부의 압력이 아니라 살아남기 위해서라도 자체 개혁을 단행하지 않으면 안 되게 되었다.

재벌이라는 경제제도가 한국 자본주의의 핵심을 구성하고 있다면, 위기에 빠진 한국 경제의 소생은 재벌개혁으로부터 나와야 했다. 한국의 산업화 모델이 남미나 동아시아의 다른 나라들과 구별되는 점 중의 하나는 국가가 산업화 추진의 파트너로서 국내 대자본을 선택했다는 것이다. 해외 직접투자보다는 선진 자본주의 국가나 국제 금융기관으로부터 차관을 빌려 자본을 조달해 이를 국내 대자본에게 나누어주어 생산에 들어가게 하는 방식이 한국적 산업화였다. 이에

* 이 글은 다음의 글을 수정·보완한 것임. 임혁백, 2001, 〈한국 자본주의의 개혁방향: 재벌정책을 중심으로〉, 《한국 정치경제의 위기와 대응》, 서울: 오름.

따라 자연히 국가·금융·재벌 간에 동반자적 관계가 형성되었다.

이 동반자적 관계는 압축성장의 원동력이 되었다. 무엇보다도 정책네트워크가 형성되어 정책 추진의 효율성을 높여 주었던 것이다. 그러나 동반자적 관계가 장기간 지속되면서 이 관계는 담합관계로 변모하여 도덕적 해이(moral hazard), 지대추구, 자원낭비를 가져왔고 급기야는 지난 40년간 쌓아 온 기적을 하루아침에 무너뜨리고 말았다.

한국 경제의 위기는 외환위기에 의한 강제적 구조조정을 불러왔다. 국제통화기금(IMF: International Monetary Fund)이 제시한 개혁조치들은 사실 우리가 당연히 추진해야 할 조치였으나 우리 손으로 할 수 없었던 조치들이었다. 재벌의 저항과 고비용 정치구조가 구조조정을 방해했다. 우리가 자체적으로 할 수 없었던 개혁을 남의 손을 빌려서라도 하게 된 것은 우리에게 역설적 행운이다.

한국 재벌의 탄생과 성장

재벌의 탄생은 박정희 정권의 정책적 선택의 결과다. 박정희 정권은 재벌이라는 대자본가 중심의 '부르주아지의 육성(nurturing bourgeoisie)' 정책을 선택하였다. 박정희 정권은 외국자본의 직접투자보다는 외채를 선호하였고, 국가의 역할을 경제개발의 지휘자, 지원자, 감시자로 한정하였고, 직접 생산자 역할은 대자본가에게 맡겼다. 국가가 금융자본을 장악함으로써 국가는 국내 대자본가에 대한 통제력을 상실할 위험 없이 자신이 주도하는 산업화를 밀고 나갈 수 있었기 때문이다. 이와 같은 한국의 산업화 모델은 남미와 판이하게 다를 뿐 아니라, 비슷한 시기에 비슷한 속도로 수출 지향적 산업화를 진전시킨 대만과도 다르다. 한국은 남미와 달리, 국가가 직접 생산자 역할을 담당하지도 않았고 외국 자본을 파트너로 선택하지도 않았다. 또한 중소기업들이 주도한 대만의 산업화와도 다르게 한국의 산업화는 모든 인적·물적 자원을 재벌이라는 대자본에 집중하는 방식으로 진행되었다.

박정희 정권은 산업화를 추진하는 과정에서 투자자원을 외채에 의존하였으나 국제자본의 직접투자는 장려하지 않았다. 한국에서는 에반스(P. Evans)가 이야기하는 국가, 국제자본, 국내 자본 간의 3자동맹이 형성되지 않았다. 이러한 한국 산업화 과정의 특징으로 인해 한국의 대자본가들은 1960년대 첨단 산업화의 투자주체로 선정되었고 사적 부문에서 독점을 완성시켜 나갔다. 박정희 정권하에서 재벌은 성장의 전위대였다. 박정희 정권은 생산적 자원을 재벌에 집중시켜 압축적인 성장을 도모하였다. 무역금융을 재벌에 몰아주었으며 부채가 많은 재벌들을 구제하기 위해 사채를 동결하기까지 하였다.

국가와 대자본 간에 유지되어온 국가우위의 비대칭적 관계는 1970년대의 중화학공업화 과정을 거치면서 서서히 국가가 자본을 지배하는 관계에서 상호의존적인 동반자 관계로 변모하기 시작했다(Kim, Eun Mee, 1988). 중화학공업화를 위해 국가는 동원된 자본을 대자본가들에게 집중시켜 주었고, 중소자본을 대자본에 계열화시켰으며, 대자본에 증권단자보험과 같은 제2금융시장 장악을 허용함으로써 대자본이 금융을 통제하는 것을 부분적으로 양보하였다. 중화학공업화는 한국에서 독점자본의 완성을 가져왔고 이는 구조적으로 국가의 자율적 선택범위를 제한하는 결과를 낳았다. 1978년 국제석유파동으로 해외수요가 급감하면서 해외에서의 소비를 목적으로 하는 중화학공업은 과잉생산의 위기를 맞았다. 이때 국가는 중화학부문에 대한 투자축소조정과 경제 안정화 시책으로 위기를 극복하려 했다. 그러나 이미 독점자본에 대한 구조적 자율성을 상실한 국가는 재벌들의 반발로 투자조정에 실패하게 되었고 정치·경제적으로 약한 집단에 안정화 비용을 부과하게 되었다. 이는 유신정권의 지지기반을 더욱 축소시켰고

1979년 말 유신정권이 붕괴하는 데 구조적 요인으로 작용했다.

1970년대 말, 국가주도에 의해 추진된 중화학공업화가 과잉투자로 인해 과잉생산의 위기를 맞이하면서 고속성장을 유지해 오던 한국 경제는 발목을 잡히게 되었다. 이에 따라 유신정권의 뒤를 이은 전두환 정권은 시장기능을 회복하기 위해 국가가 개입하는 신자유주의적 구조조정을 시도했다. 국가가 시장에 대한 개입에서 발을 빼는 탈규제화를 실시한 것이다. 물론, 탈규제화는 국가의 강제력에 의해 가능했지만 대자본에 대한 규제력을 양보함으로써 대자본에 대한 국가의 자율성 공간이 축소될 수밖에 없었다(송호근, 1992).

1987년 민주화 이후 국가는 경제정의를 실현하라는 밑으로부터의 요구와 한국 자본주의의 합리화 요구를 동시에 충족시켜야 하는 과제를 안게 되었다. 그러나 민주화 이전에 이미 국가가 대자본에 대해 구조적으로 종속되어 있었기 때문에 자본가들의 반대를 무릅쓰면서 경제 민주화나 구조조정을 시행할 수 있는 능력을 갖고 있지 못했다. 한국의 대자본가들이 단기적인 경제적 이윤추구 차원에서 경제 민주화 조치에 저항하자 정부는 개혁을 포기할 수밖에 없었다. 국가가 자본에 구조적으로 의존하고 있는 상황하에서 자본가들이 반대하는 개혁은 추진될 수 없었던 것이다.

민주화가 진행되기 시작한 시점에서 국가를 포함한 전 사회는 자신의 물질적 조건을 자본가의 투자결정에 의존할 수밖에 없는 '구조적 종속(structural dependence of the state on capital)'에 빠져 있었다. 생산과 투자를 장악한 재벌의 투자파업은 경제불황을 불러오고, 이 불황은 민주주의하에서 권력기반인 정치적 지지도의 하락을 가져온다. 따라서 시민들의 표(정치적 지지도)에 의존하고 있는 정부는 재벌의 요구를 수용함으로써 투자를 유인하는 정책으로 회귀하게 되며 그러는 사이에 재벌개혁은 실종되었다. 더구나 세계화 시대의 도래로 재벌의 해외금융이 가능해지고 해외투자를 통한 탈출 또한 용이해지면서 재벌의 자율성은 더욱 커지게 되었다.

이후 노태우 정부는 변화하는 국제분업질서에 대응하여 한국 자본주의의 구조조정을 시도했다. 그러나 추진과정에서 재벌의 반대에 부딪히면서 정부는 원래 의도와 달리, 재벌을 강화하는 방향으로 구조조정의 내용을 변질시켰고 이는 한국 경제의 경쟁력을 약화시키는 결과를 가져왔다.

김영삼 정부가 등장하면서 재벌개혁 논의가 있었으나 재벌의 투자파업으로 또다시 개혁 목소리는 묻히고 말았다. 그리고 단기적인 경기부양책인 '신경제 100일 계획'이 제시되면서 재벌은 다시 김영삼 정부의 성장정책의 주역으로 복귀하였다. 이후 김영삼 정부는 세계화를 정책목표로 설정하면서 재벌의 해외투자와 해외금융에 대한 규제조치까지 해제해주었다. 한국 자본주의는 준비도 없이 세계로 나가게 되었다. 세계화가 추진되면서 재벌들은 해외투자를 늘려나갔고 투자자본을 해외에서 조달하였다. 국내뿐만 아니라 해외에서도 재벌들은 경쟁적으로 투자를 확대하였고, 그 결과 재벌들의 부채의존도는 천정부지로 높아졌고 이는 국가의 외채부담을 위험수위로까지 올려놓았다. 김영삼 정부가 400억 달러 남짓한 외채를 4배에 가까운 1,600억 달러로 올려놓자, 동남아에서 시작된 경제위기가 한국에 도달하는 데는 긴 시간이 필요하지 않았다.

한국 자본주의는 가족 자본주의

기업지배구조(corporate governance) 측면에서 볼 때, 한국 자본주의는 가족 자본주의이다. 한국 대기업의 소유주 가족은 직접적 소유와 계열사들 간 상호출자를 통해 기업을 거의 절대적으로 통제하고 있다. 반면, 미국에서는 기업 소유와 경영이 완전 분리되어 있고, 주주이익을 대변하는 이사회가 기업경영을 감시한다. 일본과 독일에서는 기업경영에서 자본시장보다 금융기관이 중요한 감시자 역할을 담당한다. 독일에서는 은행이 이사회에 참여할 뿐만 아니라 주요 정책결정에도 관여한다. 일본에서는 계열기업과 은행, 생명보험회사들이 상호 주식소유를 통해 집단적으로 상호 견제를 하며 주거래 은행이 기업감시자 역할을 수행한다(정구현, 1996).

미국의 '주주 자본주의(shareholder capitalism)'와 일본과 독일의 '이해 당사자 자본주의(stakeholder capitalism)'는 각기 장·단점이 있다. 주주 자본주의에서는 자본시장에 의한 효율적 자원배분이 가능한 장점이 있으나 단기이익을 극대화하는 근시안적 경영으로 장기전략 및 투자가 이뤄지기 힘들다. 반면, 일본과 독일의 이해 당사자 자본주의는 경영권이 안정되어 장기적인 연구개발과 투자가 가능한데 반해 기업환경의 변화에 대한 신축적 기업개편이나 인수합병이 어렵다는 단점이 있다(정구현, 1996).

한국의 가족소유 자본주의는 기업소유주가 경영권을 안정적으로 확보하고 있기 때문에 장기적인 시각을 가지고 변화하는 사업환경에 신속하고 신축적으로 적응할 수 있으며 경영목표를 수행하기 위한 자원집중이 용이하다. 그러나 소유경영자의 전문지식 부족으로 기업성장을 저해할 가능성이 있으며, 기업의 회계와

〈표 III-4〉 소유 측면에서 본 세 가지 유형의 자본주의

소유특성	전문경영 자본주의	법인 자본주의	가족 자본주의
기본 패러다임	주주이익 극대화 모델	이해 당사자 모델	주주이익 극대화 모델
소유구조	소유와 경영 완전분리	소유와 경영 분리	소유와 경영 동시지배
감시기제	주식시장 및 기업인수시장	기관투자가 회사 내부 인력	정부 및 노조
장점	경영실적에 따라 경영자와 회사가 수시로 평가됨	안정적인 경영권 지배로 이윤보다 시장점유율 위주의 전략 추구, 장기투자 가능	신속하고 과감한 의사결정, 안정적 경영권과 지배구조
단점	단기적 안목에서 자원배분 이뤄짐, 기업인수관행의 발달로 기업의 안전성 약함	환경변화에 대응한 기업재편이나 경영 혁신 어려움	소유 집중으로 분배형평에 문제 존재, 환경변화에 대응한 기업재편 어려움
대표적 국가	미국	일본·독일	한국·화교기업

* 자료출처: 정구현(1995: 21)

소유주의 가계가 혼합되어 기업자금이 유용될 가능성이 높고, 소유경영자의 확장주의적 성향으로 질적 성장에 한계가 있으며, 소유경영자의 독선적·폐쇄적·배타적 경영을 견제할 장치가 없다는 단점이 있다(신유근, 1992).

외환위기를 불러온 한국 재벌경영의 문제

차입경영

재벌에 의한 과다한 차입이 외환위기를 불러일으켰다고 해도 과언이 아니다. 재벌은 국내 금융기관뿐 아니라 해외 현지에서도 과다한 차입을 함으로써 외환위기 해소를 어렵게 하고 있다. 외환위기 전 5대 재벌의 현지금융은 372억 달러에 달했으며 삼성그룹 혼자서만 104억 달러를 빌렸다.

한국의 재벌은 자기자본 비율이 20.6%(1996년)에 지나지 않은 취약한 재무구조를 갖고 있어서 외부자금에 의존하는 경영을 해 왔다. 재벌의 재무구조가 취약하고 재벌이 간접금융에 의존할 수밖에 없었던 원인은 증권시장 기반이 약해 기업공개와 유상증자를 통한 직접금융이 어려웠기 때문이다. 그리고 실제로 국가가 금리를 규제하고 있었기 때문에 제도금융권으로부터 차입하려는 유인이 많이 존재했다. 이러한 금리규제는 '금리차 지대(사회적 평균금리와 재벌이 지불하는 금리 간의 격차에 따라 발생하는 지대)'를 형성시켰고 재벌들은 금리차 지대를 차지하기 위해 계열사 수를 늘려나갔다. 그리고 지급이자에 대해서는 세금이 감면되었기 때문에 재벌 입장에서는 차입을 이용하는 것이 비용 측면에서도 유리했다(강철규, 1996: 74). 따라서 국내 재벌들은 계열기업들 간에 상호채무보증을 통해 자기자본의 수백 퍼센트에 달하는 빚을 끌어다 사용했다. 이와 더불어 정부의 고도성장정책 또한 기업으로 하여금 경쟁적으로 사업을 확장하도록 유인했다. 은행들 또한 은행대출에 대한 초과수요가 존재 상황에서 신용도가 높은 재벌기업에 대한 대출을 선호했고, 은행이 제시하는 다양한 정책금융이 재벌의 차입 의존도를 높였다.

〈표 III-5〉 30대 재벌 재무구조

	제조업(96)	30대 재벌(96)	미국(95)	일본(95)	대만(95)
부채비율	335.6	386.5	159.7	206.3	85.7
자기자본비율	24.0	20.6	38.5	32.6	53.9
* 자료출처: 장하성(1999)					

직접금융시장이 제약되고 차입경영이 유리한 상태하에서 재벌들은 가족지분율과 계열사지분율을 높게 유지하면서 부채를 통해 기업성장을 실현했다. 이러한 구조에서는 재벌총수가 스스로 원치 않는 소유분산을 위해 노력할 인센티브가 전혀 없었다(유승민, 1996: 47). 자본시장의 미성숙과 특혜적 간접금융이 한국의 가족소유 자본주의를 유지시켜 주었던 것이다.

비관련 업종의 다각화

한국 재벌이 비관련 다각화 전략을 추구하게 된 배경은 다음과 같다.

첫째는 정부의 산업별 지원정책 때문이다. 1960-1980년 사이에 정부가 유치산업을 보호한다는 명목으로 신규산업에 진출한 기업을 해외경쟁으로부터 보호해 주었으며, 인허가정책을 통해 신규진입자를 막아 주었기 때문이다. 이로써 대기업 집단은 새로운 업종에 진출하기만하면 정부가 만들어 놓은 진입장벽에 의해 사업성공을 보장받을 수 있었다(정구현, 1991: 88-90).

둘째는 시장의 불완전성으로 시장거래를 통한 중간재 확보가 어려웠기 때문이다. 따라서 기업들은 외부기업으로부터 중간재를 공급받기보다는 자회사를 세워 중간재를 확보하려 했고 이로 인해 기업의 다각화가 이뤄진 것이다. 다각화는 시장이 불완전한 상황에서는 인력과 금융의 거래비용을 내부화하는 이점이 있었다. 그런데 더 중요한 문제는 한국 대기업 집단이 사업영역을 확장하는 데 있어 가족의 소유를 완화하지 않아도 됐다는 데 있다. 한국 대기업 집단은 신규사업에 필요한 자본과 기술을 외국으로부터 도입할 수 있었는데 정부가 지불보증 및 보조를 통해 기업의 외자유치를 도와주었기 때문이다. 따라서 한국의 재벌은 부채비율이 높았음에도 불구하고 투자재원을 조달하기 위해 가족소유권을 약화시킬 필요가 없었다(Amsden, 1989: 26).

이렇듯 가족소유와 고도로 다각화된 사업영역 보유를 특징으로 하는 한국의 재벌은 위험부담이 큰 대형 프로젝트를 추진하는 위험선호자(risk taker) 역할을 수행했다. 그러나 새로운 경제환경에서 대기업 집단의 다각화 전략과 소유집중은 효율적인 대응방식이 될 수 없었다. 대기업 집단의 다각화 전략은 국내시장의 보호를 받음으로써 파산비용이 적은 산업환경에서는 유리한 기업성장전략이 될 수 있었다. 그러나 1980년대 이후 국내시장이 개방되고 경쟁이 세계화된 시대에 취약한 재무구조를 가진 비관련 기업들을 거느리고 있는 한국 재벌은 국제 경쟁력을 가질 수가 없었다. 국제분업질서가 다품종·소량생산체제로 전환하고 있는 상황에서 선진국으로부터 표준화된 기술을 도입해 소품종·대량생산을 하는, 저底원가전략으로는 더 이상 국제경쟁에서 살아남을 수 없게 되었다.

기존 한국 기업의 경쟁력 우위는 기술개발과 마케팅 능력에 있지 않았다. 정부의 진입장벽으로 국내시장과 국제시장에서 이중가격 유지할 수 있었기 때문이다. 그런데 개방화 압력으로 진입장벽이 완화되면서 기존의 다각화 전략으로는 세계시장에서 생존할 수 있는 가능성이 줄어들게 되었다. 이러한 경우 기업이 살아남는 방법은 비관련 계열기업을 정리해 경영을 합리화하는 것이다. 그러나 상호출자로 얽혀 있는 한국 재벌의 소유구조는 경영 합리화를 어렵게 만들었다. 결국, 비관련 다각화는 사양산업의 퇴출을 방해했고 국가의 산업구조조정을 어렵게 했다. 또한 소유집중을 특징으로 하고 있는 대기업 집단의 소유경영자는 자신의 지분을 유지하기 위해 주식발행을 통한 외부자금조달을 회피하고 대신, 부채를 통한 외부자금으로 투자재원을 조달하려 했다(양원근, 1992). 그 결과, 재벌기업의 재무구조와 경쟁력은 계속 약화되었다.

정부와 기업 간 공생관계로 도덕적 해이 만연

한국형 자본주의의 기본특징은 정부와 기업 간에 공생적 동반자 관계를 형성하고 있다는 것이다. 국가주도형 산업화 과정에서 정부는 산업과 금융시장의 결함을 보충해 주는 '결함보충자(gap-filler)'와 기업활동에 필요한 기능을 보충해 주는 '투입물완성자(input-completer)'로서 기업가적 역할을 수행해 왔다(유승민, 1996: 275). 따라서 정부로부터 일단 승자로 선택된(picking winners) 기업들은 정부가 통제하는 금융자원 배분에 접근할 수 있게 되었고 계속적으로 정부의 보호와 지원을 받았다. 정부의 지속적인 보호와 지원은 정부와 재벌 간의 관계를 역전시켰고 정부가 재벌의 인질이 되는 상황이 일어났다. 재벌은 재벌의 파산으로 인한 비용을 늘리기 위해 부채비율을 더 늘려 나갔고, 정부는 재벌이라는 자전거가 계속 달리게 하기 위해 보호와 지원을 확대해야 하는 상황(구제금융·산업합리화·개방지연)을 초래하였다. 도덕적 해이에 빠진 재벌들은 부채를 키워 규모를 확대함으로써 "너무 규모가 커서 파산시킬 수 없다", "국민경제적으로 너무 중요하기 때문에 구제하지 않을 수 없다"는 '대마불사'의 상황을 만들었고 국민경제를 담보로 자신의 팽창욕구를 키워 나갔다(유승민, 1996: 277).

정경유착

재벌의 성장은 정부특혜의 산물이다. 재벌은 자신의 경제력을 이용하여 정치권력이 자신에 유리하게 힘을 사용하도록 영향력을 행사하였다. 정치권력은 재벌들로부터 정치헌금을 받는 대가로 경제적 특혜를 제공하고 재벌들은 특혜를 계속적으로 받기 위해 정치권력에 상납을 계속했다. 정부는 1960년대에는 차관도입을 통한 금융특혜를 제공하였으며, 1970년대에는 수출주도형 경제성장의 견인차 역할을 하였던 수출금융 및 수출지원 특혜를 제공하였고, 중화학 투자 조정과정에서는 부실기업 통폐합과 관련해 특혜를 주었으며, 그 밖에도 각종 정책금융특혜가 제공되었다(소병희, 1996).

재벌들은 막대한 금리차 지대나 독점이윤을 확보받는 대가로 정치헌금을 제공하였다. 특혜를 따내기 위해 경영다각화를 시도, 여러 분야의 사업 선점권을 확보해야 했으며, 각종 금융특혜를 통한 타인자본의 조달을 통해서 기업을 성장시켜나갔다(소병희, 1996: 328). 정책적 특혜를 받는 기업의 선정기준이 과거의 확실한 경영성과에 의해 평가되고, 많은 경우 외형적인 성장이 객관적인 평가기준이 되면서 기업은 질적 성장보다 양적 성장을 우선적으로 추구하게 되었고, 장기적인 기술개발은 등한시 한 채 문어발식 확장을 시도하였다(소병희, 1996: 331).

그러므로 재벌개혁은 정치개혁으로부터 출발해야 한다. 정치인과 기업인 간의 후원·수혜관계의 고리를 끊지 않고서는 재벌개혁은 실효를 거두기 어렵다. 그러나 고비용 정치구조하에서 정치인들의 정치자금 수요가 계속 높게 유지되는 한 정치자금의 주공급자인 재벌과 정치인 간의 유착관계를 끊을 수 없을 것이다.

실패한 재벌정책

여신관리정책

재벌의 과다한 차입경영, 재벌에 대한 여신 편중, 경제력 집중, 금융기관의 부실화를 막고 국민경제의 균형성장을 위해서 1974년부터 도입되었던 여신관리제도는 김영삼 정부가 출범하기 직전인 1993년 2월에 대폭 개편되었다. 여신 관리대상 계열 기업군을 50대에서 30대 재벌로 축소하였고 자구노력 의무비율을 100-600%에서 100-200%로 하향조정하였으며, 기업투자와 부동산 취득에 대한 사후신고제를 일부 도입하였다. 말하자면, 재벌기업의 투자활동에 대한 제약을 덜어주기 위한 규제완화조치였다. 그럼에도 불구하고 은행대출금에서 차지하는 30대 재벌의 총 대출금은 1989년의 20.3%에서 1995년에는 13.9%로 낮아졌다(이기영, 1996: 35).

그러나 여신관리정책은 규제완화와 예외조치 인정으로 재벌의 차입에 의존하는 경영방식을 근본적으로 해소하지 못하였다. 재벌들은 은행권으로부터 대출을 제한받게 되자 제2금융권으로부터 차입을 늘리는 방식으로 위기에 대처했다. 이에 따라 1995년에 30대 재벌이 제2금융권에서 차지하는 여신은 38.4%로 그 이전보다 높아졌다. 한편, 정부는 업종전문화 정책을 시행하면서 30대 재벌의 주력업체와 소유분산 우량업체에 대해서는 여신규제의 상당 부분을 면제해 주었다. 여신규제에서 제외되는 예외조치가 남발됨으로써 여신규제의 효과가 약화되었다. 특별외화대출, 산업합리화 관련 대출, 주력기업대출, 주식분산우량기업대출 등 은행대출금 중 여신관리대상에서 제외된 대출금 가운데 30대 재벌이 차지하는 비중은 1989년 40.2%에서 1995년 59.1%로 높아졌다(이기영, 1996: 35). 더욱이 정부가 세계화 정책을 추진하면서 기업의 현지금융을 허용하면서 여신관리제도는 완전히 유명무실화되었다.

업종전문화 정책

노태우 정부의 주력기업 제도와 김영삼 정부의 업종전문화 정책은 국제경쟁력을 제고시키기 위해 재벌을 다각화된 대기업 집단에서 대규모 전문대기업으로 개편하여 세계 초일류기업과 경쟁을 시킨다는 것이었다. 재벌기업이 보유한 '규모의 경제'라는 이점을 살려 새로운 성장체제를 모색하려는 것이었다(송호근·임현진, 1993: 269-270).

정부의 업종전문화 정책은 1991년 3월 6일 재무부의 '제조업 경쟁력 강화와 전문화를 위한 여신관리제도 개편 방안'에서 구체화되었다. 업종전문화 정책은 재벌의 비관련 다각화가 산업효율성을 저해시킨다는 문제의식에서 출발했다. 국제화·개방화 시대에 독자적인 기술력을 갖춘 전문화된 거대규모의 세계 초일류기업과의 경쟁에서 살아남기 위해서는 한국 재벌이 비관련 업종에 진출해 위험분산을 꾀하는 것이 아니라 비교우위가 있는 주력부문에 자원을 집중하게 함으로써 국제 경쟁력을 갖춘 전문대기업이 될 수 있도록 유도해야 한다는 것이다. 이를 위해 정부는 30대 기업집단별로 3개 이내의 주력업체를 선정하도록 하고 이들 주력업체들을 여신관리대상에서 해제해 주는 대신, 주력 업체에 자원을 집중시킬 수 있도록 비주력업체의 처분을 적극 유도하고 신규업종 참여를 억제하였다.

노태우 정부가 1991년 11월에 발표한 '제7차 경제사회발전 5개년 계획'은 기업경쟁력 강화를 위해 소유와 경영제도에 대한 개혁을 포함해 재벌제도개혁에 관한 포괄적인 정책을 제시했다. 이에 따르면, 계열기업에 대한 내부지분율 하향조정, 계열기업들 공개유도, 무의결권 주식발행 제한, 상속·증여세제 강화, 금융기관의 주식보유 확대 등을 통해 재벌의 소유분산을 유도하고, 상호지급보증 축소와 내부거래 규제를 통해 계열기업의 전문·독립 경영체제 확립을 유도한다는 내용을 담고 있다.

좀더 구체적으로 살펴보면, 먼저, 한국 대기업을 국제적 기업과 경쟁할 수 있는 규모로 키우기 위해서는 유상증자 등을 통한 사회적 자본동원이 필요하나 현재와 같이 대기업들이 높은 내부지분율을 유지하면 자본동원 능력이 심각하게 제약을 받게 된다. 따라서 대기업이 과다하게 소유하고 있는 지분보유율을 경영권의 안정을 위협하지 않는 범위 내에서 축소해 나가야 한다. 이를 위해 계열기업을 공개하고 유상증자를 촉진하고, 현재 1/2까지 가능한 무의결권 주식발행 한도를 1/4까지 축소하며, 상속·증여세제를 강화해서 기업소유가 세습화되는 것을 방지하고 대기업이 금융기관을 지배하는 것을 차단하는 대신, 금융기관이 기업주식에 투자하는 것을 확대한다는 것이다.

다음으로 기업집단 경영체제를 전문독립 경영체제로 전환시키기 위해서 기업집단 경영방식의 연결고리가 되고 있는 상호지급보증제도에 대한 규제를 강화한다는 것이다. 재벌대기업이 전문대기업으로 경쟁력을 갖추기 위해서는 파산비용(bankruptcy costs)이 시장에 의해 결정되도록 해야 한다. 계열기업들 간 상호출자와 지급보증 등은 기업의 투자결과에 대한 시장의 기율(discipline)을 느슨하게 함으로써 한계기업이 시장에서 퇴출되는 것을 어렵게 하며 이는 산업구조가 고도화되는 것을 저해한다(양원근, 1992: 86). 따라서 주력업종 내 계열기업들을 제외한 비관련 계열기업들 간에 출자 및 지불보증을 철폐해야 한다는 것이다. 이를 위해 이미 1991년 8월에 주력기업의 계열 내 타기업에 대한 지급보증한도를 동결했고 이어 보증잔액을 점진적으로 축소했다. 비주력 기업인 경우에는 1단계로 자신의 자본규모에 비해 지급보증 규모가 과다한 기업의 타계열기업에 대해서는 신규지급보증을 제한하고, 2단계로 계열기업들 간 지급보증제한을 전 기업으로 확대하는 방안을 마련했다. 다만, 위험도가 높은 신기술투자에 대해서는 예외적으로 지급보증을 인정한다는 규정을 두었다.

정부의 업종전문화 정책이 재벌해체가 아니라 재벌강화를 통해 국제 경쟁력을 제고하려는 성격을 갖고 있었음에도 불구하고(홍장표, 1993: 421) 대자본은 정부가 이를 통해 대자본에 대한 규제력을 회복하기 위한 시도라고 주장하면서 정부주도의 업종전문화 정책에 부정적인 자세를 보였다. 대자본은 첫째, 정부가 무엇이 비관련 다각화인가에 대한 판단능력을 갖고 있지 않다고 비판했다. 관련 다각화냐 비관련 다각화냐를 가장 잘 판단할 수 있는 것은 위험부담을 감수하고 의사결정을 하는 기업가에 있다는 것이다. 둘째, 정부가 현재 진행 중인 기술융합과 정보화 확산을 통한 산업의 융합화 현상, 즉 포스트포드주의 시대를 제대로 인식하지 못하고 있다고 지적했다. 야금·기계·전자·화학·광산·섬유 등 각 분야가 독자적인 기술체계를 형성하고 각 기술체계 내에서 가장 효율적인 생산공정을 발견해 생산성 향상을 추구하던 시대가 종언을 고하고, 전자와 기계가 결합한 메카트로닉스 분야와 같이 서로 다른 분야의 기술이 융합함으로써 새로운 산업이 탄생하고 있었다. 이러한 포스트포드주의적 생산체제하에서 전통적인 산업분류 개념에 기초해 업종을 특화하라는 것은 불확실한 미래에 대한 신축적 적응을 방해한다는 것이다(공병호, 1991: 31-33). 셋째, 정부 주도의 업종전문화는 불필요한 법률적 진입장벽을 구축함으로써 대상산업을 과도하게 보호하는 한편, 잠재적 경쟁자는 배제함으로써 오히려 국제 경쟁력 하락을 가져올 것이라고 주장했다. 이 문제 역시 기업 스스로 생존을 위해 시장에서의 비교우위에 따라 주력산업을 중심으로 관련 다각화 및 전문화를 추구하는 방향이 되어야 한다는 것이다.

업종전문화 정책에 대해 대자본이 내린 결론은 정부주도형 업종전문화 정책은 폐기되어야 하고 다각화와 전문화 간 선택은 대자본의 자율적 결정에 맡겨야 한다는 것이다. 만약 대자본의 대안을 받아들일 수 없다면, 차선책으로 주력업체 중심으로 되어 있는 정부의 업종전문화 정책을 주력업종 중심으로 전환해야 한다는 것이다. 대자본이 이야기하는 주력업종이란 기업체 간 시너지 효과(synergy effect)를 극대화하기 위해 주력기업을 중심으로 관련산업과 지원산업으로 구성되는 기업군집(firm cluster)을 의미하였다.

이와 같이 업종전문화를 둘러싼 정부와 대자본 간의 갈등이 있었으나, 주력업체에 대한 여신관리 해제라는 '당근'은 대자본으로 하여금 업종전문화 시책에 따르게 하는 데 충분한 유인을 제공하였다. 그 결과, 30대 대기업 집단의 573개 계열기업 중 72개 업체가 주력기업으로 선정되었다. 그런데 주력기업 선정을 재벌의 자율적 결정에 맡긴 결과, 석유화학산업과 같이 부채비율이 높은 장치산업분야에 주력기업이 집중됨으로써 중복·과잉투자가 오히려 심화되었다. 주력업체에 대한 여신관리해제는 사실상 재벌 전체에 대한 여신관리규제 해제효과를 가져왔다. 1999년대 말, 30대 기업집단 중 75개 주력업체의 은행대출금은 10조 672억 원으로 30대 기업집단에 대한 총 대출금 21조 1,506억 원의 47.6%를 차지했다. 그러나 개편 여신관리제도가 시행된 지 6개월 후인 1991년 말에 이르면, 30대 기업집단의 주력업체 대출금은 13조 9,064억 원, 총 대출금은 25조 9,381억 원으로 53.6%로 상승했다. 이로 인해 주력업체들의 부채비율은 1991년 말 435%로 1년 전에 비해 77.2% 상승했다(김견, 1992). 업종전문화 시행 이후 주력업체들의 부채비율이 상승했다는 사실은 재벌들이 주력업체에 대한 여신관리 규제해제라는 이익은 취하면서도 비주력기업을 처분하여 주력기업의 재무구조를 강화하는 비용은 부담하지 않았다는 것을 의미한다.

김영삼 정부에 들어와서 주력업체 제도는 업종전문화 제도로 이름이 바뀌어 시행되었다. 신경제 5개년 계획에서 김영삼 정부는 재벌의 비관련 다각화를 지양하고 주력업종에 한정된 재원을 집중투자하여 재벌의 업종전문화 및 주력기업의 세계 일류기업화를 유도한다는 정책을 제시하였다. 1993년 10월 29일 업종전문화 시책이 최종 확정되었고 이에 따라 30대 재벌은 주력업종과 주력기업을 선정하였다. 김영삼 정부는 주력업종과 주력기업에 대해 여신한도와 출자총액제한 규제를 풀어 주었고 해외금융 조달과 회사채 발행, 유상증자 등에 대해 우대조치를 해 주었으며, 기술개발에 대한 지원과 공업입지 규제조치도 완화해 주었다.

그런데 업종전문화 정책은 국제경쟁력을 갖춘 세계일류기업을 육성하는 데는 실패했고 대신 기존 재벌정책을 유명무실화시키는 부작용만 낳았다. 주력업체를 재벌들에게 자율적으로 선정하게 하였을 때, 재벌들은 자동차·전자·석유화학·정보통신·항공·우주 등 성장잠재력이 크고 부가가치가 큰 업종을 집중적으로 선정함으로써 과잉·중복투자를 부추겼고 국가자원 전체의 효율적 배분을 저해하였다(조동성, 1996: 49). 그러나 더 큰 문제는 업종전문화 정책이 재벌의 차입의존도를 더 높였다는 것이다. 재벌들은 주력업체에 대한 여신규제해제를 노려 채무구조가 취약하고 대규모 투자가 필요한 기업을 의도적으로 주력기업으로 선정하였던 것이다. 30대 재벌이 선정한 주력기업들의 1994년 평균부채비율은 324.9%로 상장기업 평균 부채율 298.3%를 크게 상회했고, 주력기업들 중 부채비율이 400% 이상인 업체도 35개에 달했다(이기영, 1996: 30). 더욱이 재벌들은 선단경영을 계속함으로써 주력기업에 대한 대출금이 비주력기업으로 전용될 가능성 또한 높았다. 이와 같이 업종전문화 정책은 정부의 여신관리제도를 무력화시켰고 재벌들은 업종전문화 정책을 차입경영 수단으로 이용하였다.

공정거래정책

공정거래제도는 공정한 경쟁을 위한 게임규칙을 제시하는 것이 주목적이나 한국은 1980년 법을 제정할 당시부터 '과도한 경제력 집중 방지'라는 목적을 명기함으로써 경제력 집중 억제를 위한 재벌규제를 분명히 하였다. 1986년 1차개정 시 지주회사 설립 금지, 직접상호출자 금지, 출자총액 제한, 금융 및 보험 계열사의 의결권 제한, 대규모 기업집단의 계열사 지정제도 등 재벌정책의 기본 골격이 마련되었다. 6공화국 정부 말기인 1992년 3차 개정 시 상호채무보증을 200%로 제한하는 규정이 추가되었고 1994년 김영삼 정부가 마련한 4차개정 시 출자한도를 순자산(총자산-총부채-계열사 출자-국고보조)의 40%에서 25%로 인하했다(유승민, 1996: 137).

출자한도 제한은 재벌의 문어발식 확장을 막는 기본적인 수단이었다. 재벌총수는 10% 미만의 지분을 가지고도 간접 상호출자를 통해 계열사들을 100% 통제하고 있다. 1995년 4월 당시 30대 재벌의 내부지분율은 43.3%로, 친족(동일인 및 특수관계인) 지분이 10.6%, 계열사 지분이 32.8%에 달했는데(소일섭, 1996: 128) 이는 재벌총수가 10%의 지분으로 경영권을 장악하고 있음을 보여 준다. 따라서 1994년 법 개정 시 출자총액한도를 기존 순자산의 40%에서 25%로 15% 인하하는 조항에 대해 재벌들은 맹렬히 반발하였다. 재벌들은 이 조항이 기업투자를 위축시킬 것이라면서 법 개정을 반대하였을 뿐만 아니라 이 기회에 출자규제제도를 폐지할 것을 요구하였다. 우여곡절 끝에 출자총액제한은 3년의 경과기간을 거친 뒤 25%로 확정되었다(유승민, 1996: 144). 그러나 1987년 40%의 출자한도를 도입할 당시 30대 재벌의 순자산 대비 타회사 출자비율은 44.8%였고 1994년 25%의 출자한도를 도입할 때 타회사 출자비율은 26.8%라는 것을 감안하면, 출자총액제한 25%를 3년 내에 축소한다는 것은 감당할 수 없는 가혹한 조치는 아니었다. 더구나 정부의 출자제한조치에는 많은 예외조항이 삽입되어 있어서 그 효과가 의문시 되었다. 소유분산 및 재무구조가 양호한 기업은 출자규제 대상에서 제외하고 그룹 전체에 대해서도 유사한 기준을 설정해 기업집단이 출자규제 대상에서 제외되는 특혜를 도입했다. 업종전문화 관련 출자에 대해서는 7년 범위 내에서 예외를 인정해 주었으며, 사회간접자본 출자에 대해서도 20년간의 예외를 규정하였다(유승민, 1996: 148-149).

상호채무보증제한 제도에도 동일한 현상이 일어났다. 재벌들은 계열사들 간 상호채무보증을 통해 자기자본의 수백 퍼센트에 달하는 빚을 끌어다 썼다. 이러한 빚보증 방식을 통해 재벌들은 주력업종은 물론 스포츠·레저 산업 등 관련이 없는 산업에까지 사업을 확장했다. 그런데 상호채무보증은 기업을 확장하는 수단인 동시에 그룹 전체를 무너뜨리는 역할도 했다. 그룹 내 어느 한 기업이 무너지면 전체 계열사가 줄줄이 무너지는 부도 도미노 현상이 일어났다.

외환금융위기 이후의 재벌개혁—미국식 주주 자본주의의 도입

외환금융위기 이후 재벌개혁 정책은 국제통화기금(IMF)과의 합의 테두리를 벗어나지 않는 범위 내에서 추진되었다. IMF가 권고하였던 기업지배구조는 미국식 주주 자본주의였기 때문에 한국식 가족소유 자본주의를 특징으로 하는 재벌기업 지배구조는 근본적인 수술이 필요하였다.

미국식 기업지배구조는 주주이익을 극대화하고자 하는 전문경영인에 의한 기업경영이다. 주주와 경영자 간에 발생하는 주인과 대리인 문제를 해결하기 위해 자본시장이 동원된다. 자본시장에서 이뤄지는 기업의 인수합병이 주주의 이익을 극대화하지 않는 기업과 경영자를 통제한다. 주식시장의 주가변화는 항상 경영자들로 하여금 주주의 이익을 극대화하게 하는 통제수단이다.

우리에게 미국식 주주 자본주의로의 전환은 혁명적이다. 우리가 일본식 법인자본주의로 전환하는 것은 비교적 용이할 수 있다. 그러나 미국식 자본주의로 전환하는 것은 사실상 재벌해체를 의미하고 재벌해체는 정상적 수단에 의해 달성될 수 없다. 일본의 재벌은 전후 맥아더 미군정에 의해 해체되었다. 이때 미군정은 재벌의 지주회사 해체와 가족 경영권 배제를 추진했다. 구체적 내용은 다음과 같다. 첫째, 재벌의 지주회사가 소유하는 모든 증권 및 상사, 법인, 그 밖의 기업 등에 대한 일체의 소유권과 관리, 이권을 일본 정부가 설치하는 지주회사 정리위원회에 이관하고 위원회에 의한 해체절차를 밟는다. 둘째, 각 지주회사의 이관재산에 대한 보상은 10년간 환가양도를 금하는 일본 정부의 공채로 변제한다. 셋째, 4대 재벌 일족 구성원들은 은행 및 사업의 현직에서 즉각 은퇴한다. 마지막으로 각 재벌지주회사는 산하 은행과 회사에 대한 명령권과 관리권 행사를 즉각 중단한다(공병호, 1994: 10).

이와 같은 재벌해체안案에 의거해 83개의 지주회사와 56명의 재벌가족이 지정되었다. 재벌의 중추를 이루는 42개 지주회사 중 부대사업을 갖지 않은 순수 지주회사 16개는 단독해산하고 부대회사는 제2회사를 설립하여 해산함으로써 재벌의 중심이 해체되었다. 그리고 10대 재벌가족 56명이 소유하고 있던 주식은 지주회사 정리위원회에 양도되었고 재벌관계기업의 임직원 자리에서 추방되었다. 3대 재벌의 계열회사 711개에 대해서 미쓰이·미쓰비시·스미토모 등의 상표와 상호를 사용하는 것을 금지하였다. 해체과정을 밟은 재벌계 기업들은 독립기업으로 활동해오다 1951년 미·일 강화조약 이후 기업재결합이 시도되었고 금지된 상호와 상표를 다시 사용하기 시작하였다(강철규·최정표·장지상, 1991: 61-62).

미국형 자본주의를 일본에 뿌리내리려고 하는 미군정의 구상은 실현되지 않았지만, 소유와 경영이 재벌가족에 집중되었던 전전의 재벌은 해체되었다. 전후에 형성된 기업집단은 상당한 독립성을 유지하면서 '계열(keiretsu)' 형태로 느슨하게 결합되어 있다.

IMF가 한국에 요구한 재벌개혁은 미군정이 전후 일본에 강요했던 재벌개혁과 마찬가지로 미국형 자본주의로의 전환이었다. 그러나 그 수단은 강제적이 아니라 정책적 유인과 제재를 통한 간접적 유도방식이었다. IMF가 구제금융을 제공하면서 요구한 기업부문의 개혁조치는 기업의 재무구조 개선, 채무보증 금지, 국제기준의 기업회계 적용, 외국인 주식투자한도 확대, 외국금융기관의 국내 금융기관 인수합병 허용 등이었다.

첫째, 외국자본의 자유로운 직접투자가 가능해지고 외국자본의 국내기업 인수합병을 막아 왔던 장치를 해제함으로써 그룹 총수나 친인척들의 소유만으로는 기업 소유권과 경영권을 유지할 수 없게 되었다. 족벌경영에 위기가 온 것이다.

둘째, 결합재무제표의 도입(1999년부터 의무적으로 작성) 등 기업회계에 있어 국제기준이 적용됨으로써 투명경영의 압력이 거세졌다. 결합재무제표는 지배종속관계에 있는 기업들을 하나의 큰 기업으로 보고 지배회사의 재무제표를 나머지

회사들과의 상호투자와 매출·매입·거래 등 내부거래 내용을 제하고 작성한 재무제표이다. 이와 같이 국제적 회계기준에 의해 재무제표를 작성하게 되면 거래내역이 공개되기 때문에 기업의 실질가치를 정확하게 알게 되고 투명경영이 가능하게 될 수 있다. 다시 말해, 중복매출과 비자금 등을 숨길 수 없기 때문에 계열기업 간 부당한 내부거래가 없어질 뿐만 아니라 비자금 조성과 정치자금 제공 등도 원천적으로 봉쇄될 수 있다. 이 밖에도 사외이사제, 소수주주권 강화, 기업공시 투명성 제고 등으로 인해 기업경영의 내용은 보다 투명하게 하고 정경유착 관행도 폐지할 것을 권고하였다.

셋째, IMF의 핵심적 요구사항인 고금리 정책, 부실 금융기간 폐쇄, 금융기관의 국제결제은행(BIS: Bank for International Settlements) 기준 충족 등으로 과거와 같은 과도한 차입경영의 관행이 사라지게 되었고, 차입금 상환압력을 이겨내지 못한 기업의 부도와 파산이 속출하였다. 재무구조를 개선하지 않는 기업은 살아남을 수 없게 된 것이다. 이 조치들은 불필요한 업종과 자산을 과감하게 정리하게 하는 회초리가 되었다.

넷째, 채무보증금지로 계열사 간 자금지원관계가 단절되고 부당한 내부거래 등을 할 수 없게 되었다. 상호지급보증은 1998년 3월까지 100% 수준으로 낮추어야 하고 5대 그룹은 1999년부터, 나머지 30대 그룹은 2000년부터 금지하였다. 상호지급보증 금지는 재벌들로 하여금 돈을 더 빌려 빚을 갚게 하거나 부실 계열사를 매각하거나 다른 계열사와 합병을 하도록 압력을 가하였다. 즉, 재벌들로 하여금 관련 없는 부실 계열사를 정리하게 하거나 주력부문에 투자를 집중하게 해 재벌 전문화 과정을 촉진하였다.

재벌이 나가야 할 방향—해체? 개혁? 유지?

재벌해체론

김대중 정부는 IMF가 요구하는 재별개혁을 전적으로 수용하였다. 그러나 이 정도의 조치로 한국 재벌이 해체될 수 없었다. 먼저 IMF식 개혁 후에 나타날 한국 자본주의 모습이 분명하게 드러나 있지 않았다. IMF가 요구한 사항 중에는 기업 소유구조에 대한 언급이 없었다. 한국 재벌의 계열사들은 직접 상호출자를 할 수 없고, 타 회사에 대한 출자총액도 순자산의 25%로 제한되어 있었다. 그러나 재벌 총수들은 직접소유·간접소유·순환소유 등의 형태로 기업을 지배하고 있다. 상호출자가 금지되어 있다 하더라도 총수 지배하에 있는 타 계열사들의 소유지분을 통해 계열사들에 대한 지배권을 확보할 수 있다. 그러므로 재벌을 해체시키기 위해서는 현재의 출자총액 상한선을 더욱 낮추고 출자 받는 회사에 대한 소유지분에도 상한선을 두는 방식이 강구되어야 했다. 또한 직접 상호출자는 금지되나 3개 이상 기업들 간에 순환출자제도가 허용될 경우 재벌 총수가 계열기업 수를 늘리는 것을 막을 수 없다. 그러므로 순환적 상호출자를 제한하거나 금지하는 방안이 추가되어야 재벌을 해체하여 계열기업들을 독립기업으로 전환시킬 수 있다(최정표, 1993: 412-422).

그러나 소유구조 개편을 통한 재벌해체론은 그 실현 가능성이 희박하다. 무엇보다도 자본주의하에서 소유권 행사를 제한할 경우 재벌들로부터 격렬한 저항에 부딪힐 것이고, IMF가 요구하는 외국자본에 의한 인수합병의 무제한적 허용이 국내기업의 출자총액규제제도의 존속을 어렵게 하고 있기 때문이다. 외국자본에 의한 국내기업의 인수합병에 제한을 두지 않으면서 국내기업에 대해서만 출자총액을 계속 제한할 경우 형평성의 문제를 야기할 것이 분명하기 때문이다.

재벌개혁론

실현 가능성이 희박한 급진적인 재벌해체론보다 더 많이 거론되었던 재벌개혁 방안은 재벌의 민주화 방안이었다. 재벌민주화론은 먼저 재벌총수를 보좌하고 계열기업을 감시하는 역할을 해 온 비서실 또는 기조실을 폐지해야 한다고 주장하였다. 왜냐하면 재벌총수가 수십 개의 계열사와 수백 개의 사업부문을 다 파악해서 정확한 의사결정을 내리는 것은 원천적으로 불가능하기 때문이다. 재벌민주화론은 재벌총수의 전횡과 독단을 막기 위해 내부적·외부적 통제장치를 갖추어야 한다고 주장했다.

내부적 통제장치로는 사외이사제를 들 수 있다. 총수로부터 독립적인 사외이사는 소액주주의 이익을 대변하고 경영자를 견제하는 제도적 장치가 될 수 있다. 사외이사제도는 경영자 견제 및 이사회 권한 강화로 기업통치권을 분산하는 것이다. 또한 최고경영자에 대한 견제와 균형을 위해서 종업원과 노조대표가 이사회나 감사기능에 참가하는 것이 필요하다. 소액주주권한을 강화하는 조치도 마련되어야 한다. 이를 위해서 대표소송권과 위법행위유지청구권을 현행 1%에서 1주로 단독주주권화할 필요가 있다.

외부적 통제장치로는 기업지배권 시장 활성화와 은행에 의한 경영감시활동 강화 등이 있다. 한국은 대주주 경영자의 높은 지분율, 주식 공개매수 제한, 의결권 대리행사 권유 제한 등 정부의 경영권 보호정책으로 기업지배권 시장이 발달하지 못하였다. 따라서 '적대적 인수합병'을 포함한 모든 인수합병을 허용하고 공개매수 요건을 폐지 또는 완화해야 한다. 기업지배권 시장이 활성화되면 경영권 이전 또는 위협을 통해 경영효율성이 향상되고 기업 구조조정과 산업 구조조정이 촉진될 수 있다.

그런데 우리에게는 인수합병에 의한 경영감시보다 은행에 의한 경영감시가 더 효율적이다. 왜냐하면 한국 기업들은 자본시장을 통한 직접금융보다 은행을 통한 간접금융에 의존하고 있기 때문이다. 차입의존도가 높은 한국 재벌들에게는 은행을 통한 구조조정이 가장 효과적일 수 있다. 그런데 문제는 은행이 과거의 관치금융 관행을 지속하게 되면, 은행이 기업 감시자로서 역할을 수행하기보다는 재벌들의 무분별한 중복·과잉투자를 조장하는 공모자가 되기 쉽다. 이점에서 국내은행 가운데 외국인이 지배하는 은행이 한두 개 있다면, 은행과 재벌 간 담합관계를 깨는 데 도움이 될 것이다.

재벌의 반론

경제위기의 와중인 1998년 1월 13일, 4대 재벌총수들은 김대중 대통령 당선자와 재벌개혁정책에 합의하였다. 재벌과 신정부 간에 합의된 개혁내용은 결합재무제표 조기도입 등 기업경영 투명성 제고, 상호지급보증 해소, 재무구조 개선, 주력·핵심사업 부문에 경영역량 집중, 중소기업과 협력관계 강화, 지배주주의 경영책임 강화 등으로 요약된다. 경제위기를 불러온 당사자로 몰리고 있는 상황하에서 재벌들은 몸을 낮추고 우선 재벌개혁의 요구를 받아들일 수밖에 없었다. 그러나 시간이 지나면서. 재벌들은 재벌개혁에 대한 반대논리를 개발, 개혁에 순순히 따르지 않았다.

먼저 외국인의 주식투자 한도를 55%로 확대하는 등 자본자유화가 된 마당에 국내재벌에 대해서만 순자산의 25% 이상을 타 회사에 출자하는 것을 제한하는 것은 인수합병시장에서 한국 재벌을 역차별하는 것이라고 항변하였다. 재벌에게만 계속 출자한도를 적용할 경우, 경영권 방어가 어렵게 되고 오히려 재무구조가 양호하고 소유분산이 우량한 기업들이 외국자본의 적대적 인수합병 대상이 되기 쉽다는 것이다. 따라서 재벌들은 출자한도를 폐지할 것을 요구하였다. 또한 소액주주권 강화에도 신중해야 한다고 주장했다. 재벌들은 대표소송권과 회계장부열람권 등 소액주주들이 강화된 권한을 남용할 경우, 기업경영의 안정성과 자율성이 크게 저하될 것이라고 우려하였다. 사외이사와 사외감사제도 도입은 기업들이 의사결정을 신속히 추진하는 것을 어렵게 할 뿐 아니라 기업의 중요정보가 외부로 유출될 가능성을 높일 가능성이 크기 때문에 사외이사 및 사외감사제도를 법으로 의무화하기보다는 기존 이사회 및 감사제도를 보완하여 활성화시키는 것이 바람직하다고 주장했다.

한편, 대기업들은 선단식 경영이 부실기업의 퇴출을 지연시키고 불공정거래를 발생시키는 등 많은 문제점을 낳았지만 요소시장 및 상품시장이 낙후되어 거래비용이 높은 여건하에서 내부시장화를 통해 계열사들 간에 경영자원을 효과적으로 활용할 수 있는 경영구조를 구축할 수 있기 때문에 개방으로 들어온 외국대기업과 경쟁하는 데 유리하다고 강조했다. 따라서 지주회사 설립 허용 등을 통해 선단식 경영의 장점을 활용할 수 있는 방안을 마련하고, 지주회사가 설립되기까지 선단식 경영의 핵심인 기조실과 회장실 등을 존속시켜 줄 것을 요구하였다.

외환위기는 한국 자본주의 개혁을 위한 기회

박정희 모델이라고도 불리는 과거 개발연대의 산업화 과정에서 재벌이라는 독특한 한국적 기업제도가 탄생하였고 그 재벌은 박정희 사후에도 수십 년간 한국 경제를 이끄는 견인차 역할을 했다. 그러나 세계화시대의 글로벌 경제환경하에서 재벌은 상황변화에 적응할 수 없는 공룡으로 화하고 말았다. 말하자면, 재벌은 스스로는 개혁이 불가능한, 다른 누군가에 의해 타의적으로 개혁될 수밖에 없는 존재가 되고 말았다. 국가에 의한 재벌개혁 시도는 있었지만 그 조치들은 시행과정에서 핵심내용이 변질되거나 무력화되고 말았다. 결국, 한국의 재벌 개혁은 경제위기를 기다려야 했다. 외환위기로부터 시작된 한국의 경제위기는 한국 경제를 IMF가 제시하는 구조조정 프로그램하에 들어가게 했는데, 재벌의 구조조정은 IMF 개혁 패키지의 핵심적 내용이다. 기업재무구조 개선, 채무보증 금지, 국제적 기준의 기업회계기준 적용, 외국인의 인수합병 허용 등을 골자로 하는 IMF 재벌개혁 프로그램은 재벌총수에 의한 선단식 그룹경영을 계속하는 것이 어렵게 디자인되었다.

그런데 이러한 재벌개혁 프로그램은 전혀 새로운 것이 아니다. 과거 정부들이 추진해 오던 재벌정책에 이미 포함되어 있었던 것이다. 그런데 재벌들의 저항으로 지연되거나 폐기되었던 것들이다. 그러나 IMF라는 강력한 외세를 우군으로 갖고 있었던 김대중 정부는 재벌개혁을 추진하기에 그 어느 때보다 유리한 위치에 있었다. 1997년의 금융위기는 평화적 정권교체로 탄생한 김대중 정부로 하여금 외세인 IMF의 도움을 받아 혁명적인 방식이 아니라 정상적인 제도적 유인과 제재를 통해 재벌개혁을 할 수 있는 길을 열어 주었다. 이 점에서 1997년의 경제위기는 재벌자본주의의 개혁을 위한 기회가 되었고, 재벌개혁은 외환금융위기를 극복하고 21세기에 들어서 한국 경제를 재도약시키는 데 밑거름이 되었다.

IV

3김 시대 이후의 한국 민주주의와 자본주의

9. 정보화 혁명과 한국의 전자 민주주의*

지금 빛의 속도로 움직이는 디지털화된 정보가 전 세계를 폭발적으로 변화시키고 있다. 소위 디지털 혁명이 일어나고 있는 것이다. 지식과 정보가 혁신의 원천이 되고 있고, 생산·유통·소비에서 혁명적 변화가 일어나고 있다. 전 세계 인터넷 이용자 수는 1999년에 이미 1억 7,000만 명을 넘어섰고 2009년에 10억 명을 넘어섰다. 전 세계가 사통팔달의 인터넷망으로 연결되는 디지털 사회로 급속히 전환하고 있다. 지금의 세계시간은 산업문명이 디지털 문명으로 넘어가고 있는 전환기적 시간인 것이다.

디지털화된 정보(또는 컴퓨터를 매개로 한 통신: CMC)는 기존 정보통신 매체의 한계를 극복해 준 혁명적인 정보통신매체이다. 디지털은 인쇄문화의 대중성을 확보하는 동시에 유통과 소비의 난점을 극복해 주었다. 또한 전신과 전화가 갖고 있는 일대일 통신의 한계를 극복하고 다대다多對多 통신시대를 열어 주어 정보전달 범위의 제한문제를 해결해 주었다. 또한 TV가 갖고 있는 통신의 일방향성을 극복하고 쌍방향 커뮤니케이션을 가능하게 해 주었다. 이 점에서 디지털은 정보소비와 유통의 비배제성, 비소진성, 쌍방향성, 확장성, 시공간적 무제한성을 실현

* 이 논문은 다음 논문을 수정·보완한 것임. 임혁백, 2001, 〈정보화사회의 민주주의: 한국 정치의 새로운 패러다임〉, 한국 정치학회·김영래 엮음, 《정보사회와 정치: 새로운 정치 패러다임 모색》, 서울: 오름.

한 혁명이라 할 수 있다.[63]

디지털화된 정보통신혁명은 근대 산업문명 시대의 정치, 경제, 사회, 문화의 패러다임을 획기적으로 바꾸고 있다. 말하자면 전자혁명이 지난 20세기의 정치지배구조, 국가운영체계, 경제·사회체계 전반을 재구축하고 있는 것이다. 전자혁명은 조직을 평등화하고, 수직적·위계적인 사회를 수평적이고 네트워크화된 사회로 바꾸고 있다. 그리고 국경 없는 사회, 즉 세계화 시대를 열어 주고 있으며, 탈중앙집권화와 분권화를 통해 사람들이 조화롭게 사는 것을 도와주며 개인의 권리를 강화시켜 주고 있다(Negroponte, 1995).

경제의 디지털화로 산업혁명 시대는 종언을 고했고 인터넷과 아이디어가 부를 창출하는 원천이 되고 있다. 유형의 물체나 자산으로 구성된 하드웨어에서 소프트웨어로, 다시 아이디어로 경제적 부를 창출하는 중심축이 이동하고 있다. 신제품을 개발·생산·유통·소비하는 전 과정에서 혁신이 일어나고 있는 동시에 혁신과정의 속도 또한 계속 빨라지고 있다. 이 과정에서 지식은 모든 생산의 가장 중심적 요소로 자리 잡고 있다. 비소진성, 비배제성, 확장성 등의 특징을 갖고 있는 지식이 토지·자원·자본·공간·시간 등의 사용을 줄이면서 새로운 공정과 상품을 개발하는 능력을 제고시키고 있다. 지식이 상품의 경쟁력과 수익성을 결정하고 있는 것이다. 따라서 기업은 항구적인 혁신경쟁과 속도경쟁을 해야 하는 상황이 되었다.

디지털 시대에 기업 경쟁력은 속도가 좌우한다. 빌 게이츠의 언급처럼, "생각의 속도로 움직이는 기업"만이 디지털 시대의 승자가 될 수 있다. 이제 기업은 국경을 넘어선 온라인 체제를 구축하고, 고객과 실시간으로 대화해야 하며, 회계·영업·조달도 실시간으로 진행해야 한다. 또한 웹 작업방식(web work style)을 활용하여 기업역량을 결집해야 한다. 웹상에서 전문가들을 외부조달(outsourcing)하

63 정보재(information goods)는 비소모성, 비인정성, 비분할성, 누적성, 기밀성 등의 속성을 갖고 있다(전석호 1993. 106-107).

여 드림팀을 구성하고 핵심부문에 역량을 집중해 작업을 완수하고 일이 끝난 뒤에는 다시 흩어지는 방식이 디지털 시대의 작업방식이고 직업창출방식이다. 이러한 디지털 시대에는 중소기업도 사이버 세계에서 강자가 될 수 있다. 왜냐하면 웹상에서 중소기업은 거대기업과 대등한 관계에서 경쟁할 수 있을 뿐만 아니라 관료화된 거대기업보다는 유연한 중소기업이 적응능력과 위기대응능력이 높기 때문이다.

한국은 지식정보화가 세계에서 가장 빠른 속도로 진행되고 있는 지역이다. 2000년에 이미 한국 컴퓨터 사용자 수는 인구의 절반을 넘은 68.2%인 1,900만 명에 달했으며 휴대전화와 인터넷 보급률에 있어서도 아시아에서뿐만 아니라 전 세계적으로 상위권에 속한다. 특히, 초고속 인터넷 가입자 수는 400만 명으로 미국에 이어 세계 2위를 차지했고 가정 내 보급률은 세계 1위였다. 전자상거래도 본격적인 궤도에 올라섰고 사이버 주식거래는 미국을 앞질러 세계 최고 수준을 달성했다. 정보화 혁명을 뒷받침할 인프라의 구축도 빠르게 진행되었다. 2000년 12월 말, 전국 시·읍·면 단위까지 광케이블로 연결하는 '정보고속도로'가 완성되었다. 이는 계획보다 2년 앞당겨 달성된 것이다. 광전송망의 속도와 용량을 고도화하는 초고속망구축사업도 2005년에 완료했다. 한국에서 정보화 혁명은 계획자도 예상하지 못했던 속도로 진행되었다. 지난 20세기에 '선진국 따라잡기식' 산업화를 추진해 왔던 우리가 정보화 혁명을 통해 21세기에는 선진국과 대등한 입장에서 세계를 선도할 수 있는 경제를 만들 수 있게 되었다.

한국인은 정보화 혁명에 가장 잘 맞는 특성을 갖고 있다. 한국인은 유행과 변화에 빠른 적응 능력을 보여 주고 있다. 한국인의 '빨리 빨리'가 외환위기를 맞게 된 원인을 제공했지만 '생각의 속도'로 기업경영을 요구하는 지식기반경제에는 가장 잘 맞는 국민성이다. 동창회, 동호회, 향우회, 전우회 등을 통해 인연 맺기를 좋아하는 한국인의 특성이 인터넷과 네트워크 경제에 적합한 것으로 드러나고 있다. 인터넷 시대에 한국이 일본보다 앞설 수 있었던 이유는 한국인들이 아시아에서 가장 개인주의적이고 변화에 기민하게 적응하는 국민성을 갖고 있기 때문이다. 한국의 정보화 혁명은 외환금융위기를 극복하는 데 있어 견인차 역할을 담당해 왔다. 2000년 지식정보화 산업이 국민총생산을 30% 이상 증가시켰으며, 수출부문 성장에는 절반 이상 기여한 것으로 나타났다. 한국은 한자문화권(한국, 중국, 일본) 중 창의성과 자주성이 요구되는 디지털 경제와 지식기반경제 분야에서 가장 경쟁력 있는 나라가 될 것이다.

그런데 정보화 혁명은 경제·사회 분야에서만 일어나고 있는 것이 아니다. 정치 분야에서도 정보화 혁명이 진행되고 있다. 전자정부가 구현되고 있으며 전자 민주주의가 참여민주주의의 새로운 지평을 열어 주고 있다.

전자 민주주의의 유용성과 한계

정보통신 혁명은 경제만 바꾸는 것이 아니라 정치적 민주주의가 이루어지는 방식에도 변화를 일으키고 있다. 베스트팔리아(Westfalia) 체제 수립(1648년) 이후, 대외주권을 가진 영토국가 내에서는 시민들이 선거를 통해 선출된 대표를 통해 지배하는 대의제 민주주의가 정치지배구조의 기본을 형성했다. 그런데 대의제 민주주의는 고전적인 아테네 민주주의와는 다른 모습을 갖고 있다. 영토국가하에서는 고대 아테네에서 실시되었던 직접적이고 참여적인 민주주의가 가능하지 않다. 방대한 영토와 대규모 인구로 인해 시민들이 직접 지배하는 데 필요한 의사소통이 불가능다. 또 시민들은 기본적으로 직접적인 의사소통이 가능한 근거리에 살고 있지 않을 뿐 아니라 엄청난 규모의 산업화된 익명사회에 살고 있기 때문이다.

아테네 민주주의가 실현 불가능한 근대국가에서 인민의 지배를 구현하기 위해 고안된 것이 대의제 민주주의이다. 대의제 민주주의는 기본적으로 선거라는 수단을 통해 시민들의 집단적 의사를 확인하고 그 집단적 의사를 시민들의 대표를 통해서 실현하려는 것이다. 대의제 민주주의하에서도 시민들이 지배하나 그들은 자신의 대표를 통해서 지배한다. 산업화된 거대 영토국가하에서 국민은 자신이 선출한 대표를 통해 간접적으로 지배권을 행사하고 있을 뿐이다.

그런데 정보화 혁명은 직접 민주주의의 실현을 불가능하게 했던 영토국가의 제약을 해제시켰다. 정보화 혁명은 의사소통에 대한 시간적·공간적 제약을 해제시켜 주고 있다. 이제 일반시민들도 디지털화된 통신매체를 이용하여 직접 공공정책 결정에 참여하고, 인터넷을 통해 정부 및 정치인들과 직접 대화를 하며, 전자매체가 제공하는 토론장을 통해 공적 토론에 참가할 수 있게 되었다. 말하자면, 정보화 혁명이 민주주의의 지평을 확장시켜 주고 있다. 전자매체, 전자네트워크, 전자공간이 마련되면서 시민들은 기존의 대의제 민주주의가 안고 있는 문제점을 개선하고 보완할 수 있는 수단을 갖게 되었다. 시민사회의 정치에 대한 투입과 산출이 확대·강화되면서 '결사체 민주주의(associative democracy)'가 활성화되고 있고, 전자공간은 공론장을 확대해 심의 민주주의를 위한 수단을 제공해주고 있다. 디지털을 이용해 민주주의 지평을 확장하고 '인민의 지배' 내용을 심화하려는 전자 민주주의가 이제 꿈이 아니라 현실로 다가오고 있다. 가상공간이 현실공간으로 전환되고 있는 것이다.

200년 전 미국 '건국의 아버지들'은 어떤 민주주의를 디자인할 것인가에 대해 논쟁했다. 매디슨은 대의제 민주주의를 주장했고, 제퍼슨은 주민들이 직접 자신들의 문제를 주민회의(town meeting)에서 결정할 수 있는 직접민주주의를 주장하였다. 제퍼슨의 주장은 거리상의 문제와 제한된 의사소통이라는 두 가지 장애물 때문에 매디슨의 대의제 민주주의의 논리에 패배할 수밖에 없었다(딕 모리스, 2000: 20). 그런데 200년 후 정보화 혁명이 도래하면서 제퍼슨이 패배했던 논리가 극복되고 있다.

책임 민주주의와 심의 민주주의를 가능하게 하는 전자 민주주의

전자 민주주의 운동은 대표와 유권자에게 더 많은 정보를 제공하고 대표와 유권자 간에 더 많은 의사소통을 가능하게 하고, 전자공간을 통해 항시적 접촉을 가능하게 해 줌으로써 대표들의 책임성·응답성·투명성·대표성 등을 강화해 민주주의를 개선·보완하려 하고 있다. 대의제 민주주의를 개선하는 데 있어 전자 민주주의가 많은 장점을 제공해주고 있다.

인터넷 혁명은 대의제 민주주의의 결함을 보완·시정해 줄 것으로 기대되고 있다. 2000년의 총선시민연대운동이 운영했던 홈페이지는 대의제 민주주의 틀 내에서 진행되는 참여 민주주의라 할 수 있고 중앙선거관리위원회(이하 '선관위')의 정보공개 조치는 대의제 민주주의의 문제점을 시정하기 위한 디지털 행정으로 볼 수 있다. 이 두 사례에서 보듯이 인터넷이 주도하는 민주주의는 여러 장점이 있다.

첫째, 전자 민주주의는 대의제 민주주의를 '정보를 가진 시민(informed citizen)'에 의해 이루어지는 이상적 민주주의에 접근하게 하고 있다. 완전경쟁시장의 이상이 정보의 자유로운 흐름에 의해 달성될 수 있는 것과 마찬가지로, 전자혁명으로 정보가 더 빠르게, 더 값싸게, 더 다양하게 시민들에게 제공됨으로써 시민들은 정치공동체의 업무에 관해 더 많은 정보를 갖게 되고, 이를 바탕으로 최선의 합리적 선택을 할 수 있게 된다.

둘째, 정치와 정치인에 관한 정보를 전자정보 광장에 공개함으로써 정치 투명화에 획기적인 진전을 이룩할 수 있다. 전자 민주주의는 정보 접근과 공개, 유통 등에 획기적 개선을 이뤄 정치 투명성을 높이고 있다.

셋째, 고비용과 저효율 정치의 문제점을 해결할 수 있다. 사이버 공간을 이용한 전자 민주주의는 정치비용을 획기적으로 줄여 깨끗한 정치를 실현 가능하게 하고 있다. 사이버 공간을 이용함으로써 정치인들은 예전과 비교해 훨씬 적은 비용으로 유권자들에게 자신을 홍보하고 자신의 정책을 소개할 수 있게 되었고 인터넷 토론광장을 통해 쌍방향의 의사소통도 할 수 있게 되었다. 인터넷 공간을 이용함으로써 비용이 절감되고 깨끗한 정치가 가능하게 된 것이다.

넷째, 고객만족의 정치를 실현할 수 있다. 정치인들은 인터넷상에서 유권자와 직접 대화함으로써 유권자의 요구를 재빨리 그리고 정확하게 파악할 수 있게 됐고 이를 정치과정에 즉각 반영함으로써 국민의 요구에 빠르게 응답하는 정치를 실현할 수 있다.

다섯째, 시민들은 사이버 공간을 통해 정보를 획득하고 대표들과 대화 및 토론을 통해 정책 이슈에 대한 더 넓고, 깊은 이해를 할 수 있게 된다. 전자공간을 통해 유권자는 항시적으로 대표와 직접 접촉하고 통화해 압력을 가할 수 있기 때문에 대표의 유권자에 대한 책임성(accountability)을 강화할 수가 있다. 선관위가 인터넷에 올린 후보자에 대한 신상정보는 일회성 정보인 신문정보와 달리, 언제든 접속만 하면 얻을 수 있는 영구적인 정보다.

디지털 혁명으로 정치를 바꾸는 것이 가능하게 되었다. 인터넷 혁명으로 시민들은 대자보와 인쇄유인물, 가두시위방식 등의 집단행동을 넘어 24시간 유지되는 홈페이지를 통해서도 집단행동을 하고 있다. 즉 디지털 공간은 유권자들로 하여금 정치인들을 항시적으로 압박하여 좀더 시민의 요구에 빠르게 그리고 충실하게 응답하고 책임질 수 있는 '책임 민주주의(accountable democracy)'로 일대 진전을 이룩할 수 있는 수단을 제공하고 있다.

결론적으로 대표는 디지털 공간을 통해 시민의 요구를 더 잘 파악하고, 더 빨리 응답할 수 있으며, 시민들은 시민의 요구에 응답하지 않는 대표에 대해 책임을 물을 수 있게 됨으로써 전자 민주주의는 대의제 민주주의의 대표성과 책임성, 응답성, 투명성을 개선해 줄 것으로 기대된다.

그러나 현재 진행되고 있는 디지털 혁명이 단순히 대의제 민주주의를 개선·보완하는 수준에 머물러 있지 않다. 전자 민주주의는 대안적 민주주의로 떠오르고 있는 '심의 민주주의(deliberative democracy)'가 이루어질 수 있는 시·공간적 범위를 확대해 주고 있다.

심의 민주주의는 주어진 대안들(정책, 후보자) 가운데 하나의 대안을 선택하는 대의제 민주주의와 달리, 대화·토론·심의 등을 통해 집단적 의사를 형성해 나가는 민주주의이다. 심의 민주주의는 시민이 직접 심의에 참여하는 직접적이고 참여적인 민주주의이다. 심의 민주주의하에서는 슘페터적인 엄격한 시민과 대표의 분업이 적용되지 않는다. 시민과 대표가 모두 심의에 참가하고 대표와 시민 간의 거리가 좁혀지고 경계도 흐려진다. 심의 민주주의하에서는 이제까지 대의제 민주주의 원리에 의해 운영되어 왔던 많은 영역들(환경, 교육, 치안, 작업장, 기술훈련, 민관 공동사업 등)이 시민들의 직접 참여와 심의를 통해서 운영될 수 있다.

1831년 토크빌은 미국 뉴잉글랜드 지역을 여행하면서 시민들이 타운홀에 모여 읍내의 행정과 자치에 관한 문제를 토론하는 모습을 보고 감명을 받았다. 그런데 심의 민주주의는 정치가 전문화되고, 시민 개인들의 일정이 경직화되면서 특정한 시간에 특정한 장소에 모여 자신들의 문제를 토론하는 것이 어렵게 되었다. 그러나 디지털 혁명이 제공하는 쌍방통행적인 디지털 통신은 이러한 심의 민주주의적인 토론을 가상공간에서 실시할 수 있게 해 주고 있다.

전자토론장에서 시민들(네티즌)은 쌍방향 커뮤니케이션이 가능한 인터넷을 이용하여 정치적 이슈에 대한 공적 토론에 참가하고, 그들의 집단적 여론을 수렴할 수 있다. 디지털 매체를 통해 시민들은 이제까지 접근할 수 없었던 정보를 얻을 수 있고, 디지털 매체가 제공하는 토론장을 통해 공적 토론에 참여할 수 있게 되며, 정책결정자들과 직접적인 의사소통이 가능하게 된다. 정보화를 이끄는 전자 매체(인터넷소식지, 인터넷신문, 대화방, 홈페이지 등)의 확산은 심의 민주주의를 위한 새로운 공공담론의 장을 열어 주고 있다.[64]

전자 민주주의—전제정치로의 회귀 가능성?

전자 민주주의가 21세기 민주주의 발전을 위한 장밋빛 전망만을 제공하는 것은 아니다. 오히려 전자 민주주의에는 많은 어두운 얼굴이 있다(유석진, 1996; 강정인, 1998).

첫째, 사이버 공간을 통한 정치에는 진정한 정책적 논쟁, 정치가들의 식견, 비전, 토론 등이 무시되고 정치가들의 외양과 스타일의 중요성만이 부각되는 경향이 있다. 비정치적 요소가 민주주의에 침투하여 대중의 기호를 만족시키려는 정치가 만연해 사이버 공간이 진정한 공익을 추구하는 토론의 장이 되지 못할 가능성이 크다.

둘째, 디지털 시대의 정치적 문제점은 정보부족이 아니라 정보의 양적 과잉이다. 정보의 양적 확대가 반드시 정보의 질적 향성을 가져오지 않는다. 디지털 혁명으로 정보의 유통과 공급이 과잉되는 상태가 되면, 일반대중은 여과되지 않은 방대한 정보를 전달받게 된다. 일반시민들은 정보의 홍수 속에 질식당하지 않고 상호 모순된 정보를 자기 것으로 소화해 낼 수 있는 능력이 부족한 것이 현실이다. 일반시민들이 자신에게 유익한 정보를 판단하고 결정할 수 있는 능력을 갖추고 있지 못할 때, 여과되지 않은 정보의 홍수는 '과다 민주주의(hyper democracy)'를 초

64 그러나 전자 민주주의의 익명성은 전자토론장에서 공적 발언을 촉진시키는 긍정적 효과가 있는 반면, 신뢰형성을 방해하는 부정적 효과도 있다. 전자공간의 익명성은 심의 민주주의가 요구하는 하버마스의 '이상적 담화상황(ideal speech situation)'과 배치된다.

래할 위험성이 높다.

셋째, 전자 민주주의는 사이버 전제정치로 역전될 위험성을 안고 있다. 디지털 혁명은 정보와 지식을 확산시킴으로써 전자 민주주의의 가능성을 열어줄 수도 있지만 다른 한편으로는 정보의 관리와 통제가 고도화됨으로써 원형감옥과 같은 새로운 팬옵티콘(panopticon)적 지배체제를 출현시킬 수도 있다. 지배 엘리트들은 첨단 디지털 장비로 만들어진 중앙집권적 감시기제를 이용하여 제레미 벤담과 미셸 푸코가 이야기한 원형감옥, 또는 조지 오웰이 《1984》에서 묘사한 전제정치를 수립할 수 있다. 디지털 혁명기에 지배 엘리트들은 중앙컴퓨터를 이용해 시민생활을 원격조종하고 시민의 가정을 탐색하고 시민의 정치적 성향과 사생활에 관한 정보를 획득하고 그들에게 공급되는 정보를 조작할 가능성이 있다. 디지털 혁명이 정보의 확산을 가져오기보다는 시민생활에 대한 감시기술의 발달, 기록보관기술의 집중화, 비밀의 독점, 비밀지정을 통한 정보로의 접근통제 등을 초래할 가능성이 있다.

넷째, 디지털 혁명은 여론조사 민주주의를 가져오기보다는 국민투표제적(plebiscitarian)인 다중 전제정치를 초래할 위험이 있다. 아리스토텔레스가 지적한 바와 같이 다중의 의견은 감정적이고 충동적이다. 사이버 에티켓에 대한 안전장치가 없는 디지털 공간에서는 독단적이고 무책임한 다중의 횡포가 일어날 가능성이 높다. 다중이 사이버 공간을 지배할 경우, 신중한 토론과 협의를 거치지 않은 의견들만이 난무하게 될 것이고 상호 모순적이고 무책임한 언술이 전자공간을 지배하게 될 수 있다.

다섯째, 디지털 혁명은 새로운 형태의 불평등을 낳을 수 있다. 지식정보의 편중과 이용능력의 격차 등에 의해 국가 간에 그리고 사회집단 간에 불평등이 심화될 수 있다. 그런데 정보격차(디지털 분절: digital divide)는 계급 간보다는 세대 간 양성 간에 더욱 뚜렷이 나타난다. 산업화 시대의 정치가 지식정보화 시대의 정치로 변모하게 되면서 정치를 이끌어 가는 주요 행위자가 교체되는 현상이 일어나고 있다. 산업화 시대의 정치주역은 계급이었다. 산업화 시대의 부와 소득을 결정하는 것은 자본(생산수단)과 노동이었다. 생산수단을 소유한 자본가와 노동력만을 갖고 있는 노동자 간에 기본적인 갈등구조가 형성되고, 이러한 계급갈등을 해결, 처리하는 것이 정치의 주목적이었다. 자연히 정치조직은 계급 간 균열라인을 따라 형성·조직되었다. 그런데 디지털 사회에서는 부와 소득을 결정하는 기본인자가 생산수단과 노동이 아니라 지식과 정보이다. 지식과 정보의 격차가 소득의 차이를 만들어 내면서 지식·정보전문가인 '골드칼라(gold collar)'가 새로운 지배계급으로 부상하고 있는 반면(켈리 1999), '정보이용능력(information literacy)'이 없는 디지털 빈곤계급도 함께 양산되어 소위 '정보 양극화 사회(digital divide)'가 출현하고 있다. 디지털 시대에는 자본과 노동을 따라 형성되었던 전통적인 계급균열라인이 약해지는 대신, 지식과 정보를 소유하고 이용하는 데 능한 디지털 세대와 그렇지 못한 세대 간에 균열라인이 지배적 균열라인으로 부상하고 있다. 앞으로 정치인과 정당은 표를 구하기 위해 전통적인 계급을 조직하기보다는 탈산업사회적인 지식정보화사회 내에서 친親디지털 행위자와 반反디지털 행위자를 조직하게 될 가능성이 높다.

빠른 속도로 발전하고 있는 한국 전자 민주주의

사이버 선거운동의 확산

사이버 선거운동에는 두 가지 유형이 있다. 하나는 PC통신에 게시판, 온라인 포럼, 대화방 등을 개설하여 정당이나 후보자 개인의 공약을 홍보하고 유권자와 토론하는 PC통신을 이용한 선거운동이고, 다른 하나는 인터넷 홈페이지를 이용하는 방식이다. PC통신과는 달리, 인터넷 홈페이지 방식은 기획·제작·운영 등을 자율적으로 할 수 있고 이용자들 또한 아무 제약 없이 홈페이지에 접속해 의견표명이 가능하기 때문에 디지털 시대에 가장 대표적이고 보편화된 선거운동 방식(한국전산원, 2000b)이라 할 수 있다.

한국에서 사이버 선거운동은 1995년 지방선거에서 PC통신을 활용한 것이 효시고, 인터넷을 선거운동에 도입한 것은 1997년 대선과 1998년 지방선거라 할 수 있다. 15대 대선에서 각종 정보를 제공하는 사이트들이 언론사, 방송사, 시민단체 및 후보자들에 의해 개설되었다. 그러나 1997년 대통령 선거에서는 인터넷보다는 400만 명에 달하는 PC통신사용자를 대상으로 하는 PC통신 선거운동이 대세를 이루었고, 1998년 지방선거에서는 많은 후보들이 인터넷을 이용했지만 큰 효과를 거두지는 못했다(박동진, 2000a). 2000년 16대 총선 때는 정보화가 급속히 진전돼 홈페이지 활용이 보편화되었고 총선시민연대를 비롯하여 시민사회단체와 이익단체들도 간접선거운동을 위해 홈페이지를 활용했으며, 이메일을 활용한 선거운동도 등장했다. 16대 총선에서 인터넷 웹사이트를 개설한 후보는 전체의 57.8%에 달했는데 이는 1997년 미국 시애틀 주州의회선거에서 나타난 55%보다 높은 비율이다.[65]

선거운동에 인터넷을 활용할 경우 다양한 효과를 얻을 수 있다. 첫째, 인터넷을 활용하여 자신의 정책과 능력을 홍보할 수 있다. 둘째, 정보를 생산, 유통, 소비, 재생산할 수 있다. 셋째, 인터넷 게시판, 토론방, 채팅 등을 통해 여론을 수렴할 수 있다. 넷째, 여론을 주도할 수 있다.

인터넷 선거운동에 대한 유권자들의 만족도를 높이기 위해 후보자들, 정치인

65 그런데 시애틀의 경우, 유권자의 50% 이상이 후보자의 인터넷 웹사이트에 게재된 정보 및 주장을 통해 지지 후보를 결정했다는 조사결과가 나왔으나, 한국의 16대 총선에서는 현실공간에서의 선거운동이 90%를 차지하고 인터넷을 이용한 선거운동은 10%에 불과했다.

들은 유권자들의 정보화 수준에 맞게 정보수준을 꾸준히 향상시켜야 한다. 일회성 정보가 아닌 특정 문제에 대한 정보를 계속 업데이트하는 정치인이 유권자들로부터 신뢰를 얻을 수 있고 정치인으로서의 소양과 능력을 인정받을 수 있다. 유권자들과의 소통에도 주의를 기울여야 한다. 유권자들과의 소통을 위해 게시판과 토론방을 만들어 놓고 이를 방치한다면 아무도 찾지 않는 사이트가 될 뿐만 아니라 유권자들로부터 신뢰도 잃게 될 수 있다.

여론주도형 선거운동의 대표적인 사례는 미국 매사추세츠 주 상원의원이었던 에드워드 마키의 전자강연(Markey's Electure)이다. 마키는 Source Telecomputing Corporation 통신망을 통해 전자강연을 시도했는데 중심 주제는 핵문제였다. 마키는 냉전시대의 핵심 문제인 핵문제에 관한 주민들의 여론을 수렴하고 여론을 주도하기 위해 전자통신망을 활용하였다. 마키의 전자강연은 대성공을 거두어 미국의 핵정책을 주도할 정도로 영향력을 행사했다. 마키의 전자강연은 단순히 전자공간 내 대화방 프로그램을 개설하는 데 그치지 않고 주제별 접근을 통해 이슈를 창출했다. 이를 통해 그는 인터넷을 통해서도 여론을 주도할 수 있다는 것을 보여 주었다(아터튼, 1994: 181-185). 그러나 시간이 지나면서 마키가 전자강연에 참여하는 횟수가 줄어들고 보좌관들의 대리참여가 늘어나면서 참여자들의 수도 급격히 줄어들어 이전과 같은 역할을 하지 못하게 됐다.

인터넷 선거운동이 정착·발전하기 위해서는 다음과 같은 대책이 요구된다. 한국 인터넷 선거운동의 가장 큰 문제점은 인터넷의 익명성을 활용한 각종 음해성 루머와 유언비어 유포, 해커에 의한 인터넷 사이트 파괴 등과 같은 인터넷 선거테러이다. 이러한 문제를 개선하기 위해서는 사이버 선거운동 공인제도를 도입하는 것이 필요하다. 선관위 주관 하에 정당, 후보자, 관련 단체 등의 선거관련 홈페이지를 공인하는 제도를 도입하는 것이다. 정당 및 후보자 등은 홈페이지와 이메일을 선관위에 등록하고 이와 관련된 내용에 대해서는 책임을 지고, 선관위는 등록

사항에 대해 지속적으로 모니터링하고 인증기술을 활용해 비공인 홈페이지 및 이메일과 쉽게 구분이 가능한 환경을 조성해야 한다. 인터넷을 이용한 부정행위 등은 네티즌들의 신고를 통해서만 적발이 가능하므로 네티즌들의 적극적인 제보가 요망된다. 필요하다면 민간과 여야 합동으로 사이버 선거감시단을 구성하여 이를 공공재원으로 지원, 사이버 선거운동이 제대로 자리 잡고 발전할 수 있는 조치를 취해야 한다(한국전산원 2000b).

전자투표

전자투표는 투표 당일 유권자의 물리적 위치에 구애받지 않고 어디서나 투표할 수 있다는 장점이 있다. 또한 인터넷에 대한 보편적 접근이 가능할 경우, 사안별로 그때그때마다 투표가 가능하기 때문에 직접 민주주의를 실현할 수 있는 범위를 넓혀 줄 수 있다. 전자투표는 신속한 정책결정을 가능하게 하며, 국민발안제 등을 통해 국민이 법제정 과정에 직접 참여하는 길을 열어 줄 수 있다.[66]

브라질에서는 투표절차 및 집계처리 단순화를 위해 정부주도로 전자투표를 실시한 바 있다. 60개 지방자치단체 선거에서 약 7만 7,000대 전자투표 시스템을 설치·운영하였고, 1998년 말 치러지는 대통령 선거와 의회선거에서도 전자투표 시스템을 도입하였다. 코스타리카는 1998년 2월 총선에서 투표용지를 사용하는 투표에 더하여 세계 최초로 인터넷을 이용한 투표를 실시했다. 유권자들은 인터넷 접속이 가능한 집 근처의 학교나 공공시설에서 투표를 하며 결과는 중앙컴퓨터로 즉각 집계된다. 코스타리카가 인터넷 투표를 도입한 이유는 투표율을 높이기 위해서이다. 고향을 떠난 사람들의 투표를 독려하기 위해 버스를 동원하고 격

66 그리스의 Network Pericles in Greece는 개별시민에게 정보를 제공하는 데 그치지 않고 전자투표까지 가능하게 하고 있다. 그러나 전자투표에 의한 국민발안제는 제반문제들에 대한 신중한 검토가 결여된 상태에서 정책결정을 할 위험이 있고, 대표에 비해 상대적으로 정보와 전문성이 부족한 국민이 입법을 함으로써 '인스턴트 민주주의'로 흐를 가능성이 있다.

려금을 지급하는 등 엄청난 비용을 들였던 코스타리카 정부는 인터넷 선거를 도입함으로써 큰 비용을 들이지 않고 투표율을 높일 수 있었다. 미국의 플로리다 주는 1998년 선거에서 해외에 거주하고 있는 부재자들의 편의를 위해 인터넷을 이용해 투표할 수 있게 했고, 텍사스 주는 1996년 가을, 러시아 미르호에서 4개월째 우주공간에 체류하던 우주비행사 존 블래아에게 우주에서 부재자 투표를 하도록 허용했다(한국전산원, 1997).

그런데 직접 민주주의를 가장 광범위하게 실시하는 것으로 알려진 스위스에서는 국민전자투표에 관한 법안이 부결되었다. 부결된 이유는 인터넷 투표가 투표권 남용과 이에 따른 결과조작 우려가 높다는 점 때문이다. 즉, 인터넷 투표는 비밀투표 보장과 투표인 신원확인이 어려운데다 투표행위 진위 여부를 가리기 힘들다는 것이다. 또 컴퓨터를 통한 정보전달과정에서 투표내용이 조작될 가능성이 있으며 전산망이 과부하될 경우, 투표에 차질을 빚을 수 있다는 문제도 제기되었다.

전자투표는 아직까지 전국적 수준에서 국민의사를 선택하고 결정하는 전자 민주주의 단계까지는 도달하지 못하고 있다. 민간단체의 여론조사용 투표, 부재자 투표, 그리고 소규모 집단의 투표에서 투·개표시간을 절약하기 위한 보조장치로 활용되고 있는 수준이다. 전국적 수준에서 전자투표를 도입하여 그때그때마다 국민들이 필요하다고 생각할 때 전자투표를 실시해 국민의사를 결정하는 직접 민주주의로 성장하기 위해서는 무엇보다도 보편적 접근이라는 조건이 충족되어야 하며, 정보소유와 이용능력에서 기본적인 평등이 실현되어야 한다. 그러므로 보편적 접근과 디지털 평등을 위한 정책적 조치가 전자투표를 통한 전자 민주주의의 실현을 위해 요구된다.

인터넷 헌금제도의 도입

한국 정치의 문제점 중 하나는 정치자금이 투명하지 않을 뿐만 아니라 부정과 부패의 온상이 되고 있다는 데 있다. 그러나 정치에는 돈이 든다. 정치개혁의 목표는 돈이 적게 드는 정치이지 돈이 안 드는 정치는 아니다. 돈이 안 드는 정치는 전체주의적 독재하에서만 가능한 것이다. 민주주의에서 정치가는 자신의 정책과 비전을 홍보하고 유권자와 쌍방향 대화를 하기 위해 돈이 필요하다. 단순히 정치자금 자체를 사악시하여 정치자금원을 봉쇄하는 개혁은 음성적인 정치자금을 번성하게 해 부정부패를 더욱 조장하는 결과를 낳을 수 있다. 그러므로 정치개혁은 정치에는 필연적으로 비용이 든다는 현실을 인정하는 바탕 위에서 정치자금 투명성을 확보하는 방향으로 나아가야 한다.

이 점에서 정치의 투명화와 깨끗한 정치를 실현할 수 있는 획기적인 수단으로 등장한 인터넷 헌금제도를 활용할 필요가 있다(포스닥과 한빛은행, 2000). 인터넷을 활용하여 수취한 정치헌금과 사용내역을 국민과 명확히 공유한다면 정치자금의 투명성을 창출할 수 있고 깨끗한 정치문화를 조성할 수 있다. 뿐만 아니라 인터넷을 통한 정치헌금제도는 정치헌금을 유리알처럼 공개함으로써 정치인의 실적에 대한 유권자의 평가척도로 기능할 수 있다. 즉, 정치인이 모은 헌금액수가 정치인의 인기지수가 될 수 있다. 또한 이를 통해 정치인과 유권자 간에 쌍방향 의사소통이 이루어지게 할 수 있다.

인터넷 헌금제도를 이용하면 누구나 손쉽게 인터넷상에서 특정 정치인에게 원클릭만으로 정치헌금을 기부할 수 있다. 또한 인터넷을 통해 정치헌금의 홍보에서부터 모금, 관리, 회계, 세금, 사후처리까지 원스톱 서비스가 가능해진다. 인터넷 기부함에 넣어진 헌금은 해당 정치인에게 자동으로 이체되며, 헌금 기부내역은 인터넷상에 투명하게 공시된다. 또한 일반국민의 정치참여를 높이고 강력한 이익집단의 영향력을 감소시킬 수 있는 소액다수 헌금제가 인터넷에 의해 실현 가능하게 된다. 정치헌금 한도를 초과하는 헌금에 대해서는 자동으로 클릭되지 않게 하면 다액의 헌금으로 특정 정치인에게 영향력을 미치려는 행위가 가능하지 않게 될 것이고, 이익집단과 정치인 간의 정경유착을 방지할 수도 있다.

인터넷 헌금제도를 통해 국민들은 자신이 지지하는 정치인(들)에 대한 지지의사를 소액 헌금을 통해 표시할 수 있으며, 정치인들은 국민의 뜻을 전달받는 동시에 정치활동을 위한 자금을 마련할 수 있는 일석이조의 효과를 거둘 수 있다. 말하자면, 인터넷 헌금제도는 소액다수 헌금을 강제할 수 있게 함으로써 국민대중의 정치참여를 장려하는 풀뿌리 정치를 실현할 수 있으며, 정치인의 정치자금을 투명하게 보여 주어 깨끗한 정치를 구현할 수 있게 한다.

디지털 혁명을 이끌어 가고 있는 미국에서는 이미 인터넷 헌금이 급증하고 있다. 대표적인 정치정보 전문 포털사이트인 politics.com의 경우, 한 선거에서 약 8억 달러의 정치헌금을 모금하였으며, 또 다른 사이트인 moveon.org는 자사가 선정한 5명 의원의 정치헌금을 인터넷을 통하여 약 25만 달러 접수하였다. 미국 공화당 대통령후보 예선에서 강력한 조직과 풍부한 자금력을 확보하고 있는 부시에 대항해 돌풍을 일으킨 매케인 상원의원은 전체 모금액 1,600만 달러의 1/4에 육박하는 370만 달러를 인터넷 개미군단으로부터 모았다. 이를 통해 매케인 상원의원은 선거자금개혁의 기수가 되었고 정치를 강력한 이익집단으로부터 일반국민에게 되돌려줄 수 있는 가능성을 보여 주었다. 민주당의 개혁후보로 나온 빌 브래들리 전 상원의원도 인터넷을 통해 150만 달러를 모금했다.

한국에서는 한나라당 맹형규 의원이 1999년 12월 26일 홈페이지에 인터넷 후원 모금란을 개설한 것이 인터넷 정치헌금 모금의 시초이다. 후원금은 정치자금법에 따라 1회 1만 원 이상 100만 원까지 가능하며 개인의 경우 연 2,000만 원까지 후원이 가능하다. 그러나 이러한 헌금과정은 맹형규 의원의 홈페이지 안에서만 가능하고 후원금을 낼 때마다 계좌번호, 주민등록번호, 비밀번호 등을 기재해야 하는 복잡한 프로세스를 거쳐야 하기 때문에 대중화될 수 없었다. 그러므로 전자 민주주의를 실질적으로 실현하기 위해서 개인 정치인 차원이 아니라 정당 차원에서 참여하는 헌금제도를 개발해야 한다.

전문 정보포털회사가 사이트를 개발하고 은행과 합작으로 시스템을 구축하여 개별 의원뿐만 아니라 정당이 참여하는 인터넷 헌금제도를 개발해야 한다. 이 경우 후원자는 인터넷 헌금을 취급하는 은행의 웹사이트에 들어가서 특정 정치인이나 정당에 헌금을 하면 각 의원들의 계좌로 자동이체가 되는 것이다. 물론, 후원자 개인에 대한 정보유출이 방지되고 익명성이 보장이 되어야 한다. 그러나 인터넷 헌금을 수취한 정치인은 익명성이 보장되는 것이 아니라 투명성이 확보되어야 한다. 헌금을 수취한 정치인은 수취헌금액수와 사용내역을 인터넷상에 공지해 헌금에 관한 정보를 국민과 명확히 공유하여야 한다. 이는 정치의 투명성 제고 효과뿐만 아니라 유권자와 정치인 간에 정치헌금을 통한 쌍방향 의사소통을 촉진하는 효과를 낼 수 있다.

전자 토론장의 활성화

지금까지 논의한 전자선거운동, 전자투표, 전자헌금 등은 기존의 대의제 민주주의를 개선하기 위한 전자 민주주의의 활용방안이었다. 그러나 전자 민주주의는 대의제 민주주의의 개선을 넘어 토의 민주주의 또는 심의 민주주의를 활성화하기 위한 수단으로도 이용되어야 한다. 말하자면, 미국 건국 시에 제퍼슨이 그렸던 모습, 주민들 자신이 그들의 문제를 주민회의에서 결정하던 직접적이고 참여적인 민주주의를 인터넷을 통해 실현하는 것이다.[67]

---

67 전자토론장 또는 온라인 민주주의(Online Democracy)의 사례로는 UK Citizens Online Democracy(UKOD), Scottish Parliament, M.U.S.I.C(Multi-Users Sessions in Community) Network Systems Inc., The Minnesota E-Democracy Project, PEN Project in Santa Monica, The Queensland Sub-National Parliament, Amsterdam's Digital City 등이 있다(Chapman, 1999).

뉴벤(Michael Neuben)은 인터넷상에서 활동하는 시민들을 가리켜 네트워크(network)와 시민(citizens)을 합쳐 네티즌(들)이라고 명명했다. 이들 네티즌들은 일반 사회와는 다른 의사소통구조를 갖고 있다. 네티즌들은 단순히 네트워크를 사용하는 사람들을 의미하지 않는다. 이들은 네트워크를 매개로 시민공동체를 만들어가려는 개념을 갖고 있다. 따라서 네티즌(들)은 일방적으로 정보를 받아들이는 수동적 수용자가 아니라 쌍방향 커뮤니케이션을 통해 정보를 수집하고 알리는 능동적이고 참여적인 시민이다. 따라서 전자 민주주의 정책은 공중(public)인 네티즌을 육성하는 방향으로 개발되어야 한다. 왜냐하면 인터넷이 반드시 공중으로서의 네티즌을 육성하지 않을 수 있기 때문이다. 다시 말해, 사이버 공간이 상호소통하는 시민사회 공동체를 구축하는 방향으로 가기보다는 시장에서의 소비를 위한 도구로 변질되고 있는 조짐들이 보이고 있는 것이다. 인터넷이 상업의 도구가 되면 네티즌(들)의 공동체적 성격이 퇴색되고 네트워크 또한 개인화될 가능성이 높다(Roper, 1998).

공중으로서 네티즌을 육성하기 위해서는 사이버 공간이 심의(deliberation)공간으로 자리 잡아야 한다.[68] 그러나 지금까지 개설된 사이버 공간은 정보제공만 할 뿐, 전자토론장 역할을 하지 못하고 있다. 여러 정당들이 사이트를 개설해 놓았지만 홍보를 위한 정보제공이 대부분이며, 시효가 지난 정보도 많다. 정당들이 운영하는 사이트들이 토론장은 고사하고 정보제공자의 역할도 제대로 하지 못하고 있다는 것이다.

68 한편, 윤영민은 사이버 공간이 심의공간으로 자리 잡기 힘들다는 부정적 견해를 피력한다. 첫째, 사이버 공간의 익명성이 공공영역이 요구하는 '이상적 담화상황(ideal speech situation)'을 만들지 않기 때문이다. 서로가 누구인지도 모르는 사이버 공간에서 공공문제에 관해 진지하게 대화를 나누고 해결책을 모색한다는 것은 어려우며, 따라서 익명성이 지배하고 신뢰가 부족한 전자토론장은 발언대나 의사표시 공간은 될 수 있지만 진정한 공공영역은 될 수 없다는 것이다. 둘째, 심의 민주주의는 서로 상충되는 의견을 경청하며 상호 이해와 합의에 도달하려고 노력하는 시민들에 의해 이루어지나 가상공간은 결속력이 낮은 공동체이기 때문에 성원들 간 의견이 첨예하게 대립되는 토론은 감당하기 힘들다(윤영민, 2000: 144-146).

16대 총선에서 가장 성공적으로 정보를 제공한 사이트는 총선시민연대(www.ngokorea.org)와 선관위(www.nec.go.kr)였다.[69] 총선시민연대는 자신들의 홈페이지에 낙선·낙천 대상자 명단을 공개함으로써 이에 동조하는 네티즌들의 활발한 참여를 불러일으켰다. 선관위는 후보자의 납세·병역·전과 등 신상정보를 공개함으로써 한국 민주주의의 투명성 제고에 크게 기여하였다. 그러나 이 두 사이트 역시 기본적으로 정보제공 역할만 했을 뿐 유권자들의 적극적인 정치참여와 정치토론을 이끌어내는 데는 미흡하였다.

그러므로 사이버 공간을 네티즌들의 공론심의가 이루어지는 공간으로 자리잡을 수 있도록 정책적 조치가 있어야 한다. 먼저 아터튼이 제시한 전자 민주주의의 평가기준 11가지를 살펴보자(아터튼, 1994: 89-100).

① 접근(access): 시민들이 전자 민주주의 프로젝트에 참여할 수 있는 범위
② 도달(reach): 실제로 참여하는 참여자의 비율
③ 효과(effectiveness): 시민참여가 공공정책에 직접적인 영향을 미쳤는지 여부
④ 의제설정(agenda setting): 결정되어야 할 사안들, 고려되어야 할 대안들, 참여시기와 순서 등을 정하는 데 있어 시민들이 행사할 수 있는 통제력 수준
⑤ 접근경로의 다양성(diversity of access paths): 시민들이 어떤 프로젝트에 대해 배우고 참여할 수 있는 길의 수
⑥ 지속성(duration): 시민참여를 위한 전자공론장이 지속되는 기간과 반복 횟수
⑦ 개인 또는 집단적 근거(individual and group based): 시민들이 개인으로 참여하는지 조직된 이익집단의 구성원으로 참여하는지 여부
⑧ 자발성(initiative): 시민들이 참여할 수 있는 기회와 그런 참여를 이끌어 낼 수 있는 정보를 스스로 발견하고 만들어 낼 수 있는 정도

69 미국의 경우 Project Vote Smart가 대표적이다. 이는 비당파적인 비영리 조직으로 유권자에게 공직자에 관한 정보를 제공하고 정확한 판단을 돕기 위해 "Voter's Self-Defense Manual"을 발간하고 있다(Chapman, 1999).

⑨ 비용(costs): 참여와 관련해 시민들에게 요구되는 노고 및 재정적 부담
⑩ 교육적 가치(educative value): 다루고 있는 문제나 정책분야에 대해 시민들이 배울 수 있는 정도
⑪ 정치적 역량(political competence): 전자 민주주의 프로젝트 참여를 통해 정치적 능동성을 획득하는 시민들의 기량과 자신감

먼저 접근도를 보면 사이버 공간에 접근하는 인구가 급속히 늘었으며, 네티즌들이 사이버 공간을 통해 정부, 정당, 대표에 접근할 수 있는 범위도 갈수록 높아지고 있다. 또한 다양한 사이트 출현으로 네티즌들이 접근할 수 있는 공론장 메뉴도 많아지고 있고, 이를 통해 공론을 형성하고 토론과정에 참여하는 비율이 높아지고 있다(유석진, 2000: 16-17). 총선연대의 낙선운동이 보여준 바와 같이, 효과측면에서도 전자토론장을 통한 시민참여가 한국 정치의 모습을 바꾸어 놓는 새로운 힘으로 부상했다.

의제설정에 있어서도 민간 주도 프로젝트가 정부나 정당 주도 프로젝트보다 더 성공을 거두고 있다는 점에서 시민들의 자율적 의제설정이 이루어지고 있다고 볼 수 있다. 그리고 접근경로의 다양성 측면에서 볼 때, 기존 언론매체와 정치권이 독점하고 있던 언로를 인터넷이 보완하는 동시에 새로운 언로 또한 열어 주고 있다(유석진, 2000: 17).

그러나 총선이 끝난 후 총선시민연대 사이트상의 토론장이 급격히 식어 버린 것과 같이 지속성 문제는 심각한 상황이다. 짧은 시간 동안 지속되거나 일회적인 시도로 끝나는 전자 민주주의 프로젝트들은 시민들이 시행착오 과정을 통해 실질적이고 정치적인 경험을 쌓을 수 있는 기회를 가로막는다. 전자토론장에 참여하는 형태가 개인적으로 이뤄지는 현상이 압도적이나 군필자 가산점 제도를 둘러싼 헌법불일치 판결에 대해 여성운동단체들과 전역자들 사이에서 벌어진 네트전(netwar)을 볼 때, 집단적 참여 또한 증가하고 있다(유석진, 2000: 17).

자발성 문제는 네티즌들이 자신들의 의지와 선택에 따라 참여를 결정할 수 있기 때문에 크게 문제가 되지 않는다. 우리나라에서 전자토론장 참여에 조건을 달거나 제한하는 전자 권위주의는 존재하지 않는다. 비용 측면에서 볼 때는 전자공간을 통한 정치참여가 기존 오프라인에서의 정치참여보다 훨씬 저렴하다. 그러나 아직까지 네트워크나 인터넷에 접근할 수 없는 계층이 다수 존재하고 있으며 골드칼라와 정보빈자 간에 격차가 더욱 벌어질 것으로 예상되기 때문에 정보불평등 문제는 전자 민주주의의 발전을 위해 필수적으로 해결해야 할 과제이다.

교육적 가치 측면에서 한국의 전자토론장은 개선할 점이 많다. 특히 정당이 개설한 전자토론장에는 뚜렷한 근거나 객관적 자료를 제시한 합리적 토론보다는 감정적 발언, 모욕적 언사 및 욕설이 나무하고 있다. 아직까지 한국의 전자토론장에는 상대방을 존중하면서 토론하는 사이버 에티켓이 정립되어 있지 않고 사이버테러가 횡횡하고 있다. 마지막으로 정치적 역량과 관련해 한국 시민들이 오프라인에서 이룰 수 없던 토론개혁을 온라인에서 이룰 수 있는가는 전자 민주주의 발전 여부에 따라 좌우될 것으로 보인다.

이상 살펴본 바와 같이, 한국의 전자토론장이 심의 민주주의 공간으로 발전하기 위해서는 첫째, 정부, 정당, 정치인들이 사이버 공간을 단순한 홍보나 일방적인 정보전달 공간으로 이용하는 수준을 넘어 시민들의 공론을 수렴하고 시민들과 쌍방향의 대화와 토론을 통해 공론을 형성하는 공간이라는 인식전환이 필요하다. 그리고 정부는 '평등한 사람들의 자유로운 심의'를 가능하게 하는 정보인프라를 구축해야 한다. 인터넷 맹인들에게 인터넷에 접속할 수 있는 기구를 제공하고 인터넷을 사용할 수 있는 교육을 실시해 모든 사람들이 인터넷을 활용할 수 있도록 정책적 투자를 해야 한다. 그리고 사이버상에서 일어나는 폭력을 방지할 수 있는 수단도 개발해야 한다. 또 특정 이데올로기나 종교문제, 인종문제 등이 사이버 토론장에서 배제되는 일이 없도록 사이버 자유도 보장해 주어야 한다.

둘째, 시민사회 단체들은 21세기 시민사회 활성화를 위해 전자 민주주의를 활용할 필요가 있다는 점을 인식해야 한다. 시민사회는 전자 민주주의를 활용하여 정치권력과 시장을 감시하고 통제할 수 있는 새로운 수단을 찾아야 한다. 또한 인터넷을 통해 시민사회 스스로 공론을 형성하고 자치가 가능한 길을 모색해야 한다. 온라인상의 논의가 오프라인에서 실현될 수 있도록 시민사회는 네티즌과 정부 및 정당 대표들을 연결하는 중간자적 역할을 강화해야 한다.

한국의 전자 민주주의 발전을 위한 제언

전자 민주주의의 발전을 위해서는 앞서 논의한 전자 민주주의의 긍정적인 측면을 극대화하고 부정적인 측면을 극소화해야 한다.

첫째, 무엇보다도 전자 민주주의의 실현을 위해 필수적으로 요구되는 것은 인터넷과 같은 전자공간에 대한 '보편적 접근(universal access)'을 보장해야 한다. 보편적 접근은 가장 기본적인 정보시민권이라 할 수 있다. 보편적 접근이 보장되지 않으면 전자 민주주의는 '배제적 민주주의(exclusionary democracy)'가 되고 만다. 이는 보통·평등 선거권에 기초한 국민주권 원칙을 위반하는 것이며 위헌 소지도 명백하다. 따라서 보편적 인터넷 서비스를 위한 금융적·재정적 지원 및 법과 제도를 정비해야 할 것이다. 이를 위해 우선적으로 보편적 접근에 필수적인 정보통신기술(ICT)인프라와 초고속정보통신망을 구축하고 음성통신 중심의 통신사업자 체제를 인터넷 중심으로 개편해 인터넷 서비스 제공능력을 획기적으로 확충해야 한다. 다음으로 정보복지(information welfare) 차원에서 저소득층과 노인, 장애인에게 인터넷 기기 무료보급과 정보비용 경감조치를 해 주어야 하며 이동통신과 인터넷 이용요금 인하조치가 있어야 한다.

둘째, '정보격차(digital divide)'를 해소할 수 있는 정책적 조치가 뒷받침되어야 한다. 정보의 부익부 빈익빈 현상으로 일어나는 정보 불평등은 정보가 상품화됨으로써 더욱 심화될 것이고 이러한 정보 불평등이 소득 불평등을 비롯한 경제적 불평등의 가장 중요한 원천이 될 것이다. 그러나 전자 민주주의를 실현하기 위해서는 국민이 정책과정 참여에 필요한 최소한의 정보를 얻는 데 있어서는 정보 불평등이 일어나지 않아야 한다. 미국의 뉴트 깅그리치 전 하원의장은 정부 관련 정보를 인터넷에 무료로 제공하여 일반시민이 최고의 로비스트와 동등한 입장에서 정책과정에 참여할 수 있도록 해야 한다고 주장한 바 있다. 정보접근의 자유 못지않게 정보소유와 사용능력에서의 평등보장도 전자 민주주의 실현을 위한 핵심과제이다.

디지털 관련 통계를 보면, 정보격차는 세대 간에 가장 뚜렷이 나타난다. 10대와 20대가 전 네티즌의 2/3를 차지하고 있다. 성별 간 정보격차도 뚜렷하다. 남성 네티즌(631만)이 여성 네티즌(312만)보다 2배 정도 많다. 그러나 여성 네티즌도 급격히 증가하는 추세이기 때문에 장기적으로는 성별 정보격차는 약화될 것으로 보인다. 생활수준으로 볼 때, 월소득 401만 원 이상 네티즌이 6.6%인데 반해, 301만-400만 원인 네티즌이 8.6%, 201만-300만 원은 20.4%, 101만-200만 원은 36.1%, 100만 원 이하는 28.3%이다. 이는 네티즌이 소득수준에 따라 형성되어 있지 않다는 것을 보여 준다(한국전산원 2000a, 59).

정보격차를 해소하기 위해서는 대중의 정보사용능력(information literacy)을 높이는 교육을 실시하여야 한다. 학부모가 일일 정보화 교사로 봉사하는 학부모 정보화 지원단을 결성하여 학교 정보화를 추진하고, 대학생 농촌봉사활동 시 농촌주민들에게 컴퓨터 및 인터넷 교육을 실시하고, 주부·생활보호대상자·실직자 자녀 등을 대상으로 인터넷 교육을 실시하고, 장애인들이 컴퓨터 및 통신기기를 쉽게 이용할 수 있도록 음성 웹브라우저와 화면 키보드 등을 개발·보급해야 하며, 군인들에게도 컴퓨터 교육을 실시하는 등 다양한 컴퓨터 및 인터넷 대중교육을 실시하는 방안을 강구해야 한다.

셋째, 사이버상에서의 시민윤리 또는 사이버 에티켓을 확립해야 한다.[70] 우리나라 사이버 공간에서는 토론과 심의 문화가 정착되어 있지 않다. 사이버 공간이 시민들 간 상호소통을 위한 공동체로 발전하기보다는 소비시장 확산을 위한 도구로 변질되고 있다. 한국의 많은 네티즌들이 전자공간이 제공하는 익명성에 숨어서 폭력적인 언술을 내뱉음으로써 사이버 공간이 공적문제를 이성적으로 토론할 수 있는 공론장이 될 수 있는 가능성을 방해하고 있다. 사이버 토론문화가 정착되기 위해서는 상대방을 존중하고 폭력적이 아닌 평화적인 대화와 토론을 통해 문제를 해결해야 한다는 '에티켓 사회(etiquette society)'가 전자공간에서도 형성되어야 한다. 그런데 우리 사회는 기본적으로 남이 나와 다를 수 있다는 차이를 인정하고 수용하려는 다원주의적 가치가 형성되어 있지 않다. 에티켓 사회, 관용의 문화, 차이를 인정하고 수용하는 정치가 정착되어 있지 않은 사회에서 대화, 토론, 심의를 통해 공적문제에 관한 합의를 이루어 내려는 전자 심의 민주주의의 토양은 척박할 수밖에 없다.

2000년 4·13총선을 계기로 선거운동과 유권자운동에 도입되기 시작한 전자 민주주의는 전자타운집회, 전자정당, 전자의회, 전자토론 민주주의 등으로 그 범위와 내용을 확대·심화시키고 있다. 전자 민주주의는 그동안 주민들이 접근하기 어려웠던 관료들, 유권자의 요구에 반응하지 않는 정치권, 강력한 이익집단의 통제에 들어가 있는 국회 등에 대해 '사실상의 주민투표(virtual plebiscites)'를 가능하게 하는 가상공간을 제공하고 있다. 더 나아가 디지털 혁명은 근대 영토국가 내에서 직접 민주주의의 실현을 가로막아 온 시간적·공간적 제약에서 벗어나게 해 줌으로써 고대 아테네의 이상적 민주주의를 21세기에 실현하려는 '전자 아테네

70 미국은 1996년에 '통신품위법(Communication Decency Act)' 제정을 시도한 바 있다.

(Electronic Athena)' 구상이 꿈만이 아니라는 것을 보여 주고 있다. 우리는 디지털 혁명이 주는 기회를 적극 활용하여 21세기 한국 민주주의의 질적 진전을 이루어 내야 할 것이다.

10. 월드컵과 미래 한국의 거버넌스*

6월의 대한민국을 붉게 물들였던 월드컵이 막을 내린 뒤 우리는 월드컵에서 확인한 저력을 바탕으로 미래의 도약을 위한 준비를 하고 있다. 월드컵에서 한국 축구팀의 엄청난 성공은 우리의 미래를 어떻게 설계해야 하는지를 알려주고 있다. 우리의 정치, 기업, 대학이 어떤 운영체계(governance)를 구축하여야 하는가는 월드컵에서 활약한 우리 대한민국 축구팀의 선수들, 히딩크 감독, '붉은악마'로 불리는 응원단, 외국팀 서포터스와 월드컵 자원봉사단에서 그 해답을 찾아야 한다. 그들은 우리 대한민국이 21세기에 나아가야 할 국가운영방식의 방향을 제시해주었다. 그들이 우리에게 몸으로 보여 준 미래 한국의 거버넌스에 관한 메시지는 ①하나의 한국(One Korea), ②역동적 한국(Dynamic Korea), ③글로벌 한국(Global Korea), ④동아시아 중추국가 한국(Hub Korea), ⑤지방화와 분권한국(Local Korea), ⑥히딩크 리더십(Hiddink Korea), ⑦ 평화한국(Peace Korea)이다.

---

* 이 글은 다음 논문을 수정·보완한 것임. 임혁백, 2002, 〈월드컵과 미래 한국의 거버넌스〉, 안민석·정준영 엮음.《월드컵, 그 열정의 사회학》, 서울: 한울아카데미.

하나의 한국(One Korea)

이번 월드컵은 우리 대한민국이 지나간 20세기를 대표했던 '분열의 시대'를 마감하고 21세기에는 '통합의 시대'를 열어 갈 것임을 예고한 사건이다. 이번 월드컵을 통해서 4,700만 국민이 하나됨을 체험하였다. 월드컵을 통해서 우리는 우리가 하나의 민족의 일원임을 피부로 느낄 수 있었다. 월드컵이라는 축제마당을 통해 세대, 성, 계층 간의 장벽을 허물고 하나가 되는 중요한 경험을 하였던 것이다. 월드컵을 마무리하면서 외신은 "이번 월드컵의 진정한 승자는 한국 국민이다"라고 총평을 하였다. 국민 모두 하나가 되어 "대~한민국"을 외치면서 우리 선수들에게 기를 모아준 국민적 응원이 월드컵 4강 신화를 만들어 내었던 것이다. 2002년 한일 월드컵은 한국인이 하나가 되어 민족의 기를 모은다면 "꿈을 현실로 바꿀 수 있다"는 것을 보여 주었다. 전 국민이 하나가 되면 못 이뤄낼 것이 없다는 민족적 자신감을 회복하였던 것이다.

2002년 월드컵은 우리 국민들과 정치인들에게 분열의 정치를 종식시키고 국민통합의 정치를 펴라는 메시지를 던져 주었다. 지난 반세기 동안 우리는 분단의 정치에 젖어 있었다. 남북분단은 분단의식과 분단구조를 우리 내부에 심어 놓았고 민주화 이후에도 정치인들은 지역 간, 세대 간, 계층 간 분열에 기초하여 표를 동원하려 했고 국민들 또한 정치인들의 자질과 실적보다는 지역적 편 가르기에 편승하여 표를 던졌다. 자연히 통합주의자들보다 분열주의자들이 득세하는 정치가 한국을 지배하였다. 그런데 2002년 월드컵에서는 이러한 지역적인 편 가르기가 나타나지 않았다. 한국 월드컵 대표팀이 부산, 대구, 인천, 대전, 광주를 거쳐서 서울 상암월드컵구장에서 4강전을 치르게 될 때까지 자기 고장 출신 선수를 편애하고 다른 고장 출신 선수에 대해 흠집을 잡는 정치인도 국민도 없었다. 월드컵을 통해 우리가 경험한 것은 한국인들이 원래 하나라는 것(One Korea)이었다.

그것을 불과 반세기 전까지만 하더라도 천년을 넘게 단일민족을 유지해 왔던 우리에게 전혀 새로울 것이 없는 경험이었으나 참으로 새롭게 느껴지는 경험이었다. 월드컵이 던져준 첫 번째 메시지는 우리가 지난 반세기 동안 잊어 왔던 '하나의 한국'을 21세기 탈냉전 시대에 부활시키는 것이 가능하다는 것이었고, 그 다음은 우리 정치인들과 지도자들에게 분단과 분열이 아니라 통일과 단합이 미래 한국을 이끌어가는 중심 언술이 되어야 하다는 것이었다.

역동적 한국(Dynamic Korea)

월드컵은 한국인의 역동성을 세계에 보여 준 사건이었다. 역동적 한국(Dynamic Korea)이라는 2002년 월드컵 구호에 걸맞게 한국인들은 월드컵을 통해서 자신들이 오랫동안 가슴속에 간직해 왔던 스포츠에 대한 열정과 열광, 나라에 대한 사랑을 자발적으로 분출하였다. 한국인들은 안방에서 TV를 통해 월드컵을 시청하려 하지 않고 직접 거리로 나와 월드컵에 참여하였고 거대한 민족축제마당을 열었다. 2002년 월드컵에서 펼쳐진 한국인들의 거리응원은 연인원 2,400만 명이 참가한 세계 역사상 유례가 없는 규모였다. 특히 4강전에는 700만 명이 전국의 주요 광장에서 벌어진 거리응원에 자발적으로 참여하였다. 이는 1987년 6월 항쟁 이래 최대의 민족적 에너지의 동원이었다.

이전까지 한국은 '조용한 아침의 나라', '은자의 왕국'으로 불려 왔으나 한국인들은 가슴속에 불을 간직한 열정적인 국민이었으며, 역사의 결정적인 순간순간마다 그 열정을 표출함으로써 민족의 진로를 결정해 왔다. 2002년 월드컵도 한국인들이 가슴속에 담아 왔던 불을 뿜어낸 역사적 사건이었다. 그런데 2002년 월드컵에서 표출된 한국인들의 역동성은 이전의 민족적 에너지 동원과는 여러

면에서 차이가 있었다. 대표적으로 1987년 6월 민주화 항쟁은 기본적으로 '저항의 동원'이었으나 월드컵은 자신의 성취를 자축하는 '환희의 동원'이었다. 1987년 6월 민주화 항쟁이 독재를 타도하기 위한 소극적(negative) 동원이었다면, 월드컵 때 수백만의 국민이 펼친 거리응원은 신바람 나는 적극적(positive) 동원이었다. 이 점에서 2002년 월드컵은 우리 정치와 거버넌스의 과제가 '권위주의 청산'이라는 부정적 민주화에서 '질 높은 민주주의 건설'이라는 적극적 민주화로 전환될 것임을 예고해 준 사건이었다.

거리응원에는 남녀노소, 계급, 지역 등을 넘어 모든 계층과 집단이 참가했다. 그러나 거리응원을 이끈 중심은 10대와 20대의 젊은 세대였다. 월드컵을 거치면서 우리 젊은 세대는 'W세대(World Cup 세대)' 또는 'R세대(Red 세대, 즉 붉은악마 세대)'라는 새로운 개념을 가진 세대로 다시 탄생하였다. W세대 또는 R세대는 이전 젊은 세대를 지칭하는 N세대(네티즌 세대) 또는 386민주화세대와는 여러 모로 다른 성격을 갖고 있다. 특히 W세대는 '더불어 같이' 축제를 즐긴다는 점에서 컴퓨터 앞에서 자기 혼자 게임을 하거나 인터넷의 익명성을 악용하는 N세대의 이기주의, 고립성, 폐쇄성, 익명성 등과는 대비되는 공동체주의, 개방성, 광장성, 동료주의 등의 특징을 가지고 있다.

우리는 월드컵 전 기간에 걸쳐 젊은 세대의 엄청난 애국심이 분출된 것을 목격하였다. 태극기가 그렇게 많이 거리로 쏟아져 나온 적이 없었으며, 태극기를 몸에 걸치고 나온 젊은이들의 모습에서 보이는 것과 같이 태극기가 그렇게 친근하게 국민 곁으로 다가온 적도 없었다. 우리는 민족사의 결정적 순간마다 엄청난 애국심을 분출한 역사를 갖고 있다. 그러나 월드컵에서 분출된 애국심은 이전에 분출된 애국심과 성격을 달리한다. 일제의 억압적인 무단통치하에 일어난 3·1운동에서 분출한 애국심이 민족의 자주독립을 위한 애국심이었다면, "잘살아 보세"라는 구호로 요약되는 박정희 시대의 애국심은 근대화를 위한 애국심이었고,

'3김 시대'로 통칭되는 1980년대와 1990년대의 애국심은 조국의 민주화를 위한 애국심이었다. 반면, 이번 월드컵에서 분출된 애국심은 세계화 시대에 다른 국가들과의 경쟁에서 승리해 조국을 세계 일류국가로 도약시켜야 한다는 글로벌 애국심이었다.

따라서 2002년 월드컵이 우리에게 일깨워 준 것은 미래 한국의 국가운명은 월드컵에서 분출된 젊은 세대의 적극적인 애국심을 국가발전의 동력으로 활용할 수 있는 거버넌스로 확립하느냐 여부에 달려 있는 것이다. 새로운 거버넌스는 과거 산업화시대 국가경쟁력을 제고하기 위해 동원되었던 규격화, 표준화, 대규모 위계적 조직화 등이 특징인 '아폴론'적인 거버넌스와는 다른 것임에 틀림없다. 월드컵에서 표출된 국민적 에너지를 동원시키는 데 유효한 거버넌스는 붉은악마가 보여 준 바와 같이 자발성, 열정, 개방성, 창의성, 축제성 등을 특징으로 하는 '디오니소스'적인 거버넌스이다.

더 이상 우리 젊은이들을 병영 속의 군대처럼 편성하여 획일화된 지휘명령체계 속에 가두어 두고 국가목표를 향해 일로매진하도록 강요해서는 21세기 대한민국의 미래는 없다. 새로운 거버넌스는 우리 젊은이들이 자신이 가지고 있는 창의성과 잠재력을 자발적으로 최대한 발휘할 수 있는 시스템을 만들고, 우리 젊은이들이 이러한 목표를 축제를 치르는 것처럼 자발적으로 즐겁게 추진해 나갈 수 있는 환경을 조성하는 거버넌스여야 한다.

정치도 마찬가지이다. 우리 정치인들은 월드컵을 통해서 민주화 이후 세대인 W세대 또는 R세대와 코드를 맞추는 것이 필요하다는 것을 느꼈을 것이다. 우리 정치의 과제는 축구에 열광하는 R세대와 W세대의 열정을 정치적 냉소주의와 정치적 무관심을 극복하기 위한 중요한 열쇠로 활용해야 한다. 스포츠에 대한 열정을 정치라는 공간으로 전이시킬 수 있다면, 우리는 정치에 축제처럼 참여하는 적극적 시민을 육성할 수 있을 것이다.

그런데 디오니소스적 거버넌스를 확립하기 전에 우리 정치가 먼저 변해야 한다. 한국 정치에 팽배한 정치적 무관심과 냉소주의는 대부분 우리 정치인들이 자초한 것이다. 우리 정치인들은 공정한 게임의 법칙을 지키지 않으면서 지역감정과 색깔론 등 근거가 확실하지 않은 비리와 부정을 매개로 인신공격을 일삼는 진흙탕 싸움을 계속해왔고, 중요한 국사에 관한 논의는 뒷전으로 돌리는 더러운 정쟁을 일삼아 왔다. 이러한 정치에 대한 국민의 실망감은 낮은 투표율로 이어졌고 이는 대표의 대표성을 약화시켜 민주주의의 지속성을 위협하고 있다. 정치의 장을 떠난 국민들을 다시 불러들이기 위해서는 정치인 스스로 변해야 한다. 그리고 국민들이 정치를 관전하는 동시에 참여하고 싶도록 하기 위해 정치공간을 신나는 축제의 장으로 변모시켜야 한다.

글로벌 한국(Global Korea)

2002년 월드컵은 한국의 국제화·세계화 수준을 획기적으로 제고시키는 계기가 되었다. 전 세계에서 모여든 선수들과 임원진들을 올림픽 선수촌에 격리시켜 치렀던 1988년 서울 올림픽에 비해 2002년 월드컵은 10개 도시에서 선수촌이 없이 치러졌다. 30개가 넘는 세계 각국의 팀들이 10개 도시를 이동하면서 경기를 치렀다. 따라서 월드컵은 한국인들에게 올림픽과 비교할 수 없을 정도로 많은 전 세계인들과 접촉할 수 있는 기회를 주었고, 실제로 한국인들은 역사상 가장 짧은 시간에 가장 많은 외국인들을 만날 수 있었다. 전 세계인들과의 접촉을 통해 한국인들은 다른 나라의 문화를 이해하고 그들과 대화하고 교환하기 위해 필요한 글로벌 에티켓과 글로벌 스탠더드를 익히는 기회를 가졌다. 월드컵은 '단일민족 신화'에 젖은 한국인들에게 세계인들과 어울려 살기 위해서는 그들과 차이가 있다는 것을 인정할 뿐만 아니라 그들의 문화를 존중하고 이해해야 한다는 '포용적 민주주의'를 국제적 차원에서 학습할 수 있는 기회를 제공했다.

또한 월드컵은 전 세계에 한국과 한국인의 진면목을 알리는 장이 되었다. 세계인들은 한국과 한국인들의 모습을 TV, 신문, 잡지, 인터넷 등 각종 매체를 통해 접할 수 있었으며 그들이 기존에 가지고 있던 한국과 한국인들에 대한 잘못된 관점을 바로잡을 수 있는 계기가 되었다. 한국과 한국인을 외국과 외국인에 배타적인 국가와 국민으로 알고 있던 많은 외국인들은 한국인 자원봉사자들의 헌신적이고 친절한 도움에 놀랐고, 한국인 서포터스들이 조직적으로 외국팀, 특히 많은 응원단이 오지 않은 가난한 국가의 팀을 응원해 준 데 대해 찬탄을 금치 못했다. 더구나 3·4위 결정전에서 관중들이 터키팀을 공동 응원한 것은 월드컵 역사상 유례가 없는 사건으로 전 세계 매체들로부터 찬사를 받았다. 물론, 이러한 일이 일어난 것은 한국팀의 승승장구와 기대 이상의 선전으로 인해 생긴 승자의 여유와 포용력에서 기인한 것임을 부인할 수 없다. 그러나 확실한 것은 월드컵을 계기로 한국인들은 다른 나라 사람들과 더불어 사는 법을 배웠고, 다른 나라와 더불어 사는 것이 바로 자신의 지속적 생존과 번영을 보장받는 길이라는 것을 터득하게 되었다.

한국팀의 놀라운 성공은 한국의 국제화에 크게 기여하였다. 자타가 공인하는 배타적 민족주의 국가로 알려진 한국에서 히딩크라는 외국인 지도자를 받아들이고 그를 추종하고 영웅으로 받드는 일이 일어난 것은 큰 사건이다. 우리는 근대화와 민주화 과정에서 외국의 경제모델과 정치모델을 수입한 적은 많았으나 외국인 지도자를 직접 수입해서 성공한 경우는 극히 드물었다. 히딩크 사건은 외국인 지도자의 수입이 성공한 최초 사례로 기록될 것이다. 그것은 외부의 강요에 의해서가 아니라 주체적으로 그리고 자발적으로 외국모델뿐 아니라 외국인 지도자를 수입하고, 받아들이고, 추종할 수 있게 된 것을 의미한다.

월드컵은 우리로 하여금 배타주의적 민족주의를 버리고 열린 민족주의 입장에서 세계를 수용하게 된 계기가 되었다. 그것은 4강 신화를 이룩하면서 선진국과 강대국에 대한 열등의식을 극복하고 민족적 자존심과 긍지를 회복함으로써 가능하게 되었던 것이다. 월드컵을 통해서 우리는 세계에 한국을 보여주고 한국의 깃발을 꽂는 것보다 세계를 이해하고 글로벌 스탠더드를 받아들이는 것이 세계화 시대에 진정한 승자가 되는 것임을 학습하였다.

동아시아 중추국가(Hub Korea)

2002년 월드컵은 동아시아에서 열리는 최초의 월드컵이었을 뿐만 아니라 한국과 일본이 공동으로 주최하는 국제 컨소시엄형 월드컵이었다. 또한 2002년 월드컵은 한국, 중국, 일본 축구팀이 모두 월드컵에 참여하는 최초의 대회였다. 따라서 월드컵은 스포츠를 시작으로 경제, 관광, 물류, 문화교류 등에서 동북아시아 공동체를 형성하는 계기를 마련해주었다. 그런데 한국과 일본이 주최하고 한·중·일이 참가한 2002년 월드컵에서 한국이 4강 신화를 만들어 내고 공동주최국인 일본보다 더 훌륭히 월드컵을 치러 냄으로써 한국은 한·중·일 삼각벨트 지역을 연결하는 동북아 중추(hub)로 발돋움할 수 있는 기반을 마련하였다. 2002년 월드컵은 한국 스포츠뿐 아니라 물류, 문화, IT, 경제 등에 있어서 한국이 동아시아 중추가 될 수 있다는 것을 확인시켜 주었다.

한국, 중국, 일본이 모두 참가한 2002년 월드컵을 계기로 관광, 경제, 교류, 물류, 문화, 언어, 교육 등의 교류에서 한·중·일 동아시아 삼각벨트 형성이 필요하다는 공감대가 형성되고 있다. 유럽의 유럽연합(EU: European Union), 북미의 북미자유무역협정(NAFTA: North American Free Trade Agreement) 등과 같은 지역연합에 대응할 수 있는 느슨한 형태의 초국가적인 연합(confederation)이나 기능적인 국가 간 컨소시엄을 형성할 필요성이 증가하고 있다. 그런데 동아시아 삼각벨트는 EU보다 언어, 경제수준, 종교, 정치체제, 사회구조 등에서 국가들 간 동질성이 훨씬 낮다는 현실적 제약을 안고 있다. 그런데 이러한 현실적 제약을 극복하면서 동아시아 삼각벨트를 형성하는 데 있어 한국이 중추가 되어야 한다는 현실적 적합성과 당위성이 2002년 월드컵을 계기로 힘을 얻게 될 것이다.

동아시아는 이질성이 강하지만 한국은 그 이질성을 극복해 줄 지정학적·지경학적·지문화적 조건을 갖추고 있다. 반도라는 지정학적 조건은 한국이 대륙세력인 중국과 해양세력인 일본 사이에 평화를 만들어 내는 중재국가 또는 매개국가 역할을 할 수 있는 호好조건이다. 독자적인 경제력과 지식·정보·문화 창조력을 가진 반도세력인 한반도는 성공한 후발산업국인 한국은 부유한 일본과 개발도상국인 중국을 연결하는 '가교국가(bridge state)' 또는 중개자가 될 수 있는 대륙세력에게는 해양세력의 북진을 막아 주고 해양세력에게는 대륙세력의 남진을 막아 줄 수 있는 완충자의 역할을 할 수 있다. 지문화적으로도 한국은 동아시아에서 기독교, 유교, 불교 등의 문화가 화해하고 공존할 수 있는 진원지가 될 수 있다. 한국은 종교활동이 가장 왕성하게 일어나는 나라이면서 다양한 종교가 평화적으로 공존하고 있는 몇 안 되는 나라이다.

또한 한국은 아시아 물류 네트워크의 중추가 될 수 있는 천혜의 자연조건을 갖추고 있다. 한반도는 중국, 일본, 러시아, 북미, 동남아를 사통팔달 연결시킬 수 있는 '동아시아의 십자로'이자 전략적 관문(strategic gateway)이다(김재철, 1999). 한반도를 중심으로 반경 1,200킬로미터 안에 7억의 인구와 6조 달러의 국민총생산(GNP: Gross National Product)을 가진 거대한 시장이 존재하고 있으며, 동북아 5대 도시(서울, 도쿄, 베이징, 상하이, 블라디보스톡) 중 서울이 다른 네 개 도시에 최단 거리와 최단시간에 접근할 수 있는 중심적 위치에 놓여 있다. 부산항과 광양항은 아시아의 관문항이자 중추 항만으로서의 역할을 할 수 있는 조건을 갖추고 있고 인천국제공항 역시 아시아 중추공항(hub airport)이 될 수 있는 요건을 갖추고 있다. 그리고 한국은 빼어난 금수강산을 포함해 서해의 갯벌, 동해의 심해, 남해의 리아스식 해안과 섬 등 천혜의 자연관광조건을 갖고 있을 뿐만 아니라 중국으로부터 문화를 전수받고 일본으로 전수한 역사·문화의 중개자 위치를 갖고 있기 때문에 중국, 한국, 일본으로 이어지는 동아시아 자연관광벨트 및 역사문화광관벨트의 중추가 될 수 있다.

그러나 지리적 이점만으로 동아시아의 중추국가가 될 수는 없다. 한국이 동아시아 사람들이 모이고 흩어지는 중추국가가 되기 위해서는 동아시아 사람들이 와서 살고 싶은 한국, 사랑하는 한국, 물질적 풍요와 더불어 다른 문화에 대한 이해와 포용력이 높은 한국, 정신이 아름다운 나라, 인권이 존중되는 나라, 평화를 사랑하는 나라, 국제적 책임을 다하는 나라라는 인식을 동아시아 사람들을 포함한 전 세계인들에게 심어 주어야 한다.

2002년 월드컵은 한·중·일 동아시아 3국 중에 한국이 중추가 되어 동아시아 국가들 간에 존재하는 이질성을 극복하고 EU와 NAFTA에 버금가는 경제, 문화, 관광 공동체를 만들어야 한다는 목소리를 증대시켰다. 한국이 동아시아 중추국가의 역할을 담당하기 위해서는 한국 민주주의의 대외적 포용성과 개방성이 높아져야 할 뿐만 아니라 한반도 평화구조가 정착되어야 한다. 한반도 평화구조가 정착되지 않으면 한반도가 아시아의 평화를 매개하기는커녕 아시아의 불화와 반목의 진원지라는 오명을 벗을 수 없게 될 뿐만 아니라 한국이 21세기에 (동)아시아에서 중추국가가 될 수 있는 기회 또한 상실할 것이다.

지방화 한국(Local Korea)

일반적으로 올림픽은 일개 도시나 지역에서 중앙집권적으로 치러지는 데 반해, 월드컵은 여러 도시에서 분산적으로 치러진다. 1988년 서울 올림픽은 수도 서울에서 집중적으로 치러진 반면, 2002년 월드컵은 전국의 10개 도시에서 분산적으로 개최되었다. 이번 월드컵에서 수도 서울은 2002년 월드컵 개막식을 치렀다는 것을 제외하고는 다른 9개 지방도시와 비교해 높은 비중을 차지하지 못했다. 오히려 고비 때마다 한국팀의 '신화'가 만들어진 곳은 지방이었다. 부산에서 월드컵 첫 승리의 신화가 만들어졌고, 16강 진출 신화는 인천에서, 8강 진출은 대전에서, 4강 신화는 광주에서 만들어졌다. 이번 월드컵만큼 수도 서울의 중요성과 상징성이 떨어진 큰 국제행사는 없었다. 서울은 월드컵 경기가 열리는 전국 10개 도시 중 하나였을 뿐이다. 이 점에서 2002년 월드컵은 지방이 중앙과 대등한 위치에 올라섰다는 것을 보여 준 사건이었다. 정치·경제·문화적 자원이 서울에 과도하게 집중된 중앙집권주의 전통이 강한 한국에서 지방도시가 월드컵 행사를 치를 수 있다는 것은 과거에는 상상도 하지 못했던 일이다. 그런데 인구가 10만 정도밖에 되지 않는 서귀포시가 월드컵 준준결승전을 포함해서 중요 경기를 훌륭히 치러냈다는 것은 가히 충격적이다.

따라서 월드컵에서 우리는 또 하나의 역사적 메시지를 읽는다. 그것은 2002년 월드컵이 한국이 중앙집권적 국가에서 지방분권화된 나라로 가는 계기를 만들어 주었다는 것이다. 월드컵을 통해서 우리의 지방자체단체들은 자신들을 세계에 알리고, 세계와 교류할 수 있는 인적 네트워크와 물적 통로를 열 수 있게 됨으로써 서울뿐만 아니라 다른 지역들도 세계화하는 전기를 마련하였다.

월드컵이라는 체육행사를 치르는 과정에서 우리 국민과 지도자들은 이제 정치적으로도 우리 역시 분권화된 민주주의를 할 수 있다는 자신감을 가지게 되었다. 월드컵 경기가 한창 벌어지고 있던 와중에 우리는 지방자치단체장들과 의원들을 뽑는 선거를 동시에 치러 냈다. 전 세계는 민주주의 정치일정을 변경하지 않고 국제적 스포츠 행사를 치러 낸 한국인들의 능력에 놀라워하였다. 10개 도시에서 분산적으로 치러진 월드컵과 지방선거의 동시실시는 상징적인 의미를 지니고 있다. 그것은 '분권화'가 미래 한국의 거버넌스 키워드라는 메시지이다.

히딩크 한국(Hiddink Korea)

월드컵이 성공리에 막을 내린 이후 한국 월드컵 대표팀 감독인 거스 히딩크의 리더십에 대한 관심이 폭발하였다. 기업, 정부, 정당, 대학에서 '히딩크 따라하기' 열풍이 불었다. 심지어는 히딩크를 2002년 대선후보로 추대하자는 이야기도 나돌았다. 히딩크 열풍은 한국팀의 4강 신화 창출에 히딩크가 기여한 비중이 어느 정도인가를 말해 주고 있다. 월드컵에 매번 단골로 아시아를 대표하는 팀으로 출전했으면서도 한 번도 승리를 하지 못했던 한국팀이 첫 승의 관문을 통과하고 더 나아가 4강 진입이라는 기대를 넘어선 성적을 올린 데에는 히딩크의 역할이 결정적이었다는 데 이견을 다는 사람은 많지 않을 것이다. 히딩크가 한국팀을 이끌기로 계약을 맺은 뒤 선수를 선발해 훈련시키고 팀을 운영하고 경기전략을 수립하고 경기장에서 선수들을 지휘하여 팀을 승리로 이끈 전 과정을 '히딩크 리더십'이라고 요약해서 부른다면, 히딩크 리더십이야 말로 21세기 한국을 이끌어나가는 데 필수적인 매뉴얼이라고 할 수 있다.

히딩크식 리더십의 핵심부분을 이루고 있는 것은 능력우선주의, 연고주의 탈피, 펀더멘털(기초체력) 강조, 공정성에 기초한 자발적 경쟁유발, 철저한 객관적 데이터 관리를 통한 투명성 확보, 엄정한 신상필벌을 통한 공정한 조직 구축, 21세기 축구가 요구하는 멀티플레이어 육성, 그리고 지도자의 솔선수범이다. 히딩크는 농경시대에나 유효했던 연고주의에 의존하지 않았고, 산업화 시대에 통했던 일사분란한 지휘명령 체계하에서 대규모 물량투입을 통한 일괄조립생산라인을 구축하는 방식으로 한국 축구를 재조직하려하지 않았다.

히딩크는 학연, 지연, 혈연이라는 연고를 배제하고 철저한 능력 테스트를 통해 선수를 선발했고, 선수들이 자신의 잠재력을 최고로 발휘해 그들이 도달할 수 있는 최고 선수로 조련하기 위해 잘한 부분에 대해서는 보상과 인센티브를, 잘못한 부분에 대해서는 철저히 책임을 물었다. 그리고 남미와 유럽의 스타플레이어에 비해 취약한 개인기술을 강인한 체력에 바탕을 둔 멀티플레이어로 선수들을 육성함으로써 극복하려 하였다.

박정희는 '하면 된다'는 정신(can-do-spirit)을 국민에게 불어넣음으로써 한국의 산업화를 이끌어 나갔으나 21세기 탈산업화 시대에서는 단순히 하면 된다는 정신만으로는 경쟁에서 승리할 수 없다. 히딩크가 우리에게 알려준 것은 하면 된다는 정신이 아니라 '잘하면 잘된다'는 정신이었다. 일괄조립생산라인을 구축하듯이 선수를 만들어 내는 것이 아니라 선수들 개개인의 장·단점을 과학적 데이터에 기초해 분석하고 그 선수에게만 적합한 '맞춤형 방식'으로 선수들을 훈련시켰다. 그리고 그 선수들이 경기장에서 자신이 가지고 있는 힘과 능력을 최고도로 발휘하도록 유도하기 위해 민주성("출신, 나이, 배경이 아니라 능력과 실적에 의해서만 선수를 평가한다"), 책임성("모든 선수는 자신의 성적에 대해 스스로 책임을 진다"), 장기적인 실적주의("단기적 실적에 구애하지 않고 장기적 목표를 설정하고 그에 맞추어 팀을 운영하고 선수를 조련한다")에 기초하여 선수들을 이끌어 나갔다.

히딩크의 성공은 21세기 한국을 이끌어 나갈 리더십으로 히딩크 방식을 따라야 한다는 바람을 불러일으켰다. 그런데 꼼꼼히 살펴보면 히딩크식 리더십은 우리에게 완전히 새로운 것이 아니었다. 돌이켜 보면, 히딩크 리더십의 핵심을 이루는 많은 내용들이 발전국가형 산업화 모델의 유효성이 소멸하면서 강조되어 왔던 위기극복과 재도약 지침(manual)에 이미 담겨 있었다. 실제로 그 지침대로 회사와 정부기구를 '구조조정'하고 운영해 왔던 기업들은 위기에서 재빨리 벗어났을 뿐 아니라 다시금 높은 이윤과 성과를 올리는 조직으로 기업을 탈바꿈시킬 수 있었다. 히딩크 리더십이 새로운 것이 아니라는 것이 히딩크 리더십의 가치를 평가절하하는 것은 아니다. 히딩크가 위대한 것은 자신의 매뉴얼을 말이 아니라 행동으로 실천해 내었다는 데 있다. 히딩크는 변덕스러운 언론과 여론에 흔들리지 않고 자신이 한국인들에게 약속한 '16강 진출'이라는 목표를 향해 원칙을 고수하며 나아갔으며, 그 결과 목표 이상의 꿈을 달성하는 능력을 보여 주었다.

히딩크 신드롬은 말이 아니라 행동으로 국민적 에너지를 모으고 이를 민족 대도약으로 이끌어 내는 정치 지도자의 역할이 중요하다는 것을 보여 주었다. 많은 사람들이 히딩크가 해낼 수 있었던 것은 히딩크가 한국 사람이 아니었기 때문이라고 말한다. 즉, 지독한 한국의 연고주의에 휘말리지 않고 초연히 자신의 원칙을 지킬 수 있기 때문이라고 주장한다. 그런 점에서 히딩크 리더십이 올바른 방향이라고 해도 연고주의에 물들었을 뿐만 아니라 지역주의와 같은 연고주의를 조장하는 우리 정치인들은 히딩크 매뉴얼을 제대로 실천할 수 있었을지 의문이다. 그러나 월드컵 이후 우리 정치인들의 잘못을 허용하는 관용의 폭은 좁아졌다. 월드컵 이후의 선거에서 분열주의 정치인들, 지역주의에 기대는 정치인들, 상대방을 정치의 장에서 축출하려는 네거티브한 정쟁을 계속하였던 정치인들은 외면을 당했다. 정치에서 히딩크식 경쟁은 포지티브한 경쟁이다. 히딩크 리더십은 공정한 게임의 규칙을 준수하면서 경쟁을 통해 국민을 열광시킬 수 있는 정치, 모든 사람들이 참여하여 즐기고 싶은 축제와 같은 정치를 하라는 메시지였고, 그 메시지는 월드컵 이후의 선거에서 국민들에게 전달되었고 투표장에서 실현되었다.

평화한국(Peace Korea)

월드컵 기간 중에 한국에 온 많은 외국인들이 붉은악마와 한국인들이 즐겨 부른 "오, 필승 코리아"를 "Oh, Peace Korea"로 잘못 알아듣고 참으로 감동적이라고 이야기하였다. 그래서 많은 네티즌들이 4강전이 펼쳐질 상암구장에서 전 세계에 보여줄 카드섹션 구호를 "Oh, Peace Korea"로 하자는 건의를 인터넷에 제시했다. 이 건의는 받아들여지지 않았으나 이 에피소드는 한국인들과 세계인들이 한반도 평화를 얼마나 갈구하고 성원하고 있는지를 간접적으로 보여 주었다.

2002년 월드컵 기간 중 한국 국민들은 붉은악마 티셔츠인 'Be the Reds'를 입으면서 반세기 동안 우리를 괴롭혀 왔던 금기가 무너지는 집단체험을 했다. 대북포용을 외치는 어떤 정치인도 해내지 못했던 적색공포(빨갱이로 몰리는 공포)를 모든 국민들이 다 같이 빨간 옷을 입고 한국팀을 응원함으로써 한 순간에 날려 버렸다. 그리고 금기가 무너진 자리에는 '빨갱이'인 북한인들을 민족의 일원으로 껴안고 받아들일 수 있는 관용이 자라나게 되었다. 엄청난 붉은 물결에 냉전시대로의 회귀를 꿈꾸던 극우반공집단은 침묵할 수밖에 없었다.

2002년 월드컵이 지구촌에서 마지막으로 남은 '냉전의 섬'인 한반도에서 열린다는 결정이 났을 때부터 안전한 월드컵과 평화로운 월드컵은 가장 중요한 관심사 중의 하나로 떠올랐다. 평화 월드컵과 안전 월드컵에 대한 관심은 2001년 9·11 테러 사건 이후 배가 되었다. 월드컵이 테러조직의 목표가 될지 모른다는 우려가 점증하였다. 그러나 한국과 일본은 가장 안전하고 불상사가 없는 월드컵을 치러냈다. 한국에서 안전하고 평화로운 월드컵이 가능했던 것은 2000년 6·15남북공동선언 이후 남북 간에 화해와 협력 분위기가 지속된 것이 큰 요인으로 작용했다고 할 수 있다.

월드컵 준비과정 때 남북 단일팀을 만들어 2002년 월드컵을 2000년 6·15남북정상회담 이후 남북 화해와 협력의 결실을 세계에 과시할 수 있는 역사적 장으로 만들어야 한다는 논의가 있었다. 그런데 6·15정상회담 이후 대북강경정책으로 회귀하려는 부시 정부가 새로 등장하고 9·11테러가 발생하면서 북미 사이에 긴장감이 고조되고 남북관계도 교착상태에 빠짐으로써 이러한 기회를 놓치고 말았다. 2002년 월드컵 남북공동개최나 북한선수를 포함하는 남북단일팀 구성도 이루어지지 않았고, 월드컵 기간과 비슷한 시기에 북한에서 열린 아리랑 축전을 월드컵과 연계하려는 관광 프로그램도 만들어지지 않았다. 그리고 월드컵을 관전하려는 중국인들을 북한의 철도나 도로를 경유해 한국으로 수송하려는 방안도 실현되지 않았다.

월드컵을 한반도 평화구축을 위한 획기적인 이정표로 만들려는 민족적 염원에 마지막 찬물을 끼얹은 사건은 월드컵 3·4위 결정전이 열린 6월 29일 아침에 벌어진 서해교전 사태였다. 서해교전 사태로 월드컵을 통한 'Oh, Peace Korea' 달성은 물 건너갔다. 월드컵의 대미를 장식할 순간에 벌어진 서해교전 사태로 분단국가이자 지구상에서 가장 위험한 지역이라는 한국과 한반도라는 이미지가 다시 부각되었고, 월드컵을 통해 제고되었던 국가 이미지 상승효과의 상당 부분이 날아가 버렸다.

2002년 월드컵을 통해 한반도가 불화와 반목이 가득 찬 화약고에서 평화가 만들어지는 평화의 발원지로 전환했다는 것을 보여 줄 수 없게 된 것은 2002년 월드컵의 한恨이다. 그러나 월드컵이 끝날 시점에 터진 서해교전은 역설적으로 한반도에 평화를 구축하고 이를 관리하는 것이 얼마나 중요한지를 전 세계에 전달하는 역할을 했다. 서해교전은 냉전회귀를 꿈꾸는 남북의 극단세력들의 목소리와 영향력을 높여 주기는 하였지만, 동시에 한반도가 위험한 화약고이고 따라서 그만큼 평화 구축과 유지의 가치가 크다는 인식을 다시 하게 만드는 계기가 되었다. 그러므로 서해교전 이후 호전적인 강경대응을 부르짖을 것이 아니라 냉정하게 남북 간에 군사적 긴장완화를 도모할 수 있는 방안을 모색해야 했다. 실제로 서해교전으로 조성된 격앙된 국민적 감정이 가라앉으면서 남북 간에 대화가 재개되었고 다시금 평화를 위한 노력이 남과 북에서 동시에 일어났다.

월드컵을 통한 한반도 평화라는 민족적 염원은 물거품으로 끝났지만 평화는 포스트 월드컵 시대에 한국의 재도약(Upgrade Korea)을 위한 거버넌스 확립에 핵심적 관건이 되었다. 남북화해와 평화가 이루어지지 않고서는 남한 내부의 분단 또한 극복하기 어렵게 되며 하나의 한국은 월드컵 기간에만 이루어졌던 일장춘몽에 그칠 가능성이 크다. 같은 민족의 일원인 북한을 포용하지도 못하면서 이웃나라와 세계를 받아들이고 포용해 '글로벌 한국'을 이루겠다는 우리의 다짐은 세계인들에게 공허한 수사로 받아들여졌을 것이다. 한반도의 냉전 해체와 평화구조 정착은 한국이 동아시아 중추 국가로 부상하는 데 있어 필수적인 선결요건이다. 왜냐하면 북한이 개방되어 남북의 바다와 하늘, 그리고 육지가 연결되어야만 동아시아 중추-부챗살망(East Asian hub and spokes)이 완성되며 한국이 동아시아의 십자로가 될 수 있기 때문이다.

11. 개헌의 필요성과 실현 가능성*

현대 한국 정치사는 개헌의 역사라고 해도 과언이 아니다. 1948년 대한민국의 헌법을 제정한 이래 지금까지 아홉 번의 헌법개정이 있었고 개헌의 초점은 권력구조를 집권자의 뜻에 맞게 고치는 데 맞추어져 있었다. 잦은 헌법개정은 왜 한국 민주주의가 정착되지 않고 비틀거리거나 권위주의로 회귀하고 있는가를 보여 주는 증거이기도 했다. 1987년 민주화가 일어나고 신생민주주의 헌법을 만드는 작업(constitution-making)에 들어갔을 때 헌법제정자들은 고치기가 매우 어려운 헌법을 만들었다. 왜냐하면 헌법 그 자체가 정치적 경쟁을 규율하는 자율성을 가지기 위해서는 헌법이 제도화되어야 하고 헌법이 제도화되기 위해서는 헌법이 주기적 선거와 같은 정치적 경쟁을 반복적으로 장기간 규율하는 자율성을 가져야 한다고 생각했기 때문이다. 말하자면, 레츠너(Lechner)가 이야기하는 '제도적 시간(institutional time)'이 필요하다고 생각했던 것이다. 이러한 헌법개정(또는 제정) 정신에 따라 한동안 헌법개정 논의는 금기시되어 왔다.

그런데 한국 민주주의가 공고화되면서 개헌 논의가 다시 고개를 들고 있다,

* 이 글은 노무현 대통령의 개헌제의가 나오기 전인 2006년 7월, 대화문화아카데미에서 발제한 글을 수정·보완한 것임. 임혁백, 2006, "개헌의 필요성과 실현가능성", 대화문화아카데미 대화모임, "새로운 헌법 필요한가 — 제헌 60주년을 내다보며", 2006년 7월 6일 그랜드힐튼호텔 서울.

1987년 민주화 이래 다섯 차례에 걸쳐 대통령과 국회의원을 동일한 헌법이 규정하고 있는 규칙에 따라 선출함으로써 한국 헌법은 제도화·공고화되었다고 이야기할 수 있을 정도로 '제도적 시간(institutional time)'을 충족하였다. 따라서 헌법이 제도화되어야 한다는 강박관념 때문에 그동안 참아왔던 헌법개정 목소리가 2006년부터 나오기 시작하였고 2007년 1월 노무현 대통령의 헌법개정 제안으로 본격화되었다.

개헌의 필요성

1987년 헌법개정 과정에서 졸속적으로 정치적 타협에 의해 개정된 헌법을 이제는 손질할 때가 되었다. 1987년 헌법은 헌정사상 최초로 여야타협에 의해 만들어졌고 국민투표를 통해 국민적 합의로 승인된 헌법이다. 집권자의 권력욕을 충족시키기 위해 일방적으로 만들어진 이전 헌법들과 달리 1987년 헌법은 여야 간 평화적 합의에 의해 만들어졌다는 민주적 정당성을 갖고 있었기 때문에 국민적 지지를 받을 수 있었고, 다섯 명의 대통령과 다섯 번의 국회를 연속적으로 선출하였고, 그 결과 헌정주의가 제도화될 수 있었다. 그러나 21년이라는 최장수를 기록하고 있는 1987년 헌법은 여러 가지 문제점을 노정하고 있다.

헌정주의는 정착되었는가?

개헌의 '필요성(necessity or desirability)'과 '실현 가능성(feasibility)'을 살펴보기 전에 개헌 논의가 한국의 헌정주의(constitutionalism) 정착에 역행하지는 않을까 하는 우려에 대한 대답이 선행되어야 한다. 왜냐하면 헌정주의가 아직 정착되어 있지 않다면 개헌 논의는 다시금 헌정체제 자체를 뒤흔들 수 있기 때문이다.

헌정주의는 법에 의한 지배의 기초이고 헌정주의에 의해서 정부의 권력은 제한되고 시민들은 주권자로서 자유와 권리를 확보한다. 헌정주의가 정착되기 위해서는 헌법이 정치세력들 간 경쟁을 규제하는 자율적인 힘을 갖고 있다는 믿음이 정치인과 국민 속에 뿌리내려야 한다. 말하자면 민주적 경쟁이 예측 가능한 장래에 동일한 경쟁규칙(헌법)에 따라 규칙적으로 반복해서 이루어질 것이라는 확신이 국민과 정치인들 사이에 뿌리내려야 한다(임혁백, 2000a: 235-237).

민주주의가 공고화되기 위해서는 무엇보다도 먼저 헌정주의가 정착되어야 한다. 이 점에서 1987년 민주화 이전의 한국의 헌정사는 '헌정주의 없는 헌법(constitutions without constitutionalism)'으로 얼룩졌다. 첫째, 1987년 이전까지 아홉 차례의 헌법개정으로 헌법의 평균수명이 4년을 조금 넘는 단명 헌법이었기 때문에 한국의 헌법은 정부권력을 제한하는 데 있어 충분하지 못했고 국민의 자유와 권리를 보장할 수 있는 자율성을 갖고 있지 못했다. 둘째, 1987년 이전까지 모든 대통령(장면 국무총리 포함)은 전임자가 마련해 놓았던 헌법을 개정하여 자신이 만든 헌법에 따라 권력을 장악하고 권력을 휘둘렀다. 셋째, 1987년 이전의 한국 헌법은 자주 바뀌는 동시에 정치적 경쟁과 갈등을 규제하고 해결하는 규범과 제도로 기능하지 못했다.

그런데 1987년 새 헌법을 만들고 난 뒤 헌정주의가 진전되고 한국 민주주의가 공고화되고 있다는 중요한 증거들이 나타나고 있다. 첫째, 1987년 이후 다섯 차례에 걸쳐 연속으로 대통령과 국회의원, 네 차례에 걸쳐 연속으로 지방정부를 동일한 헌법 하에서 선출하였다. 둘째, 정략적 담합(3당합당, DJP연합)에 의한 헌법개정 시도가 있었으나 개정되지 않음으로서 1987년 헌법은 단명의 운명을 극복하였다. 셋째, 1987년부터 2002년까지는 적어도 한국 민주주의 공고화 측면에서 더 나은 헌법을 디자인하는 것보다 민주화 투쟁으로 마련한 헌법을 지속시킴으로써 '헌법의 정치화'를 막고 헌법의 자율성을 높이는 헌정주의 정착이 더 급한 과제였고, 이를 위한 노력의 결과는 상당히 성공적이었다. 넷째, 헌법재판소의 설립과 활성화를 통해 헌법 테두리 내에서 행동해야 한다는 헌정주의가 심화·발전되었다.

이러한 헌정주의 정착과 심화는 역설적으로 이제 헌법을 다시 손질해도 된다는 논리에 정당성을 부여하고 있다. 헌법은 불변의 문서가 아니다. 결함이 있는 헌법은 개정될 수 있고 개정되는 것이 바람직하다. 헌정주의가 정착된 후에는 결함이 있는 헌법을 개정하는 것이 장기적으로 헌정주의 공고화에 기여할 것이다. 헌법개정 논의가 헌정주의 자체를 위태롭게 하지 않는다면 헌법개정 논의는 가능할 뿐만 아니라 바람직하다.

1987년 개헌과정의 절차적 정당성 문제

그렇다면 1987년 헌법은 무슨 문제를 안고 있기에 개헌 논의가 나오고 있는 것인가? 무엇보다도 1987년에 이뤄진 헌법개정은 절차적 문제를 안고 있었다. 1987년 헌법은 6월 민주화항쟁의 산물이다. 6월 민주화 투쟁에서 표출된 국민적 요구는 '호헌철폐, 직선제 쟁취'였다. 국민들은 자기 손으로 자신의 정부를 구성하기를 원하였던 것이다. 민주주의란 내손으로 대통령을 직접 뽑는 것으로 국민들은 인식하고 있었다. 그래서 민주화 이후 개헌작업은 '대통령직선제 개헌'으로 이미 방향이 잡혀 있었다.

대통령 직선제에 관해서는 국민적 합의가 형성되어 있었기 때문에 여러 문제에 관해 현격한 견해 차이가 있었음에도 불구하고 정치권은 5공화국 헌법조문의 37%를 개정하는 전면적이고 광범위한 헌법개정을 이룰 수 있었다(김영수, 2001; 김영태, 2007). 말하자면, 헌법제정에 버금가는 헌법개정이었다. 그러나 이러한 중차대한 헌법개정이 엘리트 간의 밀실담합에 의해 신속하게 그러나 졸속으로 이루어졌다는 점이 문제였다.

헌법개정과정은 민정당과 민주당을 대표하는 8인정치회담에 의해 이루어졌다. 노태우와 전두환을 대표하는 민정당의 윤길중, 이한동, 권익현, 최영철, 민주당 내의 김영삼계를 대표하는 박용만, 김동영, 김대중계를 대표하는 이중재, 이용희가 8인정치회담의 구성원이었다. 8인정치회담은 7월 31일부터 9월 16일까지 짧은 기간에 협상을 완료하고 새로운 헌법에 대해 합의할 수 있었다(이성우, 2006). 헌법개정안은 대통령 직선을 포함하여, 5년 단임제, 대통령의 비상조치권과 국회해산권 폐지, 국회 국정조사권과 국정감사권 부활, 국회 개회일수와 회기 재조정 등 제왕적 대통령의 권한을 제한하고 국회의 행정부 견제기능을 강화하였으며, 헌법재판소 신설 등을 통해 사법부의 권한과 자율성을 강화하였다(김영태, 2007). 합의된 헌법개정안은 9월 21일 국회에서 압도적인 찬성(272명 출석, 254명 찬성)으로 통과되었고 10월 27일 국민투표에서 78.2%의 투표와 93.1%의 찬성으로 확정되었다.

한국의 헌법개정은 민주화의 일환으로 이루어진 헌법 만들기(constitution making)였다. 한국의 민주화 헌법제정과정은 스페인형이다. 즉 최소한의 경쟁규칙만을 헌법개정의 대상으로 삼고 엘리트들 간 협상을 통해 빠른 시일 내에 초안을 작성하고 재빨리 의회에서 통과시킨 뒤 가장 빠른 시일 내에 정초선거(founding election)를 실시하여 민주주의로의 이행과정을 마무리하는 것이다. 한국은 스페인형을 채택함으로써 노동자대투쟁과 같은 소요사태로 개헌정국이 흔들릴 수 있는 민주화 과정의 불확실성 요인을 제거하고 민주화 일정을 단축시킬 수 있었다. 그러나 이러한 최소주의적(minimalist) 헌법개정은 사회·경제적 권리 등 실질적인 민주화 의제를 헌법개정에서 다루지 못한 우를 범했다.

실제로 1987년 개헌과정은 반드시 다루어야 할 많은 것을 토의하지 않았다. 애로우의 민주주의 공리에 의하면, 민주주의란 가능한 모든 선호가 선택대상에서 배제되어 되어서는 안 된다(universal admissibility of all individual preferences:

Arrow, 1952). 그런데 1987년 개헌협상에서는 당연히 다루어져야 할 것이 다루어지지 않았다. 군의 정치적 중립, 광주민주화 운동의 성격규정, 노동자의 경영참가, 이익균점권, 한국은행 독립 등의 문제를 모호하게 정의하거나 협상의제에서 제외하였다. 대신 자신들의 집권확률을 높일 수 있는 제도적 규칙을 확보하려는 노태우, 김영삼, 김대중 세력 간의 이해절충이 주요 협상 내용이었다. 대통령 임기, 단임제 또는 중임제, 부통령제 도입, 김대중의 대통령 후보자격을 둘러싼 대통령 후보의 국내 거주기간 조항, 유권자 연령 제한 등이 주요 협상의제였다. 이는 헌법개정협상이 국민들의 실질적 이익과는 상관 없는 '엘리트들 간의 대화'였음을 보여 주는 것이다.

8인정치회담에서 다루어진 가장 중요한 의제는 역시 대통령 임기와 단임제 혹은 중임제였다. 민정당은 6년 단임제안을 제시한 반면, 민주당은 부통령제 도입과 함께 4년 1차 중임제안을 제시했다. 그런데 결론은 부통령제 없는 5년 단임제로 끝났다. 이는 1987년 헌법 만들기의 주역들(노태우, 김영삼, 김대중)이 자신들의 집권 가능성을 보장해 줄 수 있는 권력구조로 발견한 것이 5년 단임 대통령제였다는 것을 보여 준다. 1987년 헌법 만들기의 주역들인 노태우, 김영삼, 김대중이 그 후 모두 차례차례 대통령이 됨으로써 1987년 헌법이 3자 간의 정략적 담합의 산물이라는 것을 보여 주고 있다. 6.29선언 이후 대한변호사협회와 일부 헌법학 교수가 헌법시안을 제출하고 민주헌법쟁취국민운동본부, 한국노총, 경제인연합회, 여성단체, 농민대표 등 시민운동대표들이 개헌과 관련된 의사를 표명하였지만 그들의 목소리는 8인정치회담에 전달되지 않았다(김영태, 2007). 한국의 민주화를 주도했던 국민운동본부조차 개헌과정에서 참여가 배제되었다는 사실은 개헌과정의 절차적 정당을 의심하기에 충분하다.

효율성·안정성·책임성 갖추지 못한 5년 단임 대통령제

권력구조 측면으로 시야를 좁혀 보면, 현행 5년 단임 대통령제는 효율성, 안정성, 책임성 측면에 많은 문제가 있는 것으로 드러나고 있다. 첫째, 단임 대통령은 조기 레임덕을 가져와 국정수행능력을 약화시킨다. 5년 이후에는 확실히 물러날 것이기 때문에 관료와 추종자들을 계속 묶어 놓을 수단이 부족하다. 단임제 대통령에 대한 충성심 약화로 대통령의 국정 장악 능력이 떨어지면, 대통령의 인기와 지지도가 하락하고, 대통령의 지지도가 하락하면 야당은 차기 집권을 위해서 대통령을 공격하고 이는 관료들을 흔들어 국정마비까지 초래하는 악순환이 벌어진다. 더구나 민주화로 제왕적 총재 제도가 폐지되면서 2002년 이후 대통령은 공천권, 재정권, 인사권을 통해 여당의원들을 추종하게 할 수 있는 수단을 갖고 있지 않았다. 많은 경우 조기 레임덕은 대통령과 여당 간 권력투쟁에 의해 유발되었다.

둘째, 단임제 대통령에 대한 민주적 책임성(democratic accountability) 확보가 어렵다. 단임 대통령은 다음 선거에서 심판을 받지 않는다. 재선추구가 제한되면 시민들은 다음 선거에서 심판하겠다는 위협을 통해 집권자가 시민의 최상이익을 위해 일하게끔 강제하는 책임성 확보장치를 갖지 못한다. 따라서 단임 대통령은 종종 역사의 심판을 받겠다고 이야기하면서 일방적인 통치를 한다. 또한 재신임의 기회가 없기 때문에 단임 대통령은 장기적인 시계를 가지고 국정을 운영하는 것이 어렵다. 임기 내에 권력창출에 기여한 사람들에게 보상을 해 주어야 한다는 강박관념, 정권이 넘어가기 전에 한 건 하자는 심리가 겹쳐 부정·부패를 유발할 수 있다.

셋째, 단임 대통령은 정당정치의 실종을 가져오기 쉽다. 대통령은 재임 중 업적(성공한 대통령)을 생각하고, 여당은 정권 재창출이라는 서로 다른 목표를 추구하면서 양자 간에 긴장과 충돌이 일어난다. 대통령은 여당과의 협의와 조정이라는 기본적인 절차를 생략하고 국민과의 직접 대화를 통해 문제를 해결하려 하고, 여당은 인기 없는 대통령을 공격하여 선거를 치르려 한다. 특히 노무현 정권하에서 대통령과 여당 간 갈등이 극명하게 들어났고 그 결과 대통령과 여당 모두 자멸하고 말았다.

넷째, 정치시간표가 맞지 않는다. 대통령 선거는 5년마다, 국회의원 선거는 지방정부 선거는 4년마다 치르게 되어있는 현행 정치일정표는 '주기적 선거에 의한 민주적 책임성 확보'라는 민주주의 원리에 부합되지 않는다. 5년 임기의 대통령과 4년 임기의 국회의원의 선거시기가 불일치함으로써 국회의원 선거는 대통령을 심판하는 선거로 전락하여 대통령이 속한 정당이 다수를 형성하지 못하는 여소야대의 분점정부가 계속해서 출현하였고, 분점정부는 정치 안정을 해쳐 왔다. 대통령은 분점정부 상황을 극복하기 위해 창당, 합당, 정책연합, 의원영입 등을 통해 인위적 정개개편을 시도하였다. 인위적 정계개편은 선거를 통해 표출된 민심을 왜곡하는 대표성 문제를 야기하였다. 따라서 정치시간표를 주기적으로 만들기 위해서는 대통령제를 4년 중임제로 바꾸어야 한다. 2007년은 시기적으로 헌법을 개정할 수 있는 호기였다. 5년 단임 대통령과 4년 임기 국회의원 선거가 가장 근접하게 만나는 주기가 20년이고, 2007년 12월과 2008년 4월은 바로 그 20년이 되는 주기였다. 2007년 대선 전에 헌법개정을 했으면 헌법개정의 책임을 맡은 국회의원들이 스스로 임기를 크게 단축하지 않는 개정헌법을 만들 수 있었으나 이미 물 건너간 일이 되었다.

무엇을 어떻게 개헌할 것인가?—개헌 쟁점

대통령 선거와 국회의원 선거가 가장 근접하게 만나는 20년 주기를 넘긴 상태에서 개헌은 쉽지 않을 것으로 보인다. 그러나 개헌의 필요성(desirability)이 존재하는 한 국민의 압력에 의해 대표들은 개헌 논의에 들어가지 않을 수 없을 것이다. 권력구조를 중심으로 개헌 논의가 이루어질 경우 필자의 선호는 다음과 같다.

대통령제의 근간 유지

개헌이 이루어질 경우에도 대통령제를 근간으로 하는 현행 헌정구조가 유지되어야한다(임혁백, 2003). 왜냐하면 국민의 다수가 대통령제에 대한 지지를 계속 보내고 있기 때문이다. 한국 국민들은 반세기 이상을 대통령제하에서 살아왔기 때문에 대통령제를 가장 익숙한 헌정제도로 믿고 있으며, 대안적 헌정제도로 거론되고 있는 내각책임제는 실패한 제2공화국의 기억으로 국민의 지지를 받지 못하고 있다. 그리고 국민들은 대통령제가 자신의 손으로 직접 정부를 구성한다는 주권행사를 실감나게 해 주는 헌정제도로 믿고 있다. 지역구 국회의원을 뽑아서 간접적으로 정부를 선택하는 내각책임제는 주권재민을 직접 실천하려는 한국 국민들의 열망을 충족시키지 못하고 있는 것으로 보인다. 국민들은 정당이 발달하지 못하여 국민의 집단적 의사를 결집하고 대표해 줄 정당체제가 확립되어 있지 않은 상황에서 지역을 대표하는 국회의원들이 집단적으로 구성한 정부가 과연 전 국민을 대표할 수 있는가에 대해 회의하고 있다. 마지막으로, 한국 국민들은 민주주의를 갈망하면서도 강력한 리더십을 요구하고 있기 때문에 대통령제를 원하고 있다. 한국 국민들은 아직 분단이 지속되고 있는 상황하에서 비상사태에 신속하고 유연하게 대처하기 위해서는 내각책임제보다 대통령제가 우월하다고 믿고 있다. 따라서 개헌내용은 대통령제를 유지하는 바탕 위에서 대통령제의 성공적인 운영을 방해하는 요인을 제거하고, 세계화, IT혁명, 탈냉전과 같은 변화하는 미래를 준비하는 내용이 들어가야 한다. 특히, 분열적 지역주의, 조기 레임덕을 유발하는 현행 5년 단임제, 안정적인 국정수행을 방해하는 비주기적인 정치일정, 대통령 관할권의 혼란을 야기하는 국무총리제 등은 현행 헌법에서 고쳐져야 할 주요 내용이다.

양원제 도입

한국 정치의 고질적인 병폐로 지적되어 온 지역주의를 해결하기 위해 양원제를 도입하여야 한다. 민주화 이후 대통령직의 성공적인 수행을 방해해 온 가장 큰 요인은 지역주의다. 대통령은 항상 자신을 지지하지 않은 지역을 기반으로 하는 정당과 정치세력으로부터의 공격에 직면하여 국론 통합능력을 상당 부분 상실하였다. 이러한 지역주의를 해결하기 위해서는 대통령이 관할하는 중앙정부의 몫을 줄여야 한다. 국방, 외교, 경제개발과 같은 민족공동체의 일반이익과 직결되는 업무와 환경, 전국적 사회하부구조 구축, 지역 및 계층 간 불평등 해소와 같은 외부효과(externalities)가 큰 업무를 제외한 모든 권력과 자원의 관할권을 중앙정부에서 지방으로 이전하는 연방주의형 권력구조를 도입하여야 한다. 중앙정부 내에서 지역 간 차별과 불평등을 없애기 위해서는 지역 간 등권주의를 실현하여야 한다. 지역등권주의를 실현할 수 있는 권력장치는 양원제와 상원이다. 기존의 일인일표一人一票주의에 기초하여 지역구 단위로 선출되는 국회(국민의회, 하원)에 더하여 일주일표一州一票주의에 기초하여 지역을 대표하는 연방의회(상원)를 구성하여 중앙에서 지역이익을 균등하게 대표할 수 있는 장치를 만들어야 한다. 예를 들어, 상원은 1특별시(서울)와 9개도(경기, 강원, 충남, 충북, 전남, 전북, 경남, 경북, 제주)를 합해 전국 10개 지역에서 인구 수에 관계없이 선출된 동 수의 의원으로 구성되며, 지역의 재정·행정·복지에 영향을 미치는 법안을 심의·의결하고 지역공동체 간 화합과 균형발전에 관해 토의하고 법제화하는 최고의 대의기구가 되어야 한다.

이러한 양원제는 연방주의적인 통일 한국의 헌정제도를 준비하기 위해서도 필요하다(임혁백, 1999: 323-324). 연방주의는 한국인들이 실험해본 적이 없는 헌정제도이다. 그러나 통일한국의 헌정제도를 디자인할 때, 연방주의를 도입하는 것이 바람직하고 서울, 경기, 충청, 영남, 호남(제주 포함), 강원(강원북도 포함), 평양, 평안(평안, 자강), 함경(함경, 양강), 황해의 10개 주로 구성된 연방이 지역균열구조를 반영할 수 있고, 이 주들의 자율성을 확보해 주기 위해서 양원제, 특히 상원을 도입하는 것이 필요하다. 따라서 통일 이전에 상원 도입을 통한 연방주의형 헌정제도 실험은 통일 이후 연방주의형 헌정제도를 디자인하는데 유익한 학습과정이 될 수 있다. 또 통일 후 연방주의형 헌정제도 실행과정에서 나타날 불확실성과 시행착오도 줄여 줄 것이다(임혁백, 1999: 330).

국무총리제 폐지와 부통령제 신설

국무총리제를 폐지하고 부통령직을 신설해야 한다. 현행 대통령제는 내각책임제적 요소를 가지고 있는데 대표적인 것이 국무총리제다. 국무총리제는 대통령의 관할권을 혼란시켜 책임소재를 불분명하게 하고, 대통령에 대한 책임성 확보를 어렵게 하며, 엄격한 삼권분립하에 견제와 균형장치가 제대로 작동하지 못하게 하는 대표적인 제도이기 때문에 폐지되어야 한다. 국무총리는 명목상 내각을 통할하고 각료의 임명제청권을 갖고 있지만 대통령의 의전행사를 대신하고 연설문을 대독(대독총리)하고 대통령의 실정을 대신 책임지는 방패막이와 속죄양이 되어 왔다. 잦은 국무총리 교체는 국무총리가 권한은 없고 책임만 지는 자리라는 것을 보여 주고 있다. 이제 대통령제를 채택했을 때의 헌법정신으로 돌아가 견제와 균형이 작용하는 3권분립하에 명실상부하게 대통령이 '책임'을 지는 '대통령책임제'로 돌아가야 한다.

파행적으로 운영되고 있는 국무총리제를 폐지하는 대신 부통령제를 신설해야 한다. 부통령제는 현재 노정되고 있는 한국 대통령제가 안고 있는 문제점을 해소하는 데 상당히 기여할 수 있다. 첫째, 대통령이 '임명'하는 국무총리와 달리, 국민투표에 의해 '선출'되는 부통령은 대통령의 러닝메이트로서 권력의 정통성을 확보하고 있어 대통령과 실질적인 권력분업을 할 수 있다. 대통령제하에서 대통령에 집중되는 과도한 권력을 분산하고 업무 과부하를 줄임으로써 중앙권력 분권화에 기여할 수 있다. 둘째, 부통령제는 대통령 후보로 하여금 자신의 지역이 아닌 타 지역 출신 인사를 자신의 러닝메이트인 부통령 후보로 지명할 수 있게 함으로써 지역주의 완화에 기여할 수 있다. 말하자면, 부통령제는 대통령 선거과정에서 경쟁하는 지역 간 연합을 가능케 함으로써 지역 간 공존과 협력을 조성할 수 있는 것이다. 셋째, 양원제가 채택되어 연방의회(상원)가 신설되면 부통령은 연방의회 의장으로서 지역갈등을 조정하는 총괄책임자 역할을 담당할 수 있다. 이와 같이 부통령제는 분권화와 지역주의 해소를 위한 좋은 제도적 장치가 될 수 있다.

대통령 4년 중임제

마지막으로 4년 중임제를 채택하여 단임 대통령제 문제를 해소하고 대통령 선거와 국회의원 선거 간 불일치를 해소해야 한다. 즉 대통령 임기를 4년 중임제로 바꾸고, 대통령 선거와 국회의원 선거를 통합하여 같은 날짜에 동시에 실시할 수 있는 정치시간표를 마련할 수 있게 해야 한다.

4년 중임제로 개헌해야 할 필요성은 단임제의 폐해(perils of single term presidency)로부터 나온다. 첫째, 4년 중임제는 단임제가 갖고 있는 비효율성 문제에서 벗어날 수 있다. 4년 중임제하의 대통령은 당선된 그날부터 4년 후의 재선을 위해 노력할 것이다. 자연히 독단적인 국정운영을 지양하고 집권여당과 파트너 관계를 유지하며 협력적으로 국민지지를 극대화할 수 있는 정책을 수립하고 집행하여 다음 선거에서 심판받으려 할 것이다. 여당도 마찬가지이다. 대통령과 마찰을 빚기보다는 대통령과 협력하여 다음 선거를 준비하려 할 것이기 때문에 효율적이고 협력적인 국정운영이 이루어질 것이다.

둘째, 4년 중임제는 안정성에서 뛰어나다. 4년 중임제하의 대통령은 차기에 재선되었을 경우를 상정하면서 장기적 시계에서 국정을 운영하려 할 것이다. 중임제 대통령은 서둘러서 자신을 도와준 공신들에게 보은인사를 하지 않을 것이기 때문에 단임 대통령이 저지르기 쉬운 코드인사나 보은인사가 줄어들 것이다. 중임제 대통령은 차기를 염두에 두고 국민의 눈을 의식하기 때문에 편파적인 인사를 하지 않을 것이고, 8년이라는 장기적인 시간을 두고 자리를 나누어줄 수 있는 여유를 가질 수 있다.

셋째, 무엇보다 4년 중임제는 책임성 측면에서 강점이 있다. 5년 단임제하에서는 대통령의 실정에 대해 책임을 물을 방도가 크게 없다. 물론 국회의원선거, 보궐선거, 지방선거가 중간평가역할을 함으로써 대통령에 대한 간접적 책임성을 확보할 수 있다. 하지만 주권자인 국민이 직접 책임을 물을 길이 없고 단임 대통령들은 '역사에 책임을 지겠다'는 무책임한 이야기를 함부로 하고 있다. 여기에 반해 4년 중임대통령제는 2가지 차원에서 책임성의 증대를 가져다준다. 첫째, 5년보다 1년 짧은 4년 만에 책임을 물을 수 있다는 것이다. 5년 단임의 경우, 임기가 고정된 대통령제하에서 잘못 뽑은 대통령이 저지른 실정비용을 국민들은 고스란히 떠안을 수밖에 없다. 반면 4년 중임의 경우 고통기간과 실정비용을 1년 줄일 수 있다. 둘째, 민주적 책임성은 두 가지 차원에서 확보된다. 하나는 회고적으로(retrospective accountability), 다른 하나는 미래전망적으로(prospective accountability) 확보된다. 5년 단임은 회고적이고 과거평가적인 책임성 확보는 불가능한 반면, 미래전망적인 책임성 확보만 가능하다. 한편, 4년 중임제는 두 가지 책임성 확보가 모두 가능하며, 특히 재선에 나선 대통령을 선출하는 기본적인 기준이 과거평가적이고 회고적인 책임성이 될 것이다.

이러한 4년 중임제로의 개헌이 효율성, 안정성, 책임성 측면에서 소기의 목적을 달성하기 위해서는 대통령 선거와 국회의원 선거 간에 정치시간표의 조정이 있어야 한다(임혁백, 2003: 205-206). 민주화 이후 마련된 헌법은 5년 단임의 대통령과 4년 임기의 국회의원을 서로 다른 날짜에 선출하도록 하였고, 여기에 더하여 지방자치가 실시되면서 지방선거일정이 별도로 추가되었다. 선거를 통해 주권자인 국민의 심판을 받고 책임을 추궁당하는 것이 민주주의의 요체이다. 그러나 국민의 대표는 주기적으로 일정 시간의 간격을 두고 심판을 받아야 한다는 것이 또한 대의제 민주주의의 핵심이다(Schumpeter, 1942).

국민의 대표는 항상 자신의 주인인 국민으로부터 선거를 통해 심판을 받아야 하지만 동시에 심판을 받는 근거가 되는 실적을 쌓는 데 필요한 일정한 시간이 주어져야 하는 것이다. 그런데 5년 단임 대통령 선거와 4년 임기의 국회의원, 지방자치단체장, 지방의원 선거의 결합은 주기적 선거를 뒤죽박죽으로 만들어 버렸다. 서로 시간표가 다른 세 가지 선거일정을 소화하기 위해서 민주화 이후 거의 매년 선거를 치르게 되었고, 한국은 선거가 드문 나라에서 '선거가 잦은 나라'가 되었다. 잦은 선거는 주기적 선거를 통해 대표의 책임을 묻는 대의제 민주주의의 기본원리를 침해하고 있을 뿐만 아니라 대통령을 포함한 국민의 대표들로 하여금 표를 얻기 위한 단기적 정략에 얽매이게 함으로써 대표들로 하여금 국가발전을 위한 장기적 공익을 추구하는 동기와 노력을 약화시킨다.

따라서 주기적 선거를 통한 민주적 책임성 확보를 위한 정치시간표를 조정하는 것이 필요하다. 대통령 선거, 국회의원 선거, 지방선거를 통합하여 같은 날짜에 동시에 실시하는 시간표를 마련해야 하고 이를 위해 대통령 임기를 바꾸는 부분적 개헌이 있어야 한다. 시간표를 맞추기 위해서 대통령 임기를 4년 중임제나 6년 단임제로 바꾸어야 한다. 4년 중임제는 세 개의 선거를 통합하여 동시에 실시할 수 있는 장점이 있으나 국회의원 선거와 지방선거를 통한 대통령에 대한 중간평가를 할 수 없다는 문제점이 있고, 6년 단임제는 중간평가가 가능한 정치시간표를 짤 수는 있으나 선거의 동시 통합실시를 실현하기 어렵게 하는 단점이 있다.

개헌의 실현 가능성

이러한 개헌의 필요성에 대한 부정적인 견해도 만만치 않다. 정치권뿐만 아니라 학계에서도 개헌을 반대하는 목소리가 작지 않다. 최장집 교수는 현 정권의 문제가 민주정당 건설의 실패에서 기인한 것이지 헌법에서 기인한 것은 아니라고 주장하였다(최장집, 2007). 김영태 교수는 특히 4년 중임제로의 개헌에 비판적이다. 5년 단임제에 비해 4년 중임제는 대통령의 권력을 더욱 강화할 것이지만 민주적 책임성을 보장해 줄 수 있을지는 여전히 의문이며, 4년 중임제를 포함한 모든 대통령제 하에서 레임덕은 불가피하고, 분점정부의 원인은 선거 시기 불일치 때문이 아니라 대통령제하에 고유하게 내재되어 있는 대통령과 의회 간 이원적 정통성(dual legitimacy) 때문이라는 것이다(김영태, 2007; 임지봉, 2007). 김용호 교수도 대화문화아카데미에서 실시한 '새로운 헌법 필요한가'라는 대화모임에서 5년 단임 대통령제를 기간으로 하는 87년체제가 분점정부를 야기하였으나 분점정부하에서 국정운영이 효율적으로 이루어진 사례가 많이 있기 때문에 분점정부를 극복하기 위해 4년 중임제로의 개헌을 해야 한다는 주장은 근거가 약하다고 비판하였다(대화문화아카데미, 2006).

그러나 개헌 필요성에 대해서는 정계, 학계 그리고 여론조사로 나타난 국민의 다수가 공감하고 있는 것 같다(이홍구, 2007; 양건, 2007; 박명림, 2005; 박상철, 2007; 조정관, 2006). 87년체제의 공로는 헌정주의를 정착시켰다는 것이다. 헌정주의를 정착시켰기 때문에 이제 스스로를 바꿀 수 있는 기회를 제공했다는 점에서 '성공의 역설'이라 할 수 있다. 말하자면 이제까지 헌정주의 정착을 위해서 참아 왔던 개헌을 논의할 수 있게 되었고 70일 동안 졸속으로 만들어진 87년헌법을 교정하는 작업에 들어갈 수 있게 된 것이다. 분점정부가 대통령제에 고유한 것이라고 하지만 3김 시대에는 각자 고유한 '지역'이라는 권력기반이 있었기 때문에 그 나름대로 분점정부 문제를 해결할 수 있었다. 그러나 3김 시대 이후에는 분점정부 문제를 쉽게 해결할 수 없었다. 노무현 정권하에서 분점정부가 탄핵이라는, 헌정을 볼모로 한 극한적 방법으로 문제를 해결했다는 사실은 분점정부 문제의 심각성을 보여 준다.

그런데 개헌 필요성에 다수가 공감하면서도 개헌이 이루어지지 않고 있는 이유는 무엇인가? 개헌 필요성은 그야말로 개헌의 필요조건이지 충분조건은 아니다. 개헌이 이루어지기 위해서는 주요 정치세력이 어떤 개헌을 할 것인가를 논의하기 전에 개헌을 해야 한다는 데 합의가 있어야 한다. 개헌 필요성에 더해 개헌 실현가능성에 대한 정치권의 합의가 있어야 개헌이 이루어질 수 있는 것이다. 개헌의 실현가능성이 문제가 되는 이유는 우리 헌법이 가장 자주 바뀐 역사를 갖고 있으나 실제로 가장 개정하기 어려운 경성헌법의 성격(국회의원 2/3 찬성과 국민투표)을 갖고 있기 때문이다. 이러한 경성헌법 하에서 개헌을 하기 위해서는 사실상 정치권의 만장일치가 필요하며 따라서 모든 주요 정파의 합의가 개헌실현의 전제조건이다.

그렇다면 실현가능한 개헌은 무엇인가? 몇 가지 경우를 생각해 볼 수 있다 첫째, 권력구조(대통령제, 의원내각제, 이원집정부제)뿐 아니라 영토 및 통일조항, 사회적 기본권, 경제질서, 사법부의 권리와 의무를 포함하는 개헌은 상당한 기간 동안 실현이 가능하지 않다. 왜냐하면 이는 헌법제정에 버금가는 최대주의적(maximalist) 개헌으로 상당히 긴 준비와 심의를 요하기 때문이다. 최대주의적 개헌은 통일헌법제정을 염두에 두고 연구하는 수준에 머무는 것이 바람직하다. 그리고 헌법제정에 버금가는 개헌 논의는 미국의 필라델피아 컨벤션과 같은 심의 또는 토의(deliberation) 방식을 거쳐야 한다(임성호, 2006).

미국독립과 프랑스혁명 이후의 헌법제정은 헌법제정회의라는 집단적 제도디자이너에 의해 고안되었다. 헌법을 심의하는 제도디자이너로는 ①선거에 의해 선출되지 않는 소수의 법률전문가 집단, ②간접선거에 의해 선출된 소수의 대표들(1787년 미국의 Philadelphia Convention, 1949년 독일의 Bonn Constitution 회의), ③직선에 의해 선출된 헌법제정회의(constitutional assembly) 등이 있다. 법률전문가 집단에 헌법제정을 의뢰하는 것은 비민주적이고 기술적 고려를 정치적 고려에 우선시하는 경향이 있기 때문에 심의적 헌법개정 방식으로 바람직하지 않다. 그리고 직선으로 선출된 다수의 헌법제정회의보다는 간선으로 선출된 소수의 헌법디자이너로 구성된 헌법제정회의가 더 심의적인 방식으로 헌법을 제·개정할 수 있다. 헌법디자이너의 숫자가 문제되는 이유는 심의적(deliberative) 방식으로 헌법을 제정하기 위해서는 디자이너들이 면 대 면으로 심의가 가능한 규모여야 하기 때문이다. 디자이너들이 100명을 넘을 경우 합리적인 토론과 심의가 불가능해질 것이고 회의는 민중주의와 선동주의에 의해 지배될 가능성이 크다. 또한 심의를 통해 헌정제도를 디자인하기 위해서는 심의과정의 공개성과 비공개성을 적절히 조절할 필요가 있다. 비공개적인 심의는 제도디자이너들의 허영, 자부심, 혁명적 열광을 억제하는 데 도움이 될 것이나 헌정제도 토론이 합리적인 주장보다는 흥정에 의해 지배될 우려가 있다. 따라서 헌정제도 디자인 과정은 디자이너들로 하여금 불편부당한 이성에 따라 심의하는 것을 장려하고 디자이너의 당파적 이익이나 감정(허영, 자부심, 증오)이 지배하는 것을 억제하는 방향으로 나아가야 할 것이다(임혁백, 1999: 306; Elster, 1997: 131-138).

둘째, 권력구조 전반의 개정을 논의하는 중범위적(middle range) 개헌 역시 현재의 시점에서는 실현이 불가능하며, 따라서 장기적인 시각에서 정치권이 전문가와 국회의원들로 구성된 헌법연구심의기구를 설립하여 헌법연구와 심의에 들어가야 할 것이다. 중범위적 헌법개정에서 다루어야 할 개헌의제는 연방주의형 권력구조의 도입(부통령제 신설, 연방의회적 성격을 갖는 상원 신설, 지방자율성을 강화하는 분권형 권력구조), 단수다수로 선출되는 현행 선거방식으로 인해 과반수에 훨씬 못 미치는 당선자의 정통성 문제를 해결하기 위한 결선투표제 도입, 비례대표제 확대, 헌법재판소의 사법기관화에 따른 사법부 일원화 등이다. 대통령제를 유지한다는 큰 테두리 내에서 권력구조 전반을 개정하는 중범위적 개헌의제는 여야의 정치적 이해관계가 극명하게 대립할 수 있는 것들이기 때문에 국회에서 바로 논의할 수 없고 우선은 국회 외부에 헌법연구심의기구를 설립하여 장기적으로 연구·심의하여 국민적 합의를 형성하는 것이 필요하고 그 이후에 이들의 논의를 기초로 하여 국회가 개헌 논의를 본격화하는 것이 바람직하다.

셋째, 5년 단임제를 4년 중임제 대통령제로 바꾸고 대통령과 국회의원 선거를 동시에 실시할 수 있게 하는 최소주의적(minimalist) 개헌은 어렵지만 실현 불가능하지는 않다. 왜냐하면 4년 중임 대통령제에 대해 여야를 막론하고 광범위한 공감대가 형성되어 있고, 시민단체와 국민들도 이에 대해 지지하고 있으며, 헌법 제70조에 있는 5년 단임 규정과 부칙을 바꾸면 되는 것이기 때문에 헌법개정 논의에 많은 시간을 요하지 않는다. 또 권력구조의 근본적 변동을 가져오는 것도 아니기 때문에 정치권이 상대방의 정략적 계산을 경계하면서 개헌 논의 자체를 거부할 수 있는 명분을 주지 않기 때문이다. 관건은 동시선거를 실시하기 위해서 국회의원이나 대통령의 임기를 조정해야 하는데 당선된 대표가 자신의 임기를 단축시키는 개헌조항에 동의할 수 있는가다. 두 가지 해결책을 생각해 볼 수 있다. 하나는 개헌 시점에서 차기 국회의원의 임기를 차기 대통령의 임기와 맞추어 단축(또는 연장)한다는 부칙을 추가하는 것이고, 다른 하나는 동시선거를 실시하기 위한 임기단축 부칙조항을 아예 달지 않고 4년 중임제 개헌만 하는 것이다. 어쨌든 임기단축 문제는 정치권 자신의 문제이기 때문에 정치권이 스스로 해결해야 될 문제다. 그러나 그 문제 때문에 필요성이 충분히 검증된 개헌을 미루는 것은 국민의 뜻을 추종해야 할 대표들이 해야 할 태도가 아니다.

헌법이 정치적 경쟁과 갈등을 규제하고 해결하는 규범과 절차적 틀이라는 데 대해 정치인과 시민들이 자발적으로 합의하는 헌정주의가 정착되어 있다면 헌법은 개정될 수 있는 것이다. 헌정주의가 정착되어 있고 기존 헌법이 변화하는 시대적 요구와 시민적 요구를 담아내지 못하고 있다는 국민적 공감대가 형성되어 있다면 헌법은 개정되어야 하는 것이다. 민주화와 함께 불어닥친 탈냉전, 세계화, 분권화, 정보화라는 변화의 물결 속에 있는 한국 사회를 규제할 수 있는 틀로서 헌법을 다시 손질해야 할 필요가 발생하고 있다. 그러나 이러한 개헌 필요성이 개헌의 실현 가능성과 충돌한다면, 정치권과 국민이 합의하기 쉬운 영역부터 개헌을 하고 그 바탕 위에서 좀더 높은 단계의 개헌문제를 논의하는 지혜를 모아야 할 것이다.

12. 민주화 이후 한국 시민사회의 부활과 발전*

2002년 대선으로 한국은 민주화 2기에 접어들고 있다. '소위 87년체제'로 불리는 3김 시대가 막을 내리고 탈3김 시대가 시작된 것이다. 3김 시대는 한국 민주화의 제1기로 기록될 것이다. 3김 시대에 한국은 빠른 속도로 군부 권위주의로부터 자유민주주의로의 성공적 전환을 이룩하였다.[71] 1987년 민주화의 돌파구를 연 이래 선거경쟁이 제도화되었고, 30년 동안 정치에 개입·간섭해 왔던 군부는 병영으로 되돌려 보내지고 정치의 문민화가 이루어졌으며, 1997년에는 국난에 버금가는 경제위기 와중에서도 역사상 최초로 여야 간 평화적 정권교체가 이루어졌다. 3김 시대를 마감하는 시점에서 한국 민주주의는 더 이상 급작스런 붕괴나 장기적인 민주주의의 사망위협에 직면해 있지 않다.[72]

---

* 이 글은 다음의 글을 수정·보완한 것임. 임혁백, 2006, 〈시민사회, 정치사회, 민주적 책임성 — 민주화 이후 한국 시민사회의 정치개혁 운동〉, 임혁백·고바야시 요시아키 외, 《시민사회의 정치과정 — 한국과 일본의 비교》, 서울: 아연출판부.

71 프리덤하우스는 김영삼 정부가 시작된 1993년부터 한국의 정치적 권리와 시민적 자유 두 항목 모두에 2점을 줌으로써 한국을 자유민주주의로 분류하였다. 아시아에서는 한국, 일본, 대만만이 자유민주주의로 불릴 수 있는 평균 2점 이하의 점수를 받고 있다.

72 3김 시대에 한국 민주주의는 소극적(negative) 의미에서 공고화를 달성했다고 볼 수 있으나 적극적인(postive) 의미에서 공고화는 이루지 못했다고 평가할 수 있다(Im, 2004).

그러나 3김 시대에 이뤄진 민주적 경쟁의 회복, 정치의 문민화, 평화적 정권교체에도 불구하고 국민이 주인이 되는 진정한 국민주권 시대를 열지는 못했다. 여전히 권력은 소수 엘리트에게 독점되어 있었고, 국민은 정치주체가 되지 못하고 관객에 머물러 있어야 했으며, 정치를 이끌어 가기보다는 정치적 동원대상이었다. 분열적 지역주의는 국민권력 시대를 여는 데 가장 큰 장애물이었다. 한국의 정치엘리트들은 지역주의를 이용하여 국민을 분열시키고 지역을 할거하여 자신들의 독점적 권력기반을 유지해 왔다. 그들은 지역주의 정서를 이용하여 정치시장을 왜곡하였고, 권력을 폐쇄적으로 독과점 해 왔던 것이다.

3김 시대에 이러한 정치사회의 저발전은 심각한 '정치지체(political lag)' 현상을 초래하였다(조희연, 2002b: 267-275). 1987년 이후 시민사회는 빠르게 부활하고 활성화된 데 반해, 기성 정당과 기성 정치인은 다양한 시민들의 이익을 대표하지 못하고, 정치시장을 폐쇄적으로 독과점하여 진입장벽을 높임으로써 신진 정치인의 진입을 막아 왔다. 그 결과 정치사회가 시민사회와 소통해 진정한 국민이익을 대변하지 못하는 정치지체 현상이 지속되고 있는 것이다.

한국 민주주의의 공고화는 이러한 정치지체 현상을 청산하는 데서부터 출발해야 한다. 대의제민주주의는 궁극적으로 국민의 대리인인 정치인, 정당, 정치사회가 자신을 선출해 준 국민 또는 유권자의 이익을 위해서 일하도록 강제되는 민주적 책임성이 확보될 때 완성되는 것이기 때문이다. 민주적 책임성이 확보되면 정치사회가 진정한 국민의 의사를 대변하려 할 것이고, 더 이상 시민사회가 정치사회를 대신하여 대의를 대행할 필요가 없어질 것이며, 정치 지체현상도 사라질 것이다.

3김 시대하에서 한국 시민사회는 정치사회의 민주적 책임성을 확보하기 위한 다양한 운동을 전개하였다. 시민사회의 민주적 책임성 확보운동은 2000년 4·13 총선연대의 낙천·낙선운동에서 본 것처럼 상당한 성과를 거두기도 하였지만 많은 경우 정치사회의 민주적 책임성을 견인해 내는 데에는 역부족이었다. 시민사회의 책임성 확보운동은 2004년 총선을 앞둔 현재, 다시금 대대적으로 추진되고 있다.

이론적 논의 – 시민사회와 민주적 책임성

대의제민주주의가 실현되기 위해서는 첫째, 자유로운 시민의 선택에 의해서 대표가 선출되고 정부가 구성되며 대표는 시민의 동의에 근거해 지배의 정통성을 획득해야 하고, 둘째, 선출된 대표가 시민의 완벽한 대리인으로 행동하도록 강제되어야 하며 시민의 최상의 이익을 위해서 행동하지 않는 대표는 투표를 통해서 퇴출된다는 두 가지 조건을 충족해야 한다.

하지만 민주적 참여에 의한 대표선출과 정부구성만으로 민주주의가 실현되리라는 것을 보장하지 못한다. 선출된 대표가 시민의 완벽한 대리인으로 행동하지 않을 가능성은 상존하고 있다. 선출된 대표가 시민의 이익을 대변하고 시민의 요구에 응답하기보다는 시민들 위에 군림하려 하며, 시민의 이익보다는 자기 자신의 이익을 추구하는 경우는 신생민주주의는 물론 선진민주주의 국가에서도 흔히 발견된다. 그러므로 민주적 참여를 통해 대표를 선출한 뒤, 주권자인 시민이 해야 할 일은 시민의 대리인인 대표가 시민의 이익을 위해서 일하도록 강제하는 것이다. 말하자면, 민주적 책임성을 확보하는 것이다. 대의제민주주의는 원천적으로 '주인과 대리인의 문제(principal-agent problem)'를 안고 있기 때문에 시민의 요구에 응답하지 않는 대리인을 처벌할 수 있는 장치를 갖추어야 대의제민주주의가 작동할 수 있다.

현재 대의제민주주의가 갖추고 있는 책임성 장치는 주기적 선거라는 수직적 책임성(vertical accountability) 기구이다(Manin, Przeworski and Stokes, 1999: 19). 수직적 책임성이란 시민들이 선출된 대표들의 행동에 대해 투표를 통해 상을 주거나 처벌함으로써 책임을 지도록 요구하는 것을 말한다(Morlino, 2004). 대의제민주주의하에서 시민들은 주기적 선거를 통해서 시민의 요구에 응답하지 않는 대표를 처벌함으로써 대표들이 시민의 대리인이 되도록 강제할 수 있다.[73]

그러나 많은 신생민주주의 국가에서 선거를 통해 대표가 선출되고, 정기적인 선거심판을 받고 있지만 책임성은 확보되지 않고 있다. 선거를 통한 수직적 책임성이 작동하지 않는 이유 중 하나는 기성 정당과 정치인이 정치시장을 독과점하고 왜곡시키고 있기 때문이다. 한국의 경우, 기성 정당들은 지역주의를 동원해 지역적으로 일당독재를 실현함으로써 국민의 선택을 제한하고 민주적 책임성 확보를 어렵게 하고 있다. 또한 정치자금법 등에서 신진 정치인에 대한 차별적 조치를 영구화함으로써 신진 정치인의 진입장벽을 높여서 시민들이 선거를 통하여 응답하지 않는 기성 정치인을 처벌하는 것을 어렵게 하고 있다. 따라서 부패하고, 자신의 사익을 추구하며, 응답하지 않는 대표에 책임을 물을 수 있는 책임성 확보를 위해서 기존의 주기적 선거라는 수직적 책임성 장치 이외의 다른 책임성 확보장치가 마련되어야 한다.

수직적 책임성을 보완할 수 있는 책임성 확보장치에는 네 가지가 있다(Shedler, 1999: 333-359). 첫째, 의회·사법부·정당의 수평적 책임성(horizontal accountability) 확보를 강화하는 장치를 마련하는 것이다(안으로부터의 책임성). 이는 대의기구들 간 상호견제와 감시를 통해 대표들의 탈법·불법·태만행위를 제거하고 대표들로 하여금 궁극적으로 시민의 이익에 봉사하도록 강제하는 것이다(O'Donnell, 1999).

---

73 대의제민주주의하에서 민주적 책임성은 대표가 시민들의 선호를 읽는 데서부터 출발한다. 대표들은 선거 이전에 표출된 시민의 선호를 공공여론조사, 시위, 편지공세 등을 통해 읽고 그에 응답해야 할 것이다. 또한 선거 캠페인 과정에서도 표출된 시민의 선호, 의사, 요구를 읽고 그에 응답해야 한다. 민주적 책임성은 시민들이 대표의 응답이 시민의 이익을 대표하는가를 판별하여 선거에서 시민의 이익을 대표한 정치인과 정당은 계속 권력의 자리에 남게 하고 대표하지 못한 정당과 정치인은 권력의 자리에서 축출함으로써 일차적으로 완성된다(Manin, Przeworski and Stokes, 1999: 9-10).

근대 대의제민주주의는 권력분립을 통해 권력기구 간에 수평적 책임성을 확보할 수 있는 제도적 혁신을 이룩한 바 있다. 권력을 분립하고 지지기반과 선출방식을 달리함으로써 누구도 대표성을 독점할 수 없도록 함으로써 대표기구 간 상호견제와 균형을 가능하게 한 것이다. 수평적 책임성을 확보하기 위해서는 대표기구의 불법적 행동을 다른 대표(기구)가 감시하거나 탄핵할 수 있는 법적 권력이 부여되어야 한다. 이를 위해 의회의 정책형성과 정부감독 기능을 강화해야 할 것이고 사법부의 독립적인 심사기능을 강화해야 할 것이다.[74] 또한 야당으로 하여금 지속적으로 권력을 되찾는 노력을 기울이게 하는 것도 수평적 책임성을 강화하는 좋은 방법이다. 야당은 부단히 정부를 감시하여 시민들에게 정부의 탈법행위뿐만 아니라 정부의 공약달성 실패를 알려줌으로써 현 정부에 대한 대안으로 자신의 가치를 높이고 궁극적으로 권력탈환 기회를 증가시킬 수 있다.

둘째, '위로부터의 책임성'을 확보할 수 있는 국가기구를 수립하는 것이다. 정부와 대의기구로부터 독립적인 책임성 확보기관을 마련하고 이를 통해 책임성을 강제하는 것이다. 정부(행정·입법·사법)로부터 독립적인 선거자금 투명성 확보기관, 독립적인 중앙은행, 부정부패 감시기구 등은 정부, 정당, 대표로 하여금 자신의 행동을 국민에게 알려주게 하고(inform), 설명하게 하고(explain), 그들의 탈법·위법행동을 제재(sanction)함으로써 대표들에 대한 책임성을 강화할 수 있다.[75]

셋째, '외부로부터의 책임성'을 확보할 수 있는 국제기구의 도움을 받는 것이다. 외국정부, 다국적 국제기구, 초국가적 시민사회 등은 정치개혁을 위한 목표를 설

74 이탈리아의 용감한 검사들이 가장 강력한 권력자들의 부패행위를 사법처리한 '깨끗한 손(manipulite)' 운동은 내부적 개혁운동의 대표적 사례이다.

75 쉐들러에 의하면, 책임성 개념에는 집행(enforcement)과 해명(answerability)이라는 두 가지 차원이 있다. 책임성 확보는 권력을 제재와 처벌의 위협에 놓이게 하는 것(enforcement)과 권력이 투명하게 사용되도록 권력자가 항상 자신의 행동의 정당성을 설명해야 하는 것(answerability)이라는 두 가지 측면을 내포하고 있다(Schedler, 1999: 14-15).

정하고 이를 위해 조건을 설정한다든가, 제재를 가한다든가, 아니면 기술적 지원을 통하여 책임성 확보를 위한 정치개혁을 강제하거나 유인할 수 있다(Diamond, 2003: 7).

넷째, '아래로부터의 책임성' 확보이다. 이는 아래로부터 시민사회의 조직적 행동을 통한 책임성 확보이다. 이는 기본적으로 선거가 아닌 방식으로 수직적 책임성을 확보하는 장치다. 여기서 시민사회는 비정부, 비기업, 비이윤, 비가족 영역에 속하는 공적인 중간매개 집단이다. 시민사회는 선거기간 이외에도 정부와 대표의 권력을 억제하고, 그들의 권력남용과 불법행위를 견제하여 그들을 항시적으로 공적인 감시하에 놓이게 할 수 있다.

이와 같이 책임성을 확보하기 위한 방법은 다양하지만 시민사회에 의한 아래로부터의 책임성 확보를 위한 개혁이 주요하게 될 수밖에 없다. 왜냐하면 정치사회에 의한 내부적 책임성 확보를 위한 개혁은 그 자체로 모순에 부딪힐 수밖에 없기 때문이다. 개혁의 대상인 정치사회가 스스로 자신을 개혁하겠다는 동기를 가질 수 없고, 따라서 그들은 자신의 기득권과 영향력에 변화를 가져올 개혁에 주저하기 마련이다. 또한 부패하고 공정하지 못한 정치적 행태를 청산하기 위한 독립적인 책임성 확보기구 수립은 아래로부터의 강한 압력이 없으면 자신의 특권과 기득권을 빼앗아 갈 개혁을 자발적으로 흔쾌히 추진하려 하지 않을 것이기 때문이다. 마지막으로 국제적 행위자에 의한 외부로부터의 책임성 확보 개혁은 외부간섭이라는 정당성의 문제를 안고 있고, 비록 세계은행, 국제통화기금(IMF), 유럽연합(EU) 원조기구 등이 개혁을 강요할 수 있는 힘을 갖고 있다 하더라도 내부사회로부터의 조직적인 지지기반이 없을 경우 정치사회는 이를 회피하고 우회할 수 있는 길을 발견할 수 있기 때문이다(Diamond, 2003). 따라서 책임성을 확보하기 위한 포괄적인 정치개혁은 시민사회의 지도적 역할을 요구한다. 독립적인 비정부기구(NGO), 비이윤기구(NPO), 씽크탱크(think tank), 대학, 지식인 그룹으로 구성되는 시민사회는 책임성 확보를 위한 정치개혁에 있어 비교우위를 갖고 있다.

그렇다면 시민사회는 어떤 근거에서 국민이 선거를 통해서 권력을 위임한 정치사회를 견제하고 그들의 행동에 대해 책임을 물을 수 있는가? 여기서 말하는 시민사회는 강제적 조직으로서의 국가, 시민들의 이익을 결집하여 국가정책에 반영하는 정치사회, 사적인 생산과 분배 영역인 경제사회 또는 시장사회, 그리고 사적 혈연집단인 가족과 구분되고, 이들로부터 이중적 자율성을 누리고 있는 집단 또는 결사체를 의미한다. 여기서 말하는 시민사회는 사적 목적보다는 공적 영역에 관심을 가지고 있으나 공적 권력을 찬탈하려 하지 않으며 국가 또는 정치사회를 변화시키려 노력하고 있는 시민사회 단체(CSO: Civil Society Organization)이다. 또한 시민사회는 폭력이 아닌 평화적으로 법적 테두리 내에서 문제를 해결하려고 하는 '시민성(civility)'을 갖춘 집단이며, 사회로부터 압력을 조직하고 동원할 수 있는 '집단행동의 능력(collective action capability)'을 갖춘 집단이다(Schmitter, 1997). 이러한 시민사회의 독립성·자율성·공공성(publicness)과 비찬탈성(non-usurpation)은 대표들의 권력을 감시해 책임성을 확보하려는 노력을 정당화하고 있는 것이다. 국가·시장·가족으로부터 독립적인 시민사회는 정치사회를 공공성의 관점에서 비판적으로 볼 수 있으며, 또한 '집단행동 능력'을 갖고 있는 시민사회는 책임성을 확보하기 위한 대중동원을 효율적으로 그리고 효과적으로 수행할 수 있다. 시민사회는 정치사회의 책임성을 제고하기 위한 개혁에 나설 수 있는 정당성과 능력을 동시에 갖추고 있는 것이다.[76]

76 시민사회에 의한 책임성 확보는 선거에 의한 수직적 책임성, 권력기구 간 수평적 책임성과 동등한 중요성을 가진 '사회적 책임성(social accountability)' 확보라고 할 수 있다(Malena, 2003).

민주화 이후 시민사회
— 동원적 시민사회에서 제도적 시민사회로

한국에서 권위주의를 퇴장시키고 민주주의를 회복시킨 것은 학생, 노동자, 언론인, 예술가, 종교인들의 영웅적인 시민저항운동이었다고 해도 과언이 아니다. 1980년대 중반 한국에는 '동원적 시민사회(mobilizational civil society)'가 부활하였고 민주화과정에서 핵심적인 역할을 수행하였다(White, 1994).

1979년 박정희의 유신 권위주의 체제 붕괴 이후 민주화가 일어나지 않고 전두환이 이끄는 신군부에 의해 광주사태라는 유혈적 민중진압을 통해 재再권위주의화가 이루어졌다. 전두환 군부정권 초기에 한국의 시민사회는 정권에 의해 허용되는 극히 제한적인 활동공간에 만족하는 '방어적 시민사회(defensive civil society)'에 머물거나 지하조직적·비밀결사적 시민사회로 잠복할 수밖에 없었다.[77]

그런데 방어적 시민사회와 지하 시민사회는 전두환 정권의 제한적 개방조치로 유화국면이 조성됨으로써 정비·확장하였고, 지하 시민사회는 공개적 정치공간에 모습을 드러냈다. 제적된 학생운동가들이 학원으로 복귀하면서 공식적 학생운동조직을 장악한 뒤 1년도 안 되어 전국학생총연맹(전학련)이라는 전국적 결사체를 조직했으며, 지하 노동운동 조직은 지상으로 올라와 민주노조 재건에 나섰고 '한국노동복지협의회'와 같은 연대조직을 결성하였다. 시민사회의 출현은 학생과 노동자들에 한정되지 않았다. 농민, 빈민, 교사, 교수, 언론인, 종교인, 예술가들도 자율적인 결사체의 조직에 나섰으며 각 부문의 사회운동 세력들은 민주운동협의회(민민협), 민주통일국민회의와 같은 전국적 연합조직을 결성하는 단계에 이르렀다.

---

77 방어적 시민사회(defensive civil society), 동원적 시민사회(mobilizational civil society), 출현적 시민사회(emergent civil society), 제도적 시민사회(institutional civil society)의 개념에 관해서는 Weigle and Butterfield(1992) 참조.

이렇게 다시 부활한 시민사회는 1985년 2·12총선을 기점으로 동원적 시민사회로 탈바꿈하게 된다. 유화국면하에서 부활한 한국의 시민사회는 권위주의 정권이 설정한 제도적 공간 내에서 자신의 이익을 실현하기 위한 투쟁이 불가능하다는 것을 깨닫게 되었고 거리에서의 동원을 통해 제도적 틀 자체를 바꾸려는 투쟁에 돌입하게 되었다. 즉 민주화를 위한 시민운동이 시작된 것이다. 2·12총선에서 한국의 시민운동 조직은 새로운 야당인 신한민주당의 선거운동을 적극 지원하여 신당 바람을 일으키는 데 결정적인 역할을 하였다.

2·12총선에서 신한민주당이 대성공을 거둠으로써 제도적 정치공간에서 양당구조가 정립되었으며, 민주화를 위한 시민사회연합이 제도정치권 내에 교두보를 확보하게 되었다. 2·12총선을 계기로 제도정치권 내에서 민주화를 위한 협상이 시작되었으나 협상은 시작되자마자 교착상태에 빠졌고 마침내 제도권 정치세력인 신민당은 거리에서의 동원을 시도하지 않을 수 없었다. 1986년 2월 12일 2·12총선 1주년 되는 날 신민당은 '1천만 개헌추진 서명운동'을 전개하기로 결정하고 '개헌추진 운동본부 현판식'이라는 이름을 빌려 직접 대중동원 운동에 나서게 되었다. 그 후 야당 및 시민운동의 동원과 권위주의 정권의 억압 간 '줄다리기 전쟁'이 계속 되었고 해결점을 찾지 못했다. 해결점이 없는 장기화된 민주화 게임이 계속되었다.

해결점이 없는 민주화 게임에 돌파구를 연 것은 역설적이게도 정권에 의한 4·13호헌조치선언이다. 정권의 호헌선언은 동원적 시민사회로 하여금 이제까지 방관자적 자세를 보여 왔던 중산층을 '거리의 의회'에 가담시킬 수 있는 기회를 제공하였다. 1987년 6월, 한국에는 '최대다수 민주화 연합'이 형성되었다. 학생운동 및 노동운동과 같은 변혁운동적 시민사회는 물론이고, 교수·교사·문인·미술가·의사·변호사 등을 망라하는 중간층 지식인 시민사회, 그리고 종교인으로 구성된 도덕적 시민사회와 제도권 야당이 '개헌추진 국민운동본부'라는 전국 규모의 민주화 연합조직을 결성하였으며, 그들은 1987년 6월 10일 집권당 대통령 후보 지명날짜에 맞춰 전국적 규모의 시위를 조직하였다. 거리의 의회는 성공적이었다. 민주주의 회복에 찬성하고 군부독재에 반대하는 모든 세력들은 계급적·직업적·종교적·지역적 차이에 관계없이 민주화를 위한 시위대열에 동참하였고, 이러한 최대화된 민주화 연합이 주도하는 국민적 저항에 직면한 군부 권위주의 정권은 '6·29 선언'을 통해 민주화 연합의 핵심적 요구인 직선제 개헌을 통한 절차적 민주주의 회복에 양보를 하게 되었다. 6월 민주화 항쟁은 한국의 동원적 시민사회의 위대한 승리로 기록될 것이다.

민주화 이후 시민사회에 대한 국가통제가 완화되자 시민사회의 조직공간은 넓어졌다. 시민 결사체 조직을 막아 왔던 법적 제약이 철폐되자 자연히 시민사회 결사체들이 우후죽순처럼 솟아났다. 사회 모든 부문에서 자신들의 계급적·직업적·종교적·지역적 이익을 방어하고 실현하기 위해 자율적 이익 결사체를 조직했던 것이다.

민주화 이후 나타난 한국 시민사회의 특징적 양상은 다음 몇 가지로 정리할 수 있다. 첫째, 민주화 이후 한국의 시민사회는 엄청난 양적 성장을 이룩하였다. 한국 시민단체의 양적 현황을 수록한 《한국민간단체총람》을 따르면, 1996년에는 3,898개의 민간단체(학회 및 해외단체 포함) 그리고 지부를 포함할 경우 9,467개의 민간단체가 조사되었다. 1999년 민간단체(6,159개)는 지부를 포함해 20,000여 개로 늘었고, 2002년에는 26,000개(민간단체 15,180개와 지부 포함)의 민간단체가 조사되었다.[78] 시민사회의 양적 성장은 연도별 창립시기를 보면 더욱 명확

78 《한국민간단체총람》에는 전통적인 의미에서 비영리단체(NPO)라 할 수 있는 교육법인, 학술재단, 의료법인뿐 아니라 개별기업의 노동조합이나 각 분야의 개별동호회, 순수학술 연구소 등은 포함되지 않았으며 공익적 사회단체, 회원중심의 사회단체, 각종 연구소, 보건의료와 관련된 직능단체, 학회 등은 포함되었다. 이는 전형적인 비영리단체라 할 수 있는 보건의료기과, 교육기관, 복지기관, 종교기관 등이 포함되지 않았다는 것을 보여 준다. 따라서 《총람》의 민간단체 수는 실제보다 훨씬 적은 숫자이

히 드러난다. 《한국민간단체총람 2000》에 의하면, 1960년대 이전에 창립된 민간단체는 5.7%이고, 1960년에는 7.2%, 1970년대에는 9.0%인 데 반해, 민주화 운동이 일어난 1980년대는 21.6%, 민주화 이후인 1990년대는 56.0%로 기하급수적인 증가를 보여 주고 있다. 또한 시민사회 단체의 규모 면에서도 양적 성장이 나타난다. 시민사회 단체의 상근자 수를 살펴보면, 1999년에 5인 미만인 시민단체 비율이 69%, 6-10인 15.6%, 10-50인이 12.6%였으나 2002년에는 5인 미만이 60%, 6-10인은 20%, 10-50인은 23.7%인 것으로 나타나 조직의 단위규모가 확대되고 있음을 보여 준다(김정훈·조희연, 2003). 시민단체의 회원규모도 커지고 있다. 회원 수 100인 미만 단체는 1999년 24.9%에서 2002년 14.15%로 낮아지고 있는 반면, 100-1,000인 규모의 단체는 32%에서 54.5%로 증가하고 있다.[79] 한편, 민주화 이후 한국 시민사회는 양적 성장과 동시에 서울과 수도권 집중이 완화되고 있는 이중적 모습을 보여 주고 있다. 한국 시민사회는 성장과 동시에 분권·분산·지방화까지 실현되고 있는 것이다. 1996년 조사에서 68.9%에 달했던 서울 소재 시민단체가 1999년에는 54.8%, 2002년에는 33.9%로 급격히 비중이 떨어졌고, 수도권 비중도 1999년 66%에서 2002년 49.88%로 낮아지고 있다.

둘째, 시민사회의 자율성이 증가하였다. 권위주의 시대에 한국의 국가는 시민사회를 탈동원화·탈조직화하려는 시장 권위주의적 통제방식을 채택하였다. 이는 시민사회를 위로부터 조직·동원·포섭하여 통제했던 남미의 국가 조합주의적 통제방식과 대조적이었다. 국가는 시민사회를 최대한 개별화·원자화하여 국가와 조직 간 관계를 국가와 개인 간 관계로 대체시키고 기존 조직은 법적·재정적·행정적 유인과 제재를 통하여 국가통제하에 두려했다(송호근, 1996). 그런데 민주화

다(조희연, 2000: 143).

79 그러나 회원 수 10,000명 이상의 대형단체의 비율은 1996년 12.3%에서 1999년 12.0%, 2002년 10.77%로 조금씩 낮아지고 있음을 보여 준다. 그러나 시민단체 숫자의 급격한 증가를 감안할 때, 대형 시민단체의 총 숫자는 크게 늘고 있다는 것을 알 수 있다.

이후, 국가통제하에 있던 '어용' 결사체 조직들이 자율성을 회복하고 있다(조희연, 2000: 136). 국가에 의해 공식적으로 인가된 전국적인 노동자조직인 한국노총과 산별노조연맹, 국가 조합주의적 농민과 어민조직인 농협과 수협의 민주화가 진행되었다. 이들 조직의 대표들은 민주적 방식을 통해 선출되고 있으며 이들의 활동은 더 이상 정부에 의해 좌지우지되지 않고 있다. 또한 새로이 등장한 민주노동운동조직과 농민운동조직도 경쟁적으로 자신들의 회원의 이익을 대표하려는 '대표성 경쟁'을 통하여 자율성을 높여 나가고 있다.

셋째, 시민사회의 활동 범위가 넓어지고 다양화되고 있다. 권위주의 시대의 시민사회가 독재에 대한 저항을 동원하는 동원적 시민사회와 국가에 의해 통제되는 어용시민사회로 한정되었다면, 민주화 이후 나타난 새로운 경향은 공공영역에서 시민들의 공적 이익을 국가에 중재·매개하려는 시민적 결사체(civic associations)들로 구성되는 '제도적 시민사회(institutional civil society)'가 등장하기 시작했다.[80] 경제정의실현, 시민참여를 위한 연대, 환경보호, 여성권리 신장, 사회복지 증진, 교통문제 해결, 바른 언론을 위한 시민감시, 소비자 보호, 공정한 선거를 위한 시민감시, 외국인 노동자 보호 등 공적 이익을 추구하는 시민적 결사체들이 광범위한 영역에서 조직되었다(Seong, 2000). 한 사회과학자가 정리한 한국의 제도적 시민사회를 구성하고 있는 시민사회 단체들의 특징적 양상은 다음과 같다.[81] 첫째, 점진주의적 세계관에 입각한 사회운동을 전개한다. 성장과 사회적 형평을 동시에 추구한다. 둘째, 대결보다는 협력 지향적인 사회운동을 전개한다. 셋째, 사회 제계층 간에 광범위한 연대를 모색하는 방향으로 운동을 전개한다. 운동 주체의 탈계급화를 도모한다. 넷째, 절차적 정당성에 기초한 합법적·평화적 운동을 전개한

80 이러한 시민단체를 비정부조직(NGO), 비영리단체(NPO)와는 별개로 '시민사회단체(CSO : Civil Society Organization)'라 부른다. 여기에서 이야기하는 시민사회의 정치개혁 운동은 주로 CSO를 중심으로 한 개혁운동이다.

81 아래의 내용은 주성수(1993)에 의존. 주성수의 글은 경제정의실천연합(경실련)의 입장을 정리한 것이다.

다. 다섯째, 지역 분산적·분권적이며 자생적이다. 여섯째, 사회적 공공선을 추구하는 운동을 한다. 이상 정리된 한국의 제도적 시민사회는 토크빌, 슈미터, 다이아몬드가 말하는 시민결사체와 별로 다를 바 없다. 한국의 시민사회는 동원적 시민사회에서 제도적 시민사회로 성공적인 전환을 이룩하고 있다고 보아야 할 것이다.

넷째, 제도적 시민사회는 급성장을 하고 있는 반면, 동원적 시민사회는 급격하게 퇴조하고 있다. 동원적 시민사회는 한국 민주화 혁명의 영웅이었다. 돌멩이와 최루탄이 난무했던 민주주의로의 전환기에 동원적 시민사회 운동조직은 위험부담을 감수하면서 결정적인 순간에 신속히 단안을 내리며, 질풍노도와 같이 대중을 거리로 동원할 수 있는 '기동전(war of movement)'에 돌입하였고, 그들의 영웅적인 활동은 권위주의 체제를 퇴장시키는 데 결정적인 기여를 하였다.

그러나 일단 민주주의로 전환이 이루어지고 선거를 통한 민주적 경쟁이 제도화되면서 거리의 의회는 사라지고 '제도'가 그 자리를 메우게 되었다. 민주주의 공고화 시기에 필요한 전략은 기동전이 아니라 '진지전(war of position)' 전략이었다. 권위주의로의 역전을 걱정할 수밖에 없는 위험한 시기가 지나간 뒤, 변혁적 시민사회 운동조직은 운동에서 제도로 탈바꿈해야 했었다. 정치를 좀더 예측 가능하게 만들고, 자신의 지지자와 정기적으로 협의하며, 정규적인 의사소통 통로를 마련하고, 자신의 행동이 가져올 결과에 대해 장기적인 시각에서 바라볼 줄 아는 것이 공고화 시기에 필요한 전략적 행동이다(Schmitter, 1995).[82] 그러나 한국의 동원적 시민결사체들은 '권위주의 파괴경쟁'에서 '민주주의 건설경쟁'으로 바뀐 공고화 시기에도 여전히 '운동정치' 전략을 포기하려 하지 않았다. 그들은 여전히 정치적 급진주의, 전투성, 비타협성, 도덕적 순수주의를 고집하였던 것이다. 그러한 운동전략 고수로 1988년, 1992년, 1996년, 2000년 총선에서 어떤 동원적 시민

82 슈미터의 표현을 빌리면, 한국의 동원적 시민사회는 '민주주의로의 전환의 정치(transitology)'와 '민주주의 공고화의 정치(consolidology)' 간 차이를 이해하지 못하였다.

사회 운동의 후보도 국회의원에 당선되지 못했고 동원적 시민사회 운동은 정치 제도권 내에 교두보를 구축하는 데 실패했다. 그 후 급진적 시민사회 운동은 점차 신뢰를 상실했고 대중의 기억으로부터 사라지고 있다.

마지막으로, 민주화 이후 나타난 한국 시민사회의 부정적인 양상으로는 시민적 덕성을 갖추지 못한 '지대추구적'인 시민결사체들이 번성하고 있다는 것이다. 지역이기주의와 직업이기주의 등과 같이 공동체 전체의 이익을 희생하는 위에서 특정집단의 이기적 이익을 추구하는 경향이 시민사회결사체 내에 빠르게 그리고 광범위하게 확산되고 있다. 이와 같은 시민적 덕성을 갖추지 못한 이기적 시민결사체의 번성은 좋은 '사회자본'과 '사회적 신뢰'를 증대시키기보다는 나쁜 사회자본을 증대시킴으로써 민주주의 공고화를 저해하고 있다. 민주화 이후 지대추구적인 이익결사체들의 과잉성장으로 정부는 요구의 과부하에 걸려 있으며 민주주의 통치능력(governability)을 떨어뜨리는 주요인이 되고 있다.

민주화 이후 시민사회의 정치개혁 운동

민주화 이후 한국의 제도적 시민사회 운동은 대체로 두 가지 방향으로 전개되었다. 하나는 특정 정책분야에서 시민적 이해와 관심을 조직하고 이를 정책적으로 실현하려는 압력단체적 운동을 특징으로 하고 있는 시민사회 운동이다. 환경보존·보호·개선을 위한 환경운동단체, 한국여성단체연합(여연)과 한국여성단체협의회(여협)와 같은 여성의 지위를 개선하려는 시민단체, 전국교직원노동조합(전교조)이나 민주화를 위한 전국교수협의회(민교협)와 같은 교육을 개선하려는 시민단체, 민주사회를 위한 변호사 모임(민변), 소비자 권익을 보호하려는 소비자운동단체 등은 단일 정책부문에서 이해를 같이하는 시민들을 결합하여 정책에 반영하기 위한 시민압력활동을 벌이는 것이다(박상훈, 2000). 다른 하나는 소위 '종합적(encompassing) 시민운동', 또는 '포괄적(catch-all) 시민운동'으로 불리는 시민결사체 운동으로 경제정의실천시민연합(경실련)과 참여연대가 대표적이다. 포괄적 시민운동단체들은 활동영역이 단일이슈와 단일부문에 국한되지 않고 다양한 정치·사회·경제적 문제영역을 포괄한다(최장집, 2000).

이렇게 부활한 시민결사체들이 당면한 문제는 정치사회에 있었다. 민주화 이후 지속적인 경제적·사회적 발전과 분화에 의해 시민사회가 팽창하고 정치적·사회적 요구가 증가했음에도 불구하고 이를 해결해 주어야 할 대표들은 도덕성 상실과 무기력, 정쟁과 무능력으로 맡은 소임을 다하지 못하고 있었다(최장집, 2000). 결국 시민결사체들이 내린 결론은 정치사회를 감시하고, 정치사회에 대해 책임을 묻는 개혁을 이루어 내지 않고서는 그들이 의도하고 있는 사회 제 영역에서 개혁을 완수할 수 없다는 것이었다.

민주화 이후 한국의 시민사회는 정치사회에 대한 책임성을 확보하기 위한 개혁운동을 다양하게 전개하기 시작했다. 그들은 정치사회에 대한 감시자로서 선거감시, 의정감시, 지방정부감시 활동을 펼쳤고, 감시를 넘어서 적극적으로 낙천·낙선운동, 정치개혁운동, 당선운동을 통하여 정치사회의 책임성, 투명성, 응답성을 강화하기 위해 노력하였다. 최근에는 스스로 정치사회에 진입하여 정당운동을 펼치고 있다.

정치사회에 대한 책임성을 확보하기 위한 운동은 1991년 공명선거 감시운동으로부터 시작하였다. 이는 공정한 감시자 역할을 수행함으로써 시민들의 선택이 왜곡되지 않게 하겠다는 소극적 개혁자 역할이었다. 이와 같은 감시자 역할은 2000년 총선시민연대의 낙천·낙선운동을 계기로 선거과정에 직접 개입하는 적극적 개혁자 모습으로 바뀌게 된다. 총선시민연대의 낙천·낙선운동 이후 한국의 시민사회는 다양한 정치개혁을 추동하고 있다.

감시운동 — 의정과 선거감시

시민사회의 정치개혁운동의 초보적이면서도 기본적인 단계는 감시운동이다. 일상적인 정치국면에서는 국민의 대표가 권한과 기능을 제대로 수행하고 있는가를 감시하는 의정감시활동을 전개하였고, 선거국면에서는 공정한 선거를 감시하는 공명선거 감시운동을 펼쳤다.

최초의 시민사회 감시운동은 1991년 YMCA가 의정 감시단 활동을 개시한 것과 지역민주주의 교실을 개설하여 지역민주주의와 참여를 위한 시민운동을 펼친 것이었다. 1992년 선거에서는 경제정의실천연합(경실련)을 중심으로 시민단체협의회가 공명선거 감시운동을 활발하게 전개하였다. 선거감시운동의 대표적인 사례는 공명선거실천협의회(공선협)가 주축이 된 공명선거 감시운동을 들 수 있다. 경실련은 의정감시활동과 함께 1996년 시민입법위원회를 설립해 의정평가활동을 시작하였고, 1996년 말 '국회의원 의정활동 평가발표회'를 통해 15대 국회의원들의 의정활동을 평가하였다.

1994년 9월 참여연대가 출범하면서 의정감시센터를 설립하여 상설적인 의정감시를 시도하였다(조희연, 2002b: 276). 참여연대의 의정감시센터는 미국의 네이더(Ralp Nader)가 이끄는 공적시민(Public Citizen)의 의회감시(Congress Watch)를 모델로 하여 만든 의정감시기구로 초기에는 의정활동에 대한 평가·분석과 일상적인 의정감시 중심의 활동을 펼쳤다가 점차로 정치제도 개선과 시민입법운동으로 전환하여 시민적 권리의 제도화와 참정권 확대를 위한 기획입법 및 캠페인을 전개하였다. 최근에는 정치·사회적 입법운동에서 시민생활적 권리를 제도화하는 생활입법운동으로 그 영역을 확대해 나가고 있다(손혁재, 2000). 1990년대 중반부터 의정감시활동의 평가보고서가 나오기 시작했다. 나라정책연구회는 1996년 '14대 의정활동 평가보고'를 냈으며, 1996년 1월 30일 한국유권자운동연합은 국회의정평가단을 결성하고 1년 1회 《의정평가서》를 발간하여 국회에 대한 감시·견제·비판, 정책대안 제시, 그리고 입법청원운동을 전개하는 기초자료로 삼겠다는 각오를 다짐하였다. 1998년에는 정치개혁 시민연대가 결성되어 여러 시민단체들이 연합하여 국회 의정감시운동과 지방의회 의정감시운동을 확산시켜 나갔다.

국회 의정감시운동은 대체로 국회회의 방청 및 모니터활동과 회의록 검토·분석작업 등 두 가지 방식으로 나뉜다. 의정감시활동의 첫 단계는 의회방청과 모니터활동이다. 의원들의 의정활동과 의안이나 법안 처리과정에 대해 회의록을 중심으로 신문보도 내용과 의정활동 관련 각종 기록 및 서류에 대한 분석을 통해 평가하였다. 그러나 기록분석만으로는 의정활동평가가 불충분하므로 의정감시의 기초자료를 만들기 위해 시민단체들이 본회의와 상임위원회의 참관을 시작하였다. 의회방청은 의원들에게 우회적인 압력으로 작용하였다.

의정감시활동을 가장 효율적으로 한 대표적인 사례는 국정감사 모니터링 활동이다. 1998년 국민의 정부가 들어선 이래 방탄국회를 열어 놓고서도 장외대결을 벌이면서 국회를 공전시키는 정치사회를 규탄하던 시민단체들이 1999년도 정기국회에 대한 감시활동을 활성화하기 위해 결성한 것이 '99국정감사 모니터링 시민연대'였다. 99국정감사 모니터 시민연대는 의정감시활동을 해 왔던 시민단체들을 중심으로 39개 시민단체가 모였으며 2000년 정기국회에서는 38개 시민단체가 참가하였다.

시민연대가 국정감사 모니터 결과를 언론에 발표하자 국회의원들은 격렬히 반발하였고, 심지어 시민연대의 상임위원회의 방청 금지조치를 내리기도 하였다. 이러한 정치사회의 거부 움직임으로 국정감사활동은 불완전한 성과를 거둘 수밖에 없었으나 국정감사 모니터 활동에 대한 국민의 지지는 높은 것으로 나타났다. 2000년 총선시민연대의 낙천·낙선운동은 이러한 의정감시 형태의 정치개혁운동이 정점인 시기에 시작한 것이라 볼 수 있다(조희연, 2002: 277).

입법청원

민주화 이후 활발하게 전개된 시민운동 중 하나가 입법청원운동이다. 시민단체의 입법청원운동은 유권자인 국민의 의사를 좀더 적극적으로 정치사회에 전달하고 반영시키려는 '대의의 대행'이라는 성격을 띠고 있다. 대의의 대행은 의회민주주의가 지체되어 있고 정치사회의 대의기능이 활성화되어 있지 않은 경우 정치사회의 대의기능이 시민단체에 의해 대행되는 것을 말한다(조희연, 2000: 152; 김호기, 2002). 시민단체는 입법청원을 통하여 정치사회에게 국민의 정치적 의사와 견해를 확인시켜 줄 수 있으며, 정치사회는 이를 정책자료와 입법정보로 활용할 수 있다. 시민단체가 입법청원을 하는 과정은 다음과 같이 여섯 단계로 나누어진다. 정책대안에 대한 논의 → 법률안 기초작업 → 여론화 작업(공청회 및 토론회 개최, 연대조직 구성 등) → 대중적인 청원운동(일반시민을 상대로 한 가두 캠페인, 관련 전문가들을 상대로 한 서명운동) → 입법청원 → 시민로비(자원활동가들이 국회의원들에게 개별적으로 전화나 팩스 등을 통해 의견을 개진하거나 국회의원들을 상대로 한 찬반 설문조사 및 간담회 개최) 과정을 거친다(하승수, 2001: 380; 김호기, 2002).

14대 국회에서는 전체 입법청원 중 개인이 64.5%, 이익단체가 105건으로 19.5%, 시민단체가 39건으로 7.3%를 차지하고 있다(손혁재, 2000). 15대 국회에서는 입법청원이 늘어났으며 개인보다 시민단체가 제출하는 일이 많아졌다. 그러나 청원안이 채택된 경우는 대단히 적다. 15대 국회에 접수된 청원은 595건이었으나 채택된 것은 단지 4건이고, 181건은 상임위에 회부되었으나 본회의에 부의되지 않았고 397건은 폐기되었다. 시민단체 중 입법청원을 주도해 온 참여연대는 1994년부터 2001년 10월까지 77건의 입법청원을 제출했으나 이 가운데 본회의에 부의된 법안은 한 건도 없었다. 참여연대 청원안이 의원입법안이나 정부발의안으로 반영된 경우는 20건으로 이 가운데 청원안이 대부분 반영된 경우는 국민기초생활보장법, 전파법, 부가가치세법 등 3건이고 부분적으로 반영된 경우는 증권거래법, 부패방지법, 임대주택법, 국민연금법, 인사청문회법 등 17건이다(김호기, 2002).

지방정부 감시

1990년대 초반까지도 한국의 시민사회는 다른 분야와 마찬가지로 중앙집권과 집중을 벗어나지 못했다. 그러나 1995년 이후 본격적인 지방자치가 실현되면서 시민사회의 분권화와 지방화가 가속화되었다. 지방자치는 풀뿌리 민주주의의 출발점이고 풀뿌리 민주주의는 지방 시민사회의 적극적인 참여 위에서 실현될 수 있다. 따라서 지역생활공동체 내 자생적인 시민사회가 지방정부를 감시·감독하고 시민들의 적극적인 참여를 이끌어 내는 주체로 부상한 것이다.

지방 시민사회 단체들의 활동은 중앙의 시민사회에 의한 의정감시운동 수준에는 미치지 못하지만 '의정지기'와 같은 활동이 자생적으로 일어나고 있다. 의정지기 활동이란 지방의회 방청, 모니터, 속기록 검토·분석, 언론 보도 내용의 정리 및 확인을 통하여 일반시민 관점에서 지방의회의 모든 활동을 감시·비판·견제·평가·독려하는 것이다(손혁재, 2002).

지방정부와 의회에 대해 지방 시민단체들이 실시한 감시활동의 주요 사례는 다음과 같다. 원주참여자치센터(구원민주청년회)는 지방자치단체의 예산분석을 주력사업으로 선정하여 예산감시운동을 전개하고 있다. 원주참여자치센터는 시의 예산규모과 세출내역 등을 살펴보고 예산편성의 문제점을 지적하였다. 지역교수들의 협력을 받아 예산평가에 관한 전문적인 접근을 하고 있고 실제로 낭비성 예산을 삭감하는 성과를 올렸다. 고양여성민우회 지역자치위원회는 지역의 주부들이 고양시 의회방청활동을 통해 자신의 지역대표들을 감시하면서 격려하는 활동을 펼쳤다. 의회방청보고서를 통해 시민들에게 예산이 어디에 쓰이는지를 알려주고 의원들의 의정활동을 알림으로써 다음 선거에서 올바른 후보를 뽑는 데 도움을 주었다. 평화로 가는 인천연대는 서울과 부산에 이어 시정 전반에 대한 시민감사를 청구할 수 있는 시민감사청구조례 제정에 성공하였다. 광주와 전남의 정치개혁포럼은 지역단위에서 정보공개청구운동을 통하여 정치인과 고위직의 정치자금 투명성을 촉구하였다. 광주지역 출신 국회의원들의 정치자금내역과 지출 증빙서류, 명세서를 밝히라는 정보공개청구운동을 하고 있고, 고위 공무원의 판공비 사용내역에 관한 정보를 공개할 것을 요구하였다. 증평시민회 지방자치분과는 실제 시민의 힘으로 의정감시 및 평가활동, 자치행정 참여, 관의 독주 견제, 사전선거 감시운동을 펼쳤다. 다양한 일반시민들이 직접 활동함으로써 정치인들에게 직접적인 압력효과를 거두고 있다.

이상의 사례에서 살펴본 바와 같이 한국의 지방 시민사회는 지방의정을 감시하는 활동을 전개하는 것과 동시에 지방자치학교를 개설하여 지역주민을 대상으로 민주시민교육을 하고 있으며, 지역의 각종 현안문제를 분석하고 이를 정책대안으로 제시하기 위해 공청회와 토론회를 개최하고 있으며, 실제로 지방정부와 의회에 지역주민의 생활과 밀접히 연관된 분야의 정책제안을 하고 있다(손혁재, 2002).

낙천·낙선운동[83]

1990년대 정치개혁운동의 역량축적을 바탕으로 한국의 시민사회는 새천년이 시작되는 2000년 4·13총선에서 주권자인 시민의 권력이 작동하는 선거공간을 이용하여 직접적인 정치사회 개혁에 나섰다. 바로 낙천·낙선운동을 벌인 것이다.

낙천·낙선운동은 기존의 정치개혁 압박운동, 정치사회에 대한 감시운동을 뛰어넘어 민주적 공천과 부패무능한 정치인의 퇴출이라는 직접적인 정치개혁 운동이었다. 2000년 981개 전국 시민사회단체의 한시적인 연합체인 총선시민연대가 중심이 되어 시작한 낙천·낙선운동은 부패하고 무능한 정당공천을 반대하는 공

83 이 부분은 다음에 의존하였음. 임혁백, 2000a. 〈한국의 시민사회와 결사체 민주주의—과거에 대한 성찰과 미래를 위한 비전 모색〉, 《세계화 시대의 민주주의—현상, 이론, 성찰》, 서울: 나남.

천반대운동, 공천된 부패무능인상에 대한 공천철회운동, 선거국면에서의 낙선운동으로 전개되었다. 당시 4·13총선에서는 총선시민연대의 낙천·낙선운동 외에도 경실련과 정치개혁시민연대가 주축이 되어 비리·무능 정치인들에 대한 각종 정보를 국민들에게 제공하여 개혁적 투표를 유도한 '정보공개운동'도 있었다.

낙천·낙선운동을 전개하기 전에 한국의 시민사회는 먼저 그들의 직접적 정치참여를 막아 온 법적 제약을 해소하기 위해 노력하였다. 그러나 총선을 앞두고 정치사회의 엘리트 카르텔이 마련한 선거관계법은 현행법과 제도를 그대로 유지하는 것이었다.[84] 정치인들의 파업이었다.

이 시점에서 시민사회가 나서게 되었다. 총선시민연대를 비롯한 시민운동단체는 낙천·낙선운동을 통해 민주화 이후에도 지속되고 있는 독과점 정치계급을 해체하고 기득권 구태 정치인을 퇴출시키기 위한 유권자 혁명을 전개하였고, 이는 시민들로부터 엄청난 호응을 불러일으켰다. 변화하는 세계시간에도 변하지 않는 정치권에 대한 국민적 저항이 표출되자 마침내 정치권은 굴복하였다. 정치권은 시민단체가 포함된 선거구획정위원회를 구성하는 데 동의하고 위원회가 마련한 선거구획정안을 받아들이겠다고 약속하면서 다시금 정치관계법 재협상에 들어갔다. 그 결과 한국 역사상 최초로 시민사회가 직접 참여한 선거구 재조정이 이루어졌으며, 21세기에 들어서 첫 번째 정치관계법 개정이 이루어졌다. 그러나 개정 선거법과 관련법은 한국 민주주의 공고화를 위해 요구되는 내용을 담아내는 데 미흡한 절반의 개혁으로 머물고 말았다. 시민단체 선거개입의 부분적 허용, 여성비례대표 할당제와 같은 21세기 한국 정치의 요구를 반영한 긍정적인 얼굴이 있기는 하나 한국 정치의 지평을 넓히고 한국 민주주의의 대표성(representativeness)

84 김 대통령이 추진했던 개혁입법은 중선거구제 포기, 권역별 정당명부식 투표제 포기, 석패율제 포기, 그리고 마침내 자민련의 비토파워 행사로 1인 2투표제 부결순으로 포기되거나 무산되고 말았다(임혁백, 2000b).

을 높이기 위한 개혁에는 실패하였다(임혁백, 2000b).

정치관계법 개정으로 시민운동 단체들이 선거에 개입할 수 있는 합법적 공간을 확보하자 시민운동 단체들은 독과점 정치계급을 해체하고 기득권 구태 정치인들을 퇴출시키려는 유권자 혁명을 전개하였다. '정치인 교체 없는 정권교체'라는 한국 민주주의의 기본적 한계를 극복하려는 민주화 운동을 전개한 것이다. 시민운동단체들의 낙천·낙선운동은 제2의 민주화 항쟁으로 불리기도 하였다. 1987년의 제1차 민주화 항쟁이 권위주의 독재를 퇴장시키기 위한 시민혁명이었다면, 2000년 민주화 항쟁은 대의제 민주주의의 책임성을 강화하기 위한 참여적 시민운동이었다.

한국의 민주주의는 기본적으로 대의제민주주의이다. 주권자인 시민은 대표를 선출하고 선출된 대표가 시민의 대리인으로 정책을 결정하는 시민과 대표 간 정치적 분업이 이루어지는 민주주의이다. 그런데 대리인에 지나지 않는 대표들이 시민의 정치개혁 요구를 묵살하고 국민의 의사를 충실히 대변하는 대리인 역할을 수행하기를 거부하였을 때, 시민운동단체들이 정치인들의 주인이 누구인지를 확인시켜 주는 시민 책임추궁 운동에 나서게 되었다.

1987년 민주화 이후에도 많은 정치인들은 국민의 '충성스런 종'이 되기를 거부해 왔다. 그들은 '색깔론'을 제기하고 지역감정을 자극하여 국민을 분열시키고, 정경유착과 부정부패를 일삼으면서 국민들의 복지를 극대화하기 위한 정책경쟁은 하지 않고 파당적 정쟁으로 날을 새고 있었다. 그러면서도 그들은 줄서기 정치, 패거리 정치, 보스 정치, 지역주의 정치에 의존하여 공천을 받고 당선이 되어 왔다. 다수의 정치인들은 국민의 충성스런 종이 아니라 보스의 충성스런 종이 되는 것이 당선을 보장받는 가장 확실한 방법이라고 믿고 있었던 것이다. 정치개혁 요구를 묵살하고 외면하는 정치권에 대한 시민들의 불신과 혐오는 위험수위에 도달하고 있다. 시민단체들이 부패·무능·비리·저질·반민주·반인권 정치인들의 낙천·

낙선운동에 나선 것은 민주주의하에서 정치인의 주인이 누구인가를 확인시켜 주려는 것이다. 말하자면, 주인인 국민의 의사를 충실히 대변하는 대리인 역할을 수행하기를 거부하는 대표에 대한 주권자인 시민의 책임추궁이었다.

시민운동 단체들은 먼저 낙천운동부터 시작하였다. 낙천운동은 정당으로 하여금 더 이상 무능·부패·부적격·반인권·지역주의·색깔론의 후보들 중에서 선택을 강요하지 못하게 압력을 넣는 공천개입 운동이었다. 총선연대가 낙천운동을 벌이겠다고 했을 때 기성 정치인들은 크게 반발하였다. 보수언론도 선거공간에서 유권자들에게 정보를 제공하는 자신들의 배타적 영역을 침범하려 하는 총선연대의 활동에 대해 부정적인 보도를 하였다. 보수언론과 기성 정치인(특히 자민련)은 음모론을 제기하여 김대중 정부와 시민운동단체 간에 커넥션이 있는 것처럼 의혹을 제기하였다. 그럼에도 불구하고 총선연대가 여야를 막론하고 다수의 중진까지 포함되어 있는 '공천반대인사' 명단을 발표하고 그 명단을 인터넷 홈페이지에 띄우자 수만 명의 네티즌들이 순식간에 접속하였다. 새천년 벽두에 결사체 민주주의가 인터넷 민주주의와 결합하여 힘을 발휘하는 순간이었다. 이러한 사태 진전에 놀란 정당들과 언론은 태도를 바꾸어 정당들은 총선연대의 요구를 적극 수용하는 쪽으로 방향을 전환하였고, 언론도 총선연대에 호의적인 보도와 논평으로 방향전환을 하였다.

그런데 총선연대의 낙천운동은 절반의 성공만을 거두었다. 기성 정당들은 약속과 달리, 총선연대가 제시한 낙천명단에 속한 정치인들의 다수를 후보로 공천(총선연대 낙천명단에 속한 인사 중 새천년민주당 12명, 한나라당 17명 공천)함으로써 시민사회의 개혁운동을 적극 수용하겠다는 약속을 저버렸고, 자민련은 아예 낙천명단에 든 인사를 전원 공천하여 낙천운동에 정면으로 도전하였다. 밀실공천, 낙하산 공천, 나눠먹기 공천, 야합공천 등 구태가 사라지지 않았고, 용공조작과 고문, 근거 없는 폭로, 부정·부패, 비리, 무능, 무조건적 충성파 인사들이 시민운동단체들의 낙천운동에도 불구하고 버젓이 손쉽게 공천된 것은 공천혁명을 통해 정치개혁을 시도하라는 시민사회의 압력에 대한 기득 정치권의 반격으로 볼 수 있다.

그럼에도 불구하고 낙천운동은 정당의 후보공천에서 세대교체 바람을 불러일으키는 데 성공하였다. 공천명단은 기성 정당들이 변화와 개혁을 바라는 주권자의 여망을 읽고 있다는 것을 보여 주었다. 4·13총선 후보공천에서 새천년민주당과 한나라당은 30%에 달하는 현역의원을 탈락시켰다. 민주당은 낙천명단에 든 15명 중 7명을 탈락시키고 한나라당은 28명 중 11명을 탈락시켰다. 양대 정당이 역사상 처음 시도한 시민사회의 낙천운동 압력을 40%에서 50% 가까이 수용했다는 것은 작은 변화가 아닐 수 없었다.

새천년민주당은 동교동계 가신들과 청와대 비서관들을 대거 탈락시켰고, 텃밭인 호남에서 50%에 가까운 '물갈이'를 하였다. 민주당 공천자 165명 가운데 새로운 인물이 78명이나 되며, 특히 수도권에 신진 개혁인사들을 16명이나 집중배치하였다. 민주당 대변인이 수도권에서 '젊은 개혁가를 중심으로 하는 수도권 청년벨트'를 구축했다고 자찬하는 것도 무리는 아니었다. 가신정치가 퇴조하고 민주화 운동세력과 경제·정보통신 전문가, 여성이 주축이 된 새천년 세력이 그 자리를 메우는 것이 감지되었다.

한나라당도 무려 16명의 중진 인사들을 대거 탈락시켜 당내 계파정치를 사실상 해체하였다. 물론 이회창 총재의 일인보스체제 확립을 위한 중간보스 제거라는 비판을 받았고 제거된 중진들이 민주당의 낙천인사와 연합하여 민국당이라는 신당을 만들게 되는 '공천파동'을 불러일으켰지만 이회창 총재의 공천명단에는 구태 정치인들을 퇴출시키고 민주적이고 개혁적인 신진 인사들로 물갈이와 세대교체를 해야겠다는 의지가 보였다.

낙천운동이 절반의 성공과 절반의 실패를 거두게 된 것은 예견된 것이었다. 시민운동단체들은 주권자인 시민들의 목소리가 정당공천과정에 투입될 수 있도록 기존의 하향식 정당공천구조에서 상향식 공천구조로 개혁하라는 압력을 기성 정당에 가하고 난 뒤, 개혁된 정당공천구조 하에서 낙천대상자 명단을 제시하여 정당 보스와 당원에 압력을 가하는 방식을 취해야 했다. 밀실공천을 보장하는 하향식 정당공천구조의 개혁이 없을 경우, 보스의 개혁의지에만 의존하여 공천혁명을 기대할 수밖에 없었던 것이다.

여야의 공천이 완료되자 총선시민운동은 낙천운동을 마감하고 낙선운동에 들어갔다. 시민운동단체들은 낙천명단에 들어 있었음에도 불구하고 공천된 후보들과 병역·납세·재산 형성에 비리가 있는 것으로 새로 밝혀진 후보를 추가하여 86명의 낙선자 명단을 발표하였고, 그중 22명의 후보에 대해서는 총선연대가 힘을 결집하여 집중적으로 낙선운동을 전개하였다. 때마침 중앙선거관리위원회(이하 '선관위')가 후보자의 병역·재산·납세 실적을 선관위 홈페이지에 올림으로써 낙선운동에 힘을 실어 주었다.[85]

새천년의 벽두에 한국 민주주의 개혁 가능성에 청신호를 보여 준 신선한 충격이었던 총선연대의 낙천·낙선운동의 의의는 다음과 같다. 첫째, 낙천·낙선운동은 대의제민주주의를 대체하려는 새로운 민주주의의 실험이 아니라 대의제민주주의의 틀 내에서 대의제민주주의를 개선하려는 시민참여적 민주화 운동이다. 한국의 민주주의는 대의제민주주의이다. 그런데 대의제민주주의하에서 대표가 실패했을 때 시민들이 책임을 물을 수 있는 장치는 4년마다 돌아오는 선거뿐이다. 더구나 선거가 실시되어도 공천이 시민의 의사와 상관없이 밀실에서 이루어지고 '실패한 대표'가 공천을 받고 당선이 되는 구조가 자리 잡고 있다면 민주주의는 작동한다고 볼 수 없다. 시민들이 원하지 않는 후보를 뽑으라는 선택을 강요당한다

85 후보자의 병역·재산·납세 실적에 대한 선관위의 발표는 총선시민운동단체와의 공모에 의한 것이 아니다.

면 그것은 진정한 주권자의 선택이 아니다. 이러한 점에서 시민단체들의 낙천·낙선운동은 한국 대의제민주주의의 근원적 한계를 극복하려는 참여민주주의다. 대의제민주주의의 틀 내에서 시민들의 선호와 의사를 대표들에게 투입하고 대표들을 감시·통제하려는 시민참여적 대의제민주주의다. 일부 정치인과 언론이 비판하는 바와 같이 시민단체들이 직접 정치를 하겠다는 민중주의 정치는 아니다. 그들은 정치인과 대표에 대한 정확한 정보를 국민들에게 제공함으로써 정치권이 시민의 목소리에 귀를 기울이게 압력을 가하고 유권자들이 주권을 제대로 행사할 수 있도록 도와준 것이다.

둘째, 낙천·낙선운동은 자정능력을 상실한 '정치사회의 실패'에 대한 시민사회의 책임추궁 성격이 있다. 대의제민주주의는 주권자인 시민의 대리인인 대표가 주인의 의사를 충실히 수행할 때 달성될 수 있는 것이다. 따라서 모든 대의제민주주의는 대표로 하여금 시민의 충성스런 종으로 일하게 강요할 수 있는 수단을 시민에게 부여하는 제도적 장치를 마련하고 있다. 그런데 대의제민주주의를 복구한 지 13년이 지났지만 여전히 주인인 시민에게 충성스런 대표를 갖고 있지 못하고 있는 것이 한국 민주주의의 현실이었다.

한국시민들은 건국 후 1997년에 처음으로 선거를 통해 정권을 교체하였으나 여전히 정치를 움직이는 대표의 다수는 권위주의 시대와 달라진 것이 없었다. 정치인들은 일종의 엘리트 카르텔을 형성하여 신진 정치인들의 진입을 가로막은 채, 해묵은 지역주의를 부채질하고 시대착오적인 색깔론으로 유권자를 자극하여 표를 달라고 우격다짐해 왔다. 그들은 대표가 되기 위한 최소한으로 요구되는 공적 시민의 의무인 납세와 병역도 하지 않은 채 뻔뻔스럽게 시민의 대표가 되겠다고 나섰던 것이다. 보스 중심의 독과점 체제를 보장하고 있는 한국 정당의 지배구조가 유권자의 선호와는 상관없이 그들에게 계속 공천을 주어 유권자에게 원하지 않는 선택지를 강요할 수 있었기 때문에 그들은 주인인 유권자의 의사에는 아랑

곳하지 않고 자신들만의 정치 게임을 하였던 것이다. 4·13총선에서 시민운동 단체들은 바로 이러한 오만하고 무책임하며, 시민으로서 최소한의 의무도 다하지 못한 정치인들을 정치권에서 퇴출시켜 민주주의하에서 주인이 누구인가를 똑똑히 확인시켜 주려 한 것이다.

셋째, 낙천·낙선운동은 시민운동활동의 중심축이 민주주의로의 전환에서 민주주의 공고화로 이전했다는 것을 보여 주고 있다. 1980년대 시민운동단체들이 대중을 거리로 동원하여 권위주의 독재정권을 퇴장시키고 민주적 경쟁을 회복하는 데 초점을 맞추었다면 이번 시민운동은 한국 민주주의의 투명성–책임성–응답성·대표성을 질적으로 개선시키려는 민주주의 공고화에 초점을 맞추고 있었다. 따라서 이번 총선시민운동은 체제와 국가에 초점을 맞추었던 과거 민주화 운동과 달리, 정당과 정치사회에 초점을 맞추었다 낙천·낙선운동은 국가의 정당성에 도전하는 것이 아니라 국가의 정당성을 인정하는 바탕 위에서 정치적 대표체계의 민주적 형성을 목표로 하였다. 이번 낙천·낙선운동에서 과거 민주화 운동에서 발견할 수 있었던 '체제·국가·여당연합' 대 '반체제·사회운동·야당연합'이라는 대립구도는 존재하지 않았다. 오히려 시민운동단체와 국가·집권여당 간 대립보다는 시민운동과 야당 간 대립구도가 두드러졌다. 국가와 시민사회 간 갈등이 아니라 정치사회와 시민사회 간 갈등이 이번 낙천·낙선운동에서 나타난 기본적인 갈등구조였다(최장집, 2000; 박상훈, 2000).

넷째, 총선시민운동은 '포괄적 결사체' 운동이었다. 총선시민운동은 특정 정책 사안에 초점을 맞추기보다는 정치사회(정당과 정치인)의 도덕성·자질·책임성이라는 근원적이면서 포괄적인 문제에 초점을 맞추었다. 그들은 어떤 특정정책을 구현하기 위해서가 아니라 한국의 대의제민주주의의 정치과정 그 자체를 개선·개혁하기 위해 나섰던 것이다. 이러한 취지에 동조하여 천 개에 가까운 특정 이슈를 중심으로 조직된 시민단체들이 직·간접적으로 총선연대에 참가했다는 것은 세계사적으로 초유의 사건일 뿐만 아니라 총선연대가 1987년의 직선제개헌추진 국민운동본부에 버금가는 포괄적이고 종합적인 시민사회라는 것을 보여 주고 있다.

다섯째, 총선시민운동은 결사체 민주주의(associative democracy)와 인터넷 민주주의(e-democracy or digital democracy)의 결합 가능성을 보여 주었다. 정치권과 보수언론이 시민운동의 낙천운동에 대해 반발하거나 부정적인 반응을 보이다가 적극적으로 수용하겠다고 몸을 굽히게 된 것은 인터넷 혁명이 몰고 온 엄청난 위력을 실감했기 때문이다. 새천년의 세계와 한국을 움직이는 추동력 중 하나는 디지털 혁명이다. 디지털 혁명이 경제뿐만 아니라 변화하는 시대에도 변화하지 않는 한국 정치를 마침내 바꾸고 있는 것이다. 한국의 디지털 혁명은 눈부시다. 2000년 총선 당시 인터넷 이용자는 1,100만 명을 넘어 한국인 4명 중 1명이 네티즌으로 전환하였다.

총선과정에서 우리는 디지털 혁명이 정치도 바꾸어 놓을 수 있다는 것을 알게 되었다. 디지털 혁명으로 총선시민연대는 대자보, 인쇄유인물, 가두시위 방식에서 24시간 작동하는 인터넷 홈페이지를 통해 후보에 관한 정보를 제공하고 공론장을 형성하며 유권자와 대화를 나눌 수 있게 되었다. 총선시민운동단체들이 인터넷에 올린 후보자 신상정보와 낙천·낙선되어야 하는 이유에 관한 정보는 일회성 정보인 신문정보와 달리 언제라도 접속이 가능한 영구적인 정보이다. 인터넷 혁명은 유권자들에게 정치인들을 항시적으로 압박하여 좀더 시민의 요구에 빠르게 그리고 충실하게 응답하고 책임을 지게 할 수 있는 수단이 있다는 것을 알려준 것이다. 더 이상 과거와 같이 유권자의 건망증을 기대하면서 부정·불의·무례를 일삼으면서 뻔뻔스럽게 다시 표를 구걸하는 정치인들이 설 자리가 있을 수 없게 되었다.

결론적으로 말하자면, 시민운동단체의 낙천·낙선운동은 한국 정치를 바꾸었다. 낙천·낙선운동으로 우리 정치인들은 이전보다 더 투명해지고 있고 주권자인 시민을 두려워하고, 시민의 요구에 더 민감하게 응답하려고 하는 방향으로 변화하고 있다. 그러므로 낙천·낙선운동은 성공적이었다는 결론을 내릴 수 있다.

2004년 총선과 시민운동

낙천·낙선운동에서의 성공을 발판으로 한국의 시민사회는 2002년 대선을 계기로 정치사회의 책임성을 제공하기 위한 다양한 노력을 전개하였다. 2002년 민주당이 처음으로 대선후보 국민경선제도를 도입하면서 3월 9일 제주에서 4월 27일 서울경선에 이르기까지 16차례 지역경선을 하는 동안 시민단체들은 대선감시 시민옴부즈맨(2002년 2월 25일 출범)을 결성하여 국민경선과정에서 불법적이고 탈법적인 정치자금을 사용하는 것을 억제하는 데 노력을 기울였다. 대선과정에서는 대선유권자연대(2002년 9월 24일 출범)를 결성하여 후보자들의 정책검증과 평가를 통한 정책감시와 부정한 선거자금 감시운동을 전개하였다.

대선감시 옴부즈맨과 대선유권자연대운동이 정치적 중립성을 견지하는 범위 내에서 전개된 데 반해, 노사모(노무현을 사랑하는 모임), 진보, 환경, 노동시민단체들은 적극적인 정치개입운동을 전개하였다. 20대와 30대의 젊은 행동주의자들은 온·오프라인을 활용한 노무현 후보 당선운동을 통하여 정치개혁에 직접 개입하였다. 기존의 낙천·낙선운동이 정치적 중립성의 틀 내에서 전개되었다면, 노사모는 20·30대를 중심으로 하는 젊은 세대의 적극적 행동주의를 통하여 시민사회와 정치사회 간 괴리를 타파하기 위한 직접적 개입에 들어갔던 것이다(김정훈·조희연, 2003).

시민사회 내 노동·진보·환경운동 세력들은 정치세력화 관점에서 선거과정에 개입하였다. 2002년 6월 지방자치 선거에서 환경운동세력은 녹색평화당, 노동운동세력은 민주노동당 후보에 대한 적극적인 당선운동을 전개하였다. 시민단체의 지원에 힘입어 민주노동당은 광역지자체 선거에서 8.1%의 득표를 하였고, 사회당은 1.5%, 녹색평화당은 1.3%를 획득하였고 비례대표제도에 의해 시민단체가 지원한 시민후보 50명 중 15명이 당선되었다. 2002년 대선에서 민주노동당 권영길 후보는 100만 표를 획득하여 진보세력의 정치화 가능성을 보여 주었다.

2002년 시민사회의 경험은 시민사회가 적극적인 정치세력화의 길을 모색하고 있음을 보여 주었고 상당한 가능성도 보여 주었다. 그러나 정치세력화를 둘러싸고 시민사회 내부에 분화현상이 일어났다. 2004년 총선을 앞두고 한국의 시민사회는 전통적인 공명선거 감시운동, 후보검증과 정보공개운동을 추진하는 세력, 낙천·낙선운동을 2004년에도 지속하자는 세력, 적극적인 지지·당선운동을 펼치자는 세력, 정당건설운동 세력 등으로 나뉘었다. 공선협은 유권자 정보공개 운동, 정책선거 캠페인, 공명선거운동 등을 전개했고, YMCA는 2003년 시민정치참여운동본부를 전국적으로 결성하여 풀뿌리 시민조직을 바탕으로 시민정치교육 등 생활정치 참여운동을 전개했고, 2003년에 정치개혁국민운동을 결성했던 경실련과 흥사단 등은 선거감시운동과 정보제공운동을 추진했다.

낙천·낙선운동을 계속하자는 세력은 2000년 낙천·낙선운동을 주도했던 참여연대, 그리고 2003년 정치제도 개혁에 주력했던 정치개혁연대 참여단체가 주축이 되었다. 낙천·낙선운동을 주장하는 전국 289개의 시민단체들은 2004년 2월 3일 '2004 총선시민연대'를 결성하고, 2월 5일 1차 공천반대 인사 66명의 명단을 발표했고, 2월 10일 2차 공천반대인사 43명의 명단을 발표하였다. 2004 총선시민연대는 전국 공동으로 부패·무능 정치인 퇴출운동과 금권선거 감시운동, 정책평가 활동에 주력하면서 동시에 지역 시민운동이 독자적 활동을 진행하는 방향으로 가닥을 잡았다(김민영, 2004).

적극적인 지지·당선운동을 펼치자는 세력은 낙천·낙선운동이 개혁을 거부하는 사람, 즉 정치인에 대한 관점을 중시한 나머지 정치구조개혁을 소홀이 했다는 자기반성에서 출발했다. 적극적인 지지·당선운동을 주장하는 대표적 인사인 정대화 교수는 낙선운동의 한계를 다음과 같이 지적했다. 첫째, 정치와 선거에 대한 부정적 인식을 확대했고, 둘째, 대안 부재로 유권자에게 명확한 메시지를 제공하는 데 실패했으며, 셋째, 낙선대상자를 대체한 당선자가 더 많은 문제가 있는 인사임이 드러난 경우도 있으며, 넷째, 낙선운동, 즉 네거티브 선택만으로는 정치개혁과 의회개혁이 불가능하다는 것이다(정대화, 2003). 이들은 지난 총선에서 86명의 낙선대상자 중 59명이 낙선한 상황에서도 우리 정치가 나아지지 않았다는 부정적이고 자조적인 평가에서 출발했고, 따라서 2004년 총선에서는 낙천·낙선운동을 넘어선 적극적인 지지·당선운동을 전개해야 한다고 주장했다. 국민들의 높아진 정치의식이 낙선운동 이상의 정치개입을 요구하고 있다고 판단한 것이다. 그들은 적극적인 지지·당선운동을 통하여 유권자들에게 선택 가능한 대안과 전망을 제시하고, 좋은 후보와 좋은 정책을 상호 긍정적으로 연결시켜 정치개혁을 추진할 수 있고, 또 하기를 약속한 후보를 당선시킴으로써 한국 정치구조의 개혁을 도모할 수 있다는 것이다.

지지·당선운동을 추진하고 있는 시민단체는 '총선물갈이연대'가 대표적이었다. 총선물갈이연대는 시민단체 차원의 결합보다는 시민단체 지도자, 각계 전문가, 명망가, 정치개혁에 뜻이 있는 시민 등 개인 차원의 결합으로 결성된 정치운동조직으로, 아래로부터의 정치참여운동에 근거하여 도덕성과 능력 등을 기준으로 지지·당선운동을 전개했다. 이 밖에도 여성계가 맑은정치 여성네트워크를 결성하여 추진하고 있는 102인 여성참여운동, 노사모 구성원들의 발의로 2003년 4월 결성된 '국민의 힘'이 6월 유권자 참여정치를 선언하면서 추진하고 있는 2004년 지지후보에 대한 당선운동, 그리고 민주노총과 전농, 생활정치네트워크 등이 지지·당선운동을 전개했다(정대화, 2004).

지지·당선운동보다 더 적극적으로 시민사회의 정치세력화를 추진한 세력도 존재했다. 2003년 6월 최열 환경운동연합 공동대표가 중심이 된 '정치개혁과 새로운 정치주체 형성을 위한 시민사회 1,000인 선언'은 환경운동과 여성운동단체 중심의 개혁정당을 추진한 바 있고, 정대화 상지대 교수를 중심으로 한 시민사회세력은 정치개혁과 의회개혁을 추진할 '시민정치 네트워크'를 제안하고, 정치권의 자정능력 상실로 시민단체 중심의 시민정당이 필요하다는 것을 역설한 바 있다.

그러나 시민단체의 정치세력화는 시민사회 내부로부터도 크게 호응을 받지 못했다. 대표적 시민사회단체인 경실련은 정치적 중립성이 전제되지 않는 정치개혁은 곡해될 가능성이 있으며, "권력감시가 목표인 단체가 권력을 행사하는 자리에 가서는 안 된다"며 정치세력화를 주장하는 집단을 비판했다.

미래의 시민사회 정치개혁운동의 방향

시민사회의 유권자 운동은 한국의 정치사회를 좀 더 책임 있고 투명하게 만들 것이다. 그러나 한국 시민사회의 책임성 확보 운동이 총선 개입이라는 일회성 운동으로 끝나서는 안 된다. 앞으로 시민사회의 책임성 확보 운동을 질적으로 개선하기 위해서는 다음과 같은 것이 요구된다.

첫째, 시민사회의 유권자 운동이 선거에만 일회성으로 작동하는 운동이 아니라 사전적인(ex ante) 유권자 교육과 사후적인(ex post) 대표감시(monitoring)로 이어지는 연속적인 운동이 되어야 한다. 먼저, 시민운동단체들은 낙천·낙선운동 또는 지지·당선운동의 후속 작업인 사후적 대표관리와 감시활동에 들어가야 한다. 선출된 대표들이 선거에서 약속한 바대로 자신의 주인인 시민들의 복지를 극대화하기 위해 계속 노력하도록 항시적인 감시·감독활동을 강화해야 한다. 대표들에 관한 정보와 실적을 공개하고 평가하며 감독해야 한다. 이와 병행하여 다음 선거에 대비하여 훌륭한 후보의 자질이 무엇이며, 어떤 기준을 가지고 대표를 선출할 것인가를 시민들에게 교육하는 '민주주의 학교'를 열어야 한다. 우리의 민주주의가 파행으로 가게 된 책임은 궁극적으로 대표를 잘못 뽑은 국민에게 있다. 말하자면, '시민의 실패'가 '대표의 실패'를 초래한 것이다. 따라서 향후의 우리 시민운동은 대표에 대한 감시 못지않게 시민의 실패를 극복하기 위해 노력해야 할 것이다. 시민운동단체들의 낙천·낙선운동과 지지·당선운동은 사전적 민주시민교육과 대표에 대한 사후적 감시·감독활동과 연계하여 전개될 때, 정치사회의 책임성 확보에 획기적으로 기여할 수 있을 것이다.

둘째, 시민사회의 유권자 운동이 후보의 개인적 자질에 대한 정보제공과 평가로 끝나서는 안 된다. 대표들에게 최소한 공공시민으로서 자격을 갖출 것을 요구하면서 후보자질에 대해 검증하는 것은 대의제민주주의하에서 가장 초보적인 시민권 행사이다. 그러나 유권자 운동이 후보의 자질검증에만 한정될 경우, 후보의 인물론이 선거공론광장을 지배하게 되고 선거가 다양한 정책·비전·국가전략이 토의되는 광장 역할을 수행하는 것을 막게 된다. 그러므로 후보에 대한 검증과 더불어 후보와 그가 속한 정당의 정책 타당성·실현 가능성·민주성을 검증하고 과거 수행실적(performance)을 평가하여 유권자에게 제시하는 노력을 해야 한다. 선거에서 후보가 공민으로서의 자질을 갖추어야 한다는 것은 최소한으로 요구되는 요건이다. 시민운동단체가 시민들에게 올바른 선택을 할 수 있도록 도와주기 위해서는 후보의 신상명세에 관한 정보와 더불어 후보와 소속 정당의 정책적 입장과 실적에 관한 정보를 함께 제공해 주어야 한다. 투표함에서 시민들은 동시에 두 가지 방식으로 주권을 행사한다. 하나는 정당과 후보의 과거실적을 평가하여 상과 벌을 주는 '과거 평가적 투표(retrospective voting)'이고 다른 하나는 미래에 어느 후보와 정당이 자신의 복지를 가장 잘 실현해 줄 것인가를 판단하여 표를 던지는 '미래 선택적 투표(prospective voting)'이다. 그러므로 시민운동단체들은 후보자와 정당의 과거실적과 미래비전에 관한 정보를 동시에 제공해 주어야 한다.

셋째, 한국의 시민사회는 현재 급속도록 진행되고 있는 세계화와 정보화 혁명이 주는 기회를 적극 활용해야 한다. 세계화 시대에 국경이 없는 사회가 전개되면서 환경·평화·반핵·여성·투명성·인권 등 여러 분야에서 초국가적인 글로벌한 시민사회가 등장하고 있으며 이 글로벌 시민사회는 '외부로부터의 책임성'을 확보하는 주요한 기구가 되고 있다. 한국의 시민사회는 세계화가 주는 기회를 활용하여 글로벌 시민사회와 국경을 넘어선 국제적 연대를 형성함으로써 자원, 글로벌 미디어의 활동 보도, 기술적 지원, 정치적 지지 등의 도움을 받을 수 있을 것이다(Fox, 2000: 14). 또한 한국 시민사회는 인터넷 혁명이 주는 기회를 잘 활용해야 한다. 2000년 총선시민연대의 성공도 많은 부문 인터넷을 통한 낙천·낙선운동에 기인한다. 인터넷이 정치적 책임성을 확보하기 위한 획기적인 수단이라는 것이 밝혀지고 있다. 인터넷은 더 많은 정보를 더 빠르게 값싸게 다양하게 시민에게 공급할 수 있고, 24시간 접속 가능한 정보광장을 통해 정치인에 대한 정보를 공개할 수 있고, 인터넷을 통한 토론이나 쌍방향 의사소통, 공론조사 등을 통해 정치인과 정치사회에 정치수요자인 시민의 요구를 빠르게 정화하게 전달할 수 있고, 정치인·정당·정치사회는 이를 빠르게 정책에 반영하는 고객응답의 정치를 실현할 수 있게 한다. 또한 인터넷을 통해 24시간 가동되는 감시·압력·집단행동을 통해 정치인과 대표에 대해 상시적인 책임성을 확보할 수 있게 해 준다. 한국은 세계에서 가장 앞서가는 IT강국이이며 한국인의 대부분이 네티즌으로 전환하고 있다. 따라서 시민사회의 책임성 확보운동은 네티즌과의 소통과 네트워킹을 통해 전개되어야 할 것이다.

마지막으로, 시민사회에 대한 책임성 확보 문제를 해결해야 한다. 제도적으로 권한을 위임받지 못한 시민사회가 제도적으로 권한을 위임받은 정치사회에 대해 책임을 묻기 위해서는 정치사회보다 더한 도덕성을 갖추어야 하고, 내부적 투명성과 회원과 시민에 대한 책임성을 갖추어야 한다. 지금 한국에서는 시민사회의 과잉대표성 논란이 있으면, "감시자는 누가 감시할 것인가" 하는 문제제기가 있다는 것을 한국의 시민사회는 알아야 할 것이다(박효종, 2000; Naidoo, 2003). 제도적으로 권한을 위임받지 못한 시민사회가 정치사회를 심판하기 위해서는 엄격한 내부적 감시장치를 갖추어야 한다. 정치사회의 책임을 묻는 시민사회는 주로 권리주창적 시민사회이다(advocacy NGOs). 권리주창적 시민사회는 서비스 시민사회와 달리, 국가나 기업, 정당으로부터 재정적으로 독립해야 한다. 그들이 감시하려고 하는 대상자로부터 재정적인 지원을 받는다면 그들이 수행하는 감시활동의 객관성·투명성·정치적 중립성을 의심받게 될 것이다. 권리주창적 시민사회는 재정과 회계의 투명성을 확보하기 위해 내부 감시기구를 확립해야 할 것은 물론, 외부 감시기제를 도입하여 감시자로서의 투명성·중립성·책임성을 확보해야 할 것이다. 또한 시민사회가 시민을 대신하여 정치사회에 대한 책임을 묻기 위해서는 스스로 철저히 시민성과 권력에 대한 비찬탈성이라는 덕성을 지켜야 한다. 시민사회는 자의적이고 독재적인 국가권력에 대한 저항을 조직하는 최후의 보루이지만 정당한 권력에 의해 행사되는 법의 지배를 인정하고 폭력이 아니라 평화적인 방법으로 법의 지배의 테두리 내에서 활동하는 시민성을 갖추어야 하고, 또한 정치사회와 달리 공적 권력을 장악하여 문제를 해결하려는 해서는 안 된다(비찬탈성). 정당 또는 정치사회와 마찬가지로 시민사회도 공공문제에 관심을 가지며 시민들의 이익을 표출·결집하여 정치사회에 전달하는 정치행위를 하지만 정치사회와 근본적으로 다른 점은 공권력을 직접 장악하려 하지 않는다는 점이다(Schmitter, 1997). 그러므로 시민사회는 정당과 정치사회에 포획되어서도 안 되고, 정당과 정치사회로 변신해서도 안 된다. 비찬탈성 조건을 상실한 순간, 어떤 시민사회단체도 더 이상 시민사회의 일원이 아니게 된다. 그러므로 일부 시민단체에서 논의되고 있는 정당건설운동은 시민사회의 자격으로 논해서는 안 되며, 스스로 시민사회에서 탈퇴하여 새로운 정치사회의 일원으로 가입하며 논의하고 추진해야 할 것이다. 낙천·낙선운동과 지지·당선운동에 당파적 입장이 개입되는 순간 시민사회는 정치적 중립성을 잃게 된다. 시민사회가 당파성을 띠게 되면 시민사회의 정치사회에 대한 책임추구는 정당성을 상실하게 될 가능성이 크다.

신유목적 시민사회의 출현[86]

신유목적 시민사회의 등장

신유목 사회와 신유목적 민주주의가 출현하면서 시민사회도 신유목적으로 바뀌고 있다. 과거에는 연고집단 구성원, 정당, 결사체 등과 같은 폐쇄적이고 위계적인 멤버십 중심의 집단화된 정치참여가 지배적이었다. 그러나 최근에는 다원적이고 분산적인 네트워크에 기반하고 있는 '자율적 개인들'이나 '유동적이고 임시적인 가상조직들(virtual organizations)'이 주도하는 정치참여가 점차 부각되고 있다. 그리고 기존의 장소 중심적 또는 정주적 형태의 정치참여보다는 IT에 기반한 유동적이고 빠른 정치참여가 일반화되고 있다. 또한 영역과 경계를 초월하여 탈중심화·분권화된 형태로 다양한 지점에서 다양한 주체들이 동시에 참여하는 정치참여를 선호하는 경향이 강하다. 한국의 신유목적 시민사회의 특징과 경향은 다음과 같다.

첫째, 온라인에서 오프라인으로, 오프라인에서 온라인으로 정치참여의 방향전환이 매우 빈번해지고 있다. 오프라인에 기반한 정치조직들이 유권자를 동원하기 위해 온라인화 또는 디지털화되고 있다. 뿐만 아니라 온라인에서 자발적으로 형성된 다양한 형태의 온라인 정치조직(온라인 정치커뮤니티 등)을 중심으로 한 유권자들의 정치참여가 증가할 것으로 예상된다. 그러나 아직까지 온라인 정치참여는 오프라인상의 사회관계에 기반하여 이루어지는 네트워크화된 정치참

86 이하의 내용은 다음 논문을 발췌했음. 임혁백, 2008, 〈민주화 이후 한국 시민사회의 부활과 지속적 발전〉, 《오토피아》 24(1).

여 성격이 지배적이다. 예컨대, 오프모임, 지역모임, 오프집단행동(촛불시위 등)은 오프라인에서 제기된 사회문제나 사회관계를 온라인에서 동원하여 이를 다시 오프라인의 시위광장으로 이전하는 것이다.

둘째, 점차로 집단화된 정치참여에서 개인화된 정치참여로 전환이 이루어질 것이다. 아직까지는 집단화된 정치참여와 개인화된 정치참여가 혼재된 양상이나 점차 개인화된 정치참여가 주를 이룰 것이다. 앞으로 휴대폰과 PDA 등 모바일을 이용하여 정부, 정당, 정치인, 유권자 간에 직접적이고 쌍방향적인 커뮤니케이션을 기반으로 하는 '모바일 정치'가 활성화됨에 따라 개인화된 정치참여는 더욱 증가할 것으로 보인다. 이러한 현상을 웰만은 네트워크화된 개인들의 정치참여(networked individualization)로 개념화했고(Wellman, 2002), 미셸레티는 '개인주의화된 집단행동(individualized collective action)'으로(Micheletti, 2002), 빔버는 '가속화된 다원주의화(accelerated pluralism)'로 표현했다(Bimber, 1998). 현재 네티즌들의 정치참여는 클럽과 카페 등 사이버공동체를 통한 정치참여에서 미니홈피나 블로그 등 개인적 공간에 기반한 정치참여로 이동하는 추세이다.[87]

셋째, 신유목적 시민사회의 정치참여는 공급자 주도의 '대의적' 정치참여에서 유권자와 네티즌 등 수요자 중심의 '직접적이고 자발적인' 정치참여로 바뀌고 있다. 과거 산업화 시대에 정치적 공급자는 정부, 정당, 정치인이었고 이것이 바로 대의제 민주주의였다. 대의제 민주주의는 대표들이 정치적 상품을 공급하는 정치인 것이다. 그런데 신유목 시대에는 네티즌(유티즌)을 비롯한 정치 수요자(유권자)가 주도하는 직접적이고 자발적인 정치참여가 활성화돼 공급자 중심의 대의제 정치를 바꾸어 나가고 있다. 이로 인해 정부와 시민, 정당(정치인)과 유권자 간에 직

87 한편, 이와 반대로 개인화된 정치참여가 집단화된 정치참여로 전환하는 사례들도 많이 존재한다. '블로그 커뮤니티' 또는 '메타블로그'는 개인적 정치참여를 집단적 정치참여로 전환하기 위해 등장한 사이버 공간이다.

접적 접촉(direct contacts)에 기반한 IT네트워크형 정치참여가 증대되고 있다. 말하자면 '인터넷 포퓰리즘'이 일상화될 가능성이 높다.

현재 한국에서 자발적 정치참여를 이끌고 있는 주도 세력은 유권자 집단이다. 한국의 젊은 유목민들은 WPM 세대(WPM Generation: World Cup, Participation, Mobile Generation)로 불린다. 그들은 인터넷, 휴대폰, MP3 등과 같은 신유목 물품을 휴대하고 사이버 공간과 오프라인 공간을 번갈아 가면서 적극적으로 정치에 참여하고, 대표와 동료시민들과 소통·심의·토론을 벌인다. 2002년 한·일 월드컵은 한국에서 WPM 세대가 동원되는 전기를 마련해 주었다. 월드컵 기간 중 연 인원 2,400만 명이 자발적으로 축제와 같은 거리응원에 참가하였다. 모든 세대가 거리응원에 합세했지만 주도세력은 10-30대 한국 젊은이들로 구성된 '붉은 악마(Red Devils)' 응원단이었다. 이들은 월드컵 기간 중에 W(World Cub)세대라는 명칭을 얻었다.

2002년의 월드컵에서 표출된 에너지의 동원은 그 이전의 대규모 동원과는 여러 면에서 차이가 있다. 민주화 시대의 동원은 기본적으로 '저항의 동원'이었다. 1970-80년대의 민주화 세대는 국가주의를 거역하고(Revolt), 성장주의를 거부하고(Reject), 권위주의에 저항하는(Resist) 3R세대였다(송호근, 2003: 99). 그러나 월드컵에서의 동원은 자신의 성취를 자축하는 환희의 동원이었다. 1987년 6월 민주화 항쟁은 독재를 타도하기 위한 네거티브 동원이었으나 월드컵 때 거리로 쏟아져 나온 수백만이 펼친 응원은 신바람 나는 긍정적·적극적 동원이었다.

월드컵은 이기주의, 고립성, 폐쇄성, 익명성 속에서 갇혀 있던 네티즌을 광장으로 끌어내었다. 월드컵이 끝난 후 대선경쟁이 본격화되자 그들은 정치도 스포츠와 같은 축제처럼 바꾸기 위해 나서게 되었고 스포츠에 참여하는 W세대에서 정치에 참여하는 P(Participation)세대로 변하였다. 그들은 스포츠에 쏟았던 열정(Passion)을 정치로 옮겨 자신이 가지고 있는 창의성과 잠재력을 최대한으로 발휘하여(Potential Power) 정치를 변화시키기 위해 적극적으로 참여하는(Participation) 3P세대가 되었다. 선거과정에서 P세대는 온·오프라인을 번갈아 넘나들면서 대선유세, 미군전차에 깔린 여중생을 추모하는 촛불시위, 반전·평화시위 등에 참여하였다.

한국 참여세대(P generation)의 핵심은 엠티즌(Mtizens: mobile citizens)이었다. P세대는 지적으로 개방적이며, 포용적이고, 소통적이며, 사회의식이 높고, 혁신적이며, 빠르고, 이동성이 높으며, 신뢰도가 높은 신유목민의 특질을 보유하고 있었다(Tapscott, 1998).[88] 그래서 정치와 스포츠를 비롯한 공적문제에 참여하는 한국 네티즌들은 WPM세대로 불린다.

넷째, 신유목 사회의 시민사회는 자기절제와 이성적·합리적 판단이 요구되는 '심의적' 정치참여에서 '자기표출(드러냄)', 감성적 표현의 자유로움을 더욱 강조하는 이른바 표현주의적 정치참여를 선호한다. 현재 온라인에서는 게시판을 통한 대화나 토론 중심의 정치참여에서 리플·댓글 중심의 자기표출적 글쓰기 방식이나 패러디 사진 및 동영상 등 네티즌들이 직접 생산한 이미지 콘텐츠를 중심으로 정보를 공유하는 표현주의적 정치참여가 일상화되고 있다. 예를 들어, 정치패러디, 플래시 몹(flash mob),[89] 인터넷 폐인, 메신저 아이디 바꾸기,[90] 싸이질 등은 전형

88 탭스콧(Tapscott, 1998)은 N세대가 ①독립심과 자율성이 높고 ②감성적이나 지적 개방성이 높고 ③사회적 포용성이 높고 ④자유로운 표현과 토론을 좋아하나 사회문제에 대해서는 강한 자기주장을 갖고 있으며 ⑤더 나은 것을 추구하는 혁신지향적이라는 데서 베이비붐 세대와 다르며, ⑥어른들이 생각하는 것보다 성숙하며 ⑦새로운 기술의 작동원리를 알고 싶은 탐구심이 강하고 ⑧성급해서 리얼타임의 세계를 선호하며 ⑨기업적 이익에 민감하고 비판적이며 ⑩네트워크의 익명성·접근성·다양성·편재성(ubiquity) 때문에 인간에 대한 높은 신뢰를 갖고 있다는 특징이 있다고 주장한다.

89 '플래시 몹'은 불특정 다수가 휴대전화 문자메시지나 인터넷으로 약속해 한꺼번에 '퍼포먼스'를 하고 흩어지는 행위로써 메신저와 휴대폰 등과 같은 개인화된 커뮤니케이션 수단을 통해 온·오프라인을 연결하는 P세대의 정치참여 수단이다. 이는 1970-80년대에 운동권들이 하던 '기습시위' 방식과 유사한 시위방식이다.

90 '메신저 대화명 바꾸기'는 메신저를 통해 정치적 성격을 띤 구호, 슬로건, 상징을 대화명으로 바꾸는 방식으로 정치적 이슈나 사건에 대한 자신의 의사를 표출하는 것으로 탄핵반대 운동과 17세대 총선 참여촉구운동 등에서 활용되었다.

적인 표현주의적 정치참여 사례이다.[91] 이러한 '자기표출적 정치참여'와 '표출적 저널리즘'의 활성화에 따른 '이질적·복수적 공론장의 출현(이기형, 2004)'은 다양한 형태의 온라인 자발적 결사체를 급격히 증가시키고 있다. 또한 인터넷상의 독특하고 다양한 하위(집단)문화가 정치참여의 새로운 채널이 되면서 보다 다층적이고 복합적인 정치참여문화를 형성시키고 동시에 정치를 활성화시켜 주고 있다.

기존의 정치참여가 합리적 판단, 전략적 선택, 심층적 사려를 요구하는 '심각하고 무거운 정치행위'였다면, 표출적 정치참여는 정치를 즐거움 또는 희열(juissance), 정서적 흥겨움(l'affectivité), 놀이(play)의 대상으로 여기는 쾌락적·축제적(ritualistic) 정치참여라 할 수 있다. 이러한 표현주의적 정치참여는 미래의 한국 정치 거버넌스가 규격화, 표준화, 대규모의 위계적 조직화, 합리화, 규율을 특징으로 하는 산업화 시대의 아폴론적 정치참여 거버넌스에서 자발성, 창의성, 개방성, 축제성을 특징으로 하는 탈산업화, 탈근대 시대의 디오니소스적 정치참여 거버넌스로 전환될 것이라는 것을 보여 준다.

다섯째, 신유목적 시민사회는 공식화·제도화된 주기적 선거를 통한 참여에서 일상화된 정치참여로의 전환을 시도하고 있다. 신유목적 시민사회는 언제 어디서나 자신이 원하는 정치문제에 참여하려 한다. 따라서 신유목적 시민사회의 정치참여는 투표와 선거 등 제도화된 정치과정에만 더 이상 한정되지 않으며 일상적인 정치참여, 정치참여의 일상화로 정치참여 공간과 시간을 확대하고 있다. 이러한 신유목적 시민사회의 일상화된 정치참여 시도는 정당·정치인과 유권자, 정부와 시민, 시민과 동료시민 간의 관계를 일방적·위계적·수직적 관계에서 쌍방향적·수평적·협력적인 관계로 변화시키고 있다. 또한 신유목적 시민사회는 이슈 중심의 정치로의 전환을 주도하고 있다. 인터넷, 휴대전화, 태블릿PC 등을 통한 정치

91 이러한 새로운 인터넷 문화는 '신규범체제(new normalcy)'로 불리기도 한다.

참여의 활성화는 점차 정치과정을 영구적 캠페인(permanent campaign)의 일상화 또는 권리주창정치(issue advocacy politics)의 일상화로 바꿔놓을 것이다. 마지막으로 선거과정이 IT에 의존하게 되면 될수록 선거캠페인의 일상화, 정치의 일상화가 실현될 것이다.

신유목적 시민사회의 명암明暗

신유목적 시민사회가 주도하는 신유목형 정치참여는 밝은 얼굴과 동시에 어두운 얼굴도 함께 갖고 있다. 신유목 시민사회에 의한 신유목형 정치참여는 정치에 적극적으로 참여하는 '정치적 개인'의 역할을 크게 증대시키는 밝은 면을 갖고 있다. 다시 말해, 수동적인 정치적 시민을 넘어서 국가 정책결정과정에 직접 참여하고 정치와 행정의 주체가 되는 정치 수요자인 동시에 공급자인 프로슈머(prosumer) 시민으로서 적극적 참여시민을 육성할 것이다. 또 다른 밝은 얼굴은 신유목물품의 적극적 활용을 통해 지구적 소통능력(cosmopolitan communicative competence)을 갖춘 세계시민 또는 지구적 한국인을 배양할(empowering) 수 있게 될 것이다.

그럼에도 불구하고 신유목적 정치참여가 밝은 미래만을 약속하고 있는 것은 아니다. 첫째, IT의 적극적 활용에 따라 개인의 자유와 소통능력이 급격하게 강화되면 '가속화된 다원주의(accelerated pluralism)'가 강화되지만 이들 네트워크화된 개인들의 사회적·정치적 책임의식이 크게 약화되어 민주주의와 정치참여의 질을 떨어뜨릴 것이라는 우려가 제기되고 있다. 말하자면 개인화된 정치참여는 협애한 이슈와 이해관계를 뛰어넘는 정치참여를 어렵게 하여 사회적·정치적 통합력을 감소시킬 것이라는 우려가 제기되고 있다.

둘째, 정보화의 진전으로 개별의식, 지역의식, 민족의식, 글로벌의식 등 다층적 의식구조가 형성됨에 따라 다중적 정체성은 정치과정을 파편화·불안정화시킬 수 있다는 우려가 제기되고 있다. IT를 통한 정치참여의 과부하가 정책 양극화를 조장하여 반대 목소리만 높아질 수 있다. 정치적 이념과 정파에 따라 사이버공간을 끊임없이 분극화·파편화(공론장의 분열)시킴으로써 타협의 정치를 질식시키고, 그 결과 시민들의 정치적 냉소주의와 참여의 하락을 초래할 수 있다는 우려가 제기되고 있다.

셋째, IT기반 정치참여의 활성화가 정치의 유동성 또는 정치의 불확실성, 투표 유동성을 크게 증대시킴으로써 전통적인 형태의 정당 기능 및 역할을 약화시킬 수 있다는 우려의 목소리가 있다. 즉 대의제 민주주의의 제도적 기반을 약화시키고 민주주의의 제도화와 공고화를 저해할 가능성이 있다.

시민사회의 공공성 확립

지금까지 한국 시민사회가 왜 그리고 어떻게 한국의 민주화를 이끌었는지 그리고 민주화 이후 한국 시민사회가 어떻게 부활하였고 동원적 시민사회에서 제도적 시민사회로 어떻게 발전적 탈바꿈을 이룩했는가를 추적해 보았다. 그리고 2002년 월드컵을 계기로 동원된 네티즌들이 시민사회의 새로운 주역이 되어 한국 정치를 어떻게 바꾸고 있는가도 살펴보았다. 앞으로 탈근대 신유목 사회에서 한국 시민사회를 활성화하기 위해 필요한 것이 무엇인가를 살펴보면서 이 장을 마무리하고자 한다.

무엇보다도 현재 신유목적 민주주의를 이끌고 있는 핵심 주체세력인 젊은 세대의 정치참여를 촉진하기 위한 참여정치 거버넌스를 확립하는 것이 우선되어야 한다. 온라인 시민참여를 활성화해야 하고, 공급자 중심의 거번먼트(government)

에서 수요자 중심의 거버넌스(governance)로 전환해야 한다. 그리고 유목적 시민사회가 조성한 사회자본(social capital)을 정치자본(political capital)으로 전환시키기 위해 노력해야 한다.

둘째, 국가·시장·시민사회의 거버넌스를 국가 주도의 중앙집권적·집중적·수직적·독점적 통치에서 분권적·분점적·자율적·수평적 네트워크적인 협치協治 거버넌스로 전환해야 한다. 이러한 협치 거버넌스가 실현되기 위해서는 국가·시민사회·기업 간에 분권·참여·네트워킹이 일어나야 한다. 이를 위해 국가는 시장, 기업, 시민사회, 지방정부의 협력을 촉진하는 촉진자 또는 촉매국가(Lind, 1992), 즉 관문(gateway)이 되어야 한다. 그리고 기업은 사회적 책임을 다하는 '좋은 기업시민(good corporate citizen)'이 되어야 하며, 시장은 통합된 사회 속에 안착하여 뿌리를 내리는 '시민친화적 시장(people-friendly market)'이 되어야 한다. 시민사회는 지대를 추구하는 사적인 이익사회에서 탈피해 공공재를 사용하는 '공공재 소비자'에서 공공재를 만들어 내고 제공하는 '공공재 공급자' 역할을 제고해야 한다. 이렇게 함으로써 시민사회의 공적 성격을 강화하고 공공재 공급에서 국가 독점구조를 깨고 국가·기업·시민사회가 공유·분점하는 협치 거버넌스를 확립할 수 있다.

세계화 시대에도 변함없이 시민은 공적 존재이다. 따라서 신유목적 민주주의 하에서 공공성의 정치를 고양하기 위해서 관官에서 민民으로의 전환을 공公에서 사私로의 전환으로 오해해서는 안 된다. 시민은 단순히 공의 사용자가 아니라 공의 창조자이면서 공급자이다. 공적 영역이야말로 시민의 영역이라는 것을 인식할 때, 시민과 시민사회의 권위가 창출된다. 시민과 시민사회가 개별적 그리고 집단적 사적 이익만을 추구할 때 또는 시민사회단체가 사적 이익단체나 거대기업에 포획될 때 신유목적 민주주의는 정치의 근본이라 할 수 있는 공공성을 상실한, 협애한 이익집단이 지배하는 약탈국가, 지대추구사회를 낳을 뿐이다. 공공성의 개념은 고대 아테네 폴리스 도시국가에서 뿐만 아니라 오늘날의 탈근대적 신유목적 민주주의에서도 정치의 요체다. 이는 젊은 세대가 주도하는 신유목적 시민사회가 항상 새겨들어야 할 이야기이다.

V

결론－한국 민주주의의 과거, 현재, 미래

13. 건국 이후 한국 국가성격의 변화*

결손국가로 출발

약 60년 전 1948년 8월 15일 한국인들은 사실상 최초의 공식적인 근대국가(modern state)를 수립하였다. 근대국가의 요소인 주권(sovereignty), 입헌성(constitutionality), 정통성(legitimacy), 관료제(bureaucracy)를 갖춘 근대국가가 탄생한 것이다(Weber, 1978). 그러나 1948년에 수립된 대한민국 국가는 '결손근대국가(defective modern state)'일 수밖에 없었다.

무엇보다도 근대국가의 첫 번째 요건인 영토성(territoriality)을 결여하고 있었다. 대한민국은 출범부터 헌법 제3조에서 규정하고 있는 "대한민국의 영토는 한반도와 그 부속도서로 한다"로 명확하게 정의된 영토조항(clearly defined territory: Max Weber, 1978)을 갖고 있었음에도 불구하고 헌법에서 규정된 영토의 반 밖에는 실효적으로 지배할 수 없는 분단국가였던 것이다. 분단국가라는 결손국가 형태로 출범한 대한민국은 파행적인 국가건설 특징을 보여 주고 있다.

---

* 이 글은 다음의 글을 수정·보완한 것임. 임혁백, 2008e, 〈건국 이후 60년간 한국 국가성격의 변화: 반공주의, 발전주의, 시장권위주의, 신자유주의, 그리고 신유목주의?〉, 서울대 한국 정치연구소 주최, '대한민국 건국 60주년 심포지엄: 21세기 한국 정치의 발전방향', 발표논문, 서울대학교 8월 12일.

외삽국가 — 외부세력에 의해 세워진 국가

대한민국 국가건설과정은 무엇보다도 미국이 냉전체제를 수립하기 위해 동아시아에 냉전 교두보를 마련하기 위해 수립했다는 점에서 외삽성(imposition from external forces)을 띠고 있다. 대한민국과 북한은 기본적으로 냉전이 낳은 이란성 쌍둥이다. 대한민국과 북한은 미국과 소련이 경쟁적으로 냉전체제를 구축하면서 냉전의 최전방 전초지역에 건설한 완충국가(buffer state) 또는 전초국가(outpost state)이다. 미국은 미군정이라는 직접통치 기간이 지나자 탈식민국가(post-colonial state)로 대한민국이라는 전초국가를 세웠던 것이다. 대한민국이 한국인들의 자율적 노력이 아니라 냉전의 산물로 미국이라는 외부세력에 의해 만들어진 국가였기 때문에 분단이라는 것은 이미 예정되어 있었는지 모른다.

결손국가 — 국가건설과 민족파괴

한국은 세계에서 유례가 없을 정도로 가장 동질적인 민족국가였다. 한국인들은 한민족 역사의 시작에서부터 국민(demos)의 경계와 국가(polis)의 경계가 일치하는 단일 민족국가 지배하에 살아왔다. 그런데 일제 식민지배 이후 다시 국가를 건설하던 과정에서 국가건설은 일본 제국주의에 의해 흩어졌던 한민족의 재건설로 이어지지 않고, 기존에 존재하고 있던 민족파괴(nation destroying)를 통해 진행되었다. 국가건설(state building)과 민족건설이 거의 동시에 진행되었던 서구와 달리, 한반도에서 국가건설은 민족파괴로 이어졌다. 국가와 민족이 최악의 조합을 이룬 상태에서 국가건설이 진행되었다.

국가건설이 민족파괴(nation destroying)로 이어지면서 한반도는 국가(polis)의 경계와 민족(demos + ethnos)의 경계가 일치했던 동질적 단일 민족국가가 파괴되는 비극을 경험하게 되었다. 또한 이는 몇 년 후 일어난 동족상잔의 전쟁, 한국전쟁이 발발하게 되는 가장 큰 원인을 제공했으며 이 전쟁은 아직도 진행 중이다. 국가와 민족의 결합이라는 관점에서 볼 때, 대한민국의 국가건설은 중대한 결함이 있는 결손국가(defective state) 건설과정이었다(임현진·공유식·김병국, 1994).

조숙한 민주주의 국가

그럼에도 불구하고 대한민국의 국가건설은 서구 시민들이 수백 년 동안 많은 우여곡절과 유혈적 충돌을 통해 쟁취한 자유민주주의의 기본적 제도들(보통평등선거권, 보통교육의 권리와 의무, 국민개병제, 조세국가)을 외부세력(미국)에 의해 일거에 확보하게 되었다. 그러나 제도와 사회·경제적인 구조적 조건의 상충으로 인한 부조응성의 문제가 야기되었다. 이러한 점에서 대한민국의 민주주의는 조숙성(prematuredness)의 문제를 안은 채 출범하였다(최장집, 1996).

부르주아 민주주의 국가

마지막으로 대한민국의 국가건설은 1960년대 부르주아 민주주의와 자본주의 시장경제를 위한 좋은 조건하에서 출발했다는 특징을 갖고 있다. 배링턴 무어(Barrington Moore)에 의하면, 부르주아 민주주의와 자본주의 혁명에 있어 가장 큰 장애요소는 농촌계급, 특히 토지귀족계급의 존속·확장·재충전이다(Moore, 1966). 그런데 대한민국은 해방 후 3년 만에 미군정의 시범적 실시와 무상몰수·무상분배의 사회주의적 농지개혁을 전광석화처럼 단행한 북한으로부터 불어오는 광풍(gale)에 의해 농지개혁이 건국 전에 이미 부분적으로 실시되었고, 본격적인 농지개혁을 실시할 수밖에 없는 조건이 성숙되어 있었다. 그리고 실제로 건국 후 동아시아에서 가장 철저한 자유주의적 농지개혁이 대한민국에서 실시되었다. 한국전쟁 기간 중 북한군 점령지역에서는 그들에 의해 사회주의적 농지개혁이 실시되었고, 대한민국 국군이 북한점령지역을 수복한 뒤에도 체제경쟁 차원에서 정부가 농지개혁을 경쟁적으로 추진했다. 농지개혁은 자유주의적으로 실시되었으나 실제로는 체제경쟁과 한국전쟁으로 인한 전시 인플레 효과에 의해 사실상 '무상몰수·무상분배'의 사회주의적 농지개혁이 되고 말았다. 이로써 한국의 토지계급(지주계급)은 철저하게 몰락하였으며 자본주의적 산업화에 저항할 수 있는 세력은 박정희 장군이 산업화를 본격적으로 추진하기도 전에 사라지고 말았다.

이와 같이 대한민국은 중대한 결함을 안은 채 건설되었다. 냉전과 농지개혁의 '의도하지 않은 결과'로 미국의 자유민주주의 제도가 외삽적으로 이식되었고, 자본주의적 산업화에 저항하는 마지막 보루인 지주계급도 해체되면서 한국은 1960년대 이후 자본주의적 산업화를 추진할 수 있는 중요한 제도와 계급구조를 갖게 되었다.

반공국가 — 이승만과 자유당 정권

기본적으로 외인론이 내인론보다 대한민국의 건국과정을 잘 설명할 수 있다. 분단국가라는 대한민국 건설과정은 미국이라는 외부적 요소를 빼고는 설명할 수 있는 부분이 그리 많지 않기 때문이다. 앞서 이야기한 바와 같이, 대한민국은 국제냉전체제 형성과정에서 소련을 중심으로 하는 공산주의 제국이 동아시아에 팽창하는 것을 저지하는 보루이자 냉전의 전초기지 국가로 미국에 의해 외삽적으로 건설되었다.

냉전시대 미국의 세계전략 또는 동아시아 전략은 한국의 행동반경을 결정해 주었다. '미국의 경계(American boundary)'는 신생국가인 대한민국의 선택의 한계를 결정해 주었고, 대한민국은 그 틀 내에서 자신의 운명을 결정지을 지도 모르는 길을 선택하였다. 미국은 냉전의 전초기지인 대한민국에 대해 두 가지 모순적인 목표를 추구했다. 첫째는 국제공산주의의 팽창을 저지하는 반공보루로서 대한민국을 육성하려 하였다. 이는 기본적으로 동아시아에서 미국의 안보이익을 수호하기 위한 도구로서 대한민국을 건설하고 육성하는 것이었다. 반공이라는 안보이익은 미국의 가치 전파라는 구성주의적 평화이익 또는 미국 자본주의의 이익이라는 경제적 이익에 우선하는 정책이었다. 미국은 한반도에서 카첸스타인이 이야기한 "풍요(경제적 이익)를 압도하는 권력(정치·군사적 이익)(power over plenty)"을 중시하는 정책을 수립하였던 것이다(Katzenstein, 1978). 말하자면, 미국이 한반도에 대해 갖고 있던 국가이익은 안보이익이 핵심이었고 경제적 이익 또는 미국의 가치 전파라는 구성주의적 이익은 부차적인 것이었다.

미국은 "대륙에서 일본(해양)의 심장부를 겨누는 비수(박명림, 2004: 21)"로서 한반도의 전략적 중요성을 잘 알고 있었고 따라서 대한민국이 대륙에서 해양으로 나오려는 세력(러시아, 중국, 북한)을 저지할 일차적이면서 동시에 최후의 보루라는 것을 잘 알고 있었다. 따라서 1950년 6월 25일 북한의 김일성이 남침했을 때 미국이 참전을 결정한 것은 너무도 자연스러운 것이었다. 대한민국을 잃는 것은 한반도만 잃는 것이 아니라 일본을 잃는 것이며 일본을 잃는다는 것은 미국의 태평양 연안까지 공산주의제국에 바로 노출시키는 것이기 때문이다.

그러면서도 미국은 동시에 대한민국에 대해 모순적인 정책을 추진했다. 그것은 한국을 미국식 '민주주의의 진열장(showcase of democracy)'으로 만드는 것이었다. 냉전시대에 미국과 소련은 제3세계를 선점하기 위한 체제경쟁을 벌였고, 미국은 미국식 민주주의의 우월성을 제3세계 국가의 민주주의와 시장경제 발전을 지원하여 보여주려 하였다. 대한민국은 그러한 '민주주의 확산'이라는 미국외교정책의 모델사례였다. 대한민국은 공산주의의 전초국가인 북한과 바로 직접 대치하며 체제경쟁을 벌이고 있었다. 여기서 우리는 미국이 왜 미군정 시기부터 한국에 때 이른 정치적 자유와 시장경제 제도를 외삽적으로 부여·육성하였는가라는 물음에 대한 해답을 체제경쟁에서 찾아야 하는지를 알게 된다.

미국이 한국 지주계급의 반대를 무릅쓰고 당시로 볼 때 매우 진보적인 농지개혁을 시도하고 그것이 지주들과 한민당의 반대에 부딪히자 미군정이 소유한 신한공사 농지부터 시범적으로 시행한 이유도 체제경쟁에서 우위를 차지하기 위한 것이었다. 미국은 미국의 안보이익과 충돌하지 않는 분야에서는 대한민국에 대해 매우 관대하고, 시혜적이며, 진보적이었다. 그래서 허쉬(Hersh, 1976)는 동아시아에서 미국의 헤게모니는 자비로운 것(benevolent hegemony)이었다고 이야기한다. 이는 한국이 세계체제에 편입되는 과정에서 한국에 대한 제국주의적 규정력이 관대하게 나타나는 결과를 가져왔다(임혁백, 1994: 311). 미국은 대한민국에 보통평등선거권, 보통교육, 시장경제 제도 등을 이식함으로써 대한민국이 정치적 자유와 경제적 풍요가 넘치는 '자본주의적 민주주의(capitalist democracy)'로 육성·발전시키려 하였다. 미국은 한국을 민주주의의 진열장으로 만들기 위해 미군정을 통해 일거에 보통평등선거권을 한국 국민들에게 주었고, 농지를 개혁하고, 보통교육을 실시했다. 또한 식민악법 철폐와 기본권 보장, 정부조직의 민주화와 사법부 독립의 제도적 기반도 마련해 주었다. 서구의 국가들이 대부분 선거권 자격제한 체제(regime censitaire)를 거쳐 수백 년에 걸쳐 완전한 보통평등선거권 체제에 도달한 것과 달리, 한국은 민주주의의 역사적 경험과 사회적 기반이 마련되지 않은 상황에서 미국에 의해서 외삽적으로(external imposition) 그리고 조숙하게(premature) 자유민주주의 제도를 도입하게 되었다.

이와 같은 두 가지의 모순적인 미국의 대 한반도 정책목표는 대한민국의 행동반경을 결정해 주었다. 이승만 정권에 의한 국가건설은 자유민주주의라는 형식적 틀 속에서 반공국가를 건설하는 것이었다. 국가의 공식적 이데올로기는 자유민주주의였으나 실천적 이데올로기는 반공주의였다. 국가 이데올로기의 형식과 내용의 불일치는 초기 한국 민주주의의 굴절·왜곡·파행을 예고하는 것이었다(임혁백, 2006).

한국 민주주의의 파행은 조숙성에 기인하는 바가 크다. 민주주의에 필요한 사회·경제적 그리고 계급·구조적 조건들이 성숙하지 않았음에도 불구하고 한국에 민주주의가 도입되고 농지가 이미 개혁되었기 때문에 노동자들과 농민들은 선거권 확장이나 농지개혁이라는 의제를 내걸고 정당을 조직할 기회를 상실하고 말았다. 대한민국이라는 신생국가는 한국전쟁을 수행하기 위해 필요한 하층계급의 충성을 동원하기 위해서 노동자 및 농민들과 특별한 정치적 교환(political exchanges)을 할 필요가 없었다. 따라서 조숙한 민주주의는 역설적으로 노동자와 농민의 정치적 협상 지렛대를 약화시켰고 그것이 반공주의와 결합되었을 때 노동자와 농민의 정치적 조직화에 치명타를 가했다(최장집, 1996; Im, 2006).

조숙성에 더하여 한국 민주주의를 파행시킨 것은 미국경계의 비대칭성이다. 미국은 반공보루로서의 대한민국과 자유민주주의 진열장으로서의 대한민국을 동시에 추구하였다. 그러나 반공주의와 자유민주주의가 충돌할 경우, 미국은 자신의 안보이익에 따라 반공주의를 우선하는 비대칭적 정책을 추구하였다. 미국의 경계는 한쪽으로 기울어진 것이었다. 미국의 좌·우 경계는 공산주의와 파시즘이다. 미국의 경계가 대한민국에 가한 제약은 대한민국 정부가 공산주의 좌익혁명과 우파 파시스트 독재 사이에 있는 어떤 지점에 머물러 있어야 한다는 것이었다(Im, 2006). 미국은 한국 정부가 아래로부터의 좌익민중반란에 의해 또는 위로부터 우익파시스트 쿠데타에 의해 전복되는 것을 허용하지 않으려 했다. 미국의 경계는 미국 국가의 중도적 특징(middle range character)을 보여 주는 것이다(Katznelson and Prewitt, 1979). 미국의 경계는 제3세계에서 사회주의 혁명이 일어나는 것을 막는 동시에 다원주의적 민주주의를 장려하는 냉전기 미국 외교정책의 경계를 보여 주는 것이다. 한국은 그러한 미국의 경계가 가장 뚜렷이 나타나고 작동하는 냉전의 최전방이었다(최장집, 1996; 박명림, 2000). 그런데 미국은 역사의 변곡점마다 좌익정권의 등장은 선제적으로 저지하면서도 우익 권위주의 정권은 그

정권이 냉전기의 미국 안보이익에 봉사하고 있다고 인정되는 한 묵인하고, 지원하고, 조장하였다. 미국의 경계는 오른쪽으로 편향된 것이었고 이는 냉전적 세계질서하에서 미국의 안보이익에 부합되는 것이었다.

대내적 자율성과 대외적 종속성의 공존

이러한 미국의 경계 내에서 한국 정부는 제한적인 대외적 자율성을 가질 수밖에 없었다. 이승만의 반공국가 성격은 기본적으로 대외적 종속성과 대내적 자율성을 그 특징으로 하고 있다. 이승만 정권은 국방, 안보, 외교의 대부분을 미국에 의존하고 있었다. 미국의 원조는 1950년대 한국 자본형성의 80%를 차지하고 있었고 대충자금 형태로 지원된 미국원조가 한국 정부 수입의 50%에 육박하였다. 그리고 대충자금의 30-40%가 국방비로 투입되었으며 미국이 원조물자로 제공한 밀가루, 원면, 설탕은 '3백호황'의 원동력이었다. 미국은 한국의 안보와 경제를 책임졌던 대형이었다.

반공의 보루로 세워진 외삽국가는 대외적 자율성을 상실한 대가로 대내적인 자율성을 확보할 수 있었다(진덕규, 1994). 좌파 노동운동세력은 무력에 의해 진압되었고 한국의 지주계급은 1950년대의 농지개혁과 한국전쟁으로 산업자본가로 전환하지 못하고 계급해체를 강요당했다(임혁백, 1994). 한국전쟁으로 레드 콤플렉스가 형성되면서 반공은 이승만 정권을 지탱해 주는 정통성의 근원이 되었다. 북한 공산주의자의 도발에 따른 전쟁의 참혹한 기억을 갖고 있는 한국인에게 반공은 이데올로기적 헤게모니 역할을 하였던 것이다. 또한 반공은 일본 식민지 시대의 관료, 경찰, 군 등 국가억압기구가 신생민주주의 국가에서 온존할 수 있는 근거가 되었다. 헤게모니 국가인 미국이 지원하고 보호한 이승만 정권은 억압적 국가기구에 더하여 이데올로기적 헤게모니를 확보함으로써 난공불락이 되었다. 이로써 무소불위의 국가권력에 대항할 어떤 조직화된 사회세력도 존재하지 않게 되었다(임혁백, 1994).

국가는 반공이라는 이름하에 계급정치의 출현을 원천적으로 봉쇄하였고, 선거공간에서 토론되는 이데올로기적 담론의 폭 또한 극도로 편협하게 축소시켰다. 조봉암과 진보당 사건이 여실히 보여 준 바와 같이 1950년대 반공국가하에서 반공주의를 벗어난 이데올로기, 대안, 청사진에 대한 토의, 토론, 논쟁은 원천적으로 금기·금지되었다. 1948년 건국 직후 반공주의를 규율하는 국가보안법이 곧바로 공표되었고, 이후 국가보안법은 시민적 권리와 정치적 자유를 명시한 헌법 위에 군림하면서 '반공규율사회'를 유지·발전시켰다(조희연, 1998). 반공주의로 국민을 규율하고 국민을 동원하는 반공규율사회는 반공국가가 만들어 낸 이데올로기적 통제사회였다.

반공주의와 준경쟁적 권위주의의 이중주

그런데 헤게모니 국가이면서 후견국가인 미국은 한국을 자유민주주의의 진열장으로 만들려는 또 다른 모순적 목표를 갖고 있었고, 이는 이승만 정권으로 하여금 자유민주주의의 외피를 유지하게 하는 기본제약으로 작동하였다. 1948년 제헌의회 선거 후 1950년대에는 선거가 주기적으로 실시되었다. 한국전쟁 와중에, 그것도 비상계엄 하에서도 선거는 실시되었다. 1948년 제헌의회 선거 이후 2년 뒤에 국회의원 선거가 실시되었고, 그 후 4년마다 어김없이 국회의원 선거가 실시되었다. 1952년 최초로 대통령 직선이 이루어진 후 4년마다 대통령 선거와 지방의회 선거가 실시되었다. 민주주의를 협애하게 선거 민주주의로만 본다면 이승만 정권하에서 민주주의는 유지되었다고 볼 수 있다(임혁백, 2000).

물론 이승만 정권하에서 선거는 국민의 자유로운 선택을 보장할 수 있는 언론, 집회, 결사, 사상의 권리와 같은 시민적 권리 그리고 평등하고 자유롭게 공개적으로 정치적 경쟁에 참여할 수 있는 정치적 권리를 보장하지 않았고, 반공주의를 근거로 광범위한 인권침해를 가하는 가운데에서 주기적으로만 실시되었다. 이점에서 이승만 정권하에서 민주주의는 결손 민주주의(defective democracy) 또는 준경쟁적 권위주의(semi-competitive authoritarianism)라고 할 수 있다. 그러나 군부에 대한 문민통제와 더불어 형식적 민주주의를 실시했다는 것은 당시 한국이 처한 대내·외적 곤경에 비추어 볼 때 놀라운 일이라 할 수 있다.

그러나 이승만 정권은 자신의 권력은 공고화한 반면, 한국 민주주의의 이데올로기적 범위를 반공으로 협애하게 규정하고 반공을 정치적 반대파를 탄압하는 도구로 사용함으로써 한국 민주주의를 파행으로 몰고 갔다. 반공을 명분으로 한 정치적 반대파에 대한 탄압은 좌익인사에만 국한되지 않았다. 보수적인 반대세력에 대해서도 탄압이 이루어졌다. 1949년 국회프락치 사건, 1952년 부산정치파동, 1954년 사사오입개헌 파동, 1958년 경향신문 폐간 등의 사건들은 반공주의의 칼날이 좌익에 머물지 않고 보수적인 반대세력에도 겨누어지고 있다는 것을 보여 준다.

이승만 정권이 공식적으로 내건 이데올로기는 자유민주주의였다(임혁백, 2006). 그런데 이승만 정권의 자유민주주의는 자유, 평등, 인권, 법의 지배와 같은 본질적 내용은 사상된 채 선거주의라는 외피만 도입된 것이었다. 그 결과, 자유민주주의가 정치를 이끌어가는 기본원리가 될 수 없었다. 실제 정치를 이끌어가는 기본원리는 반공주의였다. 그럼에도 불구하고 이승만 정권이 자유민주주의를 완전히 폐기하지 못한 데는 한국을 자유민주주의의 진열장으로 만들려는 미국의 목표가 존재했기 때문이다.

자유민주주의가 이승만 정권의 공식 이데올로기로 남아 있는 한 이승만 정권은 체계적인 인권탄압체계를 갖출 수 없었을 뿐만 아니라 제도화된 권위주의를 수립할 수 없었다. 여전히 이승만 정권은 대외적으로는 미국의 제약, 미국의 경계 내에 머물 수밖에 없었다. 따라서 이승만 정권의 공식 이데올로기는 시종일관 자유민주주의를 유지했다. 이승만 정권은 형식적으로는 민주주의 제도를 유지하면서 동시에 그것을 사실상 무효화시키는 반공에 의존해 통치할 수밖에 없는 구조적 모순을 가지고 있었다. 따라서 이승만 정권은 스스로 규정해 놓은 공식적이고 형식적인 자유민주주의 정치제도와 과정을 완전히 벗어날 수 없었고, 그 과정에서 강권과 탄압의 요소가 제한되었다.

이로 인해 이승만 정권이 자유민주주의의 보편적 규범을 침해하였을 때, 시민사회는 이승만 정권의 공식 이데올로기인 자유민주주의를 정권타도를 정당화할 수 있는 무기로 이용할 수 있었다. 이것이 4·19혁명이 성공할 수 있었던 기본적 바탕이었다. 레드 콤플렉스(red complex)가 지배하던 1950년대에 정권의 반대세력은 사회주의와 같은 대체 이데올로기를 제시하지 않고 정권의 공식 이데올로기인 자유민주주의에 의존하여 한국전쟁 후 국민들의 의식과 행동을 규제해 왔던 레드 콤플렉스를 피하면서 동시에 도덕적 우위를 확보할 수 있었다. 그리고 학생, 도시빈민, 지식인, 재야, 도시중산층을 주축으로 하는 민주화연합전선을 형성하여 이승만 정권을 강제퇴진시키는 데 성공하였다. 민주화연합이 내건 구호는 역설적으로 정권의 공식 이데올로기인 자유민주주의의 수호였다. 이것이 위험부담에 민감한 중산층으로 하여금 레드 콤플렉스에 대한 위험부담 없이 정권타도운동에 동참할 수 있게 했다.

시장형성적 권위주의—박정희의 발전국가

건국 이후 제1차 민주화로 기록되는 4·19혁명은 명실상부한 자유민주주의 실현을 위한 기회를 제공했다. 그러나 분단국가와 반공헤게모니라는 제약은 이승만 정부 이후 등장한 민주당 정부의 행동반경을 좁혔다. 학생들과 혁신계가 중립화

통일론과 남북교류론 등을 들고 나와 반공주의가 허용하는 관용의 한계를 시험했다. 그러나 분단국가에서 반공의 한계를 시험한다는 것은 위험한 일이었다. 급진적인 혁신세력들이 민주당 정부가 가진 반공의 한계를 시험하려 하자마자 일체의 통일논의가 금압되었고, '반공을 국시'로 하는 군부쿠데타가 일어나 자유민주주의를 전복했다(임혁백, 2006).

준경쟁적 권위주의에서 관료적 권위주의로의 전환

5·16 군사쿠데타 이후 박정희가 이끄는 한국 군부는 직접통치의 지속, 집정포기와 민간인으로의 완전한 권력이양, 군인이 사복으로 갈아입고 정치에 참여하는(soldiers in muffti) 재민간화(recivilianization)라는 세 가지 길 중에서 재민간화를 선택할 수밖에 없었다. 그것이 후견국가인 미국이 정해 놓은 한국의 행동반경(반공주의와 민주주의의 진열장) 안에서 군부지도자들이 선택할 수 있는 차선이었기 때문이다. 이에 따라 형식적 민주주의가 복구되었고 쿠데타 지도자들이 군복에서 사복으로 갈아입고 형식적으로는 선거와 정당을 통해 지배를 하는 유사 민간화된 군부정치가 시작되었다.

사복으로 갈아입은 군인들은 먼저 권력의 정통성 확보에 나섰다. 군사쿠데타가 사회적 유인에 의해 일어난 것이 아니라, 자신들의 권력욕에 의한 것이었기 때문에 군부는 시작부터 정통성 결함을 안고 있었다. 자연히 그들은 '실적에 의한 정통성(legitimacy by performance)' 확보로 정통성의 결함을 메울 수밖에 없었다. 이에 따라 국가주도의 산업화를 통한 근대화가 정권의 목표로 등장하였고, 산업화의 성공이 박정희 정권의 정통성 근거가 되었다. 이런 과정을 거쳐 한국형 발전국가의 건설이 '제1차 경제개발 5개년 계획'이라는 이름하에 시작되었다.

1960년대에 박정희의 발전국가는 형식적 민주주의와 공존할 수 있었다. 1960년대의 제3공화국하에서 박정희 정권은 이승만 정권에 비해 월등한 물리적 강제력과 정보 통제력을 갖고 있었으나 주기적 선거, 반대당의 허용, 상당한 언론의 자유, 노조 허용 등과 같은 자유민주주의의 외피를 제한적으로 유지하였다. 1960년대의 정치체제는 1950년대와 마찬가지로 제한적 다원주의 틀 내에서 시민사회에 대한 국가통제가 이루어지는 준準경쟁적 권위주의 체제였다. 박정희 정권하에서 자유민주주의의 정치적 외피가 유지된 데는 박정희 정권이 경제개발에 성공함으로써 형식적 민주주의 틀 내에서도 권력을 유지할 수 있는 지지를 확보할 수 있었고, 억압적인 권위주의 체제로 전환하지 않고도 점증하는 노동자와 민중의 요구를 억제할 수 있는 강권력을 보유하고 있었기 때문이다(임혁백, 2006). 그러나 유사類似민간정권으로 출발해 자유민주주의의 외피를 유지했던 제3공화국은 시간이 지나면서 권위주의화되었다. 특히, 1960년대 말에 경제위기, 안보위기, 사회적 소요사태가 일어나면서 정치적 기반이 흔들리게 되고, 이러한 사회·경제적 위기 상황이 박정희의 장기집권욕과 결합하면서 1972년 10월 16일 발가벗은 권위주의 체제인 유신체제가 등장하게 되었다(임혁백, 2004c). 정당정치가 쇠퇴하고 박정희 일인지배 체제로 권력집중이 일어났으며, 일인지배 권력체제를 확립하는 과정에서 정치적 탄압과 인권침해가 자행되었다.

유신체제는 닉슨독트린과 미국과 중국 간 데탕트로 인해 야기된 안보위기, 7·4공동성명으로 상징되는 통일담론을 실천하기 위해 국민총력체제를 구축해야 한다는 명분하에 구축되었다. 그러나 유신체제는 박정희가 맞이한 위기에 대한 박정희의 불가피한 선택이 아니었다. 박정희는 위기를 이용하여 자신의 종신집권을 보장하는 권위주의 체제를 수립한 것이다(임혁백, 2005c). 유신체제하에서 자율적 시민사회는 해체를 강요당하였고 국가조합주의적인 조직화와 통제가 실시되었다. 공장에서 노동자들은 병영식으로 통제되었고 농촌에서 농민들은 새마을 운동의 일원으로 편성되었으며, 지역 및 직장단위로 민방위대가 결성되었고, 학생들은 학도호국단의 일원으로 조직되었다. 민중은 위로부터 조직되고 통제되었을 뿐만 아니라 정치적 권력과 경제성장 과실의 분배에서 배제되었다. '유인이 없는 국가조합주의'였다(임혁백, 2004c).

유신체제는 전통적인 권위주의 체제가 아니라 근대화된 '관료적 권위주의' 체제였다. 유신체제하에서 정치는 행정으로 대체되었고, 국민의 대표가 해야 할 기능과 역할을 군부와 행정부의 기술관료들이 담당하였다. 이들은 효율성과 수행능력을 최고의 가치로 삼고 국가주도적인 산업화를 밀고 나갔다. 이들은 한국형 관료적 권위주의인 유신체제하에서 동아시아형 개발독재국가(developmental state)의 전형을 만들어 나갔고 한국의 후발 산업화를 완성했다.

발전국가 형성

박정희와 군부가 실적에 의한 정통성을 마련하기 위해 한국 최초로 산업화와 근대화를 추진했을 때 박정희는 국가주의적인 발전모델을 채택하지 않을 수 없었다. 왜냐하면 20세기 후반에 일어난 두 차례의 세계대전 이후에 출현한 정치경제 체제는 시장보다는 국가에 경도된 체제였기 때문이다. 폴라니가 집중적으로 분석한 19세기의 시장사회는 제1차 세계대전으로 파산선고를 받았고, 제1차 세계대전 이후 국가는 단순히 '시장실패'를 교정하는 역할을 넘어 공격적으로 활동범위를 넓혀 나갔다. 더욱이 제2차 세계대전 이후에 국가는 제3세계의 후발산업국가들에서 뿐만 아니라 복지민주주의를 실현하려는 선진화된 제1세계에서도 문제해결의 원천으로 인식되었다. 전 세계적으로 일어난 국가주의 운동은 스탈린주의, 파시즘, 나치즘, 관료적 권위주의와 같은 여러 다양한 권위주의를 등장시켰으며, 사회민주주의자들도 시장의 자기파괴성을 경제와 사회에 대한 국가개입으로 해결하려 하였다.

박정희의 압축적 산업화 성공으로 한국은 발전국가(developmental state)의 대표적인 모델사례가 되었다. 그럼에도 불구하고 박정희의 발전국가는 시장권위주의적(market authoritarian)이라는 특징을 갖고 있었다. 한국의 산업화를 본격적으로 시도한 박정희는 국가소유적이고 국가통제적인 산업화가 아니라 시장지향적이고 시장증진적(market-augmenting)인 산업화 전략을 선택하였다(World Bank, 1993). 신고전주의자들은 박정희의 국가가 시장친화적인 환경을 만드는 데 개입했다고 평가했다. 박정희 정부는 통화평가절하, 수출지원제도, 수입자유화 등과 같은 경제개혁을 통해 국내가격이 상대적으로 왜곡되지 않게 함으로써 '중립적 무역체제'를 수립하였다는 것이다. 또한 박정희의 국가는 시장실패를 교정하는 기능을 수행함으로써 자신의 행동반경을 제한했다고 말한다. 국가가 교육과 인적자본에 대한 투자를 통해 공공재 공급과 하부구조 건설 등 거래비용을 낮추는 것 이상의 월권행위를 하지 않았다는 것이다. 한국의 국가부문은 규모와 범위에 있어 남미의 발전국가나 서구의 사회민주주의 국가보다 작았을 뿐만 아니라 공기업들이 사기업과 직접적인 경쟁관계에 있지 않았다는 것이다. 공기업들은 시장에 의해 충분히 공급되지 않는 부문(전기, 가스, 대중교통, 통신 등)을 담당함으로써 사적 부문과 협력적 분업관계를 형성하였다는 것이다.

'97년 체제'—신자유주의 국가의 도래

외환금융위기의 도래

1997년 말, 한국은 동아시아 신생민주주의 국가들 중에서 처음으로 평화적으로 여당에서 야당으로 정권교체를 이루어 냈다. 이로써 민주주의 공고화에 획기적인 진전을 이룩했다. 그런데 정권교체는 경제위기와 함께 이루어졌다.

동남아시아에서 시작된 금융위기가 한국에 상륙하면서 아주 짧은 시간에 한국 경제를 거의 와해시켰고 한국은 국제통화기금(IMF: International Monetary Fund)

으로부터 구제금융을 받아 생존을 연명하게 되는 사태를 맞게 되었다. 한국을 국가부도 상태로까지 몰아붙였던 위기상황은 기존 한국의 발전국가 모델이 갖고 있는 결함에 대한 국부수술을 넘어 새로운 한국형 발전모델을 정립하도록 하는 압력을 작용했다. 밖으로부터 주어진 위기극복 처방은 정부, 기업, 금융, 노동 등 전 분야에 시장질서를 재확립하는 신자유주의 구조개혁 프로그램이었다.

외환위기 발생원인에 관해서는 여러 가지 논의가 있지만 우선적으로 한국 경제의 구조적 문제를 살펴볼 필요가 있다. 경제위기는 과거 한국의 경제성장을 주도해 왔던 발전국가 체제가 그 효율성을 다하면서 새로운 체제로 전환을 이루지 못한 데서 구조적 원인을 찾을 수 있다. 민주화 이후 기존의 발전국가 체제를 시장을 중심으로 하는 경제체제로 전환하려는 시도가 있었다. 그러나 그 시도는 시장적 규율과 규제가 작동하지 않는 재벌 중심의 민간주도 경제체제로 대체되었다. 시장기능 강화가 오히려 재벌의 경제력 집중을 강화시켰고 통제되지 않는 재벌의 부실한 과잉투자는 금융을 부실화시키고 마침내 한국 경제 전체를 위기로 몰아넣었다.

신자유주의적 경제구조개혁—재벌개혁

김대중 정부의 경제개혁은 이중적으로 진행되었다. 한편으로는 경제위기 국면을 해소하면서 경제를 정상화하는 것이고, 다른 한편으로는 국내외적으로 변화된 환경에서 경쟁력을 확보하고 복지를 극대화할 수 있는 새로운 신자유주의적 자본주의 모델을 만드는 것이다.

신자유주의적 구조개혁의 핵심은 재벌개혁이었다. 한국 재벌은 한국의 기적을 가져온 주역이었다. 그런데 이 신화의 주인공은 어느 날 갑자기 하늘에서 지옥으로 추락하였다. 외환금융위기 이후 한국 재벌들은 경제위기를 가져온 책임을 뒤집어쓰고 자기 개혁을 강요당하였다. 기업 구조조정의 기본원칙은 1998년 2월 6

일, 당시 김대중 대통령 당선자와 5대 재벌총수 간에 이뤄진 '5대 합의사항'에서 마련되었다. 5대 합의사항의 첫 번째는 기업경영의 투명성을 제고하는 것이다. 이를 위해 국제기준에 부합되는 기업회계기준(특히, 결합재무제표)을 도입하고 독립적인 사외이사를 선임하고 소액주주의 권리를 강화함으로써 주주에게 책임지는 지배구조를 구현하는 것이다. 두 번째는 계열사들 간 내부보조행위를 시정하고 개별기업의 재무독립성을 제고하며 상호채무보증을 해소하는 것이다. 세 번째는 기업의 차입의존도를 낮추고 자기자본을 확충하여 재무구조를 개선하고 수익성 없는 사업과 자산을 매각해 수익성 위주의 경영으로 전환하는 것이다. 네 번째는 다각화된 사업구조를 핵심역량 중심의 사업구조로 전환하고 중소기업과의 협력관계를 강화하는 것이다. 다섯 번째는 기업을 지배하는 대주주나 경영자의 법적 책임을 강화하는 것이다.

첫째, 기업지배구조(corporate governance)의 개혁이 있었다. 한국의 경제위기는 한국 경제의 주역인 재벌의 부실경영에 있고, 재벌들의 방만한 차입경영, 무분별한 다각화, 과잉중복투자가 가능했던 것은 잘못된 경영관행을 감시·통제할 수 없었던 기업지배구조 때문이다. 말하자면, 재벌의 실패는 기본적으로 기업지배구조의 실패이다. 기업으로 하여금 최고 경영능력을 창출하도록 감시하고 견제하는 기업지배구조를 한국 재벌은 갖고 있지 않았다. 한국의 자본주의는 미국의 주주 자본주의(shareholder capitalism)도 아니고 일본과 독일의 이해관계자 자본주의(stakeholder capitalism)도 아니었다. 한국의 자본주의는 '가족소유 자본주의'였다. 재벌체제하에서 전문성이 부족한 재벌총수가 독단적으로 의사결정을 하고 무분별하게 사업을 확장할 수 있었던 것은 이사회를 통한 내부 감시기제와 자본시장 및 금융시장에 의한 외부적 감시가 모두 부재했기 때문이다.

김대중 정부는 내부 감시기제를 활성화하기 위해 재벌 내부의 이사회와 감사회를 활성화하고 사외이사제를 도입하고, 소액주주의 권한을 강화하였다. 또한 기관투자자의 전문성을 활용하여 기업경영에 대한 감시기능을 수행할 수 있도록 하였다(대한민국 정부, 1998: 174-175). 마지막으로, 선단경영의 지휘부 역할을 하면서도 경영에 대한 법적 책임을 지지 않았던 회장실, 비서실, 기회조정실 등을 해체하여 문어발 재벌기업을 독립적인 기업집단으로 변화하도록 압력을 가하였다.

사회적 협의주의 시도 — 노사정위원회

1997년 말에 발생한 경제위기 때 집권한 김대중 정부의 과제는 경제위기로부터 벗어나는 것이었다. 그러나 경제위기를 극복하기 위한 해법은 김대중 정부가 자율적으로 선택할 수 있는 것이 아니었다. 극복방법은 IMF 구제금융조건(conditionalities)이라는 이름으로 외부로부터 부과되었다. 그 공식은 신자유주의적 구조조정이었고 그 속에는 노동시장 유연화가 포함되어 있었다. 김대중은 민주주의의 챔피언이고 노동자의 친구로 알려져 왔다. 선거유세 동안 그는 차가운 신자유주의적 개혁자보다는 온정주의적 포퓰리스트로 비쳐지기를 원했다. 소수지역에 기반한 소수정당 출신인 그가 선거에 승리하기 위해서는 노동자들의 표가 필요했다. 그래서 그는 유연적 해고를 반대하며 당선되면 IMF와 재협상할 것이라고 공약했다.

그러나 당선 이후 김대중은 선거공약을 철회하고 IMF가 제시한 구제금융조건을 충실히 이행할 것을 공식적으로 약속하였다. 그런데 IMF가 요구한 신자유주의적 구조조정 가운데 가장 정치적으로 힘든 분야는 유연적 노동시장의 도입이었다. 그것은 자신의 지지세력인 노동자들의 거센 저항을 불러일으킬 수 있는 사안이었다. 이러한 상황에서 김대중은 유연적 노동시장제도 도입에 노동자들을 참여시키기 위해 1997년 12월 26일 경제위기극복을 위한 노사정 3자 협의기구를 설립, 국난에 버금가는 경제위기 극복의 해법을 찾자고 제안하였다(KILF, 1998: 5). 1998년 1월 15일에 '경제위기 극복을 위한 노사정위원회'가 출범한 노사정위원회는 한광옥 노사정위원회 위원장, 한국노총과 민노총의 각 대표들, 경총과 전경련의 대표들, 정부를 대표하는 2인(재경부장관, 노동부장관), 4명의 정당대표들로 구성되었다. 김영삼 정부의 노사관계개혁추진위원회(노개위)와 비교해 보았을 때, 각 이익집단들의 실질적 대표자를 확보하였고, 위원회에서 도출된 협정을 유지하고 실제 정책으로 전환할 수 있는 능력을 지니고 있는 정부대표가 참가했고, 정당대표가 참여함으로써 합의사항을 법제화할 수 있는 높은 잠재력을 갖고 있었다. 말하자면, 노개위와 비교해 볼 때, 노사정위원회는 대표성, 집행력, 제도화 능력에 있어서 훨씬 진전된 3자 협의기구였다.

노사정위원회는 1998년 2월 6일, 유연적 노동시장 도입을 포함한 경제위기 극복을 위한 사회협약을 도출해 냈고, 국회는 재빨리 여야합의로 2월 13일 협약내용을 법률로 제정하였다. '2·6사회협약'은 기업과 금융이 구조조정을 손쉽게 할 수 있도록 해고와 대체인력 투입 등의 제도적 장치를 마련했다. 이는 국제자본으로 하여금 금융 및 기업 구조조정이 성공적으로 진행될 것이라는 전망을 갖게 했고, 월스트리트는 만기 단기채를 장기채로 전환하는 데 동의했다. 이로 인해 국제자본이 다시 한국에 투자를 하기 시작했고, 한국은 단기 신용경색에서 벗어나는 동시에 장기적인 구조조정에 착수할 수 있게 되었다.

제1기 노사정위원회가 협의한 중요한 사회적 의제는 정리해고제 도입을 통한 노동시장 유연화, 노동기본권 및 사회복지정책 수정, 재벌개혁 등을 포함하는 포괄적이고 거시적인 국가적 의제였다. 노사정위원회에 참석한 각 이익집단의 대표들은 논의를 통해 90개에 달하는 정책적·정치적 이슈에 관해 합의했다. 그러나 제1기 노사정위원회는 제도화가 결여된 조직이었다. 제1기 노사정위원회는 외환금융위기 상황에서 김대중 당선자가 임의적으로 만든, 법적 근거가 결여된 기구였다. 협의기구로 작동할 수 있는 정치·경제·노사문화적 조건이 갖추어지지 않았을 뿐만 아니라 법·제도적 뒷받침이 없는 조건에서 만들어졌다는 점에서 제1기

노사정위원회는 전형적인 혁신적 코포라티즘이었다.

1999년 4월에 출범한 제2기 노사정위원회는 금융, 공공부문, 기업 등 모든 부문에 걸쳐 진행되고 있는 구조조정을 중심으로 사회적 협의를 진행하였다. 노동계가 1기 합의사항이었던 교원노조 합법화와 실업자의 초기업단위 노조가입 자격인정 등 노동기본권 문제를 제기하자 노사정위원회에 공익위원을 참여시키고 이들로 하여금 논의의 전문성을 제고하고 노·사·정 간 갈등을 중재하게 했다. 그리고 정부는 노사정위원회의 법적 위상을 강화하기 위해 임시기구였던 노사정위원회를 대통령령에 의한 자문기구로 전환하였다.

1999년 9월에 출범한 제3기 노사정위원회는 근로시간단축과 비정규직노동자 문제 등 노사관계 현안을 의제로 다루었다. 구조조정과 사회정책 등을 둘러싼 협의도 전개되었지만 대체적으로 노사관계 제도개선 논의가 주를 이루었다. 제3기에는 정치권이 더 이상 참여하지 않음으로써 노사정 및 공익위원을 중심으로 노사정위원회가 운영되었다. 제3기 노사정위원회는 노사정위원회 설립에 관한 특별법, '노사정위원회의 설치 및 운영 등에 관한 법률(제5,990호)'이 국회에서 제정됨으로써 사회적 협의기구의 제도화가 강화되었지만, 정부와 재계 등의 소극적인 태도와 민주노총의 불참으로 위원회 활동이 원활하게 이루어지지 못했다. 이 점에서 제3기 노사정위원회는 제2기와 제3기와 비교해 제도화 수준은 높아졌지만 사회적 지지는 낮아져서 추동력을 상실한 채 머뭇거리고 있는 부동 코포라티즘(immobile corporatism) 성격을 가졌다.

김대중 정부는 노사관계 민주화와 노동거버넌스의 글로벌스탠더드 확립이라는 이중 목적을 갖고 노사정위원회를 출범시켰으나 세계화에 대응하기 위한 유연적 노동시장 도입이 노사관계의 민주화를 압도하였다. 국민의 정부의 노동정책이 신자유주의적 세계화 요구에 순응하는 방향으로 기울어짐으로써 정부는 정리해고와 같은 유연적 해고제도 외에 노사관계 민주화에 관한 합의사항 이행에는 적극적이지 않았다.

미래의 한국—신유목주의의 가능성[92]

세계화와 IT혁명—베스트팔리아 체제의 황혼

세계는 변화하고 있다. 미국제국이 부활하고 있고, 미국 중심의 세계화가 진행되고 있는 반면, 1648년 베스트팔리아 체제 수립 이후 국제질서의 기본행위자였던 영토적 국민국가가 쇠퇴하고 있으며 신중세적인(new medievalism) 다층적·다중적 권력분점구조가 형성되고 있다. 국내로 눈을 돌리면, 한국은 IT혁명이 가장 빨리 일어나고 있는 지역으로 꼽히고 있다. 초고속 인터넷망과 인터넷 가입자 수에 있어 부동의 세계 정상을 달리고 있으며, 디지털 접근성(digital access), 휴대전화와 인터넷 이용자 수에 있어서도 세계 선두주자이다. IT는 경제뿐 아니라 정치와 정부, 사회, 문화를 변화시키고 있다. 촛불시위, 노사모, 탄핵반대 등에서 보듯이 한국은 웹 2.0시대의 참여민주주의가 가장 활발히 진행되고 있는 지역이다. 사회–경제적으로는 한국은 산업사회에서 지식정보사회로 이전하고 있는 중이다.

경제적으로 한국 경제는 전통산업에서 지식정보산업으로 중심축이 이동하고 있다. 디지털 산업, 소프트웨어 산업, 콘텐츠 산업, 문화 산업, 브랜드 산업, 미디어 산업이 이제 미래의 한국 경제를 이끌어 가는 주역이 되어 가고 있다. 고위험과 고수익(high risk, high profit)을 추구하는 SOHO(Small Office Home Office)형 창업도 활성화되고 있다. 노동과 자본이 가치창출의 원천이었던 산업사회에서는 품질이 경쟁의 핵심이었다면 탈근대에는 시간이 경쟁의 핵심이 되고 있다. 한편, 경제의

---

92 이 부분은 다음에 의존하였음. 임혁백, 2009a,《신유목적 민주주의—세계화·IT혁명 시대의 세계화와 한국》, 서울: 나남.

IT화는 경제 양극화 등의 부작용 또한 낳고 있다. IT혁명의 부수효과로 대기업 대 중소기업, 수출산업 대 내수산업, 첨단산업 대 전통산업 간에 격차가 크게 벌어지고 있다.

노동영역에서도 혁명적 변화가 일어나고 있다. 혁신적인 IT기술로 대규모의 노동이 절약되어(labor saving) '노동자 없는 공장(workerless factory)'이 현실로 나타나고 있다. 이로 인해 IT는 '고용 없는 성장'이라는 새로운 과제를 한국 경제에 던져주고 있다. 또한 IT는 다기능 노동자를 요구하면서 과제 중심으로 모였다가 흩어지는 유연한 노동조직을 등장시키고 있다.

사회적 이동성이 증가하면서 정주사회가 유동적(liquid) 사회로, 사이버 접속이 활발해지면서 자신의 정체성을 확인하는 접속사회가 되고 있다. "나는 접속한다. 그러므로 나는 존재한다." 사회가 유동적일 뿐만 아니라 상호작용 증가로 사회적 경계가 파괴되는 현상이 일어나고 있다. 학습과 노동, 일과 놀이, 이성과 감성, 사실과 가치, 중심과 주변 간 경계가 모호해지고 있는 것이다. 사회적 이질성과 복합성이 증가하면서 사람들은 오히려 더욱 서로 연결되기를 원하고 있다. IT와 세계화로 다중적 정체성을 가지게 된 사람들이 다양한 네트워크에 연결되어야 안심하는 네트워크 사회가 출현하고 있다. 신유목적 사회 출현과 함께 사회조직은 위계형 피라미드 조직 또는 지휘자가 이끄는 필하모니형 조직에서 수평적 네트워크 조직이자 지휘자가 없는 재즈밴드형 조직으로 바뀌고 있다.

정치적으로는 촛불집회에서 보듯이 축제와 같은 정치가 등장하고, 이념이 아니라 문화를 만드는 정당이 시민의 사랑을 받게 되고, 정치적 경쟁의 장이 계급투쟁에서 생활정치로 바뀌고 있다. 이성적 정치보다는 감성적 정치가 유권자의 표를 얻는데 더 매력적인 것이 되고 있다. 물질적이고 직업적인 이해관계를 중심으로 한 이익집단정치가 쇠퇴하고 기호, 의견, 문화적 공감대를 매개로한 네트워크형 동원과 축제의 정치가 등장하고 있다. 유권자들이 계급, 지역, 정당 귀속감보다는 인물과 쟁점에 따라 투표하는 경향 또한 증대되고 있다. 21세기 탈근대 사회에서 투표자들의 선호(preference)는, 이성적이고 안정적이고 일관성이 있던 산업화 시대 시민들의 선호와 달리, 감성적이고 유동적이며 정책선호 일관성이 없는 것이 특징이다. 산업화 시대에 압도적이었던 국가는 점점 작아지고 시장과 기업, 시민사회단체(NGO: Non-Governmental Organization)의 힘이 커지고 있다. 국민국가는 상대적으로 쇠퇴하고 있고, 정치는 분권화되고 있으며, 지방은 갈수록 중앙정부로부터 자율성을 증대시키고 있다.

세계화와 IT혁명으로 국가에 대한 개념이 근본적으로 변화하고 있다. 과거 영토국가 시대에는 경성국가(government)가 대외적으로 배타적이고 대내적으로 절대적인 주권을 가지고, '주어진 영토 내에서 물리적 폭력을 합법적으로 독점 사용하였다(Weber, 1978).' 그러나 세계화와 IT혁명으로 국가중심적인 경성통치구조가 초국가, 국가, 시민사회, 기업, 지방자치체 등 다수 행위자가 다중적으로 권력을 분점·공유·교환·네트워킹하는 복합적이고 연합적이며(confederal) 연성적인(soft) 협치 또는 관리하는 체제로 바뀌고 있다. 말하자면, 유동적이고 국제화되고 다층적이고 다원적인 협치 지배구조가 등장하고 있는 것이다. 권력행사에 있어서도 과거와 같이 강압력, 군사력, 경제력, 부존자원을 기반으로 하는 경성권력(hard power)이 중심이 되었던 시대에서 가치와 제도의 우수성, 문화적 매력을 바탕으로 설득을 통하여 동의를 얻어낼 수 있는 연성권력(soft power)이 중심이 되는 시대로 바뀌고 있다. 지배방식도 관료적이고 위계적이며 중앙집권적인 거대정부가 중심이 되는 통치에서 유연하고 수평적이며 분권적이고 공적-사적 부문 간 균형을 추구하는 협치로 바뀌고 있다. 정보화, 세계화, 지방화로 공공재 공급에 있어서도 국가의 배타적·독점적 지위가 무너지고 있다. 국가는 비정부기구(NGO), 다국적기업, 국가 간 기구, 초국적 지역기구, 지방정부와 권력을 분점할 수밖에 없게 되었고 공공재 공급도 초국적 국가기구와 기업, 국내기업, NGO 또는 국가-기업-NGO 가 섞인 혼합제도(mixed institutions)에 의해서 이루어지고 있다.

신유목사회와 신유목적 민주주의의 출현

이와 같이 21세기에 일어난 IT혁명과 세계화는 정주사회를 유목사회로 변화시키고 있다. IT와 세계화는 사회를 엄청나게 이동적인(mobile) 사회로 바꾸어 놓고 있다. 사람, 사물, 제도, 기업, 개념, 가치, 연대감, 사랑, 가족, 일, 소비양식, 식사시간과 수면시간, 이데올로기, 전쟁형태, 명성, 여가나 여흥 등에서 정주성이 사라지고 있다(아탈리, 2005: 32). 국경을 넘나드는 초국가적 행위자들이 출현하고 급속도로 영향력을 확대해감에 따라 지리적 연대감이 약화되고, 정치의 탈영토화가 일어나고, 사회의 경계가 무너지고, 자본과 노동이 국경을 넘어서 움직이고, 안방에서도 세계의 정보·금융·정치를 넘나들 수 있는 사이버 유목이 일상화되고 있다(조정관, 2005). 기업들 또한 제한된 시간에 주어진 역할을 해 내기 위해 사람들이 모였다 흩어질 수 있게 조직을 유랑극단 형식으로 조직하며 기업조직 전체를 유목형으로 바꾸고 있다. 소비, 노동, 여흥, 예술 등이 모두 유목화되고 있다(아탈리, 2005: 33). 지금 세계는 수천 년간 지속되었던 정주생활에서 유목생활로 전환을 진행하고 있다.

정치도 유목화하고 있다. 영토국가 시대의 정부는 정주형 정부였다. 수많은 관료로 구성된 중앙집권적인 거대 정부가 영토 내 국민들을 위계적으로 통치하는 정부였다. 민주주의 또한 강한 정주적 특징을 보였다. 주어진 국경에 묶여 있는 정착민들이 자신들의 대표를 선출하고 그들에게 권력을 위임하는 간접적인 주권을 행사했다. 대의제 민주주의가 영토국가 시대의 민주주의였다. 그러나 사회가 유목사회로 바뀌면서 대의제 민주주의가 유목화하고 있다. 대의제 민주주의는 유목민의 요구에 부응하여 조직을 경량화하여 이동성을 높이고(小), 가벼운 몸집을 가지고 국민의 요구에 빠르게 응답하고(速), 다양한 유목시민들을 연결시켜 주며(連), 다양한 유목시민들이 언제, 어디서나 참여할 수 있도록 정치를 개방하며(開), 주어진 가치를 분배하기보다는 새로운 가치를 창조함으로써 정합적으로 권력을 분점하고 국민적 통합과 포용을 추구하는(包) 신유목형 민주주의로 변화하고 있다(임혁백, 2004b).

첫째, 신유목적 민주주의는 조직 경량화를 통해 저비용·고효율의 정치를 실현하려 한다. 신유목민들의 기본적 유목물품인 인터넷을 활용할 경우, 정치비용을 획기적으로 절감할 수 있을 것이다. 거대국가 또는 유모(乳母)국가(드러커, 1994: 188) 또한 작고 유연한 조직으로 변해 신유목민들에게 방문형 서비스를 하는 신유목 정부 또는 유비쿼터스 정부로 바뀌고 있다. 거대조직 또는 포드주의적 조립라인 생산방식으로 표를 동원했던 산업화 시대의 정당정치 또한 온라인과 오프라인 모두를 통한 개별적 접속, 접촉, 소통 등을 통해 유권자들의 표를 이끌어 내는 유목형 정당정치로 바뀌고 있다. 정당조직이 경량화, 분권화, 유연화, 탈관료화, 탈피라미드조직화되고 있다.

둘째, 신유목적 민주주의는 국민 요구에 빠르게 응답하는 정치를 실현하고 있다. IT는 소통에 필요한 시간적·공간적 제약을 제거하고 있다. 소위 지리의 종말과 속도전쟁이 동시에 일어나고 있다. 신유목적 민주주의에서 대표와 시민들은 유목물품을 통해 소통하며 이를 통해 시민의 요구를 빨리 전달받고 이를 빠르게 정책에 반영하는 속도의 정치를 실현하고 있다(비릴리오, 2004). 누가 빨리 시민의 요구를 파악해 정치에 반영하느냐는 속도경쟁이 신유목적 민주주의의 핵심을 이루고 있다.

셋째, 신유목적 민주주의는 개방적 네트워크를 통해 시민과 대표, 시민과 시민을 연결하는 정치를 실현하려 한다. 유목민들은 살아남기 위해서 항상 부족 전체와 연결되어 있어야 하며 필요하다면 가까운 오아시스와도 연결되어 있어야 한다. 신유목민의 유목물품인 휴대폰, 인터넷, 팩스, MP3 등은 다양한 네트워크와 항시적으로 접속을 유지하기 위해 필요한 전송수단이다. 그런데 신유목사회가 구축하려는 네트워크는 개방적 네트워크이다. 따라서 신유목사회에서는 사회적으로 합의된 게임규칙(rule of game)을 준수하기로 동의한 모든 자들에게 네트워크가 개방된 정치가 가능하게 된다. 그리고 시·공간적 제약을 없애 준 디지털 혁명으로 중앙에서 지방, 국경을 넘어 전 세계적으로 확장이 가능한 확장형 네트워크로 나가게 된다. 또한 프로젝트와 과업 중심으로 네트워크를 형성하고, 작업이 끝나면 해체되었다가 다시 새로운 과업을 중심으로 새로운 네트워크를 형성하는 과제형(task force) 네트워크 정치조직 또한 출현하게 된다.

넷째, 신유목적 민주주의는 개방적 민주주의를 지향한다. IT혁명은 산업화 시대에 종료되었다고 생각한 프론티어(frontier) 정치를 재개하고 있다. IT혁명은 생산력을 획기적으로 증가시키면서 인간생활에 새로운 영역을 열고 기존 아날로그 영역을 확대하고 있다. 이에 따라 주어진 산출물 분배를 둘러싸고 제로섬적인 분배게임을 특징으로 하는 농경시대형 가치분배 정치가 종식되고, 기존 영역을 확대하면서 동시에 새로운 영역을 창출해 관할권을 조정하는(coordinate) 포지티브적 '가치창조 정치'가 등장하고 있다. 즉, 폐쇄적이고 배타적인 이념정치와 계급정치를 특징으로 하는 구舊 정치가 쇠퇴하고 새로운 정치세력이 항상 정치에 진입할 수 있는 개방적 정치가 나타나고 있다. 이제는 고정된 계급이 아니라 이동하는 시민의 표가 중요해지고, 자본가와 노동자 간 계급균열이 아니라 정보부자(gold collar)와 정보빈자(information poor) 간 균열선이 표를 동원하는 핵심적 균열선이 되는 탈계급정치가 등장하고 있다.

다섯째, 신유목사회는 포용성이 높은 민주주의를 이끌 것이다. 신유목민들이 계속 이동하면서 서로 거래, 교환, 교류하기 위해서는 서로를 포용하는 공존의 정치를 펼칠 수밖에 없다. 아탈리에 의하면 유목민(nomade)이라는 단어는 '함께 나눈다'는 의미의 그리스어이다. 유목민은 타인에게 예의바르고 개방적이어야 하며 다른 부족과 방랑의 장소를 공유해야만 살아남을 수 있다(아탈리, 1999). 신유목민들은 서로의 생활양식과 가치관을 존중하면서 공존할 수 있는 복합적 문화를 조립하는 레고문명(CiviLego)의 시대를 열어 간다는 것이다. 복합적이고 다중적인 정체성은 신유목 시대의 다양한 네트워크에 참가하기 위한 필수조건이기 때문에 신유목민들은 세계시민으로서의 정체성, 민족의 일원으로서의 정체성, 지방적 정체성, 직업적 정체성을 동시에 가져야 한다.

마지막으로, 신유목적 민주주의는 신뢰정치를 지향한다. 디지털 시대에 네트워크를 유지하기 위해서는 높은 사회적 신뢰가 요구된다. 디지털 시대에 신뢰는 사회조직의 단순한 덕목이 아닌 생존을 위한 조건이다. 디지털 네트워크에서 신뢰가 형성되지 않으면 네트워크 자체의 존립이 어려워지기 때문이다. 수많은 네트워크가 그물처럼 얽혀 있는 디지털 시대의 특성상 한 주체의 일탈행위는 승수작용을 거쳐 사회 전반에 막대한 피해를 초래할 것이다. 따라서 사회적 신뢰가 구축되어야 신유목적 네트워크 사회가 본질적으로 완성된다.

IT혁명과 더불어 세계화와 민주화가 한국에서 '신유목사회(neo-nomad society)'를 출현시킨 기본 동력이 되고 있다. 한국민족의 유목민족 기질은 오랜 정착생활로 인해 억눌려 있다가 세계화와 디지털 혁명을 계기로 다시 피어나고 있는 것이다. 테헤란 벨리의 디지털 열풍, 세계 최고 수준의 이동전화 사용률, 인터넷 이용률 등은 '가상 유목민'의 형태로 한국인들이 신유목민화하고 있다는 것을 보여준다. 외국인 노동자의 유입, 유연적 노동시장으로의 구조조정, 자유무역협정, WTO에 의한 농산물 시장 개방 등으로 노동자와 농민들은 생존하기 위해 이동하는 유목민이 되고 있으며, 부유한 하이퍼 계급은 부를 선점하기 위해 전 세계를 돌아다니는 하이퍼 유목민이 되고 있다.

디지털 혁명, 신경제과 신산업의 번창, 교통혁명, 도시화 등으로 한국 사회는 고도로 이동성이 높은 유목사회로 변모하고 있다. 사이버상의 이동, 지리적 이동,

직업적 이동, 교육 이동, 계층적 이동이 모두 활발하게 일어나고 있다. 고도의 이동성은 주거양식 변화에서도 나타난다. 현재 한국사람들 다수는 고도의 이동성에 적합한 임시주거의 전형인 아파트에 거주한다. 평생 살기 위한 목적으로 아파트에 입주하는 사람은 거의 없다. 부유한 한국인들은 더 좋은 교육환경을 찾아 영미 선진국으로 이동하고, 가난한 한국인들은 일자리를 찾아 중동과 동남아 건설현장으로 이동한다. 유학, 수출, 기술연수, 결혼, 관광 등을 위해 해외로 이동하고 있다. 한국인의 국제적인 신유목민화, 즉 디아스포라화(diaspora)는 빠르게 진행되고 있다. 신유목사회라는 개념을 개발한 아탈리는 한국은 신유목주의의 실험실이라고 찬탄한다. 오래된 역사를 가진 한국은 과거에는 유목부족들이 교차하는 곳이었고, 현재는 유목물품이 매일 발명되고 있는 나라이며, 음악과 텔레비전을 유목화하는 방식에서도 세계에서 가장 앞서 있다. 한국인들은 자신의 정체성인 유목민적 원천을 잘 알고 있고 이를 미래로 연결시킬 수 있는 명철한 능력을 보여 주고 있다고 아탈리는 말한다.

21세기 한국 대통령은 이러한 한국인들의 신유목주의적 특성을 잘 살려줌으로써 신유목적 세계에서 한국을 선진 신유목적 민주주의 국가로 부상시키는 데 주도적 역할을 해야 할 것이다. 신유목적 민주주의가 실현되기 위해서는 신유목적 민주주의의 바탕이 되는 구조적 조건인 유목물품이 보편화되어야 하고, 시민들이 신유목민화되어야 하며, 사회는 신유목사회로 전환해야 한다. 기본적으로 한국은 신유목적 민주주의를 실현할 수 있는 구조적 조건이 충족되어 있는 상황이다. 따라서 한국 정부가 해야 할 일은 온라인과 오프라인상의 정치적 자유를 높은 수준으로 증진시키는 것이다. 일정 수준 이상의 정치적 자유가 존재해야지만 신유목사회가 지향하는 신뢰를 바탕으로 한 참여 네트워크가 이뤄질 수 있다. 정치적 자유가 존재해야지만 온라인과 오프라인을 통해 세계와 연결될 수 있기 때문이다. 싱가포르의 신유목화는 높은 수준임에도 불구하고 정치적 자유가 보장되어 있지 않기 때문에 신유목적 민주주의를 실현하지 못하고 있다. 싱가포르 정부는 인터넷서비스 제공자(ISP)들을 검열해 인터넷을 통해 정치적 반대흐름이 형성되는 것을 막으려 하고 있다.

신유목적 민주주의 건설의 전제조건은 '참여하는 시민'의 존재이다. 정치조직의 경량화, 포용적 정치과정, 네트워킹 등의 전개는 모든 영역에서 시민의 참여가 진작되어야만 가능하다. 공동체에 관한 무관심, 불참, 냉소주의 혹은 무임승차적 태도가 만연한 사회에서는 신유목적 민주주의를 실현하기 힘들다. 한국에서는 월드컵을 계기로 정치에 축제처럼 참여하는 젊은 P(Participation)세대가 출현하였다. 2002년 월드컵 거리응원에서 시작된 젊은이들의 참여운동은 미선·효순의 죽음에 대한 촛불시위로 이어졌고 제17대 대통령 선거유세 참여로 발전해 '2002년의 선택'을 결정하였다. 2004년 3월 탄핵반대 집회에 참여하여 2004년 총선결과를 바꾸어 놓았고, 2008년에는 '광우병 우려가 있는 미국산 소 수입반대' 촛불시위에 참여하여 이명박 정부의 신자유주의적 정책에 제동을 걸었다. 자발적으로 이뤄진 한국 젊은 세대의 참여는 인터넷을 매개로 구름처럼 순식간에 모여 '유쾌하게' 반대하고 외치며 시위하는 신유목민적인 참여였다.

국가-시민사회-기업의 협치 — 혼합통치 거버넌스

21세기 IT혁명의 급격한 진행으로 국가-시민사회-기업 간에 협력, 조화, 협치, 공치의 혼합통치체제(heterarchy)가 등장하고 있다. 국가-시민사회-기업 간 경계(boundary)가 파괴되고, 고정적 경계시대가 유동적 경계시대로 전환되고, 이러한 경계파괴는 세 영역이 혼합된 '회색지대(gray areas)'를 출현시키고 있다(임혁백, 2004a).

국가의 공적 규제영역에 시장원리가 도입되고, 기업단체와 시민단체가 국가의 규제기능을 대행하는 현상이 나타나고 있으며, 국가-시민사회-기업이 공동으로 참여하는 민·관·기업 공동 프로젝트가 지역개발과 교육기구 등에서 출현하고 있다. 전통적인 국가영역인 보건서비스(healthcare)와 복지서비스 등에서도 민영화가 일어나고 있다. 국가의 임무라고 할 수 있는 사회간접자본 형성과 사회하부구조 건설을 사기업이 담당하는 일이 점점 늘어나고 있다.

이러한 혼합기구들은 국가-시민사회-기업의 질서조직 원리가 혼합된 혼합통치질서에 의해 작동·운영되고 있다. 혼합통치질서는 국가-시민사회-시장의 질서조직 원리가 혼합된 것으로 국가-시민사회-기업이 협력, 조화, 공동결정(共治: co-governing)에 바탕하여 문제를 해결하고 사회질서를 조직하고 있는 것이다(Pacquet, 2001: 186-187).

산업화 시대의 영토국가는 위계적인 관료제라는 비시장적 메커니즘을 통해 자본주의 세계에서 세계체제와 국내시장 사이에서 문지기(gate-keeper) 역할을 수행하였다(Polanyi, 1944; Moore, 1966; Wallerstein, 1974). 국내시장에 대한 세계시장의 압력을 조절하기 위해 보호주의 또는 자유주의적인 시장 문지기 역할을 수행해왔다. 그러나 IT와 세계화의 진전으로 국가의 수문장 국가 또는 문지기 역할이 약화되고 '촉매국가(catalytic state)', 가상국가(virtual state), 관문국가(gateway state)로 역할 재조정이 일어나고 있다. 촉매국가는 사회적 자본을 육성하여 사회적 신뢰를 키우고, 사회 제 세력들 간 네트워킹을 촉진하며, 행위자들 간 협력능력(collaborative capabilities)을 키우는 국가이다(Lind, 1992: 3-12). 산업화 시대의 국가는 나라라는 배의 노를 직접 저었으나 촉매국가는 키만 잡는다. 촉매국가는 사회 제 세력들 위에 군림해 지시를 내리기보다는 사회 제 세력들의 행동을 조정하는 조정자 역할에 만족한다. 촉매국가는 민간행위자 또는 지방정부가 자체적으로 현장정보와 지식을 수집하도록 하고, 이들로 하여금 다양한 실험을 통해 문제해결방안을 도출해 내게 하는 실험의 장을 마련해 주는 실험 촉진자(facilitator, enabler) 역할을 수행한다.

가상국가는 영토에 대한 집착으로부터 해방된 국가이다(Rosecrance, 1999). 영토국가는 전형적인 정주국가였다. 영토 내에 농토, 천연자원, 정주공간이 있다. 따라서 영토국가는 더 많은 인구와 더 넓은 영토를 확보하는 데 혈안이 되었다. 영토의 크기가 국력을 좌우했기 때문이다. 그러나 세계화 시대에는 다른 나라의 영토를 직접 지배하지 않더라도 필요한 자원과 경제적 이익을 획득할 수 있다. 또한 정보화로 거리 개념이 소멸, 원격조정을 통해 전 세계 경제활동을 관리할 수 있게 되었다. 따라서 21세기 국가는 영토확장을 도모하는 것이 아니라 영토를 넘어 전 세계를 상대로 다양한 경제활동을 전개하고 이를 통해 경제번영을 구가하는 가상국가로 변모하고 있다. IT와 세계화 시대의 경쟁은 지리적 경계를 넘어 가상적으로 진행되고 있기 때문이다.

가상국가는 세 가지 업무에 치중한다(Rosecrance, 1999). 첫째, 가상국가는 천연자원과 물리적 자본의 재고(stock)보다는 지식, 정보, 기술, 소프트웨어, 금융자본 등 형태가 없는 유동적 자원의 흐름(flow)과 교역을 중시한다. 둘째, 가상국가는 연구개발(R&D), 신제품설계, 재무, 마케팅, 법무, 컨설팅 등 두뇌기능(brain functions)에 치중한다. 제조업과 같은 육체기능(body functions)은 인건비가 저렴한 개발도상국으로 이전하여 이익의 극대화를 도모한다. 셋째, 가상국가는 두뇌기능의 우위를 확보하기 위하여 국민들의 인적자본(human capital) 개발에 국가정책의 최우선 순위를 부여한다. 가상국가는 사람이 가치창출의 핵심요소이며 사람의 두뇌력(brainpower)이 국가경쟁력의 절대적 요소라는 점을 분명히 인식하고 국민의 인적자본을 육성하는 교육에 심혈을 기울인다.

관문국가는 시장에의 진입과 퇴출을 통제하는 문지기 국가에서 탈피하여 기업이 세계시장으로 나아갈 수 있는 관문이 되어 주는 국가이다. 국가의 역할은 특정한 프로젝트를 수행하기 위해 다양한 행위자들을 모아 네트워크를 구성하고 관리하는 관문이 되는 것이다. 따라서 관문국가는 규제하는 국가가 아니라 규제를 풀어 주는 탈규제 국가이며, 아웃소싱 등을 통해 국가기능의 민간이양,

국가조직의 슬림화, 그리고 슬림화된 국가조직을 민간조직과 횡적으로 연결해 주는 국가이다. 관문국가는 특정 정책을 수립하고 추진하는 것이 아니라 정책참여자의 일원으로 참여자의 범위를 설정하고 참여자들 간의 네트워킹을 유도하는 역할을 함으로써 리더십을 발휘한다. 관문국가는 네트워크의 중심에 서서 연계고리(liaison) 혹은 관문의 역할을 수행한다(손열, 2005).

개발시대의 한국의 국가는 전형적인 수문장 국가였다. 국가는 소수의 국가챔피언 기업을 재벌로 육성하고 그들을 한편으로는 세계시장으로 내몰면서 다른 한편으로는 국내시장에 진입하는 외국 경쟁자들로부터 보호해 주었던 수문장이었던 것이다. 개발시대에 한국은 경제개발계획을 수립하는 관료집단과 이를 실행하는 재벌이라는 두 집단에 의해 중앙집중적 성장을 이루었다. 집중화된 국가(정치권력의 집중)와 집중화된 기업(경제권력의 집중)이란 두 위계조직 간에 발전국가적 연합이 개발시대의 한국 경제성장을 이끌었다. 발전국가는 노동과 시민사회가 정치와 경제영역에 침투하는 것을 막아 주는 수문장이었고, 세계시장으로부터 재벌을 보호해 주는 수문장이었다.

그러나 경제의 국경이 사라지는 세계화 시대에 신중상주의적 수문장 국가는 변신을 도모하지 않을 수 없었다. 1997년 말에 터진 외환금융위기는 발전국가 또는 수문장 국가의 강제퇴장을 불러왔다. 신자유주의적 구조조정 개혁이 IMF와 다국적 기업의 압력에 의해 강행되면서 국가 축소가 일어났다. 외환금융위기 이후 탈규제, 민영화, 자유화, 개방화로 시장영역이 빠르게 확대되면서 국가영역이 계속 침식되고 있다.

한국의 국가는 이제 노를 직접 젓는 것이 아니라 키만 잡고 기업과 시민단체 간 서로 다른 의견을 조정·통합하는 중재자 역할을 수행해야 한다. 그리고 이를 통해 기업과 시민사회 간 협력능력을 키우는 데 주력하여야 한다. 또한 신성장동력을 발굴하고 기업하기 좋은 여건을 마련해 줌으로써 우리 기업이 세계시장으로 나갈 수 있도록 해야 한다. 해외자본에 대한 규제도 철폐하고 해외자본이 한국에 투자할 수 있는 사회적 인프라를 깔아 줌으로써 해외자본에게도 수문장이 아니라 투자기회를 열어 주는 관문역할을 수행해야 한다.

한국의 국가는 이제 토지, 자본, 노동의 축적이라는 전통적인 부국 방식을 넘어 영토를 넘어 움직이는 기술, 지식, 정보, 소프트웨어 등의 자원흐름에 주목하면서 전략적 중재자로서 전략을 세우고 대내외 교섭을 행하는 기능을 수행하여야 한다. 전방위 자유무역협정(FTA: Free Trade Agreement) 추진전략과 개방적 통상국가 전략을 세워야 하며, 연구개발·디자인·마케팅·재무·법무·컨설팅과 같은 두뇌산업 육성에 주력하여야 하고, 인적자본 개발에 투자를 집중하여야 한다.

21세기 한국 국가는 분권화와 정부-시민사회-기업 간에 네트워크를 구성하는 촉매와 관문 역할을 수행하여야 한다. 말하자면, 프로젝트 네트워크를 지시하고 통제하는 것이 아니라 네트워크를 구성하고 관리하는 것이 국가업무가 되어야 하는 것이다. 발전국가 방식으로 국가가 위계적으로 산업을 육성하고 기술표준을 제정하려는 시도는 더 이상 통용되지 않는다. 국가는 협치 프로젝트를 폭넓게 구성한 후 적절한 행위자를 선정해 참여시키고 이들 간에 협력을 촉진하는 촉매자 역할을 해야 한다. 특히 디지털 융합과 같은 IT 회색지대에서 국가의 협치적 접근이 요구된다. 대통령은 이러한 네트워크 국가를 이끄는 지도자가 되어야 한다.

창조적 인간의 육성

한국은 지난 개발시대의 발전국가 모델을 통하여 산업사회에 진입하였고 대량생산과 대량소비 시대를 열 수 있었고 민주화의 물질적 기초를 쌓을 수 있었다. 이후 1997년 외환금융위기를 극복하는 과정에서 새로운 국가의 먹을거리로 IT를 발견하였고, 정부의 적극적인 IT인프라 구축과 육성정책에 힘입어 한국은 세계적인 IT강국으로 올라설 수 있었다. 산업화 과정에서 후발자의 이점을 누렸다면,

IT혁명에서는 선점효과를 누리면서 한국은 '따라잡기(catch up)' 근대화를 졸업하고 IT분야에서는 세계를 이끄는 선두주자가 되었다. IT분야에서 일본을 앞서는, 과거에는 상상도 못한 일을 해낼 수 있게 되었다.

한국이 IT의 선두주자로 부상하였으나 부작용도 만만치 않다. 대표적인 것이 고용분야다. IT는 노동력을 절약하는 기술을 보편화시킴으로써 많은 실업자를 양산하는 것과 동시에 고임금을 받는 고기술 노동귀족을 창출함으로써 노동 양극화를 심화시키고 있다. 따라서 21세기 대통령은 포스트 IT시대를 준비하기 위한 비전을 제시하여야 한다. 덴마크의 저명한 미래학 연구소인 코펜하겐 미래학연구원의 원장인 요한 팔루단(Johan Peter Paludan)은 세계는 IT혁명을 통해 산업사회(industrial society)에서 드림사회(dream society)로 들어섰고, 현재 드림사회는 포스트 IT사회 또는 창조적 사회(creative society)로 변모하고 있다고 주장한다. 창조적 사회는 지식을 기반으로 하며 개인성을 중시한다. 드림사회가 명품브랜드를 선호한다면 창조적 사회의 고급 소비자는 타인과 차별화할 수 있는 독특함(uniqueness)을 추구한다. 루이비통은 더 이상 소비자들이 선호하는 명품이 아니다. 모두에게 맞는 사이즈가 아니라 아무에게도 맞지 않는 단 하나의 사이즈가 창조적 사회의 소비자가 추구하는 상품이다. 창조적 사회에서 일상적 작업은 종말을 고하고 창조적 인간들이 하나의 독특한 상품을 만들기 위해 전력한다. 표준화는 더 이상 추구되는 목적이 아니며 그 대신 다양성, 혁신, 감성, 맞춤형, 상호작용적(interactive) 행동이 창조적 사회에 맞는 창조적 인간에게 요구되는 덕목이다(Paludan, 2006).

완전고용과 표준화된 생산이 일상화된 산업화 시대에는 열심히 일하는 노동자가 승자가 되었다. 그러나 드림사회와 창조적 사회에서는 지식 없이 열심히 일하는 것만으로는 승자가 될 수 없다. 열심히 일하지만 지식이 없는 노동자가 해고당하는 사회가 드림사회와 창조적 사회의 차가운 모습이다. 창조적 사회에서는 열심히 일하면서 지식도 계속 갱신하는 지식노동자가 영원한 승자이고, 열심히 일하지 않으면서도 창조적 사회가 요구하는 창조적 지식을 갖춘 노동자가 새로운 승자(new winner)이다. 그러므로 창조적 지식을 갖춘 노동자는 유연화된 노동시장 시대에도 쉽사리 직장을 구할 수 있다.

드림사회와 창조적 사회가 유연적 노동시장을 기술적으로 불가피하게 만든다면, 국가가 해야 할 일은 유연적 노동시장에서 불안에 떠는 노동자들을 달래고 그들의 안전(security)을 보장해 줄 수 있는 길을 찾는 것이다. 덴마크는 기업이 요구하는 유연화(flexibility)와 노동자들이 요구하는 안전을 결합한 유연안전성(flexicurity) 모델을 성공적으로 실천하고 있다. 덴마크의 유연안정성 모델과 관련해 한 가지 유의할 것은 이 모델을 성공시키기 위해 국가가 시장열패자들에게 평생학습, 교육, 훈련, 재훈련을 실시하고 이를 통해 그들을 창조적 인간으로 변화시켜 그들의 피고용가능성(employability)을 높였다는 것이다. 국가는 드림사회의 등장과 창조적 사회로 변화하는 와중에서 항상 고용될 수 있는 능력을 갖춘 창조적 노동자 또는 유비쿼터스 노동자(언제, 어디라도 고용될 수 있는 노동자)를 만들기 위해 노력해야 한다.

마지막으로 고용 없는 성장시대에 국가가 해야 할 최우선적 과제는 사회적 복지를 확대하는 것이다. 한국의 복지화는 민주화 및 산업화와 마찬가지로 후발성(lateness in world time of welfare state)을 특징으로 하고 있다. 민주화 이후에도 한국에서는 본격적인 복지국가가 추진되지 않았다. 외환금융위기 이후에는 케인즈주의적인 서구 복지국가가 아닌, 영국의 기든스(A. Giddens)가 이야기한 '제3의 길'을 본뜬 '생산적 복지', 즉 신자유주의적 복지국가가 한국 역사상 최초로 도입되었고 노무현 정부에까지 이어져 계속 발전해 왔다.

그런데 이후 등장한 이명박 정부는 신자유주의적 복지마저 민영화라는 이름하에 국가에 의한 복지제공을 축소하려 하고 있다. 이명박 정부의 이러한 시도는 국민적 저항을 유발할 수 있다. 유럽 복지국가 역사를 보면, 복지는 한 번 제공된 뒤에는 다시 복지가 없는 과거로 되돌아갈 수 없는 '비역전성' 또는 '불가역성(irreversibility)'의 성격을 갖고 있다. 복지를 주었다가 뺏는다면 아예 복지를 주지 않았을 때보다도 더 큰 저항에 직면할 수 있다. 따라서 산업화와 민주화 이후 한국의 시대정신은 복지화이다. 선진화가 선진국처럼 되는 것이라고 했을 때 우리가 선진국에 비해 모자라는 것은 시장이 아니라 복지다. 선진화를 위해서라도 복지를 확충해야 한다.

한국의 민주화는 선진국 수준으로 올라섰다. 선진국과 비교해 한국에서 가장 낙후된 분야는 복지이다. 그런데 한국 보수주의자들은 복지국가를 도입하기도 전에 영국병, 네덜란드병, 독일병 하면서 복지국가의 실패와 폐해를 이야기하고 복지국가 도입을 반대한다. 그러나 유럽 복지국가에 문제가 있다면, 우리는 후발자의 이점을 살려 유럽 복지국가의 문제를 최소화하는 복지체제를 만들어야 한다. 복지국가 도입 자체를 반대하는 것은 반민주적일 뿐만 아니라 반시장적이다. 복지는 시민들이 시장에 의존하지 않고도, 즉 시장에 참여하지 않고도 받을 수 있는 '사회적 임금(social wage)' 또는 시민이기 때문에 시민으로서 존엄성을 유지하기 위해 국가가 시민에 제공하는 시민임금(citizen wage)이기 때문이다. 복지는 평등주의에 기초한 민주주의와 불평등주의에 기초한 시장이 공존하기 위해 필요한 필수불가결한 장치이다. 더욱이 복지는 시장경제를 유지하기 위해서도 필수적이다. 폴라니가 이야기한 바와 같이 복지와 보호주의는 시장과 인간 그리고 자연을 이어 주는 연대재(solidarity goods) 역할을 하고, 시장과 인간, 시장과 자연이 공존하는 것을 가능하게 해 준다.

14. 한국 민주주의, 어디에 있으며 어디로 가고 있는가?*

한국 민주주의의 현주소

1987년 민주화 이후 한국 민주주의는 지속적으로 전진해 왔다. 1987년에는 대통령 직접선출을 통한 국민의 정부구성권이 회복되었고, 노태우 정부에서는 언론·집회·결사의 자유가 회복되었다. 김영삼 정부는 지난 20년간 군부통치에 마침표를 찍었고, 군부에 대한 문민통제를 확립하였다. 두 전직 군부 출신 대통령을 부정부패와 12·12군사반란에 대한 책임을 물어 감옥으로 보냄으로써 제3세계 신생민주주의를 탈군부화하는 모범을 보여 주었다. 김대중 정권은 한국 정치 사상 최초로 평화적 정권교체를 이루어 냈다. 평화적 정권교체는 한국 정치사에서 유례없는 일이었다. 선비의 나라로 일컬어지는 조선 왕조에서도 평화적 정권교체는 사실상 존재하지 않았다. 환국換局으로 일컬어지는 정권교체는 평균 200여 명의 목숨을 앗아가는 대가로 이루어졌다. 이탈리아의 정치학자인 사르토리(Giovanni Sartori)의 말을 빌리면 '살인 민주주의(demo-killing)'였던 것이다. 해방 이후 민주공

* 이 글은 다음의 글을 수정·보완한 것임. 임혁백, 2009b, 〈한국 민주주의, 어디에 와 있으며, 어디로 가고 있는가?〉, '시대정신 토론회' 발제문, 전국은행연합회관 2층 국제회의실, 6월 8일(월).

화국이 세워졌지만 제1공화국에서 제6공화국까지 정권교체는 평화적으로 이루어지지 않았다. 학생혁명, 군부쿠데타, 시민항쟁, 군부쿠데타, 시민항쟁과 같은 유혈적인 과정을 통해 정권이 교체되었고, 노태우 정권에서 김영삼 정권으로의 정권교체는 비록 투표를 거쳤지만 여에서 야로의 권력이동이 아니라 집권층 내부의 권력승계라는 제한적인 의미를 지닌다.

1997년에 최초로 정권교체를 달성하였다는 것 외에도 김대중 정부는 한국 민주주의 발전에 기여한 바가 크다. 김대중 정부는 김영삼 정부 때 시작된 권위주의 과거청산을 사실상 마무리하였고, 한국 민주주의의 트라우마(trauma)라 할 수 있는 광주문제를 해결했으며, 인권위원회를 설립해 인권보호를 제도화했다. 그러나 한국 민주주의는 여전히 '엘리트 민주주의'를 벗어나지 못했다. 다양한 가산주의(patrimonialism), 가부장주의, 지역주의, 보스주의, 가신정치, 패거리정치, 부패정치, 위임주의는 한국 민주주의의 선진화를 가로 막는 장매물적 요소였다. 이러한 교착상태에 빠져 있는 한국 민주주의에 활력을 불어넣은 것은 서민출신이면서 인터넷을 잘하는 노무현의 대통령 당선이었다. 노무현 대통령은 인터넷 시대가 배출한 대통령이다. 인터넷, 모바일 폰, MP3, 노트북과 같은 새로운 신유목적 소통기구를 통하여 2002년 한일월드컵에 참여한 한국의 젊은 세대는 온라인에서 소통하고, 심의하고, 토의한 뒤, 오프라인인 거리에서 모였다가 흩어졌다. 그들은 온라인과 오프라인 집회를 통하여 노무현의 선거자금(돼지저금통장)을 모으고, 지지자를 모으고, 방관자를 끌어들였다. 노무현의 대통령 당선은 한국 민주주의에 새로운 지평을 열었다. 젊은 세대를 중심으로 한 참여 민주주의의 새로운 가능성이 발견되었다. 그러나 2002년 대선을 통해 집권당이 된 새천년민주당은 지리멸렬하였다. 그들은 국민경선을 통해 뽑힌 후보를 부정하는 데 주저하지 않았다. '약한 정당과 강한 시민사회'라는 87년체제의 모습이 극명하게 드러났다. 집권당이 분열한 가운데 강한 시민사회가 나타나 노무현을 구출해 주었다.

그러나 강한 대의제 민주주의는 강한 시민사회보다는 강한 정당을 요구한다. 노무현의 대통령 당선 이후 2007년 대선에서 새천년민주당은 주류세력의 해당解黨행위를 두고 분열하였다. 집권당이 민주당과 열린우리당으로 분당하는 초유의 사태가 일어났고 잔류한 민주당은 야당인 한나라당과 공동으로 노무현 대통령 탄핵안을 통과시켰다. 대한민국 헌정 사상 최초의 대통령 탄핵은 엄청난 대중적 역풍을 불러왔고, 한 달 후에 치러진 4·13총선에서 국민들은 열린우리당에게 절대다수 의석을 안겨주었다. 선거로 표출된 민의는 헌법재판소로 하여금 국회의원 총수의 3/4이 결정한 탄핵을 받아들이지 않게 하는 데 영향을 주었다.

탄핵사태에서도 디지털 참여 민주주의는 위력을 발휘하였다. 젊은 세대는 디시인사이드와 같은 포털사이트에서 다양한 형태의 온라인 소통을 하였고, 탄핵을 반대하는 온·오프라인 행위를 벌였으며, 온라인에서 시위를 조직하여 오프라인(거리)으로 동원하였다. 그러나 탄핵정국과 총선정국이 끝나자 디지털 참여 민주주의는 참여대상을 상실했고 그 열기를 이어가지 못했다. 젊은 세대들은 다시 스포츠와 연예인에 관한 이야기로 온라인 화면을 메웠다.

온라인 정치세대가 탈정치화되는 데는 노무현 대통령과 열린우리당의 초라한 실적과 미숙한 정치력이 큰 몫을 하였다. 노무현 대통령은 집권당과 원활한 소통을 하지 못하였고, 열린우리당은 4대개혁입법(국보법폐지, 과거사진상규명법, 사립학교법, 언론개혁법)이라는 잘못 선정된 의제를, 잘못된 시기에, 잘못된 방법으로 추진하려 했다. 결과는 열린우리당의 급격한 지지기반 붕괴와 영구적인 선거패배였다. 4대개혁입법은 열린우리당 개혁정치의 상징이었다. 그러나 탄핵과 총선 이후 다수당인 열린우리당이 해야 할 일은 만년 소수당도 통치할 수 있다는 '통치능력(fit to govern)'을 보여 주는 것이었다. 이를 위해 대통령과 여당은 소수당으로 전락한 야당(한나라당)과 협치를 위한 거버넌스를 구축해야 했다. 지지의 외연을 넓히기 위해서는 자신을 반대한 세력을 배척하는 것이 아니라 포용할 수 있는 경제법안 그리고 서민과 민생을 살리는 개혁법안을 추진해야 하는 것이지 4대개혁입법과 같이 아방과 타방을 구분하고 타방을 타도하는 정치법안을 구축해서는 안 된다. 4대개혁법안은 또한 시간선택에서도 잘못되었다. 탄핵과 총선 소용돌이를 거친 뒤에 민심이 국민통합을 원하는 시기에 기득권과 대중을 갈라놓는 정치법안, 4대개혁법안은 열린우리당에 대한 실망(disenchantment)만을 가중시킬 뿐이었다. 막스 베버(Max Weber, 1972)의 이야기를 빌리면, 4대개혁법안은 심정윤리(ethtics of ultimate ends)로는 맡지만, 책임윤리(ethics of responsibility) 측면에서는 맞지 않는 개혁법안이었다. 옳은 정책이었으나 시점은 적절하지 않았다. 열린우리당이 입법대상이 서로 다른 4대개혁법안을 한꺼번에 일괄적으로 처리하려 함으로써 총선패배 이후 망연자실했던 여러 보수기득권 세력들이 다시 결집·단합했기 때문이다. 국가보안법은 기존 기득반공주의세력을, 사립학교법은 보수적인 종교세력을, 언론개혁법은 조중동(조선일보, 중앙일보, 동아일보)으로 일컬어지는 주류언론을, 과거사진상규명법은 친일세력과 권위주의세력을 타깃으로 하고 있었다. 이 네 법안을 순차적으로 추진하더라도 국회의석 과반을 간신히 넘은 집권당으로서는 힘에 부치는 일인데 이를 한꺼번에 패키지로 처리하려고 시도함으로써 반공, 보수언론, 보수종교계, 친일세력이 결집·단합하는 계기를 마련해 주었다.

이들은 여전히 한국 사회의 주류(social majority)였다. 따라서 4대개혁입법 사건은 기득권 세력의 저항을 받아 과거사법을 제외하고 사학법과 언론법 등은 법안 취지가 퇴색된 채 통과되었고, 보안법은 격렬한 대치 끝에 개정되지 않았다. 보안법이 폐지·개정되지 않음으로써 대한민국은 보수적인 인권평가 시민단체인 프리덤하우스(Freedom House)로부터 아직까지 시민적 자유(civil liberties) 부문에서 2등급을 받고 있으며, 이는 한국이 선진국으로 도약하는 데 핵심적인 장애요인이 되고 있다. 열린우리당은 선택과 집중, 우선순위 설정, 타이밍, 전술과 전략의 분리라는 입법전략의 ABC를 따르지 않음으로써 4대개혁입법 추진에 실패했고 이는 지지기반의 급격한 붕괴를 초래했다. 열린우리당은 이후 수십 번 치러진 국회의원 보궐선거와 지방자치선거에서 한 번도 승리하지 못했다. 노무현 대통령 집권 말기에 열린우리당은 대통령 후보조차 낼 수 없을 정도로 취약해졌다.

2007년 대선은 이슈가 없는 선거였다. 이슈가 있었다면 BBK와 김경준사건이었다. 2002년 대선에서는 남북문제, 전쟁과 평화, 지역주의, 진보와 보수라는 뚜렷한 균열선이 존재했다면, 2007년 대선에서는 표를 갈라놓을 결정적 이슈가 없었다. 그럼에도 불구하고 2007년 대선은 결과론적으로 중대선거였다. 1997년 제1차 정권교체 이후 10년간 진보정권 시대를 마감하고 보수정권으로 권력을 교체한 '중대선거(critical election)'였다. 민주주의론 시각에서 보면 진보의 권력상실과 보수의 권력탈환은 정권교체이다. 이런 측면에서 2007년 대선은 한국 민주주의가 20년 만에 헌팅턴(S. Huntington)이 이야기한 '두 번의 정권교체 테스트(two turn-over test)'를 통과한 것으로 이해될 수 있다(Huntington, 1991). 신생민주주의가 공고화되기 위해서는 민주화 이후 정초선거(founding election)에서 승리한 정당이 다음 선거에서 패배하고 다음 선거에서 승리한 정당이 그 다음 선거에서 패배하고 승자에게 평화적으로 정권을 이양하는 것이 반복되어야 한다. 그래야 국민이 항상 집권정당과 정부의 실정에 대해 책임을 물을 수 있고, 모든 정치인들이 국민의 지지를 얻기 위해 필사적으로 경쟁하게 되는 것이다.

두 번에 걸친 정권교체 테스트를 통과한 민주주의 국가는 동아시아에서 한국과 대만 두 나라에 지나지 않는다. 동아시아에서 가장 선진적인 민주주의를 장기적으로 지속해 왔다고 자부해 온 일본도 1955년 자민당 1·5정당체제가 등장한 이래 약 40년만에 처음으로 정권교체를 경험했다. 1993년 비자민당 호소카와 연립정부로 정권교체가 일어났으나 호소카와 연립정부는 단명으로 끝났고 다시 자민당 연립정부로 돌아갔고, 2009년 8월에야 54년 만에 제1야당인 민주당으로 정권교체가 일어났다. 따라서 1997년 대선과 2004년 총선으로 이루어진 일차 정권교체와 2007년 대선과 2008년 4·9총선으로 이루어진 2차 정권교체를 완결한 한국 민주주의는 일본 민주주의보다 늦게 출발했지만 한 단계 더 앞서가고 있다고 할 수 있다. 2007년 대선과 총선을 통해 한국 민주주의는 위기에도 불구하고 지속 가능성과 내구성을 보유하고 있다는 것을 보여 주었다. 1987년 민주화 이래 한국 민주주의는 1997년 경제위기, 2002년 이후 지속되고 있는 북핵위기, 2004년 탄핵을 둘러싼 헌정위기에도 불구하고 동일한 헌법규칙하에서 연속적으로 다섯 명의 대통령과 다섯 번의 국회를 구성했다. 만일 민주주의의 공고화를 선거경쟁의 제도화로 이해한다면, 2007년 대선과 2008년 총선을 통한 두 번째 정권교체로 한국 민주주의는 공고화되었다고 이야기할 수 있다.

그러나 공고화된 민주주의가 반드시 '질 높은 민주주의(quality democracy)'를 보장해 주지는 않았다. 제2차 정권교체로 이명박 보수정권이 들어선 이후 한국 민주주의는 후퇴하였다. 후퇴 징후(syndromes)는 여러 곳에서 나타나고 있다.

공고화 이후 한국 민주주의의 질적인 후퇴

첫째, 정당정치가 다시 후퇴하였다. 소위 '87년체제' 또는 '3김 정치'의 핵심은 정당정치의 전근대성과 후진성이다. 지역을 기반으로 하는 봉건적 맹주들의 가산제적(patrimonial) 사당으로 전락했던 후진적 정당체제가 87년 민주화 이후 2002년까지 지속되었다. 그러나 2002년 대선 때부터 2004년 총선까지 국민경선제 방식이 도입되면서 정당후보 선출에서부터 국민의사가 투입되기 시작하였다. 국민경선제에 의한 후보선출과정은 한국 헌정 이래 최대의 정치개혁이라 할 수 있다. 그러나 국민경선제는 2008년 4·19총선 때부터 자취를 감추었다. 통합민주당과 한나라당은 물론, 가장 진보적이고 개혁적이라는 민주노동당과 진보신당도 후보경선조차 하지 않았다. 경선제 대신, 당과 관계 없는 '외부전문가' 집단이 공천심사위원회를 꾸려 국민의 심판을 받아야 할 후보자들을 결정했다. 만약 경선제에 문제가 있다면 다른 방식으로 후보를 선정해야 하며 당이 자체적으로 선정해야 한다. 그러나 모든 정당들이 정당의 기능과 역할을 외부의 제3자에게 넘기는 행태를 보였다. 이는 권력을 장악하기 위해 국민의 선택을 받기를 원하는 민주정당이기를 포기하는 것이다.

그럼에도 불구하고 한국언론들은 외부인들에 의한 후보결정을 객관적이고, 개혁적이며, 외부인들이 선택한 후보들이 국민들의 압도적인 지지를 받고 있다고 보도함으로써 한국 정당정치의 후퇴를 조장하였다. 그러나 정당이 자신의 후보를 스스로 결정하지 못하고 법률가로 구성된 외부전문가 집단에 일임한다는 것은 긴스버그(Benjamin Ginsberg)와 쉐프터(Martin Schefter)가 이야기했던 전형적인 '다른 수단에 의한 정치(politics by other means)'이다. 자신의 후보도 스스로 결정할 능력이 없으면서 어떻게 국민들에게 표를 달라고 이야기할 수 있는가? 자신의 후보를 결정할 수 없으면 자신의 정당을 지지하는 국민들에게 선택해 달라고 해야지 어떻게 전문가 집단에게 정당의 미래를 위탁할 수 있는가?

미국의 선거정치와 정당정치가 많은 문제점을 갖고 있지만 유럽의 민주주의보다 나은 점은 바로 국민경선제를 정착시키고 있다는 점이다. 여당과 야당 모두 국민경선제를 철저히 포기하고 전문가 집단에 의한 밀실공천을 그것도 선거가 임박해서야 최종결정을 함으로써 2008년 총선은 유권자인 국민들이 후보와 정당, 정책에 대해 무지한 상태에서 투표장으로 가도록 강요하였다. 그 결과 정보가 없는 유권자들은 투표장으로 가지 않았고 총선 역사상 최저 투표율을 기록하고 말았다. 공천에서부터 선거까지 주권자인 국민이 배제되고 부재한 선거는 바로 민주주의의 후퇴, 더 나아가서는 한국 민주주의의 위기를 보여 준다.

둘째, 제왕적 대통령 그리고 제왕적 총재라는 3김 시대의 가산제적 정치가 다시 시도되었다는 것이다. 2008년 총선에서 한나라당의 공천파동은 3김 시대로 회귀하려는 친이명박 세력과 그러한 시도에 저항하는 친박근혜 세력 간 갈등에서 비롯된 것이다. 1987년 이래 한국 대통령은 집권하기 전 또는 집권 후에 자신의 수족같은 집권여당을 창당하거나 리모델링하였다. 노태우 대통령의 민자당, 김영삼 대통령의 신한국당, 김대중 대통령의 새정치국민회의와 새천년민주당, 노무현 대통령의 열린우리당 등 예외가 없었다. 집권여당을 만든 제왕적 대통령이 당의 공천권, 인사권, 재정권을 장악하고 집권여당을 자신의 부속물처럼 여기고 부려먹는 봉건적인 정치행태가 2002년에 실시된 정치개혁으로 청산된 것으로 알았던 많은 국민들은 한나라당 공천파동을 통해 이명박 대통령 추종세력들이 과거 87년체제로 돌아가려고 시도한다는 것을 알게 되었다. 이명박 대통령은 새로운 이름의 여당을 창당하는 방식이 아닌, 기존 여당인 한나라당을 리모델링하는 방식을 선택하였고 그것을 총선공천을 통해서 이루려 하였다.

그러나 한국 국민들은 균형감각이 높은 위대한 주권자였다. 한국인들은 4·9총선에서 박근혜 세력의 공천탈락을 주도해 왔던 '이명박 실세들'을 낙선시키고, 한나라당 내 박근혜 지지세력, 새로 창당된 친박연대, 한나라당을 탈당한 친박 무소속 후보들을 대거 당선시킴으로써 이명박 대통령이 당을 일방적으로 좌지우지할 수 없게 하였고, 이명박계와 박근혜계 간에 균형을 만들어 줌으로써 집권여당이 자율적인 위치에서 대통령의 정책 추진을 돕는 동시에 대통령의 일방적인 독주를 견제할 수 있게 해 주었다. 4·9총선에서 국민들은 균형감각을 발휘하여 제왕적 대통령과 제왕적 총재를 핵심으로 하는 87년체제로의 회귀를 막아 주었다.

셋째, 4·9총선이 한국 민주주의의 후퇴를 보여 주는 또 다른 증거는 낮은 투표율로 참여위기(crisis of participation)가 나타났다는 것이다. 4·9총선은 46%라는 역대 총선 사상 최저 투표율을 기록했고 특히 20대는 19%라는 사실상의 총선불참을 선택하였다. 헌팅턴과 같은 학자는 신생민주주의에서 참여의 폭발을 우려했고, 미국과 같은 선진민주주의에서도 투표율이 낮다는 것을 예로 들면서 4·9총선에서 나타난 낮은 투표율을 크게 걱정할 필요가 없다고 치부하는 사람들이 있다. 그러나 낮은 참여로 인한 참여위기는 한국 민주주의 미래에 심각한 문제를 던져줄 것이다. 대의 민주주의에서 대표가 50% 이하로 구성된 국민들의 선택으로 국회의원이 된다면, 그들은 위임의 위기(crisis of delegation) 또는 정통성 위기에 시달릴 것이다. 대표들이 정통성 문제를 안게 될 경우 비민주적인 세력들에게 민주주의를 전복할 기회를 제공할 것이다.

비즈니스 프렌들리한 정부

한국 역사상 가장 많은 압도적 표차로 당선된 이명박 대통령은 당선된 순간부터 지지율 추락을 경험했다. 특히 방미 중간에 광우병 우려가 있는 미국산 소고기를 수입하기로 결정하면서 그의 지지율은 20%대라는 위기 수준으로 내려앉았다. 그는 당선소감에서 국민을 하늘처럼 섬기는 대통령이 되겠다고 다짐하였다. 그러나 그가 섬긴 것은 시장, 기업, 부자였다. 영어몰입교육 파문, 대운하 추진 강행, 전형적인 연고주의 인사(고소영, 에스라인), 부패한 부자들로 구성된 내각구성은 이명박 대통령의 지지율을 50%로 끌어내렸다. 의료보험, 상수도, 고속도로와 같은 국민생활과 직결된 공공부문까지 민영화하려 하고, 한미동맹의 조기복원을 위해 서둘러 마련된 켐프데이비드 정상회담에서 광우병 의심이 있는 미국산 소고기 수입협상 타결소식이 전해지자 분노한 국민들은 2002년에 미군 장갑차에 두 여중생이 치여 죽었을 때 들었던 촛불을 이명박 신화의 상징인 청계천에서 다시 들기 시작하였고 이명박 대통령의 지지율은 20%대로 추락하였다.

취임 후 몇 달 만에 20%대로 추락한 이명박 대통령의 지지율은 내각책임제에서는 내각을 해산하고 총리가 다시 총선을 열어 재신임을 물어야 하는 상황이었다. 그러나 한국의 헌정체제가 대통령제였기 때문에 내우외환의 위기에도 불구하고 국민들은 이명박 대통령이 고정임기를 마칠 수 있도록 협조해야 하고 성공한 대통령이 되도록 주마가편을 해야 한다. 이명박 대통령 역시 주인이자 주권자인 국민의 민의와 민심, 민성을 경청하는 데 소홀함이 없어야 하며 '비즈니스 프렌들리'만 하려고 하지 말고, '피플 프렌들리(people-friendly)'해야 한다. 이명박의 신자유주의적 포퓰리즘에서 실종된 것은 포퓰리즘이다. 이명박 후보가 대통령이 된 것은 비즈니스 프렌들리 정책을 통해 성장이 일어나고 그 성장의 누수효과(trickle down effects)로 중소기업, 자영업자, 노동자, 비정규직, 실업자, 학생, 노인, 농민들에게 일자리가 생기고 이들의 소득이 늘어날 것이라는 기대를 심어 주었기 때문이다. 신자유주의와 포퓰리즘을 결합시킴으로써 대통령이 될 수 있었으나 이명박 정부는 당선 이후부터 대기업에게만 프렌들리하고 국민들이 아닌, 1%의 특권층만을 하늘처럼 섬기는 것으로 나타났다.

이명박 정부는 '시장에 의한 정부(government by market)'의 전형이다. 비즈니스 프렌들리한 각종 친기업적인 규제해제 정책, 의료보험 민영화 등 복지의 사유화, 교육개방·입시자율화·영어몰입교육 등 교육에 있어 국가의 공공재적 역할 포기 등은 유럽이나 일본에서 볼 수 없는 미국형 신자유주의 정책이다. 누구도 시장의 효율성과 시장을 통한 성장을 부정하지 않는다. 그러나 시장은 인간의 필요에 반응하지 않고 구매력이 있는 수요에만 반응하는 냉혹한 존재이다. 그래서 일찍이 폴라니(K. Polanyi)는 자기파괴적인 시장운동(movement)은 그로부터 위협받는 사회와 자연으로부터 반운동(counter-movement)을 불러온다고 지적하였다. 시장의 횡포로부터 자신을 보호하기 위해 사회는 스스로를 보호하기 위한 조치를 취하기 마련이라는 것이다(Polanyi, 1957). 왜냐하면 시장은 평등한 기구가 아니며, 가난한 사람과 약자들의 필요에 응답하는 자원배분기구가 아니기 때문이다. 그리고 시장은 외부효과가 있는 환경문제에 무관심하며 폴라니가 이야기한 바와 같이 인간과 그 주변 자연과 환경을 파괴한다. 그래서 자연은 시장에 복수하고 인간은 시장에 대해 '보호주의(protectionism)'로 저항한다. 한미FTA 반대운동은 자유무역으로부터 자신을 보호하려는 노동자, 농민, 내수중심의 중소기업가들은 보호무역주의운동이다. 광우병 의심 쇠고기 수입 반대운동은 시장에 의해 위협받는 건강권을 지키려는 시민의 자기보호운동이다. 교육개방과 교육자율화에 대한 중고생들의 반대는 인간답게 교육받게 해 달라는 교육소비자들의 자기보호운동이다.

시장원리만이 지배하는 사회가 민주주의의 후퇴를 가져올 수 있는 이유는 다음과 같다. 사회에 의해 통제받지 않는 발가벗은 시장법칙이 지배하는 사회는 칼날 위에서 경쟁하는 '블레이드 러너' 사회가 될 가능성이 높다. 시장 근본주의적인 사회는 경제의 세계화, 탈규제, 이윤을 극대화하려는 기업과 이기적인 개인이 만들어 낼 수 있는 최악의 사회이다. 이 사회에서 유일한 종교는 개인적 이윤이며 공동체 의식은 쇠퇴한 지 오래다. 초경쟁적 환경에서 사회는 가진 자와 못가진 자로 양극화되고 가진 자는 양질의 교육을 받아 고용되어 극단적 부를 추구하는 반면, 못가진 자는 교육조차 제대로 받지 못하고 대부분 실업자로 전락해 사회의 낙오자가 된다. 더욱이 사회안전망이 해체된 상황에서 못가진 자는 테러와 범죄에 의존해 생존을 도모하려 하고 가진 자들은 가난과 마약, 범죄로 피폐해진 하층민들의 공격으로부터 자신들의 생명과 재산을 보호하기 위해 성벽을 쌓으려(gated communities, walled city) 한다. 그 결과, 사회통합은 불가능해지고 빈자의 반란으로 사회는 더욱 더 불안해지며 궁극적으로 민주주의마저 위협받게 된다.

2008년 봄에 일어난 촛불시위는 자기파괴적인 시장운동에 저항해 자신을 보호하려는 사회의 반운동이었다. 촛불의 숫자에 놀란 이명박 대통령은 공식적으로 국민에 사과하고 시장 근본주의적인 정책을 시정하겠다는 약속을 하였으나 촛불이 잠잠해지자 다시 신자유주의적 정권으로 회귀하고 말았다. 신자유주의 정권으로 회귀했을 뿐만 아니라 정부와의 소통을 요구하는 국민의 목소리에 귀를 닫았고, 언론·결사·집회의 자유를 제한하려고 시도하는 등 자유민주주의가 보장하는 기본적 자유를 제한하는 반민주적인 행태를 보였다.

한국 민주화는 어떤 민주주의에 의해 추진되었는가?

한국의 민주화는 자유주의적으로 추진되었다. 1987년에 일어난 민주화는 빵을 위해 자유를 희생할 수밖에 없다고 강변했던 권위주의 지배세력에게 가난을 걱정하지 않아도 되는 상황에서도 계속 자유를 억제당할 수는 없다고 항의하는 시민들에 의해 이룩된 것이다. 그래서 한국의 민주화는 '성공의 위기'에 의한 민주화로 일컬어진다. 권위주의 정권이 경제적으로 성공했기 때문에 계속 지배해야 할 존재이유를 상실하게 되었고, 경제 근대화 이후 발생한 한국 사회의 새로운 필요를 충족시키기 위해서는 더 많은 자유와 '국민에 의한 정부'가 필요하다는 논거에 동의하는 국민이 다수를 형성하고 이들이 권의주의 정권에 저항하는 동원을 시도함으로써 민주화 대투쟁이 시작되었다. 정권과 민주화 세력 간에 '밀고 당기기 전쟁(tug of war)' 끝에 권위주의 정권이 퇴장하고 새로운 민주헌정 수립에 관한 협약(6·29선언)이 만들어짐으로써 한국 민주화의 전기가 마련되었다.

한국 민주화가 자유주의적으로 추진되었다는 또 다른 근거는 6월항쟁 과정에서 민주화 국민운동본부가 내건 구호에서 발견된다. 그들은 계급혁명을 요구하지 않았으며, 급진적인 사회·경제적 개혁도 요구하지 않았다. 그들이 요구한 것은 '호헌철폐' '독재타도' '직선쟁취'였다. 그들은 헌정주의의 복원을 요구했으며, 권위주의 군부독재 정권에 의해 박탈당한 시민의 기본적인 정치적 권리(political rights)와 시민적 자유를 돌려줄 것을 요구하였다. 6·29선언 이후 헌법제정에 가까운 헌법개정과정에서도 실질적인 사회·경제적 개혁의제는 논의대상에서 빠졌다. 한국의 1987년 헌법제정과정은 여야 보스의 대리인으로 구성된 8인들이 밀실에서 '엘리트들 간 타협'으로 만들어진 것이다. 헌법제정과정에서 민중주의적인 선동정치는 배제되었지만 사회 각 세력을 대표할 수 있는 현자들의 심의(deliberation)도 없었다. 그러나 이러한 결함에도 불구하고 엘리트들 간 타협에 의해 마련된 87

년체제는 한국에 민주주의를 정착시키는 데 많은 기여를 했다.

그렇다면, 87년체제는 어떤 민주주의를 정착시켰는가? 그것은 자유주의적이고 절차적인 민주주의였다. 결과론적으로 볼 때, 군부 출신 노태우 대통령은 민주화 이후 병영으로 돌아간 군부가 민주주의를 전복하려는 기도를 막은 공로가 인정된다. 국민들은 군부 출신인 노태우 대통령을 선출하고 난 뒤에 실시된 총선에서 여소야대 의회를 만들어 줌으로써 의회를 장악한 야당연합이 민주화를 계속 추진할 수 있도록 해 주었다. 물론, 3당합당으로 민자당이라는 거대여당이 탄생하면서 공안정국이 형성되고 민주화가 역류를 맞을 위기에 처하기도 했으나 오랜 민주화 투사였던 김영삼이 집권여당의 후보가 되고 다음 대선에서 승리함으로써 우려됐던 역류는 일어나지 않았다.

김영삼 대통령은 군부에 대한 문민통제를 재확립함으로써 자유주의적 민주화에 커다란 공헌을 하였다. 이후 집권한 김대중 대통령은 평화적인 정권교체를 실현함으로써 한국 민주주의 공고화의 문턱을 넘는 데 기여하였다. 노무현 대통령 또한 한국의 자유주의적 민주화에 기여했다. 노 대통령은 국정원, 검찰, 경찰, 국세청과 같은 권력기관을 정치적으로 이용하지 않음으로써 권력기관의 민주화와 탈정치화에 기여했으며, 제왕적 대통령식 문화와 행태를 마감하였고, 정치자금 개혁을 통해 깨끗한 정치 실현에 기여하였다. 이와 같이 민주화 이후 역대 대통령들은 한국 민주주의를 자유주의적 민주주의로 발전시키는 데 기여했다.

절차적 민주주의 개념에 따라 1987년 이후 노무현 정부까지의 한국 민주주의를 평가하면, 한국 민주주의는 제3의 민주화 물결의 선두주자로서 주기적인 선거경쟁의 제도화, 수평적 정권교체, 시민참여의 확대, 지방자치의 부활, 정치적 부패의 감소 등에 있어 매우 우수한 성적을 줄 수 있다. 이는 프리덤하우스가 '2005년 세계자유보고서'에서 한국의 정치적 권리 등급을 최고등급으로 격상한 것에서도 확인할 수 있다. 그러나 사회·경제적 수준에서 한국 민주주의가 무엇을 이루었느냐는 실질적 민주주의 측면에서 살펴보면, 한국 민주주의는 1987년 때부터 지금까지 큰 진전을 이루지 못했고 시장자유의 확대와 복지의 후퇴라는 실망스러운 성적을 줄 수밖에 없다.

현재 한국 민주주의는 어디로 가고 있는가?

이명박 정부하에서 한국 민주주의는 전진하고 있는가, 아니면 후퇴하고 있는가? 필자는 후퇴하고 있다고 본다. 한국 민주주의가 서구의 선진민주주의(advanced democracies)처럼 되었을 때 한국 민주주의는 선진화되었다고 이야기할 수 있을 것이다. 물론 서구의 선진민주주의에는 여러 유형이 있고 따라서 한국이 따라가야 할 모델도 여럿 있다. 그러나 서구 선진민주주의에서 발견할 수 있는 최소강령적(minimalist) 조건들이 있다. 이러한 최소강령적 조건을 충족시키지 못할 때 우리 대한민국 민주주의는 선진민주주의로 불릴 수 없다.

선진민주주의가 되기 위한 첫 번째 조건은 민주주의가 공고화되었을 뿐만 아니라 질 높은 민주주의를 향한 제도적·행태적·문화적 혁신이 계속 일어나야 한다는 것이다. 그렇다면 질 높은 민주주의를 넘었다고 이야기할 수 있는 최소한의 문턱(minimum threshold)은 무엇인가? 이탈리아 정치학자인 몰리노(Leonardo Morlino)와 후버연구소의 다이아몬드에 의하면, 그것은 절차적으로는 법의 지배와 민주적 책임성(accountability), 참여, 경쟁이고, 결과적적으로는 정부의 응답성(responsiveness)이며, 실질적(substantively) 또는 내용적으로는 정치적 자유와 평등의 실현이다(Morlino and Diamond, 2004, 2005; Morlino, 2007).

정치적 자유

그렇다면 과연 한국은 선진민주주의로 가기 위한 최소한의 문턱을 넘었는가? 첫째, 정치적 자유를 살펴보면, 2004년 12월 24일에 발표된 프리덤하우스의 '2000년 세계자유현황보고서(Freedom in the World 2005)'에서 한국의 정치적 권리(political rights)는 최고수준인 1등급이다. 이는 김영삼 정부 이래 10년 만에 이룩한 쾌거이다. 그러나 또 다른 자유의 척도인 시민적 자유(civil liberties)는 김영삼 정부 때 획득한 2등급이 현재까지 그대로 유지되고 있다. 프리덤하우스가 시민적 자유 등급을 2등급으로 유지한 이유는 국가보안법이 그대로 존속하고 있으며 인권침해가 제도적으로 존재하고 있기 때문이다. 2005년에 1.5등급으로 상향조정된 한국의 자유민주주의 종합등급은 아직도 종합 1등급으로 격상되지 못하고 있다.

프리덤하우스가 한국의 정치적 권리 등급을 상향조정한 가장 큰 이유는 고도로 정치화된 탄핵 이후에 치러진 자유롭고 공정한 선거를 통해 민주적 정치과정이 강화되었고 정치적 권리 또한 향상되었기 때문이다. 그럼에도 불구하고 한국인들은 정치적 자유를 향상하기 위한 노력을 계속해야 한다. 비교 민주화 시각에서 볼 때, 한국보다 늦게 민주화를 시작한 동구의 체코, 폴란드, 항가리, 리투아니아 등도 이미 종합 1등급을 받아 선진민주주의 문턱을 넘었고, 아시아에서도 한국보다 민주화가 늦은 대만도 유일하게 종합 1등급을 받았다. 프리덤하우스의 보고서는 국가보안법과 같이 시민적 자유를 억압해 온 권위주의 시대의 법과 제도 청산이 왜 한국이 선진민주국가로 진입하는 데 필수적인 전제조건인가를 잘 보여 주고 있다.

그런데 시장의 자유를 주장하는 신자유주의적인 이명박 정권이 들어서면서 정권에 의해 시민적 자유뿐만 아니라 정치적 자유 또한 제한·억압되는 상황이 빈번하게 나타나고 있다. 경찰과 검찰이 공안세력에 의존해 공안법치를 강화하는 모습을 보이면서 정치적 자유가 심하게 위축되었다. 이러한 정치적 자유 침해에 대해 시민들은 촛불시위로 저항했다. 촛불시위에서 시위자들은 "대한민국은 민주공화국이다"라는 헌법 제1조 제1항을 집회주제가로 불렀다. 이는 민주공화국이면 반드시 보장해야 하는 집회의 자유, 결사의 자유, 언론의 자유를 침해하지 말아 달라는 국민적 요구였다. 촛불집회가 들불처럼 번졌을 때 이명박 대통령은 국민에게 사과하고 국민의 목소리를 경청하겠다고 약속했다.

그러나 그 후 국민들에게 돌아온 것은 촛불시위자에 대한 조사·검거·구속, 경찰의 집회불허와 집회봉쇄 및 저지였다. 촛불시위 당시에 세워진 '명박산성'은 국민과의 소통을 거부하는 대통령을 상징적으로 보여 주었다. 이명박 정부는 노무현 전 대통령의 장례가 치러지는 기간에도 서울광장을 전경버스로 봉쇄해 정부가 주관하는 국민장의 의미를 무색하게 했고 시민들이 노 전 대통령을 애도하는 것조차도 막았다. 이명박 정부는 '광장공포증(agoraphobia)'에 걸린 정부 같았다. 그러나 민주주의가 탄생한 고대 아테네 민주주의의 핵심이 광장(agora) 민주주의라는 것을 기억해야 한다. 언론의 자유(isegoria)가 보장된 광장에서 시민들이 직접 소통을 통해 공동체 문제를 토의하고 공동 결정하는 직접적이고 참여적인 민주주의가 아테네의 민주주의였다.

이명박 정부 하에서 언론의 자유도 심각하게 침해되고 있다. YTN 부당해고 사태, MBC 앵커교체 사태, KBS의 편향적 보도문제 등 표면적으로 나타나는 언론자유에 대한 침해만 있는 것이 아니다. 이명박 정부는 방송과 신문의 겸업을 허용하는 언론법을 통과시켜 거대자본이 지배하는 언론과 언론재벌이 지배하는 방송을 탄생시키려 하고 있다. 만약 이러한 언론법이 현실화된다면, 눈에 보지 않게 체계적으로 언론자유가 심각하게 위축될 것이다. 집시법 개정안(일명 마스크금지법), 불법집단행위에 관한 집단소송법(일명 떼법방지법), 사이버모욕죄 법안 등도 통과되면 오프라인에서의 집회자유 및 언론자유뿐만 아니라 온라인에서의 언론자유 또한 법적·제도적으로 심각하게 제약될 것이다.

미국헌법 수정1조는 "언론, 출판, 집회, 청원의 자유를 제한하는 그 어떤 법도 제정할 수 없다"고 규정하고 있으며 이것이 미국 자유민주주의를 수호하는 가장 중요한 헌법적 문서이다. 대한민국 헌법 제21조도 비슷한 내용을 담고 있으나 제4항에서 "언론·출판은 타인의 명예나 권리 또는 공중도덕이나 사회윤리를 침해하여서는 아니 된다. 언론·출판이 타인의 명예나 권리를 침해한 때에는 피해자는 이에 대한 피해배상을 청구할 수 있다"는 유보조건을 추가함으로써 언론과 출판의 자유를 미국의 헌법만큼 완벽하게 보호하지 못하고 있다. 그렇다고 해서 대한민국 헌법이 정부가 제4항을 근거로 언론자유를 제한하고 침해하는 법을 제정할 수 있다고 규정하고 있는 것은 아니다. 따라서 복면금지법, 떼법방지법, 사이버모욕죄 등은 대한민국 헌법 정신을 훼손하고, 더 나아가 자유민주주의의 근간을 흔들 수 있는 반민주적 악법이다. 언론·출판·결사·집회의 자유가 보장되어 있지 않는 민주주의는 더 이상 자유민주주의가 아닌, 비자유민주주의(illiberal democracy)이다(Zakaria, 1997).

평등

한국 민주주의의 주요 가치인 평등은 진보정권에서도 후퇴하였고, 이명박 신자유주의 보수정권이 들어서면서부터는 공개적으로 좌파이념으로 배척당하고 있다. 그러나 평등은 한국 민주주의가 지속 가능하기 위해 반드시 실현되어야 할 기본가치이다. 왜냐하면 평등은 민주주의를 지속 가능하게 하는 물질적 기초를 제공하기 때문이다.

경제적으로는 대외개방과 신자유주의를, 정치적으로는 자유민주주의를 강조하는 신자유주의적 민주주의 체제는 한국에서 1997년 말부터 본격화되었다. 그리고 현재까지 97년체제가 유지되고 있다. 1997년을 기점으로 신자유주의 경제모델로 전환되면서 경제양극화 시대가 도래했다(임혁백c, 2007).

경제양극화는 수출산업과 내수산업, IT산업과 비IT산업, 대기업과 중소기업, 정규직과 비정규직 사이에 일어나고 있다. 외환금융위기 이후 내수시장이 붕괴되면서 수출부문과 내수부문 간 불균형 성장이 일어났고, IT산업의 급성장은 IT산업과 비IT산업 간 불균형을 낳았다. 신자유주의적 구조조정으로 대기업과 중소기업 간에 양극화가 일어났으며 노동시장 유연화로 비정규직이 빠르게 늘어났다. 빈곤층과 소득 상위계층이 늘어나는 반면, 중산층이 줄어드는 계층양극화도 함께 일어나고 있다. 더욱이 중산층의 일자리가 감소해 중산층이 하층과 빈곤층으로 이동, 중산층 신화가 붕괴되고 있다.

왜 계층양극화가 일어나고 있는가? 양극화의 원인은 세계화, IT혁명, 노동시장의 유연화에서 찾아볼 수 있다. 세계화는 경쟁력이 약한 국내부문의 급격한 쇠퇴와 몰락을 가져오고, 국내산업과의 연관성을 약화·단절시켜 수출부문과 내수부문, 글로벌을 지향하는 대기업과 국내시장 지향적인 중소기업 간에 양극화를 초래한다. IT산업은 고용창출효과가 미미하여 '고용 없는 성장(jobless growth)'을 낳고 고도의 지식정보를 지닌 근로자를 우대함으로써 지식근로자는 상층으로 편입되고 그렇지 못한 범용근로자는 하층으로 침하하는 중산층 분해현상을 촉발하였다. 유연적 노동시장 도입은 고용 자체가 불안한 저임금 비정규직 노동자를 양산하였다.

이러한 경제양극화는 민주주의의 양극화를 불러오고 있다. 경제적으로 풍요로운 중산층 민주주의가 사라지고 부자의 민주주의와 빈자의 민주주의라는 두 개의 민주주의가 대립하는 상황이 나타났다. 부자의 민주주의는 신자유주의이다. 신자유주의는 민주화를 자유화, 탈규제, 국가의 축소와 후퇴 등 자본 편향적 개념과 동일시한다. 신자유주의는 탈정치화, 승자독식의 사회, 자본편향적인 자원배분으로 민주주의의 사회·경제적 기반을 침식한다. 그런데 정치양극화 현상을 제어하고 민주주의의 버팀목이 되어 주어야 할 한국의 중산층이 줄어들고 있을 뿐만 아니라 보수화되고 있다. 여기에 더하여 양극화는 노동 민주주의로의 전진을 중단시켰다. 신자유주의적 세계화로 노동시장이 유연화되면서 노동양극화가 일어났다. 노동양극화로 비정규직 노동자, 하도급 노동자, 노동빈곤층의 문제 해결이 한국 노동 민주주의의 핵심과제로 떠올랐으나 대기업 정규직 중심의 기업별 노사체제는 문제를 해결하기보다는 대기업 노동자와 중소기업노동자, 비정규직 노동자, 미조직 노동자 간 갈등을 심화시키고 있다. 이러한 경제양극화는 사회적 양극화를 불러왔고 이것이 민주주의의 주춧돌인 중산층을 분해하고 있다. 평등이 확보되지 않으면 민주주의의 물질적 기초가 무너진다. 어떤 민주주의도 장기화된 극심한 불평등 속에서 살아남을 수 없다.

이명박 정부의 재벌과 대기업 편향적인 비즈니스 프렌들리 정책은 사회·경제적 불평등을 더욱 심화시키고 있다. 금산분리를 완화하는 은행법은 산업자본의 은행지분 보유한도를 올려줌으로써 재벌에 의한 금융자본의 장악을 가능케 하고, 출자총액제한제 폐지는 기존의 재벌지배구조를 강화하며, 간접적 소득재분배 효과를 내어온 교육세와 농어촌특별세 폐지는 평등한 소득분배 및 시장의 지배와 경제력 남용 등 경제민주화를 규정하고 있는 헌법 제119조 제2항의 취지에 역행하는 정책이다.

정치적 참여

많은 정치학자들은 보편적 참정권이 확보·보장되고 있음에도 불구하고 선진국과 후진국을 막론하고 정치적 참여 하락을 참여의 위기, 민주주의의 위기로 보고 있다. 한국의 경우에도 민주화 이후 정치참여 비율이 점차적으로 하락하여 매번 선거는 가장 낮은 참여율을 갱신하고 있다.

왜 한국 민주주의는 참여의 위기를 맞이하게 되었는가? 많은 사람들은 탈물질주의적 가치관, 정치적 무관심, 정치에 대한 혐오증 등 유권자와 국민에게 참여부진의 탓을 돌리고 있다. 그러나 저자는 정치공급자인 정치권이 참여율 하락에 가장 큰 책임이 있다고 생각한다. 선거참여율이 계속 낮아지고 있는 이유는 정치권이 정치의 수요자이자 소비자인 유권자에게 매력 있는 좋은 상품을 내놓고 경쟁하지 않았기 때문이다. 정치권이 내놓는 상품은 후보자(인물)와 정책(이슈, 쟁점)이다. 정책은 당 또는 후보자를 통해 제시된다. 그런데 2008년 4·19총선에서는 정책이 실종되었다. 특히, 한나라당은 2007년 12월 대선의 최대공약인 대운하건설을 여론이 좋지 않다는 이유로 총선공약에서 삭제하였다. 대운하건설을 아예 포기한다고 공약하거나 여론에도 불구하고 대운하건설을 계속 추진하겠다고 해야 했음에도 불구하고 한나라당은 대운하건설에 대해 국민으로부터 심판받는 것을 회피하고 말았다. 통합민주당은 더 말할 것도 없었다. 서민과 중산층의 정부를 자처해온 그들은 '대기업 프렌들리' 정책을 쏟아내는 정권에 맞서 '중소기업 프렌들리' 또는 '노동 프렌들리', '서민 프렌들리(people friendly)'한 구체적인 정책을 내놓지 않았다. 여당과 야당을 막론하고 매력 있는 상품, 차별화된 상품, 논쟁적인 상품을 내놓지 않았는데 젊은 유권자들에게 놀러가지 말고 투표하라고 강요할 수 있겠는가?

둘째, 국민의 참여수단을 제한한 것 또한 참여저하를 가져왔다. 정치권은 21세기의 새로운 소통수단이자 참여수단으로 떠오르는 온라인 참여를 초당적으로 2002년과 2004년보다 더 규제해 놓았다. 이러한 상황에서 인터넷을 통한 온라인 소통에 능한 젊은이들의 참여부진을 탓할 수는 없다.

한국 민주주의의 질을 높이기 위해서 참여의 위기를 극복해야 한다. 이는 기본적으로 한국 진보 및 중도진보 세력의 과제이다. 그들은 젊은 세대의 참여를 동원하여 집권에 성공하였으나 그들을 집권시켜 준 지지세력에게 한 약속을 지키지 못했고, 새로운 참신한 정책상품을 내놓지 못함으로써 계속 선거에 대패하였다. 젊은 유권자들은 새롭고 창조적인 상품을 원한다. 그들은 과거 정치 이데올로기에 물든 고리타분한 정치상품에 관심이 없다. 젊은 세대들에게 왜 투표장에 가지 않고 놀러갔냐고 비난하기 전에 이명박 정부의 신자유주의를 대체할 수 있는 실현 가능한 참신한 상품을 내어놓았어야 했다. 그리고 참여위기를 극복하기 위해서는 인터넷 자유를 확대해야 한다. 이명박 정부와 보수세력은 인터넷을 2002년과 2004년 선거에서 그들을 패배시킨 주범으로 보고, 지속적으로 온라인(인터넷)과 오프라인 선거운동, 언론, 포털, UCC, 휴대폰 문자메시지 등을 활용한 소통의 자유를 제한하고 있다. 더욱이 촛불문화집회가 웹 2.0시대의 소통수단에 의해 이루어질 수 있다는 판단을 하면서 더욱 강화되고 있다. 그러나 IT시대의 소통수단이 점차 오프라인의 인쇄매체에서 사이버 매체로 이동하고, 이 매체를 활용하는 것인 정치참여를 제고하는 데 관건이라고 할 때, 인터넷 자유, 사이버 자유, 웹 2.0 자유는 지속적으로 확대되어야 한다. 인터넷을 통한 소통에 부작용이 있으면 부작용을 제거하거나 줄일 방도를 강구해야지 그 자체를 억제하거나 억압해서는 안 된다.

경쟁성

한국 정치의 경쟁성은 3김 시대의 종말과 함께 많이 개선되었다. 그중에서도 특히 정당개혁과 국민경선제도 대표되는 정당 공천제도 개혁은 한국 정치의 경쟁성을 제고하는 데 획기적인 역할을 하였다. 이러한 제도개혁이 없었다면, 노무현과 같이 당 내 기반이 없는 이름 없는 변호사가 대통령이 되지 못했을 것이다.

이 점에서 2008년 4·19총선은 한국 정치의 경쟁성(competition)에 있어 후퇴를 가져왔다고 평가할 수 있다(임혁백, 2008c). 소위 87년 체제 또는 3김 정치의 핵심은 정당정치의 전근대성과 후진성이었다. 정당이 3김이라는 지역을 기반으로 하는 봉건적 맹주들의 가산제적(patrimonial) 사당私黨으로 전락했던 후진적 정당체제가 1987년 민주화 이후 2002년까지 지속되었다. 자연히 한국 정치의 경쟁성은 낮은 수준에 머물 수밖에 없었다. 그러나 2002년 대선에서부터 2004년 총선까지 국민경선제라는 방식이 도입되면서 후보선출에서부터 국민의 의사가 투입되기 시작했고 한국 정치의 경쟁성도 제고되었다. 그런데 2007년 대선 때까지 명맥을 유지해 오던 경선제는 4·19총선에서 자취를 감추고 말았다. 공천에서부터 선거까지 주권자인 국민이 배제되고 후보에 대한 토론도 부재한 상태에서 치러진 4·19총선은 한국 민주주의가 질적으로 후퇴했다는 것을 보여 준다.

책임성과 응답성

민주적 책임성과 정부 응답성 측면에서 볼 때 한국 민주주의는 커다란 발전을 이루었으나 아직도 가야 할 길이 멀다. 대의제 민주주의가 제대로 실현되기 위해서는 민주적 참여에 의해 대표를 선출하고 난 뒤, 주권자인 시민들은 시민의 대리인인 대표가 시민의 이익을 위해 일하도록 강제할 수 있어야 한다. 말하자면, 민주적 책임성을 확보하는 것이다. 주인인 시민의 요구에 응답하지 않는 대리인을 처벌할 수 있는 장치를 갖추어야 대의제 민주주의가 작동할 수 있다.

많은 신생민주주의 국가들이 선거에 의해 대표를 선출하고 그들을 정기적으로 심판하고 있지만 민주적 책임성까지는 보장하지 않고 있다. 3김 시대에 한국 정치사회도 민주적 책임성을 보장하지 못했다. 여전히 반공주의라는 이데올로기적 진입장벽이 존속하는 가운데 정당들이 3김의 사당으로 전락하면서 시민의 대표들은 주권자인 시민의 요구에 응답하기보다는 보스인 3김 의사를 추종하려고만 했다. 정치세력들은 '경쟁적 담합구조(competitive collusion)'를 통해 엘리트 카르텔을 형성함으로써 시민들이 대표들에 대해 민주적 책임성을 강제할 수 없게 하였다(임혁백, 1997).

선거를 통한 수직적 책임성이 작동하지 않는 이유 중 하나는 기성정당과 정치인이 정치시장을 독과점하고 왜곡시키고 있기 때문이다. 한국의 기성정당들은 지역을 기반으로 사람들을 동원하고 지역적으로 일당독재를 실현함으로써 국민의 선택을 제한하고 민주적 책임성 확보를 어렵게 했다. 또한 정치자금법 등을 통해 신진정치인에 대한 차별적 조치를 영구화함으로써 신진정치인이 정치의 장에 진입하는 것을 어렵게 하고 시민들이 선거를 통해 응답하지 않는 기성정치인을 처벌하는 것을 어렵게 했다.

경제사회와 시민사회는 급속하게 발전하고 있는 데 반해, 정치사회와 정당이 저발전함으로써 심각한 '정치지체(political lag)'가 초래되고 있고, 정치적 책임성과 응답성이 제대로 작동하지 못하고 있다. 따라서 주기적 선거라는 수직적 책임성 장치 이외에 부패하고, 사익을 추구하고, 응답하지 않는 대표에 책임을 물을 수 있는 장치가 마련되어야 한다.

수직적 책임성을 보완할 수 있는 장치로 수평적 책임성(horizontal accountability)이 있다. 의회, 사법부, 정당과 같은 정치사회 내부에 개혁장치(reforms from within)를 마련하여 이들 대의기구들 간에 상호 견제와 감시를 통해 대표들의 탈법, 불법, 태만 행위를 제거하고 대표들로 하여금 궁극적으로 시민의 이익에 봉사하도록 강제하는 것이다(O'Donnell, 1999). 이를 위해 의회의 정책형성 및 정부감독 기능과 사법부의 심사기능을 강화하는 것이 필요하다. 또한 야당으로 하여금 지속적으로 권력을 되찾기 위해 노력하도록 만드는 것도 수평적 책임성을 강화하는 좋은 방법이다. 야당이 정부를 부단히 감시하고 시민들에게 정부의 탈법·불법행위 및 공약달성 실패 등을 알려줌으로써 현 정부에 대한 대안세력으로서 자신의 가치를 높이고 궁극적으로 권력탈환 기회를 증가시킬 수 있다.

그런데 이명박 정부에서 임용된 신영철 대법관 사태에서 보듯이 사법부의 정치적 자율성, 독립성, 중립성이 심각하게 훼손되면서 수평적 책임성 확보가 어려워지고 있으며, 정부정책에 대한 감시와 비판을 하는 시민단체에 대한 정부지원을 중단할 수 있는 법개정(비영리민간단체지원법)을 시도함으로써 시민사회에 의한 '아래로부터의 책임성' 확보도 어렵게 하고 있다. 복면금지법과 떼법방지법 등 법적 장치와 서울광장 봉쇄와 같은 정부와 시민사회 간 소통통로 봉쇄는 시민사회로 하여금 정부와 여당 그리고 재벌이라는 경제권력과 조중동(조선일보, 중앙일보, 동아일보)으로 대표되는 언론권력에 대한 감시와 견제를 어렵게 하고 있다.

법의 지배

선진민주주의 국가가 되기 위해 우선적으로 요구되는 것은 법의 지배이다. 역사적으로 법치국가(rechtstaat)와 헌정주의(constitutionalism)가 민주화(민주주의의 대중화)에 선행하였다. 자유로운 개인(individual)의 창출이 집단적 시민 또는 인민(demos)의 형성에 선행한 것이다. 개인의 권리보호와 보장이 민주적 참여에 선행한 것이다(임혁백, 2000a). 법의 지배가 확립되고 법치가 강제되기 위해서는 법이 국가관리를 포함한 모든 사람에게 평등하게 집행되어야 하고, 조직폭력이 지배하는 법의 회색지대가 없어야 하고, 부패가 없어야 하며, 법을 보편적으로 적용할 수 있는 능력있는 정부가 있어야 하며, 법에 의해 보장된 개인적 권리와 자유를 존중하는 경찰과 검찰이 있어야 하고, 모든 시민들에게 평등하게 사법적 과정에 접근하는 것을 보장해 주어야 하며, 독립된 사법부와 헌법의 절대적 우월성을 보장해 줄 수 있는 헌법재판소가 있어야 한다(Morlino, 2007).

그러나 민주화 이후 한국 정치는 법치가 아니라 인치에 의해 지배되었다. 민주화를 이끌었던 지도자들에게 유교적 가산주의가 여전히 남아 있어 강한 인치주의가 한국 정치를 좌우했다. 2004년 탄핵파동과 헌법재판소의 신행정수도 위헌판결은 보편적인 법의 제정, 집행, 판결이 일상화되고 있지 않다는 것을 보여 준다. 민주적으로 선출된 지도자가 자신의 가신에게는 편향적으로, 자신의 반대자와 정적에게는 편파적으로 법을 적용하고 집행할 때 민주주의의 법적·제도적 기반이 심각하게 손상될 것이다.

더욱이 이명박 정부는 집권 이후 지속적으로 법치를 강조하고 있지만 이명박 정부가 강조하는 법치는 자유 헌정주의에서 이야기하는 '법의 지배(rule of law)'가 아니라 '법에 의한 지배(rule by law)'였다. 법의 지배가 헌정주의가 보장하는 국가로부터 시민의 자유와 자율성을 확보하기 위해 국가권력을 제한하고, 법의 테두리 내에서만 행동하도록 제약하고, 감시하는 장치를 제도화하는 것이라면, 법에 의한 지배는 중국 전국시대의 한비자와 진나라의 상앙과 같은 법가주의, 싱가포르의 이광요가 주장하는 아시아적 가치에서 이야기하는 바와 같이 정치화된 사법기관(법원, 준사법기관인 검찰)에 의존하여 정부정책과 법 집행의 정당성과 효율성을 제고하고 시민의 자유를 침해하는 것을 법적으로 정당화하는 지배이다. 법에 의한 지배는 '정치의 사법화'를 가져오고, 긴즈버그와 쉐프터가 이야기한 '다른 수단에 의한 정치'를 만연시킨다. 선거를 통해 국민으로부터 권력을 위임받지도 않았고 따라서 국민에게 책임을 지지 않는 사법기관이 권력을 위임받은 정치인을 대체한다면, 민주주의의 근간이 무너진다. 국가권력으로부터 시민의 자유를 보호하는 최후의 보루로서 진정한 법치(법의 지배)가 이루어질 때 국민의 지배라는 민주주의의 기본원리가 복원될 것이다.

한국 민주주의의 민주화를 위해 무엇을 해야 할 것인가?

이명박 정부가 들어선 이후 한국 민주주의는 다시 민주화의 대상이 되었다. 한국 민주주의를 다시 민주화하고 한국 민주주의를 선진화하기 위해서는 무엇보다도 선진민주주의와의 시간적 지체현상을 극복해야 한다. 그러기 위해서 우리는 한국 정치에 남아 있는 전근대를 청산하고, 근대를 완성하며, 탈근대에 진입해야 한다(임혁백, 2005).

전근대의 청산 — 유교적 가산주의 유산의 청산

2008년 총선은 민주화를 향한 도정에서 한국 정치가 후퇴한 사건이다. 왜냐하면 제왕적 대통령와 제왕적 총재라는 3김 시대의 가산제적(patrimonial) 정치가 재시도되었기 때문이다. 4·19총선 과정에서 발생한 한나라당 공천파동은 3김 시대로 회귀하려는 친이명박 세력과 그러한 시도에 저항하는 친박근혜 세력 간 갈등에서 비롯된 것이다. 제왕적 대통령이 당의 공천권, 인사권, 재정권을 장악하고 집권여당을 자신의 부속물처럼 여기고 부려먹는 봉건적인 정치행태가 한나라당 공천파동을 통해 다시 부활했다. 이명박 대통령의 새로운 이름의 당을 창당하는 방식이 아닌, 기존 여당인 한나라당을 리모델링하는 방식으로 과거로 회귀했다. 가산주의 전통이 21세기에도 계속되고 있다. 그러므로 21세기 한국 정치를 선진화하기 위해서는 전근대적인 유교적 가산주의(Confucian patrimonialism) 전통을 청산해야 한다(임혁백, 2008c). 이것이 탈근대 사회로 진입하고 있는 한국 사회가 가장 선결적으로 해결해야 할 문제이다. 한국은 여전히 근대적인 민주적 제도라는 하드웨어를 전근대적인 가산주의, 가부장주의, 온정주의라는 소프트웨어로 움직이고 있다. 한국의 연고주의를 대표하는 지역주의는 유교적 가족주의의 확대 및 연장이다. 한국인들은 자신들의 정체성을 좁은 혈연(씨족)과 학연에서 좀 넓고 광범위한 지역으로 동심원적으로 확대함으로써 매번 선거를 지역 간 경쟁으로 몰고 갔다.

가산주의는 공공영역의 사유화를 가져왔다(임혁백, 2008c). 정당 보스에 대한 추종자의 충성에 대한 대가로 정당 보스가 추종자의 복지를 책임지는 가산주의는 정당을 공공이익을 추구하기보다는 사적 집단의 사익을 추구하는 조직으로 만들었다. 따라서 민주적 절차와 과정이 도입된 뒤에도 한국 정치에서는 공공성이 실현될 수 없었다. 3김 시대 이후 지역주의를 볼모로 한 가산주의가 한국 정치를 지배하면서 한국의 대통령, 정당, 국회, 지역 등에서 권력이 사유화·세습화되는 현상이 나타났다. 막스 베버가 개념화한 가산주의는 가부장주의(patriarchism)의 특수한 형태로 기본적으로 가족주의(oikos)에 기초하고 있다. 군주가 권력을 공적인 것이 아니라 군주의 사유물로 간주하고, 관리를 공적 관리가 아니라 자신의 사적인 가신으로 여기는 것이다(Weber, 1978: 1010-1011).

이러한 가산주의는 권위주의 독재하에서 민주화 투쟁을 하던 야당 내부에도 스며들어 있었다. 야당 지도자들은 민주주의 회복을 위해 비민주적인 방식으로 내부조직을 운영했다. 일인지배구조 정당을 만들고 측근과 가신들에게 권력을 집중시켰다. 이렇게 민주화 투쟁과정에서 형성된 야당의 가산주의는 민주화 이후에도 지속되었다. 민주화 이후 정치 중심에 서게 된 3김 정치지도자들은 근대적 민주정당을 발전시키기보다는 사당을 발전시켰다.

첫째, 지역주의, 가신주의, 인치주의, 부패, 권력의 사유화가 국민에 의해 공정하게 선출된 민주적 지도자들 사이에 만연하였다. 특히 지역주의는 민주화 이후 한국 공화주의와 공공성 실현을 막아 온 장애물이었다. 가산주의적 원리에서 보면, 지역은 가족의 동심원적 확장이다. 정당은 가문을 확대한 지역의 사적 이익을 도모하는 집단이 되었다. 지역이익이 국가이익이 되는 나라에서 공공성이 설 자리가 없다. 한국 지역주의는 바로 가산주의의 다른 표현이다. 한국 지역주의에서 공동체 이익은 염두에 없다. 오직 대한민국이라는 공동체의 이익을 희생하는 위에서 특정 지역의 이익을 배타적으로 추구하는 지역패권주의만이 있을 뿐이다(임혁백, 2008d).

둘째, 유교적 가산주의 전통은 한국의 정당들을 보스 중심의 인치정당(personal parties)으로 흐르게 하고 있다. 민주주의는 제도의 지배이지 인물의 지배가 아니다. 민주주의하에서는 지도자의 독단이나 자의가 아니라 민주적 제도 내 경쟁과 타협으로 정치적 결과가 결정된다. 그러기 위해서는 정치사회(정당, 의회, 선거)가 제도화되고 충분한 자율성을 보유하고 있어야 한다. 그러나 한국에서는 아직까지 정치사회, 특히 정당은 제도화되어 있지 않고 자율성을 갖추고 있지도 않다.

이러한 가산주의적인 부패, 인치주의, 위임주의, 가신주의, 지역주의, 보스주의의 유산은 3김 퇴장과 함께 크게 퇴조했다. 제왕적 대통령이 제왕적 총재를 겸임하여 당을 사유화하는 현상은 사라졌다. 특히 노무현 대통령이 당정분리라는 명분으로 집권당과의 협치를 의도적으로 하지 않음으로써 역설적으로 인치주의 정당이 사라졌다. 그렇다고 해서 정당정치의 제도화와 발전이 있었던 것은 아니다. 오히려 정당정치의 후퇴가 일어났다.

실용주의 대통령, CEO 대통령을 표방한 이명박 대통령 후보는 유교적 가산주의와 가장 거리가 먼 합리주의적 사고를 소유한 대통령 후보로 인식되어 많은 국민들의 표를 받았다. 그러나 그가 당선된 후 실시된 인사들을 보면, 그는 3김 시대 대통령들보다 더한 지연, 학연, 종교에 기반한 연고주의 인사를 실시했다. '강부자내각'으로 불리는 인선은 이명박 대통령으로부터 민심이 이탈하게 된 출발점이 되었다. 이명박 대통령은 연고주의 인사, 위임주의적 통치, 인치주의 정당과 같은 전근대적인 유교적 가산주의 전통을 청산해야 한다.

소통의 정치

성경에 나오는 바벨탑의 신화는 국가와 백성 간에 소통이 되지 않을 때 국가가 와해될 수 있다는 것을 보여주는 경고문이다. 21세기의 세계는 복잡성의 사회(complex society)이고 이종교배의 사회(hybrid society)이다. 이러한 복잡성 사회에서 소통이 제대로 되지 않으면 체계 자체가 무너져 버린다. 바벨탑의 와해는 세속국가의 와해이다. 소통이 되지 않으면 집단행동이 불가능하다. 언어가 소통되지 않으면 정치적 집단행동이 불가능하고 서로 다른 사상과 종교적 신념이 소통되지 않으면 내란이 일어난다. 역사적으로 계급전쟁보다 종교전쟁이 더 피비린내 나는 유혈적인 전쟁이었다는 사실은 계급투쟁은 이익에 바탕을 두기 때문에 이익을 교환함으로써 타협이 가능하나 종교나 사상, 신념 등은 정체성에 바탕을 두기 때문에 타협 자체가 힘들다. 한 국가 내에서 종교 및 계급 집단들 간에 소통이 제대로 되지 않으면 그 국가는 바벨탑처럼 와해될 것이다(임혁백, 2008a).

한국의 정치와 사회에는 전근대, 근대, 탈근대라는 비동시적인 역사시간이 공존하고 있다. 압축적 산업화와 급속한 민주화, IT혁명의 급진전이 거의 동시간적으로 일어났기 때문이다. 따라서 한국 사회는 서로 다른 시간대에 살고 있는 상이한 집단 간, 즉 세대 간, 양성 간, 계급 간, 지역 간에 소통을 요구한다. 더욱이 한국 민주주의를 이끄는 지도자는 위대한 대소통자(great communicator)가 되어 여러 갈등하는 집단들 간에 대화를 추진하고 그들을 화해시키고 궁극적으로 사회통합을 이뤄내야 한다.

그런데 한국 정치는 소통부재의 정치이다. 대통령과 국민 간에 소통이 되지 않아 시민들이 촛불을 들고 대통령과 소통을 시도하는 것이 한국 정치의 소통의 현주소이다. 소통을 잘하는 지도자는 말하기보다 국민의 민성을 듣는 지도자이다. 레이건 대통령이 대소통자라는 명성을 얻고 역사상 가장 인기 있는 대통령 중 한 사람으로 꼽히는 이유는 그가 여당의원들뿐만 아니라 야당의원들, 그리고 노동자 및 서민들과 대화하고 그들의 목소리를 경청했기 때문이다. 또한 경청한 뒤에는 쉬운 단어로 자신이 추진하는 정책을 설명하면서 설득했기 때문이다. 이명박 정부는 국민과의 소통에 실패했다. 이명박 정부는 국민들에게 한 약속과 달리, 소수의 특권층을 위한 인사와 친기업 정책만을 계속 내놓음으로써 서민들은 대통령과 정부와 소통할 수 없게 되었다. 이전 대통령들과 달리, 현장을 불시에 방문하는 등 국민들과 소통을 시도했으나 오히려 외면받았다. 이는 당시 야당대표가 이야기했듯이 '1% 특권층을 위한 정부'라는 비판을 겸허히 받아들이고 이를 실천에 옮기지 않았기 때문이다. 더욱이 2008년 촛불시위 이후 광장공포증에 걸린 이명박 정부는 '불통의 제도화(마스크법, 사이버모욕죄, 떼법, NGO지원금지법 등)'까지 시도했다.

국민과의 불통을 제도화하는 정부는 민주정부가 아니다. 민주주의는 국민이 주인이고 정부는 국민의 요구를 경청하고 국민의 뜻을 따라야 하기 때문이다. 정부가 국민과의 소통을 거부하고 '마이웨이'를 고집한다면 더 이상 민주정부라고 부를 수 없을지 모른다. 교수, 학생, 종교인, 시민단체 등이 시국선언을 하는 것은 바로 이 때문이다. 이들은 현 정부를 타도하려는 것이 아니라, 현 정부가 민주정부로서 성공하기를 바라는 충정에서 시국선언을 하고 있는 것이다.

결론적으로 한국 민주주의가 선진국 민주주의처럼 되기 위해서는 절차적 민주주의에서 실질적 민주주의로, 자유민주주의를 넘어 사회적 민주주의로 가야 한다는 당위론에 동의하지만, 지금 한국 민주주의는 다시 절차적 민주주의를 염려해야 할 정도로 후퇴·퇴보하고 있다. 한국 보수세력이 진보정권을 비판할 때나 자신의 재집권을 정당화할 때 전가보도처럼 내건 것이 자유의 확대였다. 그런데 그들이 집권한 뒤에 무엇보다도 정치적 자유가 위축되고 있다는 우울한 현실에 대해 보수세력 스스로 성찰과 자성이 있어야 한다. 지금 필요한 것은 실질적 민주주의에 앞서 후퇴하려는 절차적 민주주의와 정치적 자유를 공고화하는 것이다.

| 참고문헌 |

강경선. 2003. 〈민주화운동보상법과 과거청산〉. 《민주법학》 제24호.

강정인. 1998. 〈정보 사회의 정치적 함의〉. 《세계화, 정보화, 그리고 민주주의》. 서울: 문학과 지성사.

강철규. 1996. 〈재벌개혁의 올바른 방향〉. 《계간 사상》 봄호.

강철규·최정표·장지상. 1991. 《재벌—성장의 주역인가, 탐욕의 화신인가》. 서울: 비봉출판사.

강홍렬·임혁백 외. 2006. 《메가트렌드 코리아》. 서울: 민음사.

고려대학교박물관 편. 2009. 《현민 유진오 제헌헌법 관계 자료집》. 고려대학교출판부. 235쪽.

공병호. 1991. 《정부주도형 업종전문화 정책의 문제점과 개선방안》. 서울: 한국경제연구원.

______. 1994. 《일본의 소유구조와 한국의 기업집단》. 서울: 한국경제연구원.

곽준혁. 2003. 〈갈등, 혼합정체, 그리고 리더십—마키아벨리의 《로마사 논고》를 중심으로〉. 《정치사상연구》 9집 2호.

______. 2005. 〈민주주의와 공화주의—헌정체제의 두 가지 원칙〉. 《한국정치학회보》 39(3).

김견. 1992. 〈현 단계 산업구조조정의 몇 가지 쟁점들〉. 《이론》 2호 가을호.

김경동. 2000. 〈사이버 시대의 도래와 삶의 질: 문명론적 고찰〉. 아산사회복지재단. 《사이버 시대의 삶의 질〉. 서울: 아산사회복지재단.

김동원. 1998. 〈경제위기의 원인과 금융구조 분석〉. 《경제학연구》 46(4).

김민영. 2004. 〈2004 총선과 시민운동〉. 한국사회포럼 발표논문.

김민전. 1998. 〈한·미 의회의 국정감·조사 비교분석〉. 한국정치학회 주최 국회개원 50주년 기념 학술회의. '국회의 어제, 오늘, 그리고 내일' 발표논문.

김상봉. 2007. 〈모두를 위한 나라는 어떻게 가능한가?—공화국의 이념에 대한 철학적 성찰〉. 이병천·홍윤기·김호기 편. 《다시 대한민국을 묻는다—역사와 좌표》. 서울: 한울.
김수진. 1996. 〈민주화 이행기 한국 정당정치의 비판적 분석〉. 《의정연구》 제2권 제1호(통권 제2호). 서울: 한울.
김용직. 1998. 〈한국정치와 공론성(1)—유교적 공론정치와 공공영역〉. 《국제정치논총》 38(3).
김용호. 2001. 《한국 정당정치의 이해》. 서울: 나남.
김영수. 2001. 《한국헌법사》. 서울: 학문사.
김영주. 2002. 〈조선왕조 초기 공론과 공론형성과정연구—간쟁, 공론, 공론수렴제도의 개념과 종류〉. 《언론과학연구》 2(3).
김영태. 2007. 〈개헌논의와 정치발전—정부형태에 관한 논의를 중심으로〉. 안암정치학회 발표논문.
김익두 편. 1998. 《우리 문화 길잡이》. 서울: 한국문화사.
김인영. 2002. 〈정부부문의 신뢰와 불신〉. 김인영 편. 《한국사회 신뢰와 불신의 구조—거시적 접근》. 서울: 소화.
김정훈·조희연. 2003. 〈전환기의 시민사회와 시민운동의 미래—시민운동의 현황과 과제를 중심으로〉. 미출판 논문.
김재철. 1999. 《새로운 도약을 위한 21세기 신무역전략》. 서울: 한국무역협회.
김준. 1989. 〈제6공화국의 노동통제 정책〉. 《경제와 사회》(여름·가을호).
김호기. 2002. 〈의회와 시민사회와의 관계—부패방지법과 상가임차대차보호법 제정을 중심으로〉. 《의정연구》 8(1).
대한민국 정부. 1998. 《DJ노믹스 국민과 함께 내일을 연다—국민의 정부 경제 청사진》.
대화문화아카데미 대화모임. 2006. "새로운 헌법 필요한가—제헌 60주년을 내다보며". 2006년 7월 6일 그랜드힐튼호텔 서울.
데이비드 헬드. 이정식 역. 1988. 《민주주의의 모델》. 서울: 인간사랑.
모리스 딕. 이형진·문정숙 역. 1999. 《VOTE.com: 인터넷과 직접 민주주의, 그리고 쌍방향화》. 서울: 아르케.
박동진. 2000a. 〈인터넷을 이용한 선거운동의 실태와 전망〉. 인터넷과 정치 세미나 발표논문.

박동진. 2000b.《전자 민주주의가 오고 있다》. 서울: 책세상.

박명림. 2000.〈한국에서의 탈한국전쟁, 민주주의, 평화〉. 한국정치학회. '한국전쟁과 21세기 한반도의 평화 모색' 6월 24일.

______. 2004.《동북아 평화공동체의 형성과 전망》. 서울: 정보통신정책연구원.

______. 2005.〈헌법, 헌법주의, 그리고 한국 민주주의—2004년 노무현 대통령 탄핵사태를 중심으로〉.《한국정치학회보》39(1).

박상철. 2007.〈개헌의 쟁점과 비전〉. 좋은정책포럼 특별토론회. "개헌, 어떻게 볼 것인가" 2007년 1월 17일 한국일보 송현클럽.

박상훈. 2000.〈총선시민운동—새로운 사회운동의 출현과 한국 민주주의〉.《窓》.

박원순. 1994.〈과거사의 시정, 그 세계사적 당위성과 현실—과거 인권침해자의 '불처벌(impunity)' 문제를 중심으로〉. 대한변호사협회 심포지엄 자료.

______. 2000.〈한국의 과거청산〉.《황해문화》제28호.

박종기. 1999.《5백년 고려사》. 서울: 푸른역사.

박종흡·임종훈. 1996.〈제14대 국정감사의 분석과 평가〉.《의정연구》제2권 제1호(통권 제2호).

박찬욱. 1995.〈한국 의회정치의 특성〉.《의정연구》제1권 제1호(통권 제1호).

박현모. 2004.〈조선왕조의 장기지속성 요인 연구1—공론정치를 중심으로〉.《한국학보》30(1).

박홍규·이세형. 2006.〈태종과 공론정치: 유신의 교화〉.《한국정치학회보》40(3).

박효종. 2000.〈시민단체의 낙천, 낙선 운동 감상법—감시자는 누가 감시할 것인가〉.《월간 에머지》3월호.

______. 2001.《국가와 권위》. 서울: 박영사.

백영철. 1995.《제1공화국과 한국민주주의》. 서울: 나남.

볼프, 로버프 폴. 임홍순 역. 2001(1970).《아나키즘—국가를 넘어서》. 서울: 책세상.

서울대 대학원 사회과학대학 자치회. 1998.〈죄와 벌—IMF 시대의 재벌과 노동〉. 제1회 사회대 대학원 심포지엄.

서진영·김병국·함재봉. 1998.《21세기 한국정치》. 서울: 삶과 꿈.

서진영·유우익·이원영 편. 1998.《세기적 변화와 한국의 미래(II)—행동주체별 대응전략》. 서울: 삶과 꿈.

선한승. 2001. 〈사회합의제도와 노사관계—지역 노사정 협의회 활성화 방안을 중심으로〉. 노사정위원회 (3월).

소병희. 1996. 〈성장과정에서의 경제적 특혜와 재벌의 역할—공공선택론적 평가〉. 한국산업조직학회 편. 《한국 경제의 진로와 대기업집단》. 서울: 기아경제연구소.

소일섭. 1996. 《경제력집중억제시책과 기업지배구조 개선방안》. 서울: 한국경제연구원.

손열. 2005. 〈IT시대와 국가·시장·시민사회의 협치〉. 정보통신정책연구원. 《IT기반 미래국가 발전전략연구, 02-02》. 서울: 정보통신정책연구원.

손혁재. 2000. 〈국회와 시민운동〉. 《의정연구》6(1).

______. 2002. 〈NGO와 지방행정〉. 미출판 논문.

송민경. 1998. 〈국가주도적 성장체제와 재벌, 경제위기〉. 이병천·김균 편. 《위기, 그리고 대전환》. 서울: 당대.

송호근. 1991. 〈권위주의적 노동정치와 노동운동의 성장〉. 《한국의 노동정치와 시장》. 서울: 나남.

______. 1992. 〈경제안정과 성장의 정치경제학—1980년대 산업구조재조정에 관한 비판적 검토〉. 《시장과 이데올로기》. 서울: 문학과지성사.

______. 1996. 〈한국의 사회민주화—국가-시민사회의 관계〉. 《정치민주화와 사회민주화의 역동적 관계—국제 비교연구》. 한림대 사회조사연구소.

______. 2003. 《한국 무슨 일이 일어나고 있나—세대, 그 갈등과 조화의 미학》. 삼성경제연구소.

송호근·임현진. 1993. 〈지연된 전환과 '시장'의 환상〉. 최장집·임현진 편. 《시민사회의 도전—한국 민주화와 국가, 자본, 노동》. 서울: 나남.

시민의신문. 1997, 2000, 2003. 《한국민간단체총람》. 서울: 시민의 신문사.

신유근. 1992. 《한국의 경영》. 서울: 박영사.

아담 쉐보르스키. 임혁백·윤성학 역. 1997. 《민주주의와 시장》. 서울: 한울.

아터튼 크리스토퍼. 한백연·구재단 편역. 1994. 《텔레데모크라시—21세기 정보화 시대의 정치혁명》. 서울: 거름.

양건. 2006. 〈87년 헌법의 현실과 개헌문제〉. 대화문화아카데미 대화모임. "새로운 헌법 필요한가—제헌 60주년을 내다보며". 2006년 7월 6일 그랜드힐튼호텔 서울.

양동훈. 1996. 〈민주화와 권위주의체제 유산의 청산문제—개념적 분석〉. 《한국정치학회보》 제30집 제1호.

양진석. 2003. 〈미국 신보수주의의 역사적 전개〉. 자유기업원.
http://www.cfe.org/mboard/bbsDetail.asp?cid=mn2006122315137&pn=6&idx=737

엄훈. 2002. 〈조선시대 공론 영역 논변에 대한 장르론적 접근〉. 《국어교육학연구》 14.

우병규. 1996. 〈우리의 헌정—회고, 과제 그리고 전망〉. 《의정연구》 제2권 제1호(통권 제2호).

원혜영. 2004. "진실과 화해를 위한 기본법안". 2004년 12월 30일 원혜영 의원 발의(원혜영 의원 외 150명 발의).

유석진. 2000. 〈정보화와 21세기 한국정치〉. 《국가전략》 제6권 2호.

유석진·한배호 편. 1996. 〈정보화와 민주주의〉. 《세계화와 민주주의》. 성남: 세종연구소.

유승민. 1996. 《나누면서 커간다—재벌 정책》. 서울: 미래미디어.

유승민. 1996. 〈재벌의 공과—재벌논쟁에 대한 비판〉. 한국산업조직학회 편. 《한국 경제의 진로와 대기업 집단》. 서울: 기아경제연구소.

______. 1998. 〈대기업정책의 전망과 기업의 대응과제〉. 미발표 논문.

유철규. 1998. 〈금융자유화와 외환위기, 그리고 IMF 금융개혁〉. 이병천·김균 편. 《위기 그리고 대전환》. 서울: 당대.

윤영민. 2000. 《사이버 공간의 정치》. 서울: 한양대출판부.

윤영오. 1996. 〈국회 제도 및 운영의 개선방안〉. 《의정연구》 제2권 제1호(통권 제2호).

이기영. 1996. 《업종 전문화 시책의 현황, 평가 및 향후 금융지원정책의 방향》. 서울: 한국조세연구원.

이기형. 2004. 《온라인 컨텐츠 연구》. 서울: 한국언론재단.

이내영. 2001. 〈정치자금 제도개혁의 방향과 과제〉. 《계간 사상》 여름.

이내영·이근·정원철. 2002. 《2002 대선평가와 노무현 정부의 과제》. 서울: 이슈투데이.

이내영·박은홍. 2004. 《동아시아의 민주화와 과거청산—한국, 필리핀, 태국의 비교연구》. 서울: 아연출판부.

이병천. 1998. 〈발전국가 자본주의와 발전 딜레마〉. 이병천·김균 편. 《위기 그리고 대전환》. 서울: 당대.

이성우. 2006. 〈한국권력구조개편의 정치: 정치행위자의 선호를 중심으로〉. 고려대학교 대학원 석사논문.
이수석. 2004. 〈마키아벨리의 정치사상에 나타난 리더십〉. 홍성민 편. 《정치사상, 정치리더십, 한국정치》. 서울: 한울아카데미.
이이. 《栗谷全書》
이이. 《聖學輯要》
이홍구. 2006. 〈개헌과 17대 국회의 과제〉. 대화문화아카데미 대화모임. "새로운 헌법 필요한가—제헌 60주년을 내다보며". 2006년 7월 6일 그랜드힐튼호텔 서울.
이해준. 1996. 〈농민이 두레를 만든 까닭〉. 한국역사연구회 공편. 《조선시대 사람들은 어떻게 살았을까1》. 서울: 청년사.
임성호. 1998. 〈국회 의제설정의 주도권과 한국 민주주의〉. 한국정치학회 주최 국회개원 50주년 기념 학술회의. '국회의 어제, 오늘, 그리고 내일' 발표논문.
______. 2006. 〈헌법개정 논의과정과 토의민주주의〉. 한국정치학회 하계학술대회 발표논문.
임지봉. 2007. 〈개헌의 정도〉. 좋은정책포럼 특별토론회. "개헌, 어떻게 볼 것인가" 2007년 1월 17일 한국일보 송현클럽.
임혁백. 1993. 〈민주화 시대의 국가-시민사회 관계의 틀 모색—국가, 시장, 민주주의〉. 최장집·임현진 공편. 《시민사회의 도전—한국 민주화와 국가, 자본, 노동》. 서울: 나남.
______. 1994. 《시장, 국가, 민주주의》. 서울: 나남.
______. 1995. 〈반공과 근대화: 정치의 실종〉. 《역사비평》 제29호. 서울: 역사비평사.
______. 1997. 〈한국 민주주의의 공고화—평가와 전망〉. 한배호 편. 《한국의 민주화와 개혁》. 서울: 세종연구소.
______. 1998a. 〈한국 자본주의의 개혁방향—재벌정책을 중심으로〉. 한국정치학회 특별학술회의, '한국 정치경제의 위기와 대응'.(3월 21일).
______. 1998b. 〈한국 자본주의의 성장·위기·개혁〉. 《아세아연구》 100.
______. 1999. 〈통일한국의 헌정제도 디자인〉. 《아세아연구》 42(1).
______. 2000a. 《세계화 시대의 민주주의》. 서울: 나남.
______. 2000b. 〈개정 선거법 논평〉. 《국회보》 400.

임혁백. 2001b.《아시아 중추국가의 비전과 전망》. 서울: 대통령자문정책기획위원회.
______. 2003.〈한국의 대통령제 거버넌스 모색—제도와 운영방식을 중심으로〉.《아세아연구》 46(4).
______. 2004a.〈한국에서의 정치적 신뢰의 회복〉. 이온죽 편.《지구촌 시대의 사회적 자본》. 서울: 집문당.
______. 2004b.〈21세기 한국정치 메가트렌드—신유목적 민주주의〉. 임혁백 외.《21세기 한국정치의 비전과 과제》. 서울: 민음사.
______. 2004c.〈유신의 역사적 기원—박정희의 마키아벨리적인 시간(상)〉.《한국정치연구》 13(2).
______. 2005a.〈3김시대의 한국 민주주의의 공고화—성과, 실패, 이월과제〉. 한일공동연구 발표논문.
______. 2005b.《IT와 공공거버넌스의 새로운 패러다임》. 서울: 정보통신정책연구원.
______. 2005c.〈유신의 역사적 기원—박정희의 마키아벨리적인 시간(하)〉.《한국정치연구》 14(1).
______. 2006.〈한국 민주주의의 발달과 인권의 변화 발전〉.《인권평론》 1(창간호).
______. 2007a.〈2007년 대선의 시대정신—누구를 통해서 무엇을 선택할 것인가?〉.《비평》 16(가을).
______. 2007b.〈공공성의 붕괴인가, 공공성의 미발달인가?—한국에서의 허약한 공화주의〉.《비평》 38(겨울).
______. 2007c.〈양극화 시대의 한국의 민주주의〉. 한국정치학회 한국사회학회 공편.《한국사회의 새로운 갈등과 국민통합》. 서울: 인간사랑.
______. 2007d.〈참여정부와 17대 대통령선거〉. 한국정치연구회 발표논문.
______. 2008a.〈한국정치에서의 소통〉.《평화연구》 16(1).
______. 2008b.〈21세기 한국 국가관리의 최적 모델과 방향〉. 연세대학교 국가관리연구원 주최. 2008년도 춘계학술회의 발표논문.
______. 2008c.〈공공성의 정치학적 접근〉. 한국행정연구원 발표논문.
______. 2008d.〈민주화 이후 한국 시민사회의 부활과 지속적 발전—동원적 시민사회에서

제도적 시민사회로의 전환과 신유목적 시민사회의 등장〉. 한국정치학회·한국국제정치학회·한국세계지역학회 공동주체 하계학술회의 발표논문.
임혁백. 2008e. 〈건국 이후 60년간 한국 국가성격의 변화: 반공주의, 발전주의, 시장권위주의, 신자유주의, 그리고 신유목주의?〉. 서울대 한국 정치연구소 주최. '대한민국 건국 60주년 심포지엄: 21세기 한국 정치의 발전방향' 발표논문. 서울대학교 8월 12일.
______. 2009a. 《신유목적 민주주의—세계화·IT혁명 시대의 세계와 한국》. 서울: 나남.
______. 2009b. 〈한국 민주주의, 어디에 와 있으며, 어디로 가고 있는가?〉. '시대정신 토론회' 발제문. 전국은행연합회관 2층 국제회의실. 6월 8일(월).
임혁백·안석교. 2000. 《새천년의 한국과 세계》. 서울: 나남.
임현진·공유식·김병국. 1994. 〈한국에서의 민족형성과 국가건설—'결손국가론' 서설〉. 《전환기 한국정치학의 새지평》. 서울: 나남.
자크 아탈리. 이효숙 역. 2005. 《호모 노마드—유목하는 인간》. 서울: 웅진닷컴.
자크 아탈리. 정혜원 역. 1999. 《21세기 사전》. 서울: 중앙 M&B.
잔프랑코 폿지. 박상섭 역. 1995. 《근대국가의 발전》. 서울: 민음사.
장하성. 1999. 〈재벌개혁과 소액주주 운동〉. 김대환·김균 편. 《한국재벌개혁론》. 서울: 나남.
전석호. 1993. 《정보사회론—커뮤니케이션 혁명과 뉴미디어》. 서울: 나남.
정대화. 2003. 〈제17대 국회의원선거—어떻게 참여하고 어떻게 개혁할 것인가?〉. 미출판 논문.
______. 2004. 〈2004 총선과 사회운동의 정치적 참여〉. 한국사회포럼 발표논문.
정진영. 1999. 《한국 외환위기의 배경과 발생—대내외 요인의 상호작용을 중심으로》. 성남: 세종연구소.
정구현. 1991. 《한국기업의 다각화전략과 국제경쟁력》. 서울: 한국경제연구원.
______. 1995. 〈한국 기업의 소유구조〉. 기업구조연구회 편. 《한국의 대기업—누가 소유하며 어떻게 지배되는가》. 서울: 포스코경영연구소.
______. 1996. 〈한국 대기업집단의 소유구조 및 지배구조〉. 《계간 사상》 봄호.
조동성. 1996. 〈한국재벌의 문제점과 대 재벌정책의 개선 방향〉. 《계간 사상》 봄호.
조병선. 2001. 〈형법을 통한 과거청산의 한독비교〉. 《형사법연구》. 제15호.
조영철. 1998. 〈국가후퇴와 한국 경제발전 모델의 전환〉. 이병천·김균 편. 《위기 그리고 대전환》. 서울: 당대.

조정관. 2005. 〈정보화, 세계화와 신유목적 민주주의〉. 정보통신정책연구원. 《IT기반 미래국가발전전략연구 02-01》. 서울: 정보통신정책연구원.

조정관. 2006. 〈한국 권력구조의 역사적 평가와 변화의 모색〉. 한국정치학회 하계학술대회 발표논문.

조희연. 1998. 〈분단과 '반공규율사회'〉. 《한국의 국가·민주주의·정치변동》. 서울: 당대.

조희연. 2000. 〈한국 시민사회단체(NGO)의 역사, 현황과 전망〉. 김동춘 외 공저. 《NGO(비정부기구)란 무엇인가》. 서울: 아르케.

______. 2002. 〈시민사회 운동과 정치: 한국정치와 NGO의 정치개혁 운동〉. 시민사회포럼·중앙일보시민사회연구소 편. 《참여 민주주의 실현을 위한 시민사회와 시민운동》.

______. 2002. 《국가폭력, 민주주의 투쟁, 그리고 희생》. 서울: 함께 읽는 책.

주성수. 1993. 〈시민사회의 복권과 시민운동〉. 《도시과학》 2.

최영기. 1999. 〈구조조정기의 노동현황과 정책과제〉. 한국노사관계학회·한국노동경제학회·한국노동법학회 공동주최 합동토론회 발표논문(2월 26일).

최장집. 1991. 〈지역감정의 지배 이데올로기적 기능〉. 김종철·최장집 편. 《지역감정연구》. 서울: 학민사.

______. 1996. 《한국민주주의의 조건과 전망》. 서울: 나남.

______. 2000. 〈한국의 민주화, 시민사회, 시민운동—'2000년 총선 시민연대' 시민운동의 의의〉. 한국정치학회 발표논문.

______. 2007. 《민주주의의 민주화》. 서울: 후마니타스.

최정표 편. 1993. 《재벌해체》. 서울: 비봉출판사.

켈리 로버트. 윤길순 역. 1999. 《골드칼라로 가는 길》. 서울: 리치북스.

포스닥과 한빛은행. 2000. 《인터넷 정치헌금》.

폴 비릴리오. 이재원 역. 2004. 《속도와 정치》. 서울: 그린비.

피터 드러커. 1993. 《자본주의 이후의 사회》 서울: 한국경제신문사.

한국무역협회 무역연구소. 2003. 《(203개 경제·무역·사회 지표로 본) 대한민국》. 서울: 한국무역협회 무역연구소.

한국전산원. 1997.《전자 민주주의 개념정립과 전자여론 수렴방안》. 서울: 한국전산원.

_________. 2000a.《2000 인터넷 백서》. 서울: 한국전산원.

_________. 2000b.《사이버 선거운동: 현황과 대책》. 서울: 한국전산원.

한국정신문화연구원. 1991.《한국민족문화대백과사전》 제3권, 제6권, 제19권, 제25권.

한배호. 1990. 〈제1공화국의 정치체제〉. 한배호 편.《현대한국정치론 1》. 서울: 나남.

______. 1994.《한국정치변동론》. 서울: 법문사.

홍장표. 1993. 〈한국자본주의와 독점자본〉.《사회비평》 제9호.

황주홍. 2002. 〈서구 정치사상과 정치 지도자의 문제〉.《社會科學論叢》 제26집.

Adorno T. W. et al. 1950. *The Authoritarian Personality.* New York: Harper.

Amsden, Alice H. 1989. *Asia's Next Giant: South Korea and Late Industrialization.* New York: Oxford University Press.

Amsden, Alice. 1990. "Third World Industrialization: Global Fordism or a New Model?" *New Left Review* 182.

Arendt, Hannah. 1968. "What Is Authority?" Arendt, Hannah. *Between Past and Future.* London: Faber.

Arrow, Kenneth. 1951. *Social Choice and Individual Values.* Mew York: John Wiley & Sons.

Balassa, Bela. 1981. *The Newly Industrializing Countries in the World Economy.* New York: Pergamon.

Balassa, Bela and John Williamson. 1987. *Adjusting to Success: Balance of payments Policy in the East Asian NICs.* Washington D. C.: Institute for International Economics.

Barber, Benjamin. 1998. *A Passion for Democracy: American Essays.* Princeton: Princeton University Press.

Beard, Charles A. and Mary R. 1944. *New Basic History of United States.* Garden City NY: Doubleday and Co.

Bendix, Reinhard. 1977. *Nation Building and Citizenship.* Berkeley: University of California Press.

Benhabib, Seyla. 1997. "Toward a Deliberative Model of Democratic Legitimacy." Benhabib,

Seyla ed. *Democracy and Difference: Contesting the Boundaries of the Political*. Princeton: Princeton University Press.

Bimber, B. 1998. "The Internet and Political Transformation: Populism, Community, and Accelerated Pluralism." *Polity* 31(1).

Browne, Eric C. and Sunwoong Kim. 2001. "Regionalism in South Korean National Assembly Election: A Vote Components Analysis of Electoral Change." paper presented at APSA Annual Meeting, San Francisco, Aug. 29-Sept. 2.

Buchanan J. and G. Tullock. 1962. *The Calculus of Consent*. Ann Arbor: University of Michigan Press.

Calder, Kent E. 1995. *Strategic Capitalism Private Business and Public Purpose in Japanese Industrial Finance*. Princeton: Princeton University Press.

Carothers, Thomas. 1997. "Democracy." *Foreign Policy* 107.

________________. 2002. "The End of Transition Paradigm." *Journal of Democracy* 13(1).

Castells, Manuel. 1992. "Four Asian Tigers with Dragon Head: A Comparative Analysis of the State, Economy and Society in the Asian Pacific Rim," R. P. Appelbau, and J. Henderson, eds. *States and Development in East Asian Pacific Rim*. London: Sage.

Cohen, Joshua. 1998. "Democracy and Liberty." Jon Elster ed. *Deliberative Democracy*. Cambridge: Cambridge University Press.

Chapman, Sara. 1999. *Electronic Democracy*. Napier University.

Cho, Hein. 1997. "Historical Origins of Civil Society in Korea." *Korea Journal* 37(2).

Chu, Yun-han, Larry Diamond, and Coh Chul Shin. 2001. "Halting Progress in Korea and Taiwan." *Journal of Democracy* 12(1).

Corsetti, Giancarlo, Paulo Pesenti, and Nouriel Roubini. 1998. "What Caused the Asian Currency and Financial Crisis?" March, Unpublished Paper.

Crick, Bernard. 2002. *Democracy: A Very Short Introduction*. Oxford: Oxford University Press.

Croissant, Aurel. 2002. "Strong Presidents, Weak Democracy?: Presidents, Parliaments, and Political Parties in South Korea." *Korea Observer* 33(1).

Crozier, Michel J., Samuel P. Huntington, and Joji Watanuki. 1975. *The Crisis of Democracy*.

New York: New York University Press.

Cumings, Bruce. 1999. "The Asian Crisis, Democracy, and the End of Late Development." T. J. Pempel ed. *The Politics of the Asian Economic Crisis.* Ithaca: Cornell University Press.

Dahl, Robert A. 1956. *Preface to Democratic Theory.* Chicago: University of Chicago Press.

Dahl, Robert A. 2005. "James Madison: Republican or Democrat?" *Perspectives on Politics* 3(3).

De Grazia, Sebastian. 1959. "What Authority Is No." *American Political Science Review* 52(3).

Diamond, Larry. 1999. *Developing Democracy: Toward Consolidation.* Baltimore: Johns Hopkins University Press.

Diamond, Larry and Doh Chul Shin. 2000. "Introduction: Institutional Reform and Democratic Consolidation in Korea." Diamond and Shin eds. *Institutional Reform and Democratic Consolidation in Korea.* Stanford, CA: Hoover Institutiona Press.

Diamond, Larry. 2002a. "Consolidating Democracies." Lawrence LeDuc, Richard G. Niemi and Pippa Norris eds. *Comparing Democracies 2: New Challenges in the Study of Elections and Voting.* Thousand Oaks, CA: Sage.

______________. 2002b. "Thinking about Hybrid Regimes." *Journal of Democracy* 13(2).

______________. 2003. "What Civil Society Can Do To Reform, Deepen, and Improve Democracy." paper presented at the workshop on 'Civil Society, Social Capital and Civic Engagement in Japan and the United States.' sponsored by the Japan Foundation Center for Global Partnership, The Asia Foundation and the Program on US, Japan Relations at Harvard University, June 12-13, Tokyo.

Diamond, Larry and Leonardo Morlino. 2005. *Assessing the Quality of Democracy.* The johns Hopkins University Press.

Easton, David. 1953. *The Political System.* New York: Knoff.

Elster, Jon. 1997. "Ways of Constitution Making." Axel Hardeius ed. *Democracy's Victory and Crisis.* Cambridge: Cambridge University Press.

Evans, Peter. 1995. *Embedded Autonomy: States and Industrial Transformation.* Princeton: Princeton University Press.

Flathman, Richard. 1980. *The Practice of Political Authority: Authority and the Authoritative*. Chicago: University of Chicago Press.

Fox, Jonathan. 2000. "Civil Society and Political Accountability: Propositions for Discussion." paper presented at 'Institutions, Accountability and Democratic Governance in Latin America.' Helen Kellogg Institute for International Studies, University of Notre Dame, May 8-9.

Freedom House. 2004. *Freedom in the World 2005*. http://www.freedomhouse.org/template.cfm?page=15&year=2005

Freedom House, *Freedom of the Press 2011* (2011)

Friedman. 1962. *Capitalism and Freedom*. Chicago: University of Chicago Press.

Friedman, R. B. 1990. "On the Concept of Authority in Political Philosophy." J. Raz. ed. *Authority*. New York: New York University Press.

Friedman, Thomas. 2000. *Lexus and Olive Tree: Understanding Globalization*. New York: Anchor Books.

Friedrich, Carl J. 1961. "Political Leadership and the Problem of Charismatic Leadership." *Journal of Politics* 23(1).

Garreton, Mannuel Antonio. 1996. "Human Rights in Democratization Processes." Elizabeth Jelin and Eric Hershborg. *Constructing Democracy: Human Rights, Citizenship, and Society in Latin America*. Boulder, CO: Westview Press.

Ginsberg, Benjamin and Martin Schfter. 1999. *Politics by Other Means*. New York: Basic Books.

Gunther, Richard, Han-Jurgen Puhle, and P. Nikiforos Diamandouros. 1995. *The Politicas of Democratic Consolidation: Southern Europe in Comparative Perspective*. Baltimore: Johns Hopkins University Press.

Haboush, Jahyun Kim. 1995. "Academies and Civil Society in Chosun Korea." Leon Vandermeersch ed. *La Societe Civile Face a L'etat: Dans Les Traditions Chinoise, Japonaise, Coreene, et Vietnamienne*. Paris: Ecole Francaise d'extreme-orient.

Haggard, Stephan. 2000. *The Political Economy of the Asian Economic Crisis*. Washington DC:

Institution for International Economics.

Hall Peter A. and David Soskice. eds. 2001. *Varieties of Capitalism: The Institutional Foundations of Comparative Advantage.* Oxford University Press.

Hegel, Georg Wilhelm Friedrich. 1820. *The Philosophy of Rights.*

Hemerijck, Anton C. 1995. "Corporatist Immobility in Netherlands." Colin Crouch ad Franz Taxler eds. *Organized Industrial Relations in Europe: What Europe?* Adlershot: Avebury.

Hersh, J. 1992. *USA and the Rise of East Asia since 1945.* London: St. Martin's Press.

Hibsbawm, Eric. 1994. *The Age of Extremes: A History of the World 1914-1991.* New York: Pantheon.

Huntington, Samuel P. 1991. *The Third Wave: Democratization in the Late Twentieth Century.* Norman: University of Oklahoma Press.

Im, Hyug Baeg. 1996. "Determinants of East Asian Miracle: Market, the State, or Institutions?" Paper presented at Korea Current Affairs Forum, Korea Institute, Harvard University, May 9.

______________. 1999. "From Affiliation to Association: The Challenge of Democratic Consolidation in Korean Industrial Relations." Dennis McNamara. ed. *Corporatism and Korean Capitalism.* London: Routeledge.

______________. 2000. "South Korean Democratic Consolidation in Comparative Perspective." Larry Diamond and Kim, Byung Kook. eds. *Consolidation Democracy in South Korea.* Boulder, CO: Lynne Rienner.

______________. 2004. "Faltering Democratic Consolidation in South Korea: Korean Democracy at the End of Three Kims Era." *Democratization* 11(5).

______________. 2006. "The U.S. Role in Korean Democracy and Security since Cold War Era." *International Relations of Asia-Pacific* 6(2).

Im, Hyug Baeg and Yu Jeong Choi. 2010. "Democracy and Economic Development after Democratic Transition in South Korea: Democratic Development and Authoritarian Development Compared", Paper presented at International Conference on "Recasting the Korean Model of Development: Issues, Debates, and Lessons" co-organized by The

Korean Economic Association, The Korean Political Science Association, and The Asia Foundation, Center for U.S.-Korea Policy, 30 June-1 July 2010, Washington DC, USA.

Ingersoll, David E. 1970. "Machiavelli and Madison: Perspectives on Political Stability." *Political Science Quarterly* 85(2).

ITU. 2004. World Telecommunication Indicators.

Johnson, Charlmers. 1982. *MITI and the Japanese Miracle*. Stanford: Stanford University Press.

Kang, David, C. 2002. "Bad Loans to Good Friends: Money Politics and the Developmental State in South Korea." *International Organization* 51(1).

Karl, Terry Lynn and Philippe C. Schmitter. 1991. "Modes of Transition Southern and Eastern Europe, Southern and Central America." *International Social Science Journal* 138.

Kateb, Goerge. 1981. "The Moral Distinctiveness of Representative Democracy." *Ethics* 91(3).

Katzenstein, Peter J. ed. 1978. *Between Power and Plenty: Foreign Economic Policies of Advanced Industrial States*. Madison: University of Wisconsin Press.

Kaufmann, Danniel, Ara Kraay, Pablo Zoido-Lobaton. 2002. *Governance Matters: Updated Indicators for 2000/2001*. Washington DC: World Bank.

Kim, Byung Kook. 2000. "The Politics of Crisis and a Crisis of Politics: the Presidency of Kim Dae Jung." Kongdan Oh ed. *Korea Briefing 1997-1999: Challenges and Change at the Turn of the Century*. New York: M. E. Sharpe.

________________. 2001. "The Public Financial Reform in Korea, Malaysia Thailand: Does Democracy Matter?" paper presented at the APSA Annual Meeting, Aug. 28-Sept. 2.

Kim, Byung Kook and Hyug Baeg Im. 2001. "Crony Capitalism in South Korea, Thailand and Taiwan: Myth and Reality." *Journal of East Asian Studies* 1(1).

Kim, Eun Mee. 1988. "From Dominance to Symbiosis: State and Chaebol in Korea." *Pacific Focus* 3(2).

_____________. 1997. *Big Business, Strong State: Collusion and Conflict in South Korean Development 1960~1990*. New York: SUNY Press.

Kim, Kyong-Dong. 1976. "Political Factors in the Formation of the Enterpreneurial Elite in

South Korea." *Asian Survey* 16(5).

Korean International Labor Foundation(KILF). 1988. *Handbook of the Social Agreement and New Labor Laws of Korea.* Seoul: KILF.

Krueger, Anne O. 1979. *The Development Role of the Foreign Sector and Aid.* Cambridge: Harvard University Press.

Kunio, Yoshihara. 1988. *The Rise of Ersatz Capitalism in South-East Asia.* Singapore: Oxford University Press.

Lind, Michael. 1992. "The Catalytic State." *The National Interest* 27.

Lindblom, Charles E. 1977. *Politics and Markets.* New York: Basic Books.

__________________. 1982. "The Market as Prison." *Journal of Politics* 44.

Linz, Juan J. 1990. "Transition to Democracy." *Washington Quarterly* 13.

Linz, Juan J. and Alfred Stepan. 1996. "Twoard Consolided Democracies." *Journal of Democracy* 7(2).

Lukes, Timothy J. 2001. "Lionizing Machiavelli." *American Political Science Review* 95(3).

Machiavelli, Nicollo. 1989. *The Prince.* translated by Allan Gilbert. Durham, NC: Duke University Press.

__________________. 1989. *Discourses on the First Decade of Livy.* translated by Allan Gilbert. Durham, NC: Duke University Press.

Malena, Carmen. 2003. "Social Accountability: A Concept Note Based on Emerging Practice." paper prepared for the Participation and Civic Engagement Group of the World Bank.

Marx, Karl. *Eighteenth Brumaire of Louis Bonaparte* (1842)

Manin, Bernard. Adam Przeworski and Susan C. Stokes. eds. *Democracy, Accountability, and Representation.* Cambridge: Cambridge University Press.

Merkel, Wolfgang. 1999. "Defective Democracies." Estudio/Working Paper 1999/132 (Madrid: Centro de Estudios Avanzados en Ciencias Sociales).

Merkel, Wolfgang and Aurel Croissant. "Formal Institutions and Informal Rules in Defective Democracies." unpublished paper.

Micheletti, Michele. 2002. "Individualized Collective Action." the Nordic Political Science Association Meeting. Aalborg, Denmark, August 14-17.

Mo, Jongryn. 2002. "A Theory of Non-Ideological Voting: Democratization and Regional Voting in South Korea." paper presented at UCLA seminar.

Mo, Jongryn. 2002. "Making Sense Out of Money Politics in Korea: Evolving Patterns of Presidential Campaign Finance." unpublished paper.

Moon, Chung In and Rashemi Prasad. 1994. "Beyond Developmental State: Networks, Politics and Institutions", *Governance* Vol. 7, No. 4.

Moore Jr. Barrington. 1966. *Social Origins of Dictatorship and Democracy.* Boston: Beacon Press.

Morlino, Leonardo. 2002. "'Good' Democracy of 'Good' Democracies?: A Theoretical Analysis and Beyond." paper presented at ECPR/JPSA Workshop, Heidelberg, November 8-10.

________________. 2004. "What is a 'Good' Democracy?" *Democratization* 11(5).

________________. 2007. "'Good' and 'bad' Democracys: How to conduct research into the quality of democracy." Istituto Italiano di Scienze Umane, Florence, Italy.

Naidoo, Kumi. 2003. "Civil Society Accountability: Who Guards Guardians?" Lunchtime Address at Secretary General and CEO of CIVICUS: World Alliance for Citizen Participation, April 3. UN Headqiarters, New York.

Negroponte, Nicholas. 1995. *Being Digital.* New York:Alfred A.Knopf.

O'Donnell Guillermo and Philippe C. Schmitter. 1986. *Transitions from Authoritarian Rule: Tentative Conclustions about Uncertain Democracies.* Baltimore: Johns Hopkins University Press.

O'Donnell, Guillermo. 1992. "Transitions, Continuities and Paradoxes." Scott Mainwaring, Guillermo O'Donnell and J. Samuel Valenzuela eds. *Issues in Democratic Consolidation: The New South American Democracies in Comparative Perspective.* Notre Dame: University of Notre Dame Press.

____________________. 1994. "Delegative Democracy." *Journal of Democracy* 15(1).

____________________. 1999. "Delegative Democracy." *Counterpoints: Seleced Essays on Authoritarianism and Democratization.* Notre Dame: University of Notre dame Press.

OECD. 2001. *Governance in the 21st Century*. Paris: OECD Publications.

OECD. 2003. *Main Science and Technology Indicator.*

Offe, Claus. 1985. "New Social Movements: Challenging the Boundaries of Institutional Politics." *Social Research* 4.

Onis, Ziya. 1991. "The Logic of Developmental State." *Comparative Politics* 24(1).

Onions, C. T. ed. 1964. *The Oxford University Dictionary*. Oxford: Clarendon Press.

Paludan, Johan Peter. 2006. *Creative Man*. Copenhagen: Copenhagen Institute for Future Studies.

Paquet, Giles. 2002. "The New Governance, Subsidiarity, and the Strategic State. OECD ed. *Governance in the 21st Century*. Paris: OECD Publications.

Polanyi, Karl. 1944. *The Great Transformation*. New York: Beacon Press.

__________. 1957. *The Great Transformation*. Boston: Beacon Press.

Prihdam, Geoffrey. 1995. "The International Context of Democratic Consolidation: Southern Europe in Comparative Perspective." Richard Gunther, Han-Jurgen Puhle, and P. Nikiforos Diamandouris eds. *The Politics of Democratic Consolidation: Southern Europe in Comparative Perspective*. Baltimore: Johns Hopkins University Press.

Przeworski, Adam. 1991. *Democracy and the Market*. Cambridge: Cambridge University Press.

______________. 1992. "Games of Transition." Scott Mainwaring, Guillermo O'Donnell and J. Samuel Valenzuela eds. *Issues In Democratic Consolidation: The New South American Democracies in Comparative Perspective*. Notre Dame: University of Notre Dame Press.

Przeworski, Adam and Covadonga Meseguer Yebra. 2005. "Globalization and Democracy." in Pranab Bardhan, Samuel Boweles and Michael Wallerstein (eds), *Globalization and Egalitarian Distribution*. Princeton: Princeton Universitty Press.

Przeworski, Adam, and Michael Wallerstein. 1988. "Structural Dependence of the State on Capital." *American Political Science Review* 82(1).

Radelet, Steven, and Jeffrey Sachs. 1998. "The Onset of the East Asian Financial Crisis." Harvard Institute for International Development. mimeo.

Raz, Joseph. ed. 1990. *Authority*. New York: New York University Press.

Riedel, James. 1989. "Economic Development in East Asia: Doing What Comes Naturally," in Helen Hughes (ed.), *Achieving Industrialization in East Asia*. Cambridge: Cambridge University Press.

Riggs, Fred W. 1966. *Thailand: The Modernization of a Bureaucratic Polity*. Honolulu: East-West Center.

Roehrig, Terry. 1998. "Putting the Military on Trial: The Consolidation of Democracy in South Korea and Argentina." CIAO working paper. http://www.ciaonet.org/conf/rot01/index.html

Roper, Juliet. 1998. "New Zealand Political Parties Online: The World Wide Web as a Tool "for Democratization or for Political Marketing" Chris Toulouse and Timothy W. Luke eds. *The Politics of Cyberspace: A New Political Science Reader*. London: Rouledge.

Rosecrance, R. 1999. *The Rise of the Virtual State: Wealth and Power in the Coming Century*. New York: Basic Books.

Rousseau, Jean Jacques. 1964. *De Constrat Social* in *Oeuvres Completes 3*. Paris: Gallimard.

Sanders, Lynn M. 1997. "Against Deliberation." *Political Theory* 25(3).

Sartori, Giovanni. 1987. *The Theory of Democracy Revisited*. Chatham, NJ: Chatham House Publishers.

Schedler, Andreas. 1997. "Concepts of Democratic Consolidation." paper presented at Latin American Studies Association, Guadalajara, Mexico, April 17-19.

Schedler, Andreas. 1999. "Conceptualizing Accountability." Andreas Schedler, Larry Diamond, and Marc F. Plattner eds. *The Self-Restraining State: Power and Accountability in New Democracies*. Boulder, CO: Lynne Rienner.

________________. 2001. "Measuring Democratic Consolidation." *Studies in Comparative International Development* 36(1).

Schmitter, Philippe C. 1995. "Transitology: The Science or the Art of the Democratization." Joseph S. Tulchin ed. *The Consolidation of Democracy in Latin America*. Boulder: Lynne

Rienner.

Schmitter, Philippe C. 1997. "Civil Society: East and West." Larry Diamond, Marc Plattner, Yun-han Chu and Hung Mao Tien eds. *Consolidating Third Wave Democracies.* Baltimore: Johns Hopkins University Press.

Schmitter, Philippe C. and Jurgen R. Grote. 1997. The Corporatist Sisyphus: Past, Present and Future. EUI Working Paper SPS NO. 97(4). Florence: EUI.

Schrecker, Ted. 1994. "Borderless World and the Walled City." paper presented at XIV Congress of IPSA, Berlin.

Schumpeter, Joseph. 1942. *Capitalism, Socialism and Democracy.* New York: Harper and Row.

Seong, Kyung Ryung. 2000. "Civil Society and Democratic Consolidation in South Korea: Great Achievement and Remaining Problems." Larry Diamond and Byung Kook Kim eds. *Consolidating Democracy in South Korea.* Boulder, CO: Lynne Rienner.

Scitovsky, Tibor. 1990. "Economic Development in Taiwan and South Korea, 1965~1981." Lau, Lawrence J. ed. *Models of Development: A Comparative study of Economic Growth in South Korea and Taiwan.* San Francisco: ICS Press.

Share, Donald. 1987. "Transition to Democracy and Transition Through Transaction." *Comparative Political Studies* 19.

Shea, Jia-dong. 1994. "Taiwan: Development and Structural Change of the Financial System. Patrick, Hugh T. and Yung Chul Park eds. *The Financial Development of Japan, Korea, and Taiwan: Growth, Repression, and Liberalization.* Oxford: Oxford University Press.

Shimida, Heruo. 1983. "Japanese Industrial Relations: A New General Model?" Taishiro Shirai ed. *Contemporary Industrial Relations in Japan.* Madison: University of Wisconsin Press.

Shin, Doh Chul. 2002. "The Cultural Foundation of Korean Democracy: A Comparative Perspective on Popular Support for Democracy." Young Rae Kim, Hoh Chul Lee and In Sub Mah eds. *Redefining Korean Politics: Lost Paradigm and New Vision.* Seoul: Korean Political Science Association.

Shonfield, Andrew. 1965. *Modern Capitalism: The Changing Balance of Public and Private Power.* Oxford: Oxford University Press.

Siemens, Future Scape Team. 1998. "21st Century Symposium: Scenarios for the Information Society." Siemens Business Services GmbH & Co. OHG.

Soligen, Etel. 1993. "Between Market and the State: Scientists in Comparative Perspective." *Comparative Politics* 26(1).

Stern, Pual. 1997. "The Rule of Wisdom and the Rule of Law in Plato's Statesman." *American Political Science Review* 91(2).

Streek, Wolfgang and Philippe C. Schmitter. 1986. "Community, Market, State and Association?" Streek and Schmitter eds. *Private Interest Government: Beyond Market and the State.* London: Sage.

Stzompka. Piotr. 1996. "Trust and Emerging and the Paradox of Democracy." paper represented at 18th IPSA Congress, Seoul, Korea.

Tapscott, Don. 1998. *Growing Up Digital: The Rise of Net Generation.* New York: McGraw Hill.

Thurow, Lester. 1991. *Head to Head.* New York: William Morrow and Co.

UNDP. 2001. The Technology Achievement Index.

Wade, Robert. 1990. *Governing the Market: Economic Theory and the Role of Government in East Asian Industirialization.* Princeton: Princeton Universiy Press.

Walker Connor. 1972. "Nation-Building or Nation-Destroying?" *World Politics* 24(3).

Wallerstein, Immanuel. 1974. *Modern World System.* New York: Academic Press.

Warren, Mark E. 1996. "Deliberative Democracy and Authority." *American Political Science Review* 90(1).

Weber, Max. 1947. (trans by A. M. Henderson and T. Parsons) *Theory of Social and Economic Organizations.* Glencoe, IL: The Free Press.

__________. 1972. "Politics as a Vocation." HH Gerth and CW Mills eds. *From Max Weber.* New York: Oxford University Press.

__________. 1978. *Economy and Society2.* Guenther Roth and Claus Wittich eds. Berkeley:

University of California Press.

Weigle, Marcia A. and Jim Butterfield. 1992. "Civil Society in Reforming Communist Regimes: The Logic of Emergences." *Comparative Politics* 25(1).

Weiss, Linda and John Hobson. 1995. *States and Economic Development: A Comparative Historical Analysis*. Cambridge: Polity Press.

Weiss, Linda. 1997. "Globalization and the Myth of the Powerless State." *New Left Review* 225.

Wellman, Barry. 2002. "Little Boxes, Glocalization, and Networked Individualism." *Digital Cities II: Conceptual and Sociological Approaches. Lecture Notes in Computer Science* 2362.

White, Gordon. 1994. "Civil Society, Democratization and Development(1): Clearing Analytical Ground." *Democratization* 1(3).

Wilthagen, T. et al. 2003. "Toward 'Flexicurity'? Balancing Flexibility and Security in EU Members States. Invited Paper Prepared for the 13th World Congress of the International Industrial Relations Association(IIRA), Berlin.

Yoon, Bang Soon. 2001. "Democracy in Korea: Progress and Prospects." paper presented at the International Conference organized by Kim Dae Jung Peace Foundation.

Zakaria, Fareed. 1997. "The Rise of Illiberal Democracy." *Foreign Affairs*.

| 찾아보기 |

ㅂ

ㅅ

ㅇ

ㅊ

ㅋ

ㅌ

ㅍ

ㅎ

인문사회과학총서 · 71

1987년 이후의 한국 민주주의

초판발행 2011년 8월 12일
초판 2쇄 2012년 1월 27일

지은이 **임혁백**

펴낸곳 **고려대학교출판부**
www.kupress.com
kupress@korea.ac.kr
136-701 서울특별시 성북구 안암동
02-3290-4230, 4232
Fax 923-6311

찍은곳 (주)동화인쇄공사

ISBN 978-89-7641-755-8 94340
ISBN 978-89-7641-359-8 (세트)

값 29,000원

* 잘못 만들어진 책은 바꿔드립니다.